陳紀瀅等／著　　蔡登山／編

太陽旗下的傀儡

——滿洲國、華北政權與川島芳子秘話

目次

偽滿血淚史

——從九一八到滿洲國的出現

（日）矢原愉安著　丁允謀譯

滿洲國這個畸形的國家，當年是怎樣誕生的？在一般史書上，因為不屑提和不願提的關係，大都語焉不詳。這就使得四十一年前的許多大事，都成為歷史上被遺忘了的秘辛。

其實，今日事過境遷，就事論事。當年如果沒有「滿洲國」這座火山，中日關係上的僵局，大致還不會終於演變到非打個「你死我活」不可。如果沒有「滿洲國」這座理想的兵站，日本「軍國主義者」也大致不會得意忘形到掀起太平洋大戰來。如果沒有中日戰爭，沒有太平洋戰爭，今日大陸上的局面，亞洲的情勢以至於整個世界的面貌，當然都是完全另外一個樣了。

從這種觀點出發，重溫一下「滿洲國」當年誕生的掌故，也許還並不是完全沒有意義的事吧？

滿洲國，或是滿蒙帝國，都並不是關東軍首先發明的東西，截至目前為止，有文獻可查的「在滿蒙成立帝國」的建議，至少已經有過下面這四個：

一、宣統年間，同盟會的最高當局，曾經從東京寫信給肅親王善耆，勸他用這計劃來說動清廷禪讓。

二、清季末葉，日本的長岡子爵，曾經通過遺老羅振玉，建議清廷在關外去實行這計劃。

三、民國早期，以肅親王為首的宗社黨，在滿蒙武裝起義，目的也就在實行這計劃。

四、民國早期，日本在華的工作人員川島浪速（也就是川島芳子的義父），在他的「對華管見」條陳中，也著重在這一點。

一提起「滿洲國」來，就不能不提溥儀；一提起溥儀來，也不能不提「滿洲國」。但這並不是就等於：「滿洲國」是因為溥儀去才有的；或是溥儀是因為有「滿洲國」才去的。

理由很簡單：在九一八事變前後，日本的軍國主義者，至少有五個不同的「滿洲國」建議；而其中並沒有一個是想以溥儀為主角的。直到土肥原堅持要用宣統收買人心，減少內外阻力的時候，這位倒霉的小皇帝，才真正脫穎而出。

軍國主義者的第一個滿洲國的建議，是由軍部的「御用文人」大川周明博士，乘著蔣閻馮中原大戰的時候，向張學良提出來的。他的理由是：

「欲使黃種人民，免受白種殖民地之待遇，則必須自南京國民政府手內，解放滿洲。」

本來，這個「滿洲自主國」，是要請張少帥來當元首的。誰知張對這毫無興趣，反倒入關去做了「海陸空軍副總司令」。——這都是一九三〇年春間的事。

第二個建議是：一九三〇年十月，日本陸軍省的軍事課長永田鐵山，因公訪問東北的時候，「關東軍三羽烏的石原莞爾中佐，曾經向他正式提出了關東軍「對東北善後問題的三種方略」。其中之一就是：

「東三省脫離中國本土，另立親日之獨立政府。」

這個政府的元首，是預定從東北系舊人物中的親日派來擔任的。

第三個建議是：一九三一年三月，關東軍利用它的外圍組織——「全滿日人自主同盟」，來大肆鼓吹「滿蒙獨立國」。居然召集了七十一個社會團體，在東京日比谷公園，舉行「國民大會」，要求政府幫助他們「建立新國家」。

被他們看中的「滿蒙獨立國元首」候選人，也還是走不出東北系舊人物的那個老圈子。

第四個建議是：九一八事變以後，首先被關東軍扶持起來的兩個大機構——「遼寧地方維持委員會」和自治指導部，都明明具有政府的規模和權勢。

前者宣佈與「張學良舊政權，及國民政府，均斷絕關係」；後者則公開宣言，是一個訓練地方自治幹部，使他們「了解滿洲新國家對世界之責任使命」的機構。

前者的首長是袁金鎧，後者是于沖漢。而兩者的地位與職權，都很有點近似於「新國家」的領導人。

第五個建議是：一九三一年十二月四日，關東軍忽然把小恭王溥偉，從大連接到瀋陽來，準備請他出頭來組織一個「四民（滿、漢、蒙、回）」協合的「明光帝國」。

本庄繁司令官非但親自接見了他，還特別動員了一大批遺老和「市民團體」，陪著他到「東陵」去祭告祖先，還讓他在陵前大念其誓詞道：

「臣今後誓當竭其心力，恢復祖宗基業。」

一切舉動，都儼然把他當做「新國家的未來元首」看待。如果不是土肥原，及時而斷然地把溥儀從天津拉出關來的話，他這個皇帝夢大概就早已做成了。

九一八事變前後，到溥儀正式成為元首以前，關東軍雖然早已決定：要「在滿洲建立新國家」；但是在「國家領袖」的抉擇上，卻有好幾種不同的見解。——恰恰反映了關東軍裡不同派系的矛盾和磨擦。

有一派，主張由舊東北系的「文治派」，以及過氣的政要名流，來主持一個親日的政權。——袁金鎧、于沖漢、闞朝璽之流，就成了最理想的對象。

這種主張的人，以片倉衷、甘粕正彥、中野琥逸為主。

另有一派，主張由還有政權或軍權在手的實力派，來組織一種近似「聯省制」的政權。他們所看中的角色，當然是張景惠、臧式毅、熙洽之類。

這種主張的人，以百武晴吉、駒井德三等人為主。

還有一派，主張由滿清宗室和遺老出頭。

下面就是這幾個月中，在東北這個舞台上，發生過的一些大事。

一九三一年八月二十五日——瀋陽公安局，向所屬機構發出密令道：

> 日本正在極力挑衅，應各容忍自重，力避開槍。如遇日方開槍，應即退入分局，以避衝突。

八月二十七日——關東軍將槍械，分發給在瀋陽的日僑。

九月二日——關東軍開始作包圍奉天城，瀋陽兵工廠，北大營的野戰演習。

大連關東廳，向東京的日本外務省報告：

> 關東少壯軍官，圖迫中國軍隊使其衝突。

九月五日——東京外務省訓令瀋陽總領事林久治郎道：

近來關東軍……儲備相當豐厚之資金，策動國粹會浪人，製造中日事變……在九月中旬作具體之行動。希對浪人切實取締。

九月六日——張學良從北平電令東北當局道：

……對於日人無論其如何尋事，我方當萬分容忍，不可與之反抗，致釀事端。即希迅速密令各局切實遵照注意為要。……

九月八日——東北日僑的「在鄉軍人會」奉命分向瀋陽、長春、哈爾濱三地報到待命。

九月十日——土肥原返東京，呼籲「採取斷然手段」。

同日，張學良又向東北當局發出指示道：

沉著應付，勿使擴大。敵果挑衅，退避為上。

東北軍署負責人榮臻，馬上通知各機關部隊知照。關東軍也因而知道：中國軍隊絕不會抵抗。

九月十一日——昭和天皇訓令陸相南次郎：

應對關東軍風紀，加意整頓。

西園寺公望也向南次郎指示道：

滿洲乃中國之領土，外交非軍人之職務……宜於態度特加謹慎。

九月十四日——關東軍參謀長三宅光治，以咨文通知日本駐瀋陽總領事林久治郎道：

近來鐵路屢受匪擾，本軍已飭所屬，此後不僅在鐵路區域以內，剿擊匪徒；即對鐵路外之侵犯者，亦將出而膺懲。

但是林久治郎給了他一個軟釘子道：

如剿擊區域在鐵路線以外，請先商洽本館。

同日，三宅光治又致電東京的參謀本部，向作戰部長建川美次少將訴苦道：

張學良方面侮謾日軍，變本加厲，前承令囑關東軍士，隱忍自重，今生困難。……

因此，參謀本部決定：馬上派建川美次專程到關東軍去，宣揚昭和天皇整飭軍紀的旨意。

九月十五日——板垣征四郎，以關東軍高級參謀的身分，在奉天特務機關，召開緊急會議，討論是否立即發動事變？參加會議的有：關東軍參謀石原中佐、警備隊長三谷清中佐、特務機關部花谷正少佐、今田新太郎大尉、鐵道守備中隊長川島正大尉、鐵道守備隊中隊長小野正雄大尉。

結果是：次日才由板垣決定「行動」。

九月十七日——在瀋陽集中的東北日僑在鄉軍人會，集合在瀋陽西站的忠魂碑前，演講示威，再三地大喊這兩個口號：

「打倒傷害日本權益的張學良！」

「為保障滿蒙的既得權利，願灑軍人的熱血！」

同日，關東軍在營口和鳳凰台的部隊，都奉命緊急出發，限定在九月十八日下午三時以前，開抵瀋陽。

九月十八日——從東京來的特使，建川美次少將，化裝繞道朝鮮，抵達瀋陽。立即和板垣征四郎、花谷正少佐，密談至夜。

午後，原駐龍山與遼陽之日軍，已分頭開抵瀋陽。基於這種非常跡象，日本總領事林久治郎，特向在遼陽閱兵的關東軍司令長官本庄繁，提出了書面警告，請他馬上「注意異動」。

同日，晚十時三十分，關東軍爆破柳條溝附近的南滿鐵道，並且向北大營和瀋陽城垣，同時發動攻擊。

當晚，總領事林久治郎出面調停，受到了板垣的拒絕。他只好急電東京外務省道：

滿鐵全線，軍隊同時出動……軍方獨斷與不法行動，已使職失去抗阻之力。

同日，晚十一時四十分，關東軍始將「瀋陽發生事變」報告旅順的關東軍總司令部，以及東京的軍部。

同日，晚十二時半，關東軍完全佔領了北大營。

九月十九日——關東軍完全佔領了瀋陽，扣押了代理遼寧省主席臧式毅。上午六時，全城已經貼滿由本庄繁署名的「安民佈告」道：

……九月十八日午後十點三十分時，中華民國東北邊防軍之一隊，在瀋陽西北側，北大營附近，爆破我南滿鐵路……襲擊日本軍守備隊……對帝國軍隊開槍開炮，是彼東北軍自對我軍來求挑戰也明矣！……於今非膺懲之，或恐有其結果不可測知者。熟思敢行動暴舉者，非華國民眾，彼懷抱野心，一部軍權之行為也。

本職……為擁護其既得之利權，確保帝國軍之威信，茲方執斷然處置，無敢所躊躇。

夫我軍欲膺懲者，彼東北軍權而已。關於所有民生休戚，本職最所注意苦慮……萬勿滋疑懼逃避之舉。然倘有對我軍行動，欲加妨害者，本軍毫無所看過，必出斷然處置。……

同日上午，陸相南次郎，根據內閣緊急會議的決定，用電報向本庄繁作了一些指示。其中最重要的是：

一、事變不得擴大；
二、不得佔領滿洲；
三、不得成立類似於政府的機構。

同日上午，朝鮮司令官林銑十郎，派了飛機兩中隊，和第二〇師團與一九師團的各一部，進入東北，去支援「關東軍」。

同日晚間，板垣征四郎、石原莞爾與建川美次在討論解決時局問題上，取得意見一致。第一步：進軍吉林與哈爾濱。第二步：建立以溥儀為首的「新國家政權」。同日，東京的陸軍省對關東軍訓令道：

地方行政，不應超過治安維持範圍。

參謀本部也指示關東軍：

恪守貴軍本來任務，靜觀事態變化。

九月十九日——溥儀派劉驤業到東北，去和本庄繁司令官，以及滿鐵總裁內田康哉，取得聯繫。

九月二十一日——關東軍總部，正式遷到了洛陽。

土肥原也在這時從東京回來了，馬上就以奉天特務機關長的資格，出任了佔領後的第一任奉天市長，在就職佈告中，居然用了「昭和年號」道：

日本軍司令官鑒於奉天城附近之現狀，增進居民之福利，自昭和六年九月二十一日起，據軍之指導，委任日華人員，在奉天城內及商埠地區，施行臨時市政。

這個市政府，一共轄有秘書課、總務課、財務課、警務課、衛生課、技術課。市長之下的全部課長，也都清一色的是日本人。幸虧土肥原老奸巨滑，選用了不少在奉天多年的日僑。因此，辦起事來倒相當順手，沒有太格格不入。

九月二十一日——鄭孝胥在他的日記上寫道：同日，關東軍進軍吉林。

佟揖先來，自言欲赴奉天，謀復辟事。余曰：若得軍人商人百餘人倡議，脫離張氏，以三省、內蒙為獨立國，而向日本上請願書，此及時應為之事也。

九月二十二日——在關東軍總部新址，參謀長三宅光治，高級參謀板垣，參謀石原，特務機關長土肥原，司令長官副官片倉衷，舉行了一個秘密會議。

會上，土肥原提出了「利用五鎮守使，擁戴溥儀為首，建立新國家」的方案。其中的要點是：

一、這是一個以日本為領袖，團結漢、滿、蒙、回的「五族共和國」。

二、設立下列五鎮守使：

甲、吉林鎮守使熙洽；

乙、洮索鎮守使張海鵬；
丙、東邊道鎮守使于芷山；
丁、哈爾濱鎮守使張景惠；
戊、熱河鎮守使湯玉麟。

三、由五鎮守使擁戴溥儀為國家元首。

當場決定：以這個計劃來做為「建設新國家」的定案。並且指定專人，去分頭接洽。

①由土肥原接洽袁金鎧、趙欣伯；
②由板垣接洽張景惠；
③由河野正直接洽張海鵬；
④由大迫貞通接洽熙洽；
⑤由大矢進計接洽于芷山；
⑥由羅振玉與徐良，先向溥儀示意。

九月二十二日——溥儀派佟濟煦到東北，去察看風色。而且派商衍瀛和「老奉軍」中友善的人物們，取得聯繫。

同日，關東軍發令進兵哈爾濱。

同日，東京陸軍省兵務課長安藤利吉，奉命到瀋陽來，嚴令關東軍：

不得越過寬城子以北……非有參謀本部命令，不得更有任何新軍事行動。

九月二十三日——參謀本部向關東軍訓令：

不得進至洮南縣以北。

九月二十四日——東京內閣決議：

關東軍應自滿鐵線兩側撤回，集結於附屬地範圍之內。

由此可見：直到「九一八事變」發生了一週後，關東軍的軍事冒險，還沒有真正得到東京的同情、支持和諒解。但是，那批無法無天的少壯軍人們，卻非但沒有一點懸崖勒馬的意思，而且決心要在用刺刀奪來的地方，製造出一個隨心所欲的「新國家」來了。

一九三一年九月二十五日——「遼寧地方維持委員會」，在瀋陽實業廳的舊址，正式成立。按照它的會章：只有「仕紳之合格者，及各法團之宗旨純正者」，才能成為維持會員。

會裡一共有：總務科、財務科、庶務科、外交科。

除掉「總、財、庶」是每機關必有的「三大部門」以外，真正起作用的只有一個專門和佔領軍打交道的外交科。——這個「維持會」的中心任務何在？於此就可見一斑了。

這個委員會裡，有一個委員長，是袁金鎧。兩個副委員長是于沖漢、闞朝壐。還有六個委員是：李友蘭、孫祖昌、張成萁、丁鑑修、金梁、佟兆元。

十月一日——洮索鎮守使張海鵬，自稱「邊境保安總司令」，宣佈和張學良脫離關係，並且發兵直取黑龍江。

他這個「陣前起義」，完全是關東軍派今田太郎、河野正直和吉村宗吉去運動的結果。代價是二〇萬塊大洋和三千桿新式步槍。條件是脫離張學良的陣營獨立；擔任關東軍攻取黑龍江的前鋒。于芷山也在大矢進計的策動下，在雙城子正式宣佈「地方自治」。

十月四日——關東軍總司令部發表宣言，正式否認張學良政權。同日，關東軍強迫內蒙古的達爾罕王，在瀋陽召集內蒙四八旗宣佈獨立。達王不肯，改由蒙旗的包統領和溫都王貝子，共同出頭，來大搞其「內蒙自治」。

十月六日——南滿鐵路總裁內田康哉，受關東軍的委託，起草了一篇「收拾滿蒙三原則與十事項」。其重要點如下：

一、三原則：

①滿蒙與中國脫離關係。

②關東軍用武力來統一滿蒙。

③滿蒙由日本確實掌握，但在表面上應讓中國人來治理。

二、十事項：

主要都是和滿蒙的鐵路、航路、銀行，其中，絕大部分都是「老奉軍」，「東北文治派」和「奉天聞人」。真正和溥儀有關係的人，只有一個在「天津張園」不太受歡迎的金梁。

成立之後，這個維持會還發佈過一個宣言道：

遼垣自事變發生後，軍警逃避，官廳停止，商號關門，金融滯塞，土匪乘勢蠭起……赤子何辜，無所依賴，……乃由當地士紳組織地方維持委員會，請法學研究會長趙欣伯君出為接洽，純以士紳資格，勉為維持。另設自衛警，以保護商民，抵禦盜匪。恢復商業，流轉金融。並撫卹失業工人，資遣回里。雖未悉復舊觀，亦以稍安人心，減少痛苦。……

後來，關東軍一定要請袁金鎧出來做「遼寧」省長。袁無論如何不肯，對別人表示：他這次「出山」，已經等於是叫「良家婦女，濃妝艷抹，笑臉迎人」。再叫他「投懷送抱，自薦枕蓆」，是絕不能幹的。

最後幾乎要鬧僵了，才折衷為：

「由地方維持會行使舊省政府職權，與南京脫離關係。」

而且正式發表了一個佈告道：

……本會出面維持，所有交涉事件，不管既往，不問將來，惟在此過渡期間，不能不代行政權；與張學良舊政權，與國民政府均斷絕關係，俾人民照常安居樂業，與官民申明權限，以安人心而資法守。……

從此就正式搬進舊遼寧省政府去辦公，還聘請了三位日本顧問，來替自己撐腰。那就是：金井章三、甘粕正彥、升巴倉吉。

一時，發號施令，忙碌異常，很有點假戲真做的樣子。無形中就替人們做好了一個心理準備——即使關東軍不把東北據為己有的話，奉天這塊地方，也永遠是「自立為王」的了。

九月二十六日——「吉林省長官公署」，在關東軍的導演下，正式成立。

它的任務是督理全省軍民兩政，並有監督司法之權。在省長官之下，設了這樣的六廳一處：民政廳、軍政廳、財政廳、建設廳、實業廳、教育廳、警務處。

在人選上，是這樣安排的：

省長官——熙洽；

公署顧問——由日本駐吉林特務機關長大迫貞通兼任；

外交特派員——謝介石；

廳長——張燕卿、孫其昌。

他們就職的時候，還由日本警備司令坪共中佐，代表日本關東軍「授印」。

張燕卿是晚清名臣張之洞的第十四子，深通「縱橫家」的道理。他以幕賓的身分，先向熙洽獻「獨立保境安民」的錦囊計；又建議熙洽以滿人的資格，歡迎溥儀出關主政，造成自己將來「挾天子以令諸侯」的局勢。因此就從吉林省政府的一位閣員，一躍而為熙洽面前的第一紅人；後來甚至於在滿洲國的內閣中，也高踞一席，和熙洽的地位完全不相伯仲了。據他口述的吉林易幟經過，和一般史書中的記載，有三個大不相同之處：

一、他說：多門師團的進軍吉林，本來是預先約好：「不佔領，不入城，不干政」的。熙洽只不過要藉他們來壯壯自己的聲勢，壓一下張作相嫡系的氣焰而已，誰知關東軍到時忽然變了卦，非但進了城，而且把熙洽和張都監視了起來。

二、由於日軍的背信，熙洽的牛脾氣也發了，索性採取「不合作主義」，結果還是張苦勸他「好漢不吃眼前虧」，這才軟了下來。而日軍也馬上取銷了坐守在他們面前的武裝警衛。於是，「吉林省長官公署」就誕生了。

三、熙洽在和關東軍談合作條件的時候，把「歡迎溥儀出關主政」這一條，提出來做為先決條件。——這也是被他後來被看做「開國第一功臣」的主要原因之一。

九月二十九日——大連報紙上開始登載：「瀋陽各界準備迎立前清皇帝」的新聞。

九月三十日——溥儀在日本天津駐屯軍司令部，會見了司令官香椎浩平，板垣派來的代表上角利一，以及替熙洽送信來的羅振玉。在熙洽的信裡說：「期待了二十年的機會，終於來到了，請勿失時機，立即到祖宗發祥地主持大計。……在日軍支持下，先據有滿洲，再圖關內，只要『駕至瀋陽』，吉林馬上首先宣佈復辟。」

陳寶琛、胡嗣瑗、陳曾壽，都主張慎重。他們的理由是：「局勢混沌不分，貿然從事，只怕去時容易回時難！」

十月一日以後，至十月底（日子無法查出）——

一、溥儀答覆羅振玉和上角利一：「暫不出行」。

二、佟濟煦自東北歸來報告：袁金鎧等遺老，都向他表示：「事不宜遲。」

三、劉驤業也自自東北歸來報告：

A已經和板垣取得聯繫。

B金梁表示：「奉天一切完備，惟候乘輿臨辛！」

C他也去過吉林，熙洽的確準備隨時發動復辟。

四、溥儀派鄭垂去向日本總領事桑島交涉，準備「先到旅順暫住」。桑島表示反對，並且說：內田康哉也不主張他馬上動身。

五、在日本駐屯軍通譯官吉田的建議下，溥儀寫了一封親筆信給香椎司令官，表示堅決要離開天津。

六、劉驤業第二次訪問東北，來信報告：

本莊司令官表示：「俟三省團結穩固，當由內田請上臨幸瀋陽。」

七、溥儀命「御侄」，憲原和憲基，分頭帶了「諭旨」，去宣撫東北的蒙古王公，和賞賜美玉給降日的張海鵬與貴福。

八、在日本武官森糾的建議下，溥儀「下諭」給馬占山和反日的蒙古王公，勸他們向日軍靠攏。

九、溥儀還在天津張園，大封其官。封張海鵬為「滿蒙獨立軍司令官」；馬占山為北路總司令；貴福為西路總司令；憲原、憲基為大佐。

十、在鄭孝胥的建議下，溥儀派了遠山猛雄回日本，去和陸相南次郎及頭山滿，取得聯繫。

十月一日——關東軍通過今田新太郎與河野正直、吉村宗吉，說服了張海鵬正式宣佈和張學良脫離關係，自稱為「邊境保安總司令」，興兵進取黑龍江。

張海鵬靠攏的代價是：新式步槍三千桿，大洋二十萬塊。

于芷山也經過大矢進計的拉攏，向關東軍表示輸誠，在雙城子正式宣佈成立「地方自治政府」。

同日，日本駐津總領事館，勸溥儀慎重行止，不要輕易離開天津。

十月四日——關東軍正式發表文告，否認張學良在東北的政權。

同日，關東軍要求住在瀋陽的內蒙古達爾罕王，帶頭召集內蒙四十八旗，宣佈獨立。但被達王拒絕。於是，改由包統領和溫都王貝子，來帶頭發動。

十月六日——南滿鐵道總裁內田康哉，接受了關東軍的要求，代擬了一個「收拾滿蒙之三原則與十事項」。其中的要點是：

一、滿蒙脫離中國獨立。

二、關東軍以武力統一之。

三、滿蒙由日本切實掌握，但在表面上應由中國人做主。

所謂「十事項」，都是有關滿蒙交通、財政、特產、林礦的各項規定。

這篇意見書，很受到了當時東京內閣的支持，把政壇上反關東軍的空氣，為之一變。

十月七日——黑龍江省代主席馬占山，拆毀洮昂鐵路線上的嫩江大橋，藉以阻止張海鵬部向黑龍江境內深入。

十月十日——滿鐵的國際法顧問松本俠，奉關東軍之命，由本庄繁司令官、板垣征四郎和石原莞爾，分頭指示了原則以後，起草了一份「滿蒙自由建立草案」。其中的要點是：

一、滿蒙獨立國的政府，是民主制的。

二、獨立國共分為下面六省區：

甲、奉天省；
乙、吉林省；
丙、黑龍江省；
丁、熱河省；
戊，東省特別區；
己、蒙古自治區。
三、先採聯省自治制，然後逐步改成中央集權制。軍事、財政、司法，由中央統一辦理。
四、立憲政治。
五、地方自治。
六、國防委託日本。
七、國防經濟，由日本掌握。
八、日本顧問有監督指導「滿蒙新國家」的任務。
十月十一日，關東軍在瀋陽日站爾生町十八番地，成立了以凌印清為總司令的「東北民眾自衛軍」。同時委派了倉岡繁太郎做顧問，松本德松和道源元助等十五人，為「自衛軍」的特務員。並且和凌簽訂了一個協約。其中的要點是：
一、「民眾自衛軍」的活動區域為：瀋東、瀋北、瀋西、遼陽、南滿與安奉縣之間。
二、「自衛軍」負有攻掠錦州的任務。但是一切作戰計劃和補給，都由關東軍完全負責。
三、「自衛軍」下設立十七個步兵旅的番號。

四、「自衛軍」中聘用關東軍參謀處諜探課的工作人員共四十名。

五、自衛軍總司令，將來有分享東北最高政權的機會。

這一支隊伍，收編了東北的鬍匪老北風、青山幫、中華幫、天龍幫、得好幫、得山幫、寶山幫。在進軍錦州的途中，老北風忽然變卦，把凌印清和十六個隨軍的日本軍官，都抓來殺了。整個「自衛軍」也就此瓦解。

十月十一日——根據鄭孝胥的建議，溥儀主動地寫信給日本陸相南次郎道：

此次東省事變，民國政府處置失當，開釁友邦，塗炭生靈，予甚憫之。茲遣皇室家庭教師遠山猛雄赴日，慰視陸軍大臣南大將，轉達予意。

我朝以不忍日睹萬民之疾苦，將政權讓之漢族，愈趨愈緊，實非我朝之初懷。今者欲謀東亞之強固，有賴於中日兩國提攜，否則無以完成……永無寧日，必有赤黨橫行，災難無窮矣。

十月二十一日土肥原交卸瀋陽市長的職務，由趙欣伯繼任。

在宣佈下台的佈告中，土肥原說：

省城自事變以來，各行政機關，均已停止辦公……對於治安亟應極力維持，使市民安心業務，並由市民有志者組織維持委員會，協同辦理地方自治，現在各機關均已漸次恢復，大約尚可達到所期目的，因此維持會推薦趙欣伯接任市長。現在本市長業已交卸，此後一切市政，宜由趙市長辦理。為此布告市民各安居樂業，共濟時艱……。

十月二十四日——滿清宗室，小恭王溥偉，被邀至瀋陽，與本庄繁司令官、林久治郎總領事、土肥原，進行會議。

同日，關東軍參謀石原莞爾，根據土肥原利用溥儀來收買人心的原則，製定的一個「滿蒙問題根本解決方策」，得到了東京參謀本部作戰課長今井均的批准；從此成為日本官方對這個「新國家」的建國藍本。它的要點是：

一、大總統為國家元首。

二、總統下設：

立法院——分上議院，下議院。

司法院——轄最高法院、高等法院、地方法院。

監察院

行政院——轄內務部、外交部、實業部、財政部、交通部、軍事部。

三、全滿分為下列單位：奉天省、吉林省、黑龍江省、熱河省、東省特別區、蒙古自治區。

四、地方政制為：

省——縣（市）——區——鄉——村——會。

十月二十六日——關東軍通過日本駐龍江特務機關長林義秀少佐，向馬占山提出限期一週修復嫩江大橋的要求。

同日，溥偉在宗室，遺老和「市民團體」的陪同下，在瀋陽「東陵」正式掃墓，祭告祖先，並且在陵前宣讀了誓詞。這時，遼寧四民維持會委員長的職位，也改由他來繼任。

十月二十九日——日本領事清水，以日本政府的名義，向馬占山再度提出修復嫩江大橋的要求。

同時，特務機關長林義秀，也奉關東軍之命，來爭取馬占山靠攏。但是，馬開出來的條件很高，大致是：接濟步槍一萬桿、重機槍三百挺、輕機槍五百挺、大炮一百五十門、迫擊炮二百門、被服一萬五千套、手榴彈三萬枚、借支軍費五百萬塊大洋、軍糧一百萬斤。

當時的馬占山，是否真的敢如此「獅子大開口」，自然還待考。但是，林義秀倒的確送他五十萬大洋和三十萬斤軍糧。看來很像是筆「分期付款」裡的首期。

馬也就拿了這筆錢，派他的高級參謀趙樹藩，到蘇聯去搶購了一批軍火，利用西伯利亞鐵路，運到黑龍江的邊境。

同日，土肥原秘密前往營口，繞道赴天津。

日本總領事林久治郎，特地向東京外務省用急電報告道：

「關東軍幕僚，透過羅振玉之奔走，擬將廢帝宣統轉移來瀋……曾派浪人某君赴津，與駐屯軍之阪井密議將廢帝挾至大沽，換上貨船，前往營口，因天津中國軍警監視甚嚴，未能即辦。故定由土肥原親往指揮……已帶同武志少谷等，即日密往大連，轉赴天津。

十月三十日——滿清宗室小恭王溥偉在瀋陽正式發表「明光帝國宣言」。土肥原雖已離開奉天，兼程赴津，卻仍舊列名其上。做為對外界的煙幕彈。

同日，東京參謀本部的參謀次長二宮治重，用電報訓令關東軍參謀長三宅光治，誡止輕舉妄動。

但是，關東軍卻在這一天，最後決定對馬占山用兵。

同日，東京陸軍省軍務局長小磯國昭，致電本庄繁司令官：制止他繼續向北前進，以免引起蘇聯的疑懼。又問他要用「金彈」，進攻馬占山，需價若干？

關東軍在覆電中說：這一筆「金彈」，至少三百萬元以上。

十一月一日——日本外務省向天津總領事桑島，發出訓令道：

> ……此時製造新國，勢必立刻引起九國公約國之糾紛。宣統廢帝來瀋，原不必與建國工作有關，但各國必以為此係日本所策動……此時溥儀被脅來瀋，不但使日本蒙受國際不利，抑將使我逐步漸進之積極工作，亦受障礙。宣統復位之計劃，實為錯誤。將來日本應付滿蒙，將自食此惡果。

十一月二日——溥儀接見了土肥原。後者表示：「新國家……是獨立自主，由宣統皇帝完全做主的。」

溥儀的態度是：「是復辟，我就去。……是帝國，我可以去。」

土肥原希望他「早日動身，無論如何要在十六日以前到達滿洲。詳細辦法到了瀋陽再談。」

過後，又接見了金梁，他說以袁金鎧為首的遺老，保證可以說服「老奉軍」望風歸順。同時，商衍瀛也向溥儀報告：「奉天吉林，皆望速幸。」

同日，日本參謀總長金谷範三，致電關東軍司令官本庄繁道：

修理江橋後，軍隊應即從速撤退，就內外大局而言，軍隊越江北進，斷不容許！

十一月三日——天津報紙上揭露了溥土會談的消息。

劉驤業從東京電告：日本軍部認為，溥儀出關的時機仍然未至。

同日，天津日本總領事桑島，向東京外務省報告，土肥原堅持必須擁戴溥儀出山的理由是：

一、……東北各地，除熙洽外，皆傾向舊政權……

二、為使日本不露出挾持溥儀痕跡起見，可令溥儀在營口登陸……

三、趁金梁來津機會……對外說宣統離津，係出自金梁之慫恿。

四、所乘船隻，可雇一中國船。

五、滿洲居民所以不熱心此事者，第一不知宣統帝之決心如何？第二對於日本尚有疑慮。……

他在另一封給外務省的電報中說道：

據鄭垂告我：土肥原說：就目下滿洲發展情形看來，陛下宜在十一月十六日以前離京，此機不可錯過。

日本可與陛下訂立密約，承認陛下獨立之新國，日本軍隊亦可於滿洲獨立後退出……並盡其所能之一切方法，以支持滿洲國。

滿洲國獨立後之財政援助，日本亦當盡力，日本皇室對於陛下復辟，亦甚贊成。談話結果，宣統似已動聽。……

在第三封電報中，他還告了土肥原一狀：

土肥原頃告本館職員，謂東三省事變之成就，全是關東軍之力量。宣統擁立，情勢上有其必要。東京政府如加防止，實為愚謬。關東軍因此或至脫離政府，亦未可知。

十一月四日——監察委員高友唐，以遺老和國民政府密使的雙重身分，謁見了溥儀；提出了兩個建議：

一、國民政府願意恢復優待條件，優待費可以一次付，也可以分期付。但要溥儀遷居到上海去。

二、或者是由南京資助出洋，除掉日本任何地方都可以。高並且說：這些都可以找外國銀行來做保人。

溥儀當場不置可否。

十一月五日——天津靜園裡，召開了「御前會議」，參加的有：陳寶琛、鄭孝胥、胡嗣瑗、袁大化、鐵良。鄭主張「速往」。陳主張慎重。

同日，日本多門師團的村井旅團，以及張海鵬的部隊，都和馬占山的軍隊，在黑龍江的大興附近，發生了激烈的衝突。

同日，東京參謀本部為了關東軍的難於駕馭，開始正式使用「臨參委命」的特權。限定關東軍「不得超過大興車站」。

十一月六日——有人用「趙欣伯」的名片，給溥儀送來了一些禮物，在水果籃中竟有兩個東北兵工廠製造的炸彈。接著就有無名的恐嚇信和恐嚇電話，連踵而至。嚇得溥儀走之唯恐不速。

同日，多門師團壓倒了馬占山部隊的抵抗，但因格於東京參謀本部的嚴令，沒有向前深入。

同日，日本東京參謀本部第二次行使了「臨參委命」的特權，規定大興一帶的日軍，只准退保新民屯、湯池、大巴代之線。

並且向關東軍特別發出指示道：

貴軍本來任務，在防衛關東州與南滿鐵路……自擬依臨參委命之指示大綱，以為辦理。

同日，東京外務省在致天津總領事的電報中，突然表現了大角度的轉彎道：

關於擁戴宣統皇帝之運動，認為如果過度拘束自由的，對內外的關係反會不好。……滿洲目前的局勢，各方面都有擁戴皇帝的運動，因此，對於帝國國策的執行上，難保不受連累……。現在滿洲方面的政局也稍安穩，東三省的民眾總的意志，也想擁戴皇帝。……聽其自然也無不可。

十一月八日——土肥原和天津駐屯軍，在天津日租界蓬萊街太平里六號，成立了便衣隊的秘密指揮部，把中國失意軍人張璧和李際春嘯聚來的兩千多「便衣隊」，配備以東北兵工廠製造的槍械，分頭出動，準備用武力奪取天津，進佔華北。卻被天津的保安隊阻擊得潰不成軍。紛紛逃回日租界去。日方藉此為由，用鐵甲車在「靜園」門口警戒，隔絕它的對外聯絡；只有鄭孝胥和鄭垂父子，領到了「通行證」，能夠進去見溥儀。據天津日本總領事桑島，事後向東京外務省報告道：

土肥原最初計劃與安福系合作。安福系不可，才引誘張璧起事。張璧與此間公安局有連，又與李際春等有關。因以鉅款分別收買公安局，組織便衣隊，其數目聞已用過五萬。李際春便衣隊之軍械，係關東軍供給。……本館亦曾預戒駐屯軍，勿與賄選之張璧，發生關係，而駐屯軍仍照預定，八日夜間，採取行動。天津公安局早得消息，嚴施警戒，便衣隊計劃遂失敗。

十一月九日——天津駐屯軍司令官香椎浩平公開宣稱：中國保安隊的流彈，傷及日本軍民。因此要求保安隊向後撤退三百公尺，中國當局照辦不誤。

十一月十日——以「建國」為己任的「奉天自治指導部」，在老牌親日派于沖漢的主持下，正式成立。

這個直屬於關東軍的「自治」機構，在七個領導幹部中，只有一個部長于沖漢是中國人；其他的六個如總務課長、調查課長、聯絡課長、指導課長，自治監察部長、自治訓練所長，清一色都是日本人。最後一個職務，是由關東軍政治部主任中野琥逸兼任的。除此之外，他還是自治指導部的顧問，在「部長不能視事時，得代拆代行。」

這個「自治指導部」，因為「來頭大」，所以在東北各縣都有它的分部，「分部長」實際上就是縣裡的「欽差大臣」。他們太上老板，並不是什麼于沖漢，而是關東軍第四課長片倉衷，直接隸屬於關東軍高級參謀板垣征四郎之下。

它在成立後的第二天，還正式發表過一個宣言道：

> 自治指導部之真精神，係恢復光天化日之域，掃蕩過去一切之苛政，及誤解異想糾紛等事，竭盡所能，建設樂天福地之意也。
>
> 夫惡劣官吏，固不可用；而民心之渙散離叛，或反惑失信等行為，更不宜有。不問為何籍居民，須換發大慈大悲之胸襟，注重信義，以相敬相愛之精神，定成今日時代之大業，披肝瀝膽，相見以誠。所謂亞細亞之不安者，今後宜以東亞之精粹光明，使其普被於世界……且於大乘根性無比之地域，傾注全力，創設歷史上未有之理想樂土。換言之，為完成興亞之大業，須具博愛之精神。……至於榨取三千萬民眾脂膏之惡魔，今已傾覆，由此更進而剷滅盜匪。暴政之餘黨則排除之。惡稅苛捐則蠲免之，賄賂之惡習則絕滅之。以如此之物產豐富……更欲發達產業，便利交通，並振興宗教教育等事業，皆須於正大光明之中而進行之，決無偏曲之事也。……本部暫派指導員分赴各縣，凡我縣民，宜各安心聽其指導，是為至盼。

這個「指導部」的工作重點有兩個。一個是起草「滿洲新國家建國方案」；另一個就是創辦自治訓練所，大批地培養各縣的「自治人材」。

「建國方案」裡，一共包括了六項原則：

一、徹底消滅舊政權。

二、建立王道樂土的滿洲新國家。

三、中日滿人協同建立新國家。

四、新國家之政權為民主制。

五、新國家不容許政黨與財閥，控制政治。

六、新國家實行「萬邦協合之王道政治」。

自治訓練所，等於是「滿洲新國家」的幹部訓練團，每四個月一期，每期招收高中畢業生四十人，其中中國人和日本人各佔一半。在受訓期間，除掉膳宿完全免費以外，還由公家每月發三十元的「零用錢」。畢業以後，由公家分發到各縣，去當自治指導員。

十一月十一日——在駐屯軍翻譯官吉田忠太郎的佈置下，溥儀按照計劃，化裝逃出靜園，用日軍司令部運輸部門的「比治山丸」汽輪，偷渡過白河，轉上等著接他的日本商輪「淡路丸」號。

在那艘小汽輪上，和溥儀一道冒險，突過封鎖線的人，一共有：鄭孝胥、鄭垂父子；那繼忠（隨侍）、上角利一、工藤鐵三郎、大谷、西長次郎（船長）、諏訪績軍曹（警衛人員指揮）、日軍十名（警衛）。

在到達大沽口外之後，鄭孝胥詩興大發，還口吟了一首詩道：

同洲二帝欲同尊，七客同舟試共論；人定勝天非浪語，相看應在不多言。

十一月十二日——關東軍向馬占山發出了哀的美敦書，要他：

一、把軍隊撤出黑龍江。

二、本人立即下野。

三、將黑龍江省政權，移交給張海鵬。

四、龍口站由日軍加以占領。

並且限他在二十四小時內答覆。

同日，本庄繁司令通知日本總領事林久治郎：他已經叫板垣制止土肥原偷運溥儀出關的計劃。

同日，天津日本總領事桑島，致電東京外務省報告道：

有一日軍所用之小輪，載便衣乘客數人，日兵五人，自日租界出發。聞廢帝宣統即在此船之內。

十一月十三日——溥儀等在營口登岸。到場歡迎者，全部是日本人。由甘粕正彥大尉負責護送到湯崗子溫泉療養區去休息，而且禁絕出入。

同日，關東軍在哀的美敦書到期前七小時，就已經向馬占山部隊發動了猛攻。

同日，營口日本總領事荒川，向外務省報告道：

淡路丸船長聲述……宣統被脅，潛乘汽車，自日租界至碼頭，由武裝日軍機關槍兩排迎接，乘駁船上深路丸。

土肥原尚在天津，正設法將宣統之妻一併運出。

同日，奉天日本總領事林久治郎，向外務省報告道：

宣統已在營口，將赴湯崗子休憩，軍方允其居住，但不准其作政治活動。……日軍當局有意建立政府。

同日，溥儀在溫泉旅館裡，接見了以前在東北替他活動的羅振玉、商衍瀛、佟濟煦。羅並且自告奮勇，到瀋陽去找板垣商討一切。

十一月十五日——陸軍省自東京，向本庄繁司令官發出訓令道：

宣統如在滿洲組織政府，則世界各國必謂此係日本之計劃。……是故溥儀如即出組政權，將使日本與各國之關係，發生障礙。……外務省正在考慮：如假使滿洲各民族，共同擁戴溥儀為領袖，但其時機須由東京決定。貴軍宜隨時與中央多取聯繫……。

十一月十六日——日本陸相南次郎，在閣議中提議：「准許關東軍進佔黑龍江」。

日本的職業外交官，駐英大使松平、駐法大使芳澤、駐意大使吉田、駐澳公使有田，為了抗議軍人干政，聯名請求辭職退休。

十一月十七日——南京正式任命馬占山為黑龍江省政府主席。

同日，東京參謀本部，第三次行使「臨委參命」的特權，准許關東軍在馬占山拒絕日方要求的情形下，「採取自衛措施。」

同日，日本陸相南次郎向內閣提出保證：關東軍並無領土野心，目的只在消滅馬占山。因此，情願在佔領省城龍江之後，馬上撤兵。

十一月十八日——馬占山部隊，退守海倫。

同日，東京參謀本部發出第四次「臨參委命」的訓令：

關東軍不得佔領北滿，且須將主力部隊，盡速自動撤退至鄭家屯以東之線。

這個訓令，其實完全是被「四大使聯名辭職」逼出來的。

十一月十九日——關東軍在無抗抵的情形下，佔領黑龍江的省城龍江。

十一月二十日——東京派參謀次長二宮治重，前往東北，監視關東軍自北滿撤兵。

十一月十一日——板垣命令上角利一與甘粕正彥，負責護送溥儀遷居到旅順去。在他住的大和旅館裡，非但不準隨便出入；而且連住在樓下的人，都不能上樓。

從這時起，鄭孝胥父子開始和關東軍直接發生了聯繫；成了羅振玉在「包辦對日交涉」上的一個勁敵。

十一月二十五日——東京參謀本部發出了第五次「臨參委命」的訓令：

關東軍佔領龍江之部隊，除留一聯隊擔任守備，在兩週內撤出外；其它隊伍均須盡速自動撤退至鄭家屯以東之線。

為了擔心那些少壯軍人會抗不受命，參謀本部還特別著重地指出：

須遵照指示，切實奉行。倘再躊躇，軍司令官以下人事進退，均將有重大影響。

十一月二十六日——天津日本駐屯軍，藉口辛丑條約上的規定，要求中國的保安隊，撤離天津二十里。一面發動便衣隊，以日租界為根據地，進行軍事挑釁；一面在「行使自衛權利」的招牌下，開炮示威。但結果又在保安隊的抵抗下，歸於失敗。

事後，對事變負有主要責任的土肥原，曾經有切腹自殺的計劃。本莊司令官，除了派人對他慰藉一番之外，還叫他代表關東軍，對留居天津的北洋巨頭，如段祺瑞、曹錕之流，進行訪問，交換對東北局勢的意見。

同日，關東軍以「派兵支援天津駐屯軍」為理由，抽調了一個混成旅團和一個獨立守備大隊，沿北寧鐵路線，向西挺進，直指錦州。

十一月二十七日——東京參謀本部發出第六次「臨參委命」的指示道：

救援天津，南過鄭家屯通遼縣，遼河以西之獨斷行動，不得實行。

接著發出的第七次「臨參委命」指示，是限令關東軍立即將擔任前鋒的一個混成旅團，立即撤回遼河以東。

同一天晚上，又來了第八次「臨參委命」的指示道：

無論當面情勢如何，遼西部隊必須退至遼東，不得遲滯。

十一月二十八日——東京參謀本部，用第九次「臨參委命」的指示，限令關東軍立即撤退的詳情電告。因此，關東軍只得將前鋒的第四混成旅團，調回遼河以東之線。

十一月二十九日——天津日本駐屯軍，向中國當局提出了最後通牒，限令保安隊在當晚七時以前，撤退二十里。結果如願以償。

十二月一日——國聯決定派遣一個五人的調查團，前往東北。日本在國聯十九國委員會中要求：在東北有「剿匪權」。美國表示：這種「剿匪權」，只能以有保護日僑的必要時為限。

十二月二日——日本要求中國軍隊由錦州之線，退入長城以內。中國要求：在錦州中立區，須有中立的保安隊擔任巡邏。

十二月四日——關東軍向營口發動炮戰。

十二月五日——中國正式拒絕在錦州地帶成立中立區的建議。

十二月六日——關東軍司令官本庄繁，向張學良發出「通牒」式的警告，要他自動退出錦州。

十二月七日——美國向日本提出警告：關東軍不得再向錦州方面出動。

日本表示：錦州一帶的關東軍，將撤退到小凌河之線。中國軍隊也應撤至山海關。其實，小凌河離錦州不到十公里，而且都是平原之地。

十二月十日——日本聲明：為保僑起見，不能保證此後再沒有任何軍事行動。

中國聲明：保留捍衛領土主權，要求日本撤兵，要求賠償的權利。

十二月十二日——新任日本陸相荒木貞夫，與新任參謀次長真崎慎三郎，將原駐日本的第四師團與第八師團，以及原駐朝鮮的第二十師團，調往東北，加強關東軍的實力。

十二月十七日——日本陸相荒木貞夫建議，將中國東北全部劃入關東軍的綏靖範圍。經犬養毅內閣一致通過。

同日，日本的貴族院，也決議對關東軍有所鼓勵道：

> 滿洲事變勃發以來，我帝國陸海軍英勇奮鬥，膺懲支那兵之暴虐，克奔奏掃蕩之功……以保衛我同胞之生命財產與帝國之權益，本院應對陸海軍將士忠勇之功勛，致最大之敬意。

偽滿洲國與石原莞爾

莊鵬文

根據九・一八事變前後有關石原莞爾的資料，雖是很微薄，可是從他的生活片斷以及談話中，我們窺測到他橫的一面，並可作對於一個人的廣泛認識。譬如說，包括人格、德性及思想方面更有了深入的了解。茲從山口重次的手記把一部分錄述於後：

反對權益主義

頭一次會見石原莞爾將軍，是在九・一八事變未發生的約一個月前——即昭和六年八月中旬。當時剛自是年四月起開始「滿蒙對策確立」運動的滿洲青年聯盟，發行小冊子散佈，並且在各城市開了國民大會，努力於滿洲內喚起輿論，同時派遣遊說隊前往日本國內。恰好遊說隊由日本回滿洲不久，青年聯盟的幹部被招待與關東軍幕僚在旅順的偕行社舉行了一次懇談會餐。我（山口）們是五個人，軍事參謀長以下幕僚全部出席，高級的日本菜與酒，相當盛筵，會餐進行了差不多的時候便進入懇談，首先金井博士說明青年聯盟的概要，繼後岡田遊說隊長開始演說。

滿蒙問題正進入高潮的時候，其他參謀們是默默地聽取著，單石原莞爾中佐打個呵欠，然後不客氣地說：

「原來如此，滿洲青年聯盟也只是掛羊頭賣狗肉的牌子，還是權益主義者呀！」

下了挑撥的酷評，抨擊金井、岡田的言論，遂發生一場牢騷的舌戰。岡田爭於權益正當論，金井博士努力於條約論。可是石原莞爾中佐的批難是愈深刻。他說：

「結果你們的主義與主張是和一般的權益論無不一樣的，只是稍微講理不一樣而已。張政權的排日是反映日本的權益追求。如果日本沒有想辦法改進帝國主義的態度，中國的排日是無法中止的。滿洲青年聯盟的民族協和與共存共榮也是一樣嗎？」

當時我（山口）借酒反駁石原中佐：

「石原先生，滿洲青年聯盟決不是權益主義者，寧可祈願中國的完全獨立和獲得國際自由，所以自願協力其目的而組織的。滿洲青年聯盟的宣言不是假說的，是真意的。」

石原莞爾中佐憤然的問：

「但是，現在岡田先生的演說，以及此小冊子上所詳細提示的權益蹂躪是什麼？」

我回答道：

「請看這小冊子的第一項目就明白啦，那是結論的。我們主張日本人也同樣地與現住民族為一員，在滿洲能夠獲得平等的生存權，允許我們自由發展。在滿洲的日本人就願意脫離日本國籍，歸化為滿洲國民，協助滿洲為獨立國家。便放棄治外法權、鐵路、旅大的權益，而來為民族協和，建設中日親善的理想境界，這都是我們所主張的。這些話決不是應付場面而說的，更不怕貴官方之憤怒的真言！因此，滿洲青年聯盟開會時每次都是提示滿蒙獨立案及審議，已有三年，這就是最好的證據。亦昭和二年六月發行之滿鐵機關誌「協和」誌上，有一篇題為『三十年後的滿洲』論文中，論及滿洲的獨立和權益的放棄，便知道的。」

可是，話說來說去石原莞爾中佐的反對權益主義是非常強烈，把議題籠統地收場時說：

「關東軍雖然微力，但不出兩日可擊滅張軍閥的準備及決心。不過我們是武辦，不懂政治和經濟的建設。假若沒辦法跟著續後者政治經濟建設，戰事是變為無意義無名無益的。在滿機關和在留日本人是權益主義者，沒辦法信賴！」

我急忙地接著回答道：

「滿洲青年聯盟雖是無力，若是發生事件，三千會員不論事件的成功與否，為滿洲國的建設宣誓獻身！」

當時感於大言壯語，但預料不到的，僅不到一個月，這些話就變成事實。

石原式軍紀

山口重次的手記中，有一段文字是賞讚石原莞爾的嚴正軍紀的事實記述。它寫著，滿洲人如何對石原莞爾的仰慕和對於在滿日本浪人的態度與看法是不一樣的。因此，後日不滿石原莞爾的這種作法的日本人及他被一部分的日本人嫉妒而敬遠，不能不說沒有原因的。

滿洲事變的翌日，本庄繁司令官發出佈告，其中有一節文字是這樣寫著：

「我軍只是膺懲東北軍權，對國民的休戚本職最注意苦慮之處，特令部下擁護其福利和愛撫其身命。」

這佈告以實際嚴格的軍紀實施，故受一般民眾所敬仰。尤其是昭和七年十二月，北滿水災救濟對策時，敬慕石原莞爾王道政策的訥河縣民便派縣民代表來請願。要求派日本軍隊駐屯，並且願意付出月薪一人五十圓，由他們負擔。接到這個要求的關東軍非常驚喜，同時覺得不安。便問：

「現在，你們遭水災而困憂，說沒有物資，沒有金錢，沒有食糧，那裡有辦法出錢派日本軍隊駐屯呢？」

代表們說：

「有的。說老實話，金錢、物資都有，大家都把它隱藏起來。假若沒有這樣做馬上被匪賊、巡警掠奪，所以不敢拿出來的。假使派遣日本軍隊駐屯，不但是匪賊，連官吏、巡警就不敢做壞事啦。這樣，我們就能夠安居樂業做生意，所以大家派我們來請願，這比什麼金錢、食糧更要緊，更有價值的最理想的救濟策了。」

這種信賴到處都有。這民眾的信賴在政、戰兩略上無不成為偉大的力量。其泉源是石原莞爾中佐的王道精神。（日本向李頓調查團提出報告說：「滿洲建國是必然性的，是民族自發的獨立運動」。這種想法，大概也有出於山口重次手記所說的那樣傷感觀念而形成的——作者）

又。到奉天不久，有一次接宴招待軍的幕僚們，答謝曾在旅順受惠厚宴之誼。可是筵席上來了所有的參謀，卻不見石原莞爾中佐，大家皆是騷然地覺得困惑，是否這舉動受石原莞爾中佐不贊成或不高興。板垣征四郎大佐說：

「不。不必憂慮，石原中佐自從事變以來，絕對不出席任何宴會的。」

這位將軍向來絕對不飲酒，不抽菸，不上酒家，不犯女性的清淨潔白的正統軍人，說來沒有人會相信的，卻是事實，在日本名士中唯一無二的聖人。無疑地後日稱為怪英雄式的東條英機也不在石原莞爾的眼裡啦，連近衛文麿只聽到石原的名字便改變態度，《潛行三千里》的著者辻政信也受了石原莞爾的指導開了眼。當時石原莞爾中佐警告參謀們說：

「我對你們的飲酒玩樂是不會禁止。不過，要去遊玩時穿私服用私費是沒有關係的。但是穿著軍服上酒吧，對於自己的軍隊兵士們，在軍紀上絕對禁止！」

也有一次對板垣征四郎大佐忠言道：

「在民間已有這樣的流言傳佈，說關東軍的參謀天天浸在酒吧裡花天酒地，負於義務的兵士們卻在北滿洲的雪原裡凍餒堪虞，如有這種情形產生，一軍的軍紀是無法保持的。」

又北大營事變後，發生了一件日本兵凌辱中國婦女事件，所屬隊長及司令部，顧到這位兵士的功績，擬決定赦免寬大處置。可是石原莞爾不原諒了，主張嚴罰。並說：

「在戰爭的初期，把斯事件變為有耶？無耶？造成軍紀的頹廢之因。皇軍不愧是皇軍，揮淚也要斬馬謖。」

因此，免費協助軍也有違反行為者立刻追放，或漁利利權者絕對不給予接近司令部。並在奉天，東北軍閥、官僚逃亡時所放棄殘留的莫大物資，除軍需品外，不准日本軍人和日本人觸手，但全部引渡中國方面的送產委員會處分。日本軍進駐奉天後，奉天的官署、官舍足夠軍的利用，但石原莞爾中佐卻向東拓支店借了二樓三樓做軍司令部，其他兵士們安排於瀋陽館住宿。石原中佐的意思是：

「不要在中國人的眼裡，有佔領色彩。」

並有這樣的插話（Episode）同時流傳，那是軍經理官去東拓支店付帳時，支店長拒收說：

「別這樣，東拓向軍取宿費，這件事被人知道了我們不敢見人的。」

經理官說：

「不。軍只使用民屋而不付錢，這等於與軍閥同樣。所以無論如何一定要接收軍的意思。」

便付清了帳。中國國民是經過悠史的歷史訓練結果，對於良正的軍紀軍隊是絕對信賴服從的，相反地對於惡政決不屈服的民族。所以，石原式的嚴肅軍紀，受一般民眾的信賴和歡迎，這就是石原莞爾在滿洲的成功和勝利。

朝按：石原是王道侵略者。必須知道：人道的毀滅也是毀滅，是非人道的。

石原佔領說與實際

我們更進一步了解石原莞爾，看他怎樣處理九•一八事變的「處理方式」。據山口重次說：

石原將軍主張佔領說是事實。昭和六年十一月十八日大興戰爭後，在齊齊哈爾的龍沙大旅社與石原將軍晤談了半天，我（山口）反對石原將軍的佔領說，主張獨立國家說。議論結果，始知石原將軍的佔領說內容，並不是普通觀念的帝國主義的佔領，是另外一種的。石原佔領說——「日本以武力保證滿洲的國防與治安，推出三千萬民眾所能信賴的政治家來實施簡明直截的王道政治，然後軍與民眾互相監視善政，軍不可干與政治」的方式。這可說石原將軍所信仰的接近佛陀的理想聖人政治，與一般通念的佔領政治完全不一樣的內容。處理方針已確定獨立國家後石原將軍的德政實現的信念毫無不變。

昭和六年初冬，在奉天官場開始抬頭新政權的問題時，朝日新聞支局長竹內文彬氏主辦了一次日滿要人的懇談會，在其席上石原莞爾中佐發表意見說：

「關於在滿洲要樹立怎樣的政府，關東軍是沒有任何意圖和計劃。所以三千萬國民和代表國民的諸君要自己議決和計劃就好。由於石原個人的希望是，假如滿洲真的能夠樹立一個實施王道的政府與日本親善提攜，我們擬撤廢兩國間紛爭的禍根——不平等條約、治外法權，並且把南滿鐵路改組共有，也把旅大的租借權以祝福滿洲建國贈呈新國家的打算。」

事實上，戰後站起來的中國要人，每一個人都有共同的對於關東軍底意圖是懷疑的。所以，石原將軍的這些話便一掃了之他們的疑惑，遂促成他們決心蹶起底原動力的偉大結果。對這個于沖漢曾流淚感嘆說：

「石原先生是最會做生意的人，他把像帶子的附屬地與全滿洲取換。假如繼續履行不平等條約是沒辦法消除三千萬民眾的反抗意識，相反地把它放棄，民眾是無條件信服的。」

這樣，石原莞爾將軍是始終一貫誘發了滿洲要人的自主自營，時常阻止軍的政治干涉，他勸戒說：

「軍為國防治安是必要提示大綱，但是其他一切要委任他們自己去處理。稍微拙笨或遲鈍也沒有什麼關係，那是大陸民族性所致的。干涉的失敗比不干涉的失敗更大更厲害的。」

又齊齊哈爾攻擊戰未開始之前，石原將軍向哈爾濱的軍閥——張景惠、李杜、丁趙等通電，促他們蹶起說：

「關東軍近日中將粉碎黑龍江軍，貴官若有希望趕快掌握省政權的措置。」

一樣的情形不只是向北方軍閥，對所有軍人、政客也如此的誘導。

剛才說的幾些原因，將潛在的釀成了滿洲獨立的氣運與反對張政權之勢。故屬於奉天的文治派，吉林、蒙古的帝制派等將領或政客，便呼應站起來。亦代表一般民眾的全滿商務會指導者們，也協力歡迎設立新國家。所以，事變發生後僅五個月，新國家便成立了。建國後其國政的整備，產業經濟的發展好快地展開。

偽滿洲國的建立

根據一般歷史學家對滿洲國成立經過說：自從日本發動「九．一八」事變以後，國民政府一方面向日本交涉，促其撤兵；一方面申訴國際聯盟，請求協助。國際聯盟屢次議決日本應當撤兵。美國也再援用九國公約照會日本，促其注意國際公約的義務。但日本軍閥並未曾把國際聯盟看在眼裡。民國二十一年（一九三二）三月，日本特務首領土肥原賢二更從天津挾持清遜帝溥儀到東北，組織偽「滿洲國」，把溥儀稱為執政，在長春成立了一個偽政府。一九三三年一月，日本軍又攻入山海關。是年三月，日本軍佔領熱河，進攻長城各口。我方奮勇抵抗，但因實力懸殊，各處先後失陷，日本軍進入灤東，威脅北平。後來由英公使調停，在五月底簽訂塘沽協定，劃灤東為非武裝區域，中日雙方各將軍隊撤開。但灤東實際上已被日本傀儡所支配。

當日本軍進攻之時，國民政府屢次提出抗議，並曾請求國際聯盟予以緊急處理。國際聯盟雖然通過了十九國委員會關於中日爭議報告書，聲明東三省為中國領土，但未有實際的制裁行動，因此所通過的決議仍然無用。這時日本軍閥更為凶橫，竟宣告退出國際聯盟，並且積極扶持偽「滿洲國」。國際聯盟雖然通過關於不承認「滿洲國」辦法的通告，可是日本並不理會，繼續向華北作軍事及政治方面的壓迫。

不過，我們必須要探究日本人對滿洲建國的看法、想法是如何的錯誤。如下：

滿洲的建國，必然有其建國的重大要素。不過是關東軍在軍略上作了動機，和在政略上有了適切的誘導而已。所以關於滿洲事變的原因與滿洲建國的原因是完全另外一回事的。

有史以來，滿洲是由渤海、遼、金、清形成為一個國家，與中國是無關係的。拿一個例子來說，在中國革命以後，事實上滿洲也以張作霖統治，完全是成為獨立國家。所以，從滿洲的地理上、經濟上及民族等諸要素與環境來看，必然是形成為一國家的。按照當時的狀況來說，在地理上滿洲的國際環境是被蘇聯與日本兩大強國夾在其間，然而國內是被蘇聯與日本的權益分割為南北，當然與中國本土的情形是不一樣的，故它對於這兩國是採取特殊的外交政策，不然的話，連一日都不能保持滿洲安全的情勢。然而當時的中國外交是打倒日本，同時打倒共產黨。由此看其外交政策，滿洲是與中國走別個的途向。所以然，滿洲文治派主張「保境安民」。

從經濟關係來看，滿洲是莫大的資源國，僅農產物大豆的產額來說，其產量是佔世界產額的六成，年生產額四百萬餘瓲（編按：日本重量單位，即「噸」）的輸出，而其耕地是還未達到可耕未墾地的一半。木材三十六億立方米，煤炭二百五十億噸。礦鐵二十億噸的資源，至今未動的殘留著。此資源地是自鐵路開通的一九〇二年以後逐漸開始開發的新開地，這與中國五千年來已掘盡的人口過剩而食糧不足的老大陸情形完全不一樣的。故滿洲人民的希望是能夠避難內亂，延長鐵路，開發無限的資源，振興產業，圖謀富強。然而在中國大陸革命以來內亂又內亂踵接而起，不顧邊境的滿洲，實在中國的不統一，阻礙了滿洲開發的癌，因之，醞釀滿洲人民與中國分離成立一國家的重大原因。另一個重大原因是民族問題，滿洲本來是蒙古、朝鮮、滿洲民族的故土，漢民族的移住是近年的事。因而，與中國國民黨的構成及社會組織的情節是不一樣的。以中國民族主義政治也不能維持著和平的實情，在這種情形下，滿洲的獨立是必然性的。如上述的特殊情形下，它依著張作霖形成滿洲王國。可是張軍閥不能滿足滿洲地域，對肥沃的中國大陸是有野心的，所以趁機出兵侵入中國大陸而捲入中國的內亂。張作霖的這種行動及作法就引起文治派王永江等反對，他們一方面反對張作霖，另一方面主張「保境安民」運動——即獨立運動。滿洲人民如此待望著軍閥的沒落與救世主的出現。這種思想與許多因素慢慢地深入一般知識階層的心底，萌芽著，識者秘密地等待時機的到來。這就是滿洲獨立建國的根本要素和基盤。（大意如此）

從這裡我們已看出日本人對於偽滿洲建國的必然性看法、野心、解釋與對李頓調查團的採取獨斷的理由之報告。那麼，我們必須探究偽滿洲國建立的真意和經緯及發展作個深入的了解。

偽滿洲國的建立，含蓄著許多因素而結成。日本大陸先行論，遠在日俄戰爭時已種下了種子，彌漫地，蔓延地碰頭而結合後清殘黨而引起玩火來，致使造成後日偽滿洲國皇帝——溥儀的悲劇命運。

這位註定了悲劇命運的人物——溥儀，在他的生涯接二連三供人播弄，自尋沒趣，晚年遭悲慘生活，最後不免以悲劇終局。他所遇的全是張牙舞爪的人物；第一個利用他的是慈禧太后那拉氏；第二個利用他的是張勳；第三個利用他的是日本人；第四個利用他的是毛澤東。

溥儀自辛亥的農曆十二月二十五日遜位之後，一直深居宮禁；十三年後，就是他十九歲那年，即一九二四年的農曆十月九日，始為馮玉祥所逼走。但段祺瑞入京之後，情形總算緩和了許多。溥儀還有意留在北京，覓屋居住，並派柯鳳蓀商購裱褙胡同盛伯羲（昱）過去所住的房子；但莊士敦（Reginald Johnston，溥儀的英文老師）勸他到外國留學。溥儀心想移出醇府後再作打算，和莊士敦、鄭孝胥、羅振玉等商量之下，以馮玉祥因段祺瑞、張作霖合作，負氣辭職，尚居西山，那一天他們決裂了，事情便更麻煩。之後設法到東交民巷尋求政治庇護。於是在移居醇府的第二十四天，即一九二四年十一月二十八日，同莊士敦坐汽車到麒麟碑胡同。翌日藉口看房子，繞道到東交民巷，溜進德國醫院。因莊士敦先向英國公使館商洽暫住，英公使馬克萊婉拒，最後由鄭孝胥向日本武官竹本大佐接洽，始住進了日本公使館。溥儀的投入日本公使館是偶然的，並沒有預謀，也不是出於日本人的誘脅。當時的日本公使是芳澤謙吉，侍童是李體育，御者是王永江，同車的是王小龍等人。在德國醫院時，莊士敦、陳寶琛、張文治的主張，是擬投英國公使館或荷蘭公使館的；由於鄭孝胥臨時的獻策，才改投日本公使館。鄭孝胥的霸道，陳寶琛的持重，與溥儀的冒失張皇，毫無主張，皆躍然如見。如果鄭孝胥當日不到德國醫院，或即使見了而其請投日本公使館的建議不為溥儀所接受，則後來的一切，便無從發生了。

這班遺老們雖是包圍溥儀左右效其愚忠，但作風不同，居心各異，陳寶琛、胡嗣瑗、朱益藩是屬於保守的，他們只在維護溥儀的安全與尊榮的保有，不希望輕舉妄動，自蹈危機；鄭孝胥、鄭垂父子和羅振玉、羅福葆父子都是走極端的一派，可是鄭、羅之間也有不同。鄭孝胥一心一意策劃復辟，要想把握時機，向外國求支援，以實現其「後清」的企圖；羅振玉則主張一面倒的倚賴日本，在溥儀祖宗發祥地的滿洲，成立一個帝國。羅振玉曾極力主張溥儀赴日求學，目的便是想把溥儀日本化了，他和台灣籍的謝介石勾結甚深，關東軍方面便是謝介石在奔走。

據中保久作之「滿洲國皇帝」記述：

溥儀在日本公使館匿居了不到三個月，大正十四年（一九二五）二月二十三日夜八時，又在日本公使館所派的池田政次及羅振玉父子、鄭孝胥的掩護和伴同下，逃往天津。抵津後，日本總領事迎住大和旅館。次日，池田政次夫婦又伴同婉容后及淑妃文繡到津，與溥儀相見。

在這裡，我們可注意三件事：第一件是，鄭孝胥曾回上海過年，並急急把滬寓的海藏樓賣去，以圖作「一力迴天」的政治老本。第二件是，羅振玉趁鄭孝胥不在，聳以危言，攛掇溥儀出京。第三件是，溥儀居日本公使館時，日公使芳澤謙吉雖竭誠招待，終擔心責任之重大，與中國方面的誤會。當溥儀歡渡其二十歲「萬壽」那天，近臣遺老們六七百人，還分班朝賀，高呼三唱萬歲。大概芳澤謙吉也感到這班庇護的君臣們太胡鬧了，怕引起麻煩，而首當其衝的還是自己，因示意羅振玉，叫他向溥儀建議，搬去天津日租界居住，將來計劃到日本去求學。這一點正合羅振玉之意，遂向溥儀報告，並加油加醋地說，日本人得到情報，馮玉祥和過激主義份子，將有不利舉動等等……。溥儀在驚懼和好奇心理支配之下，果然同意，於是君臣們便積極地籌劃秘密出京，在日本公使館安排下，派書記官池田政次護送，一面通知天津總領事吉田茂、和他們的天津駐屯軍及日本租界警察署長到天津站迎接。池田政次書記官送溥儀上車後，至豐台時，便轉車返京向芳澤謙吉交差。溥儀在大和旅館住了三天，即搬入張園這一天，芳澤謙吉在華文的順天時報發表一項類於「撇清」聲明：

本公使館滯在中之前清宣統皇帝，於二十三日夜，突然向天津出發。本館即於二十四日午後，將此事通知段執政及外交總長，備作參考。原宣統皇帝懷有離京之意，早為執政之政府所熟知，而無何等干涉之意，又為本館所了解。但豫想迄實行之日，當尚有多少時日，不意今竟急速離開北京。想因昨今一二新聞，頻載不穩之記事，致促其行。

芳澤謙吉真的有一套，把一責任推得乾乾淨淨。從這年二月二十六日起，溥儀和其妻妾，留在天津，達六年之久。先住張園，後來又搬住靜園，都在天津定居。直到一九三一年十二月，在日本人劫持與漢奸特務的恐嚇下才赴滿洲。不過復清及滿洲獨立的計劃已在天津這段時期露面；溥儀到天津後，本擬即日赴日本的計劃，船位亦託由池田政次備妥，而因京津遺老的苦諫力阻，又不得行，遂寄居張園「行在」。那時鄭孝胥已從上海北回，胡嗣瑗、楊鐘羲、溫肅、景方昶、蕭丙炎、陳曾壽、萬繩栻、劉驤等人，都趕到了，他們在張園裡，又在組織小朝廷。總務處由鄭孝胥、胡嗣瑗擔任，收支處為景方昶，交通處由劉驤，內務府大臣，由「國丈」榮源辦差。封官頒爵，行旨贈謚，不奉民國正朝，仍用宣統十×年號，以蒙塵天子姿態，掛著「清室辦事處」招牌，他和一后一妃，逍遙自在過日，大約感到此間樂，不管赴英或赴日統統置之腦後了。在天津那段時期，溥儀比在紫禁城裡生活自由得多了，吃喝玩樂隨心所欲，更學會了馳馬、玩槍、打網球、打高爾夫、照相等等。所以，自被逼移出宮禁之後，又從他的臣下們轉從日本人方面所得的不盡不實的情報，由怨憤恐怖交織而成的反動心理下，並且再看日本人不論外交官軍警界都處處對。那證據就是他曾派羅振玉向板垣征四郎請求助他復辟。溥儀對這宗事，答事久記不清楚。後來，日本人又提出一封信，信的日期是一九三一年十一月一日也就是在「九・一八」後兩個月。信係給南次郎陸相，下印宣統帝的玉璽，並有鄭孝胥的副署。信的內容是他痛指「中國國民政府暴政」，自請起而拯救國民，圖日滿的合作。溥儀看了那封信後，突然大聲喊道：

「這是偽造！日本要負偽造的罪！」

並說：

「我到旅順不久，關東軍司令官本庄繁大將派參謀板垣征四郎大佐到住處。大概會談兩個小時半，板垣大佐說到在東三省的張學良舊政權，因為對人民施惡政加壓迫，所以陸續發生各種事件。這對日本的既得權，也有惡影響。由之，把舊軍閥逐離東三省，圖人民的幸福，樹立新政權。這些話說是奉本庄繁司令官的命令。說，我是滿洲人，請為新政權的領袖。日本則表示對東三省全無領土的野心，要樹立完全獨立的政權。板垣大佐要求成立新政權，應採用日本人官吏，與滿洲人同為官吏。我拒絕，拒絕時板垣大佐的態度非常不滿。之後，曾與顧問鄭孝胥、萬繩栻會議。聽到顧問說：板垣大佐也和那兩人會見過。如拒絕關東軍的既定方針，關東軍就用斷然的手段，就有生命的危險。那兩人與另一顧問羅振玉，勸我接受板垣大佐的要求。因此，後來不得不的環境下並不拒絕了。當時日本軍的壓迫，任何民主國家都阻止不了的。我個人也無力抵抗，不得已就接受了。」

其實溥儀到旅順後，先在湯崗子溫泉，後移旅順大和旅館裡，不讓對外接觸。在這裡，溥儀見著了羅振玉、商衍瀛、佟濟煦。羅振玉給溥儀請安後即刻告訴他說：「我在和關東軍商洽建國的事。」並在溥儀面前拍著胸膛保他回滿洲做皇帝，原以為有熙洽這筆資本和日方談判不會不通的。那知石原莞爾、片倉衷等與于沖漢所擬的民主政體，使他交不出卷來，好生尷尬，因此僕僕於旅順瀋陽間，找板垣征四郎去商量。另一方面鄭孝胥利於有個日本通的兒子鄭垂，當然知道日本人這時心在忙亂中，瀋陽事變，震動世界，日本在國際上處勢孤立，關東軍內部對於採取什麼形式來處理溥儀，意見是不一致的。看了這個，鄭孝胥父子對羅振玉的包而不能辦，暗地笑著，一面也在和關東軍接觸。在羅振玉、鄭孝胥兩人勾心鬥角之際，當時的溥儀關心的只是要復辟，他也不清楚日本人要用什麼方式來統治這二百萬平方里的滿洲，一心只在「復位以正統系」，要他們承認他做皇帝。

於是板垣征四郎和溥儀們商得幾項協議：一、關東軍保證滿洲國成立後，至多一年，改建帝國；二、滿洲國元首暫稱執政，但溥儀在執政府宮內，仍可用皇帝體制；三、日本政府正式承認滿洲國，由關東軍負責於近期內達成；四、滿洲第一任總理，由鄭孝胥擔任。

板垣征四郎得到了上項成果後，便趕回瀋陽，報由關東軍立即通知張景惠們的新政權準備委員會積極籌備，並決定於一九三二年的三月六日，舉行滿洲國的開國盛典。這個時候，在旅順的溥儀也公開露面了，包括接見了關東軍司令官本庄繁，關東州長宮山岡萬之助，滿鐵總裁內田康哉等一干人。

所謂「建國大典籌備處」，由熙洽兼暫督辦，孫仁樂任幫辦，改稱長春為「新京」，徵用原吉黑榷運局為「執政府」，先期已加以裝修改建了。一九三二年三月七日溥儀和其妻婉容坐著南滿鐵道株式會社特備的專車離旅順，八日抵長春，準備九日粉墨登場。

九日就職，張景惠捧「奉戴書」，臧式毅獻上執政印，鄭孝胥讀執政宣言，內田康哉致祝詞，羅振玉代讀答詞。儀式完後，即發表鄭孝胥為總理，寶熙為府中令，張景惠為參議府議長，趙欣伯為立法院長，羅振玉為監察院長，以謝介石、臧式毅、熙洽、馬占山、丁鑑修、馮溜清、張燕卿分長外交、民政、軍政、交通、司法、實業等部。這樣滿洲國算是獨立了。

可是在遠東國際軍事法庭溥儀頻頻地說：

日本要人時常對我說，最初關東軍司令官武藤信義元帥說，將來改為王政。次年，菱刈隆大將說，改為帝政。尊重滿洲的政權，全無領土的野心，希望改為似日本那樣的帝政。天皇的地位與滿洲國皇帝的地位，完全平等。其實表面上滿洲國是獨立自主之國家，事實上是關東軍幹的。大臣全為中國人，次長大概為日本人。所謂大臣，不過是裝飾品，內中日本人的次長操縱行政。這兒，就說行政吧。關東軍司令部之中，有司令官，一切事由參謀長經司令官而行的。參謀部中的第四課，主滿洲之事。滿洲國政權中，權限最大的是日本的總務長官。他的權限，超過總理之上。一切的勅令或國務院令，全以總務長官為會議的主席。第四課長，任副主席，與有關的次長，開秘密會議。我們稱之為「火曜日會議」。該會議之後，各部次長，起草關於擔任的事，要得關東軍的承認。經過承認之案，是不能動的。這樣，得關東軍承認的案，為決定案，送國務院，名義上經皇帝或部長的批准。其他小事，日本人的次長任意為之。在會議上，中國人完全不能反對。如有反對，總務長官就說，這是既定方針，連聽也不聽。總之，反對是有生命的危險。由之，滿洲國的中國人，抱著恐怖心，閣議與省長會議等，一句也不能說。此後，吉岡中將，又奉關東軍之命來監視我。

這是溥儀的述懷和苦衷，不過偽滿洲國因此成立了，溥儀也先由「執政」變為「皇帝」。這一國家遂變為當然是傀儡政權，而不是獨立的。田中隆吉以服務偽滿洲國並板垣征四郎們友人的身分，有下面的證言：

滿洲國，依一九三二年九月所訂之日滿共同防衛條約，顯然地，是受日本的統治。根據那條約，關東軍具有滿洲國內面指導權。本這種權利，關東軍經過總務廳，依日本的欲求，又同時為滿洲國民的幸福，而控制政治經濟。總務廳的主要位置，既悉為日本人所佔，依日本所欲的統治，是容易的。經濟、政治的根本，是人事。人事異動，以皇帝之名而行，不得關東軍的同意，是不行的，由之，滿洲國政府所施行之政治、經濟、金融，依日本所欲，又依日本所認的滿洲國民幸福，受總務廳而統治，但，由於內面指導權握於關東軍，所以可說是受關東軍的統治。說到國防，滿洲國的軍政部，以日本將校為顧問，與關東軍有密切的直接聯繫，取共同的防衛。因之，滿洲國的軍隊行動，依日本的關東軍的希望而行動。

事實上，我們可由偽滿洲國的文獻，指出無數的證據，證明偽滿洲國的一切設施，都受關東軍的指揮。就經濟建設而言，滿鐵經濟調查機構，曾存下無數「極秘」的文件（同樣的文件請看辻政信著《開眼》便知），指明：偽滿洲國成立前後，早由該機構與關東軍特務部開了無數次會議，決定日本怎樣處於領導地位，和偽滿洲國應如何設施才可刺激日本工業的發展，及防蘇俄。可是按當時的滿鐵，分為兩派，上級職員不滿少壯軍人，下級職員多協助關東軍，在佔領滿洲後，從事政治、經濟等工作。據參加自治指導部工作的笠木良明（他是行地社的社員，與少壯軍人有政治上的默契）說：

遊說遼寧省獨立，啟蒙各團體的活動，須發頓令和指示，又宣言滿洲及熱河全省脫離中國獨立的自治指導部，於九月下旬組成。該團體的主要目的，是給那獨立運動的發展，給與指示與助力。團體的負責人，中國人為于沖漢，但佔全數九成並居於最負責地位的，卻是日本人。……當初，對於獨立的形體，並無一定的計劃。該團體所需的錢，由關東軍撥付。我們與關東軍保持密切的協力，我們的一切政策與活動，都須得軍的承諾。

板垣征四郎大佐主持該部。石原莞爾中佐擔任策略，土肥原賢二大佐在奉天主持特務機關。哪一個中國人對我們的計劃，表示好意的情報，多由土肥原賢二大佐的機關供給。昭和七年（民國二十一年）一月初，自治指導部發表聲明，明示：東北諸省，面臨直接發動在滿洲及蒙古建立新獨立國家的大國民運動。又懇請各省的人民，顛覆張學良元帥，參加自治指導部，為改善人民的生活狀況而協力樹立新政府。昭和七年二月十八日東北諸省，即奉天、黑龍江、吉林省及承德，發表獨立宣言，宣佈與中國國民黨及南京政府斷絕關係，樹立新政府。

自治指導部在各省中，對獨立運動的構成，演重大的任務。結果，樹立所謂滿洲國的新國家。昭和七年三月九日，立溥儀氏為執政。

這是笠木良明在遠東國際軍事法庭的證言。同時，幣原喜重郎（他在五‧一五、二‧二六事件中，幾遭殺身之禍，想不到會活下來，因為他被當日少壯軍人，右翼思想家痛罵，他被罵的理由，在於他的「協和英美」的外交政策。）和犬養健（前日首相犬養毅之子）也做了證人。幣原喜重郎說：

滿洲事變行動的負責者，在法制上並無明文。依我的見解。那除由南次郎陸相負責外，沒有別的方法。

犬養健作證說：

滿洲事變發生後數月，父（犬養毅）任內閣總理朝見陛下（日本天皇）。決心向陛下進言：用勅旨令軍隊撤離滿洲。父的政策，是反對承認傀儡的國家。因為他認為那一承認，是侵害中國的主權。熱心解決滿洲問題的父，暗中秘密地派萱野長知（孫文先生的日本好友）赴南京與蔣委員長交涉。該使者用密電聯絡，不幸為軍部所捉而失敗。

此證言我們值得注意兩點：第一點是犬養健陳述日本天皇是反對佔領滿洲；第二點是犬養毅首相的

政策，與田中義一內閣完全不同，希望與中國國民政府合作。可是根據角田順之「石原莞爾資料」一書中，有一段文字是這樣寫著：「九・一八事變後，十二月中旬民政黨的若槻內閣倒亡，繼它的是，以犬養毅為首相的政友會內閣，擁有森書記官長和荒木貞夫陸相的此新內閣，異常傾於滿洲新政權的成立，於是在十二月二十三日由陸軍省部便有發佈『時局處理要綱』案，續之，翌年一月由陸、海、外三省關係者之間協定發佈『支那問題處理方針要綱』案等，確認滿洲國獨立。」這些文字便推翻了犬養健的證言。不過犬養建勉強地繼續說：

在父拜受大命舉行親任式前，曾與元老西園寺公會談。這是當時的習慣：總理的任命，須與西園寺公會商。西園寺公傳陛下的心境，即不使有軍支配日本政治的形式。這時，西園寺公與父的談話內容，報紙及雜誌傳說西園寺公勸父成立聯合內閣，那是錯的。經親任式的任命後，父拜見陛下還說同樣的話——他如此對我說。這宗事，今日雖無物證，而我父對我說的話，決不會撒謊，算做根據之一。還有一個根據，是元老的秘書原田男爵，後來屢對我說同樣的事。由之有了兩個根據。此後，父曾把朝見的情況，與西園寺公談及。依原田男爵的話，父抱非常的決心，並動容地上奏。由我的印象說來，父有賭命以副陛下之言的決心。其時事變相當擴大，擴大的原動力，如屢次說到的，是無力抑壓陸軍者或參謀本部等上層的軍人。事變根本解決的方法有二。其一，朝見陛下，奉勅旨，或換句話說，以陛下自己的命令，停止日本軍超越條約之外的行動。……父每日每晚考慮著。結果認為除奉勅旨外，沒有別的方法，並曾與犬養內閣的法制專家前田國務相談到它。

後來，我父上奏：不能創造滿洲國，日本軍隊此後應退回既定的駐屯地。前說奉勅旨的事，是直接上奏呢？或是由內閣大臣上奏呢？或由於與前田國務相會商後，避免直接上奏呢？那是不明白的。可是，無論如何，父的準備，即請賜勅旨的準備，確信已有九成。此時，陛下對父說：「若使陸軍對卿的意見，有所反對，卿究取何種的態度呢？」父答道：「全部的陸軍，雖然反對，臣之意見不能退讓。」這是父下朝後對我說的。

當那些朝見中，陛下曾特別說到，早些使滿洲事變限於最少限度，與中國負責人商根本的、永遠的和平政策。這也是父直接對我說的話。這些事，如我的記憶無誤，是在昭和六年十二月十三日，也就是在內閣成立後約十日左右。

又說：

萱野長知秘密赴南京的事，是父與中國當局作具體談判的準備。由於萱野長知是中國國民黨要人的好友，可以完成那一使命。那個使命是日本軍隊退後，中國軍隊也不前進。後來，萱野長知平安抵達南京，並以密電與我通訊。依電文，蔣委員長對父的計劃，可以考慮，並擬派當時南京政府的司法院院長居正為特使。但曾電詢日本方面的大使是誰呢？依父的決定，是父的好友山本灸太郎（曾任滿鐵總裁，當時政友會的長老）。這覆電去後，我與萱野長知的密電突然斷絕。這時，森恪（政友會的要人）喚我去，說：「你與你的父親，不是暗地背我們與蔣介石有所商議嗎？這宗事，陸軍非常地憤慨喲！」

因為當時的軍部，恰似不羈之馬，非犬養毅及其政友會所能拘束的。也許為著那一原因，後來犬養毅被少壯軍人刺死。

《開眼》

我們明白了偽滿洲國獨立的情況。可是，獨立後的滿洲到底有沒石原莞爾所想像的那樣民族協和、王道樂土的國家呢？見過政信大佐之著《開眼》兩篇（〈先覺者的指導〉〈協和會工作〉）便知。

〈先覺者的指導〉

二‧二六事件後，被派補關東軍參謀。沒想到常在夢見的大陸，正式奉職而行，真是一大幸福。

新疆旅行回來翌年八月，由參謀本部轉職於陸軍士官學校擔任中隊長。當時發現所謂「革新派」將校的原形，那是從櫻會以來感於厭惡的，正醞釀出一種妖氣，就是說叛亂前夜緊迫的空氣中，便到市谷台的士校，決心在這裡能夠獻出微力也從不純的陰謀中保護學生。當明明白白抓到了陰謀的確證，而挺身防止其行動，那是二‧二六事件前年的事。可是時不利，卻被誤會「誤指導學生」的理由，受處罰重謹慎三十天。期滿同時奉令到水戶聯隊履職，在這一年中忘記了一切，與青年將校從事本務的精進，正這個時候不幸！一年前所預言的事件發生。就是日本未曾有的二‧二六叛亂事件發生。因此，過去的黑白顯然地露出大白，從被告的立場變為原告，獲得勝利！是年奉命秩父宮殿下（日皇的第一位弟弟）隨員，赴大陸滿喫了大陸的空氣，大陸！在五年之間有如何的變化呢？是九‧一八事變發生三年半後的滿洲！軍司令官植田大將是上海事變的師團長，板垣征四郎參謀長是與石原莞爾將軍衷心尊敬的人物。這樣在惠厚的上官之下，任官以來一日都不能忘記的大陸，始達成宿願踏入了第一步。

「到底滿洲國是何物？

是否獨立國？

為何說『日滿一體不可分』，它究竟是何物？

假若與日本不可分，那是等於日本的一部分是沒錯的。所謂獨立國，當然是日本以外的事才對！」

疑惑，包圍著不能解脫。連明晰的理論也變成矛盾，這應如何來解釋呢？是一件最重要的課題。於是到任後，就把藏於金庫內的所有機密政略日誌，以及其他資料徹底統統看過。此種資料是於九・一八事變當時片倉衷參謀所寫的，是關於滿洲帝國成立的經緯很詳細記述，又赤裸地記錄著。印象最深的幾點，如下：

一、滿洲國在外形看來是一個獨立國家，但是本質上軍事、外交、經濟各方面，均是干與滿洲國構成的中心份子日本人在運營得有利日本利益的一致。故從「內容的」看來有血緣的聯繫。究竟不可分就是其內面的構成，獨立國就是外面的表現。

二、滿洲皇帝以日本天皇之心做其心，所以除天皇意志外無皇帝之意志。（此項決不是日本強迫的，是溥儀皇帝訪問日本天皇回國後，在「回鑾訓民」的詔書上宣誓的意志：「朕與日本天皇其一德，其一心，永久不渝……」）。

三、滿洲國之國防由於日本擔任，有事之際，滿洲國軍之指揮權委任日本軍指揮官。

四、經濟與日本合作，計劃推進開發。

五、關東軍司令官是皇帝的師傅，日系官吏是其分身者，在行政面當有指導權。
六、建國精神置於「民族協和」，日、滿、漢、蒙、鮮五族，由日本人為中心互相協和融合。
為了要達成此理想而組織滿洲帝國協和會……等等，不可公開的秘錄藏於深處不給人家知道了。
當時的主任參謀H中佐是櫻會會員，就是重於內外的一位政策主任，尤其是日滿官吏最畏懼他的。要是說明這個，大體上與前述的趣旨差不多一樣，然而不能滿足。為什麼呢？
一、國防、外交、內治的實權，是日本軍、日系官吏掌握的，到底滿洲人是否滿足呢？
二、本質上完全是日本人領導，卻掛了獨立國的招牌，是否「正」呢？
三、基於條約的各種特權（治外法權、附屬地行政權等）不久將來可放棄，是否可能呢？
四、協和會是否政府的從屬機關？或對立機關？一元政治或是二元統治？
五、滿洲國軍育成的根本如何？壯大後會不會發生叛亂之虞？
六、將來在北支、中支再造成如此國家，亦想要造成與日本一體不可分嗎？
……等等的疑問，湧然而起，對此疑問，給予明確解答的是已故的石原莞爾將軍（當時大佐）。（除石原將軍以外找沒有任何人）到任後為了與陸軍省方面的任務連絡，回東京時，會見當時任職於參謀本部作戰課長的石原莞爾大佐，在偕行社會談半天，之後到將軍宅再談，這時才大悟而開眼，受石原莞爾將軍的諄諄教誨和訓諭。其要點見下。
一、滿洲建國之動機：
日中兩大民族必須洗淨過去的舊怨，而來提攜以備西洋之侵略。為之，解決禍根甚久的滿洲問題，日滿人混身一體以同志的結合，完成完美的獨立國，提示日中兩大民族協和的樣本（雛型）。滿洲是以日本為父，以中國為母，而生出來的小孩，這小孩漸漸地長大，促使堅基父母的融和。

樣本只一個就足夠。

長城線以南不可觸手。

新興中國靠著自己的努力和力量，看這個樣本，建設比這個更優秀不落的富強國家才對。於此意味滿洲決不是日本的傀儡國，是日滿同志所結合的國家，所以要滿足滿人同志的願望不豐盛是不行的。

二、日本人必須放棄特權。

既然為同志而結合，一定要混身一體，戴鋼盔和著禮服者，不能達到真的融和。由此滿人偉大起來，強盛起來都可以。反而，衷心祈望如此。相信，日本人具有不落伍而向上、求進步的素質和天稟的民族，不會受著任何影響的。假如沒有自信的話，取下「八紘一宇」的的招牌，離開大陸，還德川時代，採取鎖國政策好啦。又是日系官吏依靠著軍為背景而狂傲，日系比滿系薪俸高得不合理，應即時改進，如果不願意的日本人即刻回日本好啦。把治外法權、附屬地行政權還給滿洲國，才能夠把握全滿民心的。

石原莞爾將軍的這思想，實在感激，也感動了所有的滿洲人，曾滿洲建國元老于沖漢臨終時，向來探病的石原莞爾大佐握手流淚說：「石原先生，您非常聰明，像帶子的附屬地返上把滿洲全土取換啦！」深深地述懷而逝世。

三、協和會就是政府的母體。

固然，不是政府的從屬機關，也不是對立機關。真正祈願民族協和的日滿同志，為其真心其真力所結集而組織的。滿洲國策之根本方針就是此協和會中央委員會以同志的討議決定，後按據這個，行政面由政府，經濟面由人民以及政府來擔當，又民意的上達經由協和會機構（全國聯合協議會）通達。所以，把協和會同視為日本之「精動」一樣，那是犯了最大的錯誤。亦利用官制、強制擴充整備是脫線的行動。故真實地、慢慢地、獲得真正的同志，確立鞏固的組織，其完成後將現在關東軍司令官所有以外的權限，全部讓移協和會去辦。協和會同志由於軍、官、民的各分野展開活動。其正會員以極少數精銳份子組織之。秘密中結束。

四、滿洲國軍以獨力能夠完全維持國內的治安為目標和整備，二來與日本軍為伍，擴充防禦外敵。把滿洲軍壯大起來會不會叛亂，這種想法是大違反了滿洲建國的根本理念。

說及石原莞爾參謀，便令人想起他是一位「戰爭之神」，連鬼也吃掉的人，究竟怎麼一回事，相反地，他傾心愛滿洲人，一心實踐了民族協和精神和信奉。大家決心無奪取滿洲是對不起祖先的英靈，把滿洲地圖塗成同日本的顏色，這種過去的可恥舉動和想法，真是幼稚呀！覺得面紅耳赤。

至今接近了不少上官和前輩，但超越階級、職業卻是初次，也是最後。會見石原莞爾將軍時，不知不覺整理衣襟，油然肅敬。尤其是將軍細眼含笑時，好像心底被看透了之感。

依著先覺的導師改觀了一切，對中國、滿洲、東亞的看法和想法，從權益思想改變道義思想的一百八十度大轉換。實在「見識」之差異有如此之差也有如此的魔力。奪取滿亞的想法，不過是等於固持治外法權同樣地低見而已。若是不遇石原莞爾將軍，或許終生變成了強權的，侵略的思想俘囚所不定。

〈協和會工作〉

到任關東軍時，首先碰頭的問題是協和會工作。當時政治主任H中佐在日系官吏的集合席上常常得意地鬆辯道：「滿洲國是由於日本人為中心的五族協和理想產生的。假如有人反對迅速離開，不聽話的傢伙用機關槍殺掉……」即是「力」的信奉政策。

他所說的五族協和理念就是「日本人指導民族，他民族必須與日本民族同調」。但是石原莞爾中將所說的五族協和理念是「混身一體，各民族在平等立場用自然結果的一切力量來同志的結合，對人格見識技術，使他民族能夠自然尊敬日本人，日本人亦是有自信、自省、自重運營協和」。從形式上看來，兩個稍微相同，但本質上中心思想是不一樣的。在政策指導上反映著這思想的差異是當然的事，所以到任後第一展開的就是協和會工作。「建國的理想為一，以身履行各民族之同志的結合體」，從這階級的觀念形態急速飛躍為「全滿之軍、官、民皆是協和會員」的理念，因此在各職場，各地域單位，急速地結成分會，由會長張景惠（總理大臣）氏授旗全滿無數分會，並在新京，奉天、哈爾濱等各地舉行了祝賀會，全滿各地人民著協和會服，在滿的日本人每一個廣言自稱：「我是指導份子！」這狂風傳至東京時，引起強烈的反應。

石原莞爾將軍即刻寄來叱責信給予H中佐，本庄繁將軍也派遣特使來責備板垣征四郎參謀長，若是這些忠言不能容納，滿洲建國同志石原莞爾是準備脫退協和會的。除此以外在其他政策面可說是沒發生對立的，但一旦關於協和會事只是一位人事也惹起大問題來。真是麻煩的存在，可是，這證實了協和會理念是滿洲國育成的根本。

趁此間隙機會，日本政界的A氏利用石原莞爾將軍的關係到滿洲，想領導協和會，實質的掌握滿洲的指導權，擴大至日本，完成革命。他是由日本北九州的勞働者躍身一起於政界，結合當時陸軍，請K幫助，參加林銑十郎內閣組織，之後由I氏的介紹認識了石原莞爾將軍，其一鳴驚人的怪腕力縱橫發展。故協和會急激地擴大中，日本高級無職業者陸續地入會為協和會會務職員，與舊職員之間發生猛烈的磨擦，遂呈現了喧喧囂囂的現象。

「隨口高唱民族協和的理想，卻是日本人同志不能協和，真是不像話啦，不要做好啦！」幾次抑制雙方之意氣，卻H參謀和石原莞爾大佐為背景的新舊兩思想的日本人之對立，到最後繼續抗爭不止。其時，突然植田軍司官發表了一項「問題九・一八」聲明，此聲明給與兩派對立的明確方向，便對於官僚化中的協和會受了很大的打擊。

一、滿洲帝國不仿民主主義的議會政治，不墮共產主義的專制政治之弊，實現民族協和、官民一體的獨創的王道政治。

二、滿洲帝國協和會是滿洲國政府之精神的母體也。是體得建國精神，要實現民族協和同志之組織的結合體。非政府之從屬機關，非對立機關。

此聲明又發生內外各方面給與異狀的衝擊。

曰：「陸軍把滿洲做基地，否認日本議會政治！」

曰：「利用協和會，企圖一黨獨裁！」

曰：「實施王道政治是什麼意思，為什麼不要皇道政治呢？」

曰：「越權！關東軍司令官是太過僭越！」

……等等。可是其「真意」，是指摘H思想之誤謬，而來由於石原理念為矯正內部的解決策。因把協和會精動大眾化，而造成同志分裂的危機，故其解決策就是這樣挽救了原來的精神歸一的良劑藥。

其次，重視協和會真正做到三千萬民眾之良友的施策。因而採用石原莞爾將軍的發想和意見，即聘請和田勁為監查部長，進行矯正當時井上中將為本部長，甘粕正彥、古海忠之、半田敏治等為各部長的半官僚人事。和田勁是靖安游擊隊的建設並指導者，就是滿洲軍的始祖中堅中心人物，宛如把頭山滿近代化的國士，所以受著滿洲人絕大的信賴，當然是石原莞爾將軍最信賴的一位同志。

當時日本軍隨便藉著討伐的名義，便壓迫良民，憲兵藉口治安就把良民隨便拷問，這種無法無天的行為到處都有，這種行為致使滿洲人不滿，逐漸離反的最大的動機來。我（辻）一直想著，把不滿緩和，催促日本軍的自肅，這才是協和會的一大使命！因此與和田勁連絡，用協和會的名義，對於全滿協和會機構發出指令：

一、日本軍的不法行為。

二、憲法的對民眾壓迫。

要求民眾向軍司令官提出檢舉，聽聽民眾的聲，搜集物的證據，是前代未聞的行動。果然，很多非法行為露出，這行動給予軍是致命傷的，所以日本軍，尤其憲兵隊提出強烈的抗議。

「捕縛和田！把協和會消滅！」

憤怒的聲四起。因此我單身到東條憲兵司令官前申言。

「那是我做的，我是主任者。不是和田先生的責任！」

「你，你怎麼做這樣的事出來呢？你，對『皇軍』怎麼想？找協和會的缺點和麻煩是什麼意思！」

責罵的聲音震動了空氣……曾經是課長，二・二六事件時和東條英機先生是同在一立場，所以他對我的看法是「可愛的傢伙」。但現在我卻是傾倒更偉大的先覺導師，已決定革命思想，恐怕他對這個什麼都不懂呢？……。我說：

「閣下！您不曉得您的部下，在滿洲怎樣壓迫許多良民？有權力者應該是採最謙虛的態度才對呀！我這麼想著，所以拜託了協和會把日本軍的越規、不應該的、非法的，在同志的立場調查，把其資料送到軍司令官及閣下，作為統率部下的參考而已。因此，此事一切責任是應該我要負責的，若是不對！願意受任何處分。」

這個問題，之後煩麻了板垣征四郎閣下在中間，求植田將軍之德諒解，便了了無事。但東條英機的胸中，對於協和會的印象是最壞的。後日他升陸軍次官時，命令憲兵修理滿洲國協和會東京支部，便逮捕淺原健三以下的主要幹部監禁數月，給他們貼上了「赤」（共產黨）的標幟因而彈壓，大概是要洗雪在滿洲時的仇怨。東條英機的協和會觀是撤徹底底的權益主義，所以分配日系官吏做監視，擴張全滿洲行政之網，利用憲兵監視反日分子，把軍隊為背景抑制叛亂的想法，這可說立於「異民族是應該鬥爭」的前提思想，當時大部分的日本人都是這樣想著。與石原思想立於兩端對立關係，遂從陸軍部追放石原莞爾將軍的最大原因也是協和會問題了。滿洲建國的真正理想，即是完成民族協和。譬如說，日中間的和平能夠早期實現，這次戰爭就不會遭遇那樣悲慘了。

協和工作不能達到庶幾的目的，其間接的原因是日本戰敗。滿洲建國的崇高理念，即在參劃建國同志間已有發生出入。代移人變必定有的現象，恐有歪曲之難，因此現在無整理明確的紀錄，恐怕後日有憂患之虞，因而應植田將軍的意圖，並受板垣征四郎總參謀長的指示，執筆《滿洲建國之根本理念與協和會之本質》一書。貫徹民族協和，王道國家之理念完成，具體的詳細記述，再廣泛地關係幕僚間數次檢討後決裁，其生粹的原本，一部藏在司令官的金庫裡，一部送陸軍省，一部極密保存在第三課，更簡單的有解釋而明瞭易解的小冊子頒發全滿洲的軍、官，企圖理念的統一。可是，現在回想那小冊子時，慄然大悟，多少帶有強權思想（中心指導民族理念）的意味，好像走在H思想與石原理念之間。內容是皇道聯邦思想，與後日的東亞聯盟運動有相當的距離。又代以日本議會政治民意暢達的方式，協和會全國聯合協議會每年在新京皇帝臨席下召開，發揮了有效機能，誠然是後任者三品隆以盟友的努力結果。

回顧推行民族協和的具體的政策途徑；到任第三課主管事項是協和會工作的推進，基於此理念確立民族政策。由主任H參謀所指示的當時民族政策是：

一、日本人要做滿洲國民之骨幹，移民百萬戶，五百萬人，移住於滿蘇國境地帶為主，做國防上之後據。

二、朝鮮人移民，移住東邊道一帶為主，散在各地無統治的開發水田，防止與滿洲人的紛爭等弊害。

三、保護蒙古人在熱河及興安四省方面，並指導牧畜、農耕。調整與漢人磨擦安定生活。

四、滿洲人、漢人在中部及南部地區，按照現狀經營安業。

五、各民族，尊重各個所有的文化傳統，以滿洲建國的理想為一，協和偕行。

即在地域、各民族給與根據，安定生活，盡量指導各民族不要雜居，防止感情與習慣差異而引起的磨擦紛爭。最苦心的是朝鮮民族的處理，利於他們時就利用日本人的招牌壓迫滿洲人，密賣麻藥，到處潛入任意開發水田，不要時隨便移他地方去，不服統治，只是主張權利，不履行義務的。但一半責任應該是歸於經永年的總督政治的弊害，忘記一視同仁合併的詔勅，墮於殖民政策的結果是無不錯的。又被共產黨及獨立黨嗾使與匪賊內通等，實在沒辦法可施的。關於此麻煩的問題，站在高位的道義見地與現實，樹立政策而給予直言的人，就是秦學文。秦學文這個人出生於京城，留學日本早稻田大學的純正人格者，在滿朝鮮人非常尊敬他。曾經關東軍主任者對於朝鮮人蔑視差別的偏見，在種種背景之下，滿拓、滿洲政府利用感情壓迫朝鮮人，秦學文敢然持著正論不讓，一面對於在滿朝鮮人卻痛言地勸導，應遂行做滿洲國民的義務。

關於移民問題，採用過度限制案，把鮮農入滿數限制時，朝鮮總督府提出強硬的異議，派相川勝六代表來滿，對關東軍的猛者們談判，堂堂不讓步，態度實在可敬之。感動地傾耳其辯論的板垣征四郎將軍遂抑幕僚，採納了朝鮮總督府的主張。後來在旅社會見相川勝六，看見他下腹用白木綿布繞著，才知道他藏著一把短刀賭死來完成任務的氣魄，深深地表著敬意了。

蒙古人是敬愛的民族。被清朝脫骨政策，蝕腐至骨髓，無教育之故受著喇嘛的惡風與梅毒的沈淪，但其樸實純情真是可愛的民族。熱河地方與漢民族混住的關係，生活次第受威脅，連文字也遭抹殺之危。總務廳日本官吏創案的「熱河蒙旗處理要綱」，就是無視了蒙古人的傳統，可說，塗成漢色的劃一主義。具有正義感幫助弱者的我（辻政信——作者）遂爆發，與神吉次長打過架的事，現在回憶起來也很有趣的。興安四省的蒙古人，較有特色，他們已習慣了對政治的認識，然而積極的給與農耕技術，可是缺乏努力指導從遊牧生活改進移到定著生活。我們可以認定愛民族的觀念，不過只是把過去的未開狀態仍然維持的施策，這結果，是不親切的。又興安北省省長凌升，通蘇聯（外蒙）之理由的憲兵情報，根據這個情報被槍決，實在犯了重大的過失。

之後，要樹立現地對策而赴海拉爾，受蒙古軍顧問寺田中佐的懇篤指導，對於蒙古民族體驗了許多學識。是一件難忘的印象。寺田中佐是被蒙古稱為「蒙古人之父」，這證實了「人格的力」。

由大藏省、內務省渡滿的日系官吏，到行政的細部，實施劃一日本式官僚政治，這造成民心離反的最大原因。

舉例說吧。在稅的徵收，日本官吏是採取一年數次分割的納入制。這也許考慮到一次要納完稅金的困難，有了解決的好主意也說不定。總額也比過去減低，卻給與滿洲人的印象是極壞的。他們覺得過去，秋季收獲畢，安逸地納了一年分的實物稅較有可親之處。

——政治不是理論，是現實的。我（辻）深深地大悟著，投入人心的機微是最重要的。

懺悔

我們從辻政信的《開眼》兩篇文章裡，知道偽滿洲建國的「真意」和日本侵略者的態度。並且了解石原莞爾的積極的主張北進之原意。日本人死硬地認為滿洲是日本的生命線，狂想把這塊土地作成日本國防基地，先把日滿揉成一體，所以于沖漢所擬的滿洲建國方案的六個原則：

一、徹底消滅舊有政權。

二、建立王道樂土的滿洲新國家。

三、以中國人為中心，由日本人協力，根據「滿洲人的滿洲」建立新立的滿洲國。

四、滿洲國的新政權，應為民主政權。

五、新國家排斥政黨排斥資本家。

六、新國家的王道政治，依據中國「萬邦協和」的最高政治理論。

這種王道思想在滿洲慢慢地萌芽，逐漸擴張於人心裡，但偽滿洲國初代國務總理鄭孝胥的王道思想在晚年稍微變質了。因此，北支、天津方面的報紙冷笑地報導：

「忘道」就沒辦法了！

總之，九・一八事變的戰果，從日本方面來說，是巧妙的作戰與周到的準備下，決行的奇襲作戰的勝利。他們曾這樣說：

僅短時日中，成就的滿洲建國政果，是放棄權益主義，以強力的武力和嚴正的軍紀，誘導援護三千萬民眾的自立，那是神聖的政略結果。日本政府、軍部、海軍反對關東軍的行動，總領事館、關東廳、滿鐵拒絕參加事變，這在作戰上孤立於苦境，可是排斥權益主義的神聖政略，無障礙地很順利按照關東軍的意思實行。反正從此點來說，孤立卻是天祐神助啊！

然而，這偉大的戰略、政略成果是依何得來呢？那是軍司令官本庄繁中將、板垣征四郎大佐、土肥原賢二大佐、片倉衷參謀、花谷正參謀等等，都是傑出幕僚的人格和能力的總和。所謂卓越思想的主張決不是合議的產物，必須唯一的中心思想出發而發展大成的。當時其中心者如本庄繁將軍的證明，智謀的石原莞爾中佐，實行的板垣征四郎大佐，仁情的竹下第三課長，尤其石原莞爾中佐的功績是最大。若是關東軍司令部在一九三二年八月一日無調動換人，如有最短時間也有三年的歲月可許，那麼所有力量為滿洲國指導的話，絕對日本對滿洲政策不會再逆轉權益主義。也滿洲國的政治不會墮落於日本官僚專制的。而後確立王道政治，延至日中外交轉好真正的親善。我們確信那不幸的中日事變也不會發生的。因為明顯地從中國國民黨的要路知道，中國人對於石原莞爾將軍的思想和人格是重視的。

之後，板垣征四郎少將升任為關東軍參謀長，並且當時的幕僚花谷正參謀、片倉衷參謀見加上了辻政信參謀的總力，努力推動為滿洲國政治之建國精神復歸的革新，也無法消滅權益主義。

又在一九三七年（民國二十六年）石原莞爾將軍奉命赴任為關東軍參謀副長時，滿洲要人都舉著雙手衷心高呼歡迎來任。可是石原莞爾將軍的意見，在軍內部不必說，遭日本官吏、日本在滿財閥所敬遠，因此只有在滿洲一年，就調任為舞鶴要塞司令官結果來。

這是日本人對石原莞爾和九・一八事變的感想和看法。根據《石原莞爾資料》確證，有這樣記述：

滿洲國在三月一日發佈建國宣言，九日溥儀正式執政。不久五一五事件發生，政友會內閣倒亡，代之齋藤中間內閣成立，滿洲國承認問題也受了緩慢方策的對象，故關東軍一部分的人員對滿洲國的態度有所動搖傾於佔領軍的志向。六月五日的〈滿洲計略方針〉，六月廿五日的〈為磯谷大佐〉，七月四日的〈板垣大佐來哈〉，均是這種停滯的空氣之前，對於中國人潛在的政治能力的新的信賴，以及獨立建國論之趣旨貫徹的要請。

六月廿六日的〈關於關東軍人事〉，就是由軍的人事面發出的警告。可是是年七月下旬便受到內命，把關東軍司令官以及參謀長以下幕僚全部（石原莞爾在內）調任換人。所以武藤信義、小磯國昭為中心的新陣容的志向，使石原莞爾對於新生滿洲前途抱著許多的憂慮。八月十二日〈致板垣少將信〉，即是對唯有一個人留在關東軍司令部閒職的板垣征四郎，切切實實依囑。一面出現參謀本部，連昵懇的永田鐵山，始聽到石原莞爾在四月下旬示小畑滿洲獨立論的「真意」（〈為小畑少將〉），「初次知道的意見」而驚訝！所以在八月廿三日發表的〈關於滿蒙私見〉，就是應付他們而寫的。

一般人認為板垣征四郎和石原莞爾是最理想的一對，事實上與板垣征四郎分手離開滿洲，亦離開本庄繁軍司令官的石原莞爾，除了一兩位心愛的後輩外，是孤立的。由中央看來，永田鐵山的幾句話便知他倆是合不來的。在全軍內石原莞爾是變成少數派之一。因而，對美國持久戰的一環與對中國人統治能力之信賴，這兩個焦點所形成的滿洲國育成的構想及自體，已趨勢於空虛不實的事態，由於九・一八事變產生的滿洲卻變成為：日本的滿洲獨佔；關東軍之滿洲政治壟斷；對蘇關係之軍事的危殆；與中國協調之致命的暗礁形成；中國領土之逐次的分離工作，尤其是與美國之間失墜國家的信用，惹起廣泛國際環境蔑視的冒險主義連鎖的波紋，只限於狹窄的陸軍內看來，先發軍幕僚之下剋上、謀略優先、現地獨行等等風氣，引起國策轉視與外交二元化之壓倒的潮流。

並把滿洲特殊權益論更飛躍，「滿洲事變是特別的」「滿洲可與中國甄脫的一區，也沒什麼關係的」，石原一派的這種主張在中國不必說，連日本國內也不足說得力的。一旦發生的九・一八事變在現實政治波中，造成石原莞爾的企圖不合致的結果來，一次再一次逐漸誘致內外的批判。石原莞爾是否洞察這趨勢，遂感於責任重大，叱責自己的越軌而懺悔，於一九三一年末便向上司催促處斷和提出辭意。可是，當時荒木貞夫陸相，追認九・一八事變之責任，不過覺得便乘機會獲得後來升為男爵之恩，免其辭意，卻奏請功三級勳三等給予石原莞爾。石原莞爾在戰後的手記裡這樣懺悔寫著：

因為滿洲國的成立引起這次世界大戰的導火線是事實，我們向全世界道歉自己之不明與真意，指欲負所有的全部責任。

草草登場匆匆覆亡的「滿洲國」

遼東客

「滿洲國」一詞，在每一個愛國的中國人看來，是個噁心的名詞；但從歷史觀點來看，偽滿政權自成立以至覆滅，具有非常重大之意義。這是有史以來「空前」的殖民手法，在政治史上自有其難以泯滅之價值。在「滿洲國」成立之前，一切殖民主義皆以施行善政為名，以壓搾及剝削為實；而日本之建立「滿洲國」，則是說明了要加強統治，而實際上使這殖民地的政治、經濟與文化，皆有了長足發展。在九一八事變之前，東北地區在腐敗的軍閥統治之下，一片貧困腐敗，而在偽滿政權之末期，它已成為一個遠東主要工業中心。

偽滿成立經過

「滿洲國」在政治史上開創了「以間接手法進行直接統治」之先例，且對此後十多年之亞洲局勢有決定性影響，日本曾企圖把在「滿洲國」進行的政治實驗，施諸於整個中國以及印尼、菲律賓、緬甸等地。當第二次世界大戰結束時，這個史無前例的「國家」，隨著其主子的覆滅而覆滅，這也足以向後人證明：任何侵略者，不論採取如何有效率的統治方式，其結果總不免淪亡。

民國二十（一九三一）年「九・一八事變」後，國際聯盟派遣李頓委員會來華調查真相，中日兩國代表與美國人李頓為首的調查人員在上海會談，日方代表在會議中強調此次事變係為保護在東三省之日僑生命財產，日本政府，絕無併吞東三省之野心。但言猶未了，東三省突於民國廿一年二月十八日宣佈獨立，但尚未宣佈「滿洲國」之國號。據顧維鈞向李頓委員會提出之報告稱：東三省各級之地方官員，在事變後幾乎全部繼續留任，但在各級行政機構內皆駐有一名或數名日本顧問，而在宣佈「獨立」後，東三省之大部分地方官員根本不知有此事。

李頓委員會在一九三二年七月十六日向國聯提出的報告中說，日本的田中內閣在事先亦並不知道東三省要「獨立」，此事完全是由當地的日本關東軍軍官團一手策劃的，正因此舉未獲日本政府之同意，故在「獨立」後一時無法組成一個「政府」，這是由於在幕後策劃的軍官們缺乏政治經驗所致。

因此在東三省「獨立」的初期，出現了非常可笑的現象，沒有國號、沒有政府、也沒有領袖。關東軍當局宣佈這個新「國家」由一個「治安委員會」負責政務，但同時宣稱治安會的委員們尚在物色之中。

直至一九三二年二月廿九日，亦即「獨立」後兩星期，才採用了「滿洲國」的國號。是日，關東軍的南次郎大將與遜清遺老鄭孝胥在瀋陽舉行一次會談，除決定「國號」外，還決定了以溥儀為名義上的元首，同時決定了未來「政府」的組織形式。

記得是民國廿一年三月一日，才正式向世人宣佈「滿洲國」之建立。當天在瀋陽舉行一次慶祝大會，會場外貼滿了咒罵已故的東三省統治者張作霖之標語，會場內佈置了富麗堂皇的禮台，在台上坐有的日本軍官之人數多於「滿洲國」全體閣員人數，而台上的人數又比台下的人數為多。可是在翌日的東京報紙上，則以全版篇領報導「滿洲國」三百萬國民昨日慶祝獨立的「空前盛況」。

溥儀坐在煙榻上登基

東京當局至此不得不承認關東軍一手製造的既成事實，派遣了一批行政官員到新京（瀋陽）來協助施政，但關東軍當局對這批來自東京的官員非常歧視，此種情況在「滿洲國」存在的十三年中從未消滅，日本軍方與政府為爭奪對偽滿政權的控制，一直有著激烈的幕後鬥爭，而偽滿政權被夾在兩個主子之間，更成為毫無作為的傀儡。

在「滿洲國」的成立大會上，溥儀並未到場，因為南次郎大將與東京當局之間對於「滿洲國」的政府形式發生了尖銳歧見，南次郎堅持「滿洲國」應繼承滿清王朝的傳統，而東京當局則主張建立共和政體。關東軍認為建立王朝更易於吸引當地民眾的支持，而日本政府則認為要減少歐美對日本的不滿，必須建立表面民主的共和政體。雙方各持己見，直至三月四日南次郎奉召返東京謁見天皇，由天皇授意建立君主立憲政體，使雙方各讓一步。但天皇的這種折衷辦法，仍是較袒護軍方的，因為什麼立憲不立憲都是空話，軍方的目的只是要扶植一個兒皇帝，而現在他們的目的已經達到。

南次郎於三月八日趕返新京，溥儀在三月九日「登基」。由於一切決定來得太倉促，在佈置登基大典時，關東軍派遣一營工兵漏夜佈置會場，一時找不到皇帝的「龍座」，把一張吸食鴉片煙的煙榻放在台上，到發覺不對時，距離預定的大禮時間只有一小時，來不及另找「龍座」，只得臨時找一大塊黃布把煙榻蓋起來。溥儀就是坐在這張蓋著黃布的大煙榻上「登基」的。

「滿洲國」政府於三月十二日向十六國發出通電要求承認。這十六個國家為：日本、蘇聯、美國、英國、德國、法國、意大利、西班牙、奧地利、挪威、丹麥、瑞典、荷蘭、比利時、葡萄牙及瑞士。其中除了日本與美國之外，皆是歐洲國家。「滿洲國」位於亞洲而不向任何亞洲國家要求承認，顯然是賊膽心虛使然，無臉向洞悉真相的亞洲國家要求承認。

在這十六國中，除日本立即宣佈承認外，只有美國以凜然的正義態度立即宣佈絕不承認。其他十四國雖然也無一承認，但都致電新京表示已接獲這份電報。

日本扶植兒皇帝建立傀儡政權，受到舉世輿論不齒，更因在開創「滿洲國」時鬧下許多笑話，成為國際政治舞台上的話柄，這使日本政府對關東軍當局大為不滿，認為非要加深控制「滿洲國」不可，絕不能再讓這些少壯軍人亂搞下去，因此東京內閣建立了一個特別委員會，專責處理「滿洲問題」，與其說是對付溥儀，不如說是對付關東軍。而關東軍的少壯將領們，大有「將在外君命有所不受」的氣概，對於特別委員會頒發的一切指示置之不理。

日少壯軍人飛揚跋扈

這使日本政府與關東軍之間的矛盾愈演愈烈。到三月二十日，日本國會集會時，上下兩院皆群起憤憤地指責關東軍胡作胡為，並有許多議員指名攻擊關東軍的一些高級將領為「反動派」，包括南次郎大將及宇垣一成大將在內。

同時，軍方對政府及議會的抨擊也愈來愈激烈，到一九三二年五六月間，雙方關係已緊張至水火不相容之地步。海軍當局對陸軍在東三省的「成就」非常眼紅，因此於這年初在上海地區發動「一・二八事變」，在無功而退後，又躍躍欲試，圖在中國海岸的其他地區製造新事件，政府對陸海軍已完全失去了控制，準備採取非常措施解除某些激進軍人的兵權。但軍方在接獲情報後，決定先發制人，在五月十五日清晨進行武裝政變，攻擊犬養首相的住宅，並以亂槍打死首相，許多元老重臣及政界要人也都遭到了同樣命運。激進軍人的行動受到日本國內大部分民眾的支持，這是由於前一年農業失收，農村地區餓莩載道，對政府深感不滿，同時因「一・二八事變」之退卻，使具有極端思想的青年們認為是政客懼戰所影響，因此人心普遍思變，軍方的野蠻政變竟受到一致喝采，使天皇也不得不在既成事實下同意軍方的主張，徹底改組政府，並且任命海軍大將齋藤實出任首相。

至此，關東軍的「滿洲政策」受到了日本朝野的一致支持，軍人的氣燄不可一世，對「滿洲國」的控制也日趨加強。少壯軍人甚至提出了這樣一種理論：政府只是管國內的政務及與友好國家的外交，在國外軍事地區的一切政務及對外關係應由當地軍事當局負全責，政府無權過問。此種理論獲得天皇默認，成為此後十數年內，日軍橫行東亞時代的施政方針，也是史無前例的軍人殖民制度的由來。關東軍在這種理論的支持下，埋頭建設「滿洲國」，要使「滿洲國」成為軍人殖民制度的典範，以供將來在其他地方施行時的借鏡。其他派系的軍人也都支持關東軍在滿洲的行為，以便為自己日後開創新天地時有例可援。七年後畑俊六大將在長江下游地區建立的汪精衛政權，就是以南次郎的偽滿政權為藍本，只是在形式上略有不同而已。

偽滿政治情況面面觀

「滿洲國」自始至終是在關東軍卵翼下的一個傀儡政權。

關東軍多方排擠日本政府派來的行政官員，但在自己部隊內又缺乏行政人才，至於偽滿的各級行政官員，更全是一些昏庸腐敗的人渣，因此在「滿洲國」的初期，在行政上一籌莫展，使張作霖時代已經不健全的經濟制度更為敗壞。關東軍終於想出了一個辦法，到日本去召請一批不滿政府的失意政客及知識分子到滿洲來從事「開發」。從一九三二年六月開始，一批批此種「浪人」大量移民到東三省來；他們都被安插在郵政局、電話局、電報局、公路局、航務局等公共事業機構內，這些公用事業雖在名義上屬於「滿洲國政府」，但實際上也完全控制在這批浪人手中。到一九三三年三月一日，關東軍當局建立了在名義及實際上皆完全受日本人所控制的「南滿鐵路株式會社」（簡稱滿鐵），管理境內的一切鐵路交通。

在日本直接或間接控制下的一切公用事業，逐漸納上正軌，表現了充分的行政效率，使軍方在國內得以振振有詞地駁斥政客們抨擊軍事擴張主義的論調。行政愈有效率，關東軍在滿洲的權力也就愈大，偽滿政權的地位也就隨之而更趨渺小，一切政經事務，不論大小，皆須聽命於日本「大使」，而這名大使就是由關東軍總司令兼任，並不受命於日本外交部，而是直接受命於天皇，其性質相當於總督。首任「大使」是南次郎大將，一九三六年由宇垣一成大將繼任關東軍總司令兼駐「滿洲國」大使。

偽滿政權的「憲法」於一九三四年十月十一日頒佈，完全仿照一八八九年制訂的日本憲法。最妙的是「憲法附錄」內規定朝見「天皇」的儀式，在頒佈後第二天發覺「天皇」一詞只能用於日本而不得在滿洲使用，因此在頒佈不滿二十四小時後就下令修改憲法，把「天皇」改為「國王」。另一節規定朝見王帝時應穿的服飾，全是十九世紀的日本朝服，連當時的日本皇朝也已不再穿用，而赫然出現在「滿洲國」的「憲法」中，而事實上也從無人穿了這樣的服裝去朝見溥儀。

土肥原陪伴溥傑赴日

偽滿政府在組織形式上也完全仿照日本，甚至也沒有國會，雖然國會幾乎從不集會，而且議員人數不滿三十，大概是因為關東軍當局認為這種浪費是大可不必的，「政府」只需照關東軍的意志行事，議會要來何用？

但在行政區劃上和日本不同，小小的「滿洲國」竟劃分為十個省，這是為了使日軍便於統治。行政區劃是依照日軍的軍事部署而定的，當時關東軍有十個旅團，分劃為十個軍區駐紮，於是每個軍區的轄區就變為一個省，每個省的省長不是由溥儀的「政府」任命，而是由每個軍區的旅團長委任，通常是由每個旅團的特務機關長兼任「省政府顧問」，負責實際的省政工作。到一九四〇年時，日本駐軍人數增加至十四個旅團，由此又重新劃分為十三個省及一個特別市（新京，駐有日軍一旅團）。可是所有鐵路線皆不屬於關東軍的軍區或偽省政府管轄，因為「滿鐵」擁有自己的軍隊，直屬於關東軍總部，所有鐵道兩邊五公里的地區，皆由「滿鐵」軍隊負責治安及行政。這些地區的居民所納的稅，直接交給「滿鐵」，因而使滿鐵總裁一職成為肥缺，有一位滿鐵總裁在戰後已成為日本財雄勢厚的實業家。

張作霖時代的唯一遺跡是保甲制度仍為「滿洲國」所沿用，而且深受日本軍方的重視，關東軍會選派了一批青年特務人員專門研究東三省及中國其他地區的保甲制度，後來在華北及南京成立的偽政權，也皆奉日軍之命建立保甲制度。

首先向南次郎大將建議實施保甲制度的，是當時關東軍總部特務機關內的一個下級軍官土肥原賢二。由於保甲制度的成就，使土肥原一舉成名，深受南次郎的賞識，在數個月內由少尉而提昇至中佐，後來他奉南次郎之命到華北地區研究中國政情，一九三六年宇垣一成大將繼南次郎出任關東軍總司令後，再把土肥原提昇為關東軍特務機關副首長，並升為大佐。翌年中日全面戰爭爆發後，宇田向東京當局保薦土肥原入關，擔任整個「支那戰區」的特務首腦。

土肥原在滿洲的另一項重大「政績」，是加強了對滿洲「王室」的控制。在宇田大將升任總司令後不久，關東軍當局正在對滿洲地區的成就得意非凡之際，遭遇了一項嚴重問題，就是發覺這個兒皇帝後繼無人。從東京聘來的幾位名醫對溥儀進行詳細診斷後，一致斷定溥儀因少年時斲傷過度，已無生殖能力。因此「王位」的繼承地位就自然地落在溥儀的親兄弟溥傑身上。土肥原一度曾任溥儀兄弟的衛隊長，他發覺溥傑的性格較溥儀更懦弱，也更易於操縱，而且入世未深，尚未受到宮廷人士的影響。土肥原向宇垣一成大將建議把溥傑改造成一個「中國血統、日本頭腦」的人，宇田立即接納土肥原的建議，把溥傑送到日本去讀書，並由土肥原陪伴他到日本，選了一位日本貴族名媛嵯峨浩為妻。這樣，可使第三代的「滿洲國王帝」，是個「一半日本血統，完全日本頭腦」的人。

一九三七年七月七日蘆溝橋事變爆發前六天，「滿洲國」頒佈了一項經濟法令，揚言「國民」收入普遍提高，一方面要加稅，一方面規定所有壯齡男子每年要有三個月到礦坑或工廠中去服義務勞役。同時宣佈改組內閣，由張景惠為內閣總理，內閣分設六個經濟部門，全力從事經濟壓搾。這證明了蘆溝橋事變是有預謀的，日本軍方決定在中國大打，要使「滿洲國」成為在亞洲大陸長期作戰的後方基地。當時日本政府聲言蘆溝橋事變只是個別軍人的意外行動，顯然是不足信的。也許日本政府在事前的確不完全清楚真相，但軍方是有縝密計劃的。

形形式式的土匪活動

在一九三二至三三年，國際聯盟調查「九一八事件」期內，日本代表曾一再聲言這次事件及此後連續發生的許多類似事件，都是為了反抗不法之徒威脅東三省境內的日僑生命財產而採取的防衛措施。日本代表松岡洋右（後來出任東條英機內閣的外相）在日內瓦國際會議上說，中國政府無力肅清東三省境內的土匪，日本為了保護其僑民的生命及財產，不得不自行採取防匪措施。而中國代表顧維鈞在日內瓦的會議上說，日本暗中以武器供應土匪，助長土匪活動，為日本的侵略行動找到藉口。

事實上，雙方代表所說的話都對，也都不對。在東三省境內的確有許多土匪存在，但真正的土匪只是在鄉間打家劫舍，決不敢碰及日本駐軍，更不會到大城市去威脅日僑的生命財產。而日本把張作霖的舊部也都列為「土匪」，這些部隊為替張作霖報仇，的確曾殺害日僑及擄掠日產，但這與土匪完全無關。顧維鈞指責日本以武器供應土匪也是事實，但這些「土匪」也不是真正的匪，而是漢奸部隊，實力微不足道，日本用作侵略藉口的也並不是這批「土匪」的活動。

但從中日兩國的代表所提出的論點中，至少可以找到一個共同點，就是在東三省境內確實有數量龐大的土匪存在，而且是形形式式各立門戶的。

在「滿洲國」成立的初期，其境內共有真正的土匪——騎馬出沒山區鄉間的所謂「騎匪」，這是東三省由來已久的土匪——約五萬五千人，而在「滿洲國」成立後的一年，正如上文所指出的經濟敗壞民不聊生，加上民族思想的激勵，許多人落草為寇，而且使「騎匪」的傳統有了本質上的改變，開始帶有一種排外民族思想，人數也激增至約二十萬人。除了這些傳統的騎匪之外，又出現了「兵匪」（未隨張少帥入關的東北軍散兵游勇在山區建立了根據地，以抗日為宗旨，但因沒有給養且缺乏紀律，也經常騷擾民間）及「共匪」（受中共或蘇聯支持的抗日游擊隊，以李杜部隊為主力，也經常騷擾民間劫掠衣食）。

由本庄繁到荒木貞夫

關東軍從國內調來了一名以淺酷聞名的本庄繁大將，專責從事剿匪工作，本庄繁大將直屬關東軍總部，有權調動各旅團，且可徵調「滿鐵」部隊及偽滿警察從事剿匪清鄉工作，在整個「滿洲國」境內握有生殺予奪之權。他下令把鐵路線兩邊一百公哩內的所有樹木及高粱全部燒毀，在天黑後離屋的人一律槍殺及逮捕其親友，後來甚至發展到凡見到日本軍人不行鞠躬禮的人，也都被視為土匪。終於使南次郎大將也感到本庄繁的措施太不像話，把本庄繁調回國內，另任關東軍參謀長荒木貞夫中將兼任剿匪統治。荒木一面繼續進行軍事進剿，一面則下招撫令，凡投降土匪一概不究既往，並可派在公路局內任工人。

土匪實力至此開始瓦解。但有一項極具諷刺性的現象是：首先受不了饑寒及日軍進剿壓力而跑出山區叢林投降的，都是「共匪」與「兵匪」，最後投降的才是「騎匪」。

「滿洲國」本身也有軍隊及警察，但只是一種象徵性的武裝力量，軍隊大多是東北軍留下而未參加抗日游擊隊的殘部，警察則都是從民間召募來的。不論軍警，都只是日軍的附屬部隊，只駐在安全地區內，負責根本沒有治安問題的地區之治安，軍隊的所有排長以上軍官以及所有警官，都是清一色地由日本人擔任。

由於荒木貞夫的剛柔並施政策、日軍實力之不斷加強、經濟狀況之逐漸改善、行政效率之漸上正軌等等因素，使形形式式的土匪漸趨絕跡，到一九三六年初，土匪問題已在實際上不成其為一個問題。日本當局自一九三六年起，已把剿匪經費的半數以上移用於工業建設。名聞世界的「鞍山鋼鐵廠」，在建立的最初幾年，所有工人都是被招安的土匪。今天的中共領袖們閉著眼睛亂吹「鞍鋼」的生產成就，他們也許還不知道參加這個工廠的建造工程的工人中，有許多就是向日軍舉手投降的「共匪」。

保甲制度與保護農村

使「滿洲國」得以迅速恢復治安的主要因素之一，是保甲制度的效率，這也正就是土肥原得以飛黃騰達的原因。如果可以把「滿洲國」稱為一個「國家」的話，則他在成立的初期，無疑是世界上最多土匪的國家，但在滿洲國的末期，它可以稱得上是世界上治安最好的國家，這一方面固然是由於日軍的鐵腕統治及暴力鎮壓，但保甲制度的成功也是無可否認的。

在這個有百分之八十人口住在農村的「國家」中，治安確是一件棘手的問題，比剿匪更重要的是民生問題，在任何國家中，如果不能使人民吃飽，首先落草為寇的必然是農民，每一個饑餓的農民都可以在一夜之間變成一個土匪。因此，「滿洲國」之能夠根除匪患，實與其經濟發展有不可分割之關係，而在經濟發展中居首要地位的就是工業發展。在關東軍經營東三省的最初五年內，這地區從毫無現代工業的純農業區，一躍而為除了日本本土之外的亞洲最大工業區，使失業問題根本解決，民眾的生活也有了顯著提高，這是使土匪絕跡的根本原因。

日軍在「滿洲國」成立的初期，還施行了一種農村軍事化政策，直至今天仍有其影響力存在。這項政策的要旨，是把農民集中起來，居住在由日軍保護的村莊內，白天出村耕種，天黑後入村休息，在耕作地區週圍遍設鐵絲網及佈置崗哨，關東軍稱之為「保護村」。後來在華北及華中的日軍所施行的清鄉政策，就是以此為藍本。第二次大戰後，英國的譚普勒將軍在馬來亞剿共戰中施行的「農村治安計劃」也是公開承認是以日本在中國的清鄉政策為藍本的。而今天在南越由美軍顧問團協助建立的「戰略邑」，也是聲明借鏡馬來亞剿共的經驗。

日蘇提線下的兩個傀儡政權

上文談到「滿洲國」建立初期的土匪活躍情況。事實上，當時駐在東三省境內的日本關東軍，數近十萬之眾，區區土匪根本不足以構成「滿洲國」的心腹之患，而日本軍方之一再強調土匪問題嚴重，是別有原因的。

關東軍藉口所謂「土匪問題」，一方面得以向日本國內抽調更多兵力，另一方面藉口土匪滋擾而擴張「滿洲國」之疆界。在一九三二年（民廿一年）底，關東軍當局突然宣佈在山海關地區出現「大股土匪」，同時宣稱在熱河省內有大批「土匪」準備進攻滿洲地區。至翌年一月六日，日軍佔領了山海關，並向熱河省推進。國際聯盟的十九國調查委員會應我國之邀，派員到山海關進行現場調查，找不到一名土匪，就詢於日軍當局，獲得的答覆竟是：「大批中國軍隊集結在山海關，行動與土匪無異，吾人為保護滿洲國之領土完整與主權獨立，勢須採取警察行動制止土匪蔓延。」

所謂邊界問題

偽滿政權成立時，已把山海關及熱河省劃入其版圖內，但當時這兩地仍在國軍手中，日軍藉「警察行動」而一舉佔領山海關，因國聯之干涉暫緩向熱河省進發。但當十九國調查委員會向國聯大會提出報告書，正式譴責日本為侵略者並揭發日軍的「警察行動」之陰謀後，日本就乾脆撕下假面具，不顧一切攻入熱河省內。

一九三三年二月十日，日本代表松岡洋右向國聯宣佈：「張學良之土匪部隊在熱河地區構成對滿洲國和平之嚴重威脅，本國政府應滿洲國政府之要求，決採取一切必要行動，以恢復滿洲國邊界之和平與秩序。」到三月四日，日軍佔領了熱河全省。從這一天起，熱河省就正式併入「滿洲國」，中國雖一再抗議，但在當時「強權就是公理」的時代，這種抗議是沒有人理睬的。

日軍佔領熱河後不久，又說在河北省北部「發現匪蹤」，跟著就開進河北省去「維持秩序」，國軍之激烈抵抗終告失敗，南京當局在是年五月卅一日被迫簽訂《塘沽協定》，由中國之何應欽將軍與日本軍部之梅津美次郎代表兩國簽署，因此亦稱《何梅協定》。根據此項條約，中國政府默認「滿洲國」之存在，並承諾以何梅協定簽訂時之停戰線作為「滿洲國」之南方邊界。

這是現代國際關係史上的最大笑話。中國政府是對「滿洲國」最深痛惡絕者，並一再呼籲美英等國譴責日本樹立的偽滿傀儡政權，然而中國政府卻成為除了日本以外，第一個默認「滿洲國」者。剛在何梅協定簽訂前一星期，美國出於正義立場，並應我國政府之一再要求，由國務院發表了一篇聲明，其內容是支持中國政府，不承認偽滿洲政權。可是一星期後中國自己卻簽了《何梅協定》，這使美國國務院的處境異常尷尬，在國會內受到議員們的質詢。在日本的報紙上更成為嘻笑怒罵的對象，甚至連英法等民主國家的人士也在說風涼話，批評美國當局者「缺乏外交經驗」。

金日成推倒了金九

從這時開始，中國在對日本的外交戰線上不再獲得友邦的支持，直至全面抗戰爆發時止。中國在這段時期內受到盟國輕視，也可以說是咎由自取。

當「滿洲國」境內的傳統土匪（即所謂「鬍匪」）被基本上肅清，同時「滿洲國」的邊界問題亦告基本上解決之後，又有新的土匪問題和邊界問題發生。在圖門江流域出現了一支抗日的朝鮮民族軍，經常對日軍進行游擊騷擾，這支部隊在初期是純粹由抗日的朝鮮民族志士組成，其領導人為抗戰時期流亡重慶的金九，會說一口漂亮的北平話，有一度時期是蔣委員長官邸內的常客。但是後來，這支部隊受蘇聯利用，莫斯科派遣了一個俄籍的朝鮮人金日成來領導，把金九排擠了出去，這支部隊亦被改名為「朝鮮民族解放軍」，他們與滿洲境內殘餘的共黨份子結合，並深受當地農民的支持。至一九三六年，他們的實力已發展至十二萬人，一直到第二次大戰結束時止，終始活躍在白山黑水之間，後來美蘇協議分割南北韓後，他們就進入朝鮮接收北韓政權，至今金日成政權內仍有許多高級官員是完全沒有朝鮮血統的中國人，就是由來於此。

「滿洲國」存在的後期，其東部邊界一直是由日軍單獨負地方行政之責，偽滿政權的政令始終未入東部地區，就是因為有這些朝鮮反日部隊存在之故。

至於「滿洲國」的西部及西北邊界，也一直存在著邊界糾紛，外蒙古於二十年代初期「獨立」成為蘇聯的第一個衛星國之後，與當時的中國東三省之間從未劃分過明確的界線，在「滿洲國」成立後亦未有過劃界工作（至今在這兩地之間是否有明確的界線也仍是疑問。據西方記者的報導，在當前的中蘇共利害衝突中，對「蒙古人民共和國」的邊界問題也是爭執焦點之一），當時外蒙古的遊牧部族常常深入滿洲地區，與日軍及偽滿警察發生衝突，以至導致蘇軍的干涉，形成日蘇兩強之間的對立。

日蘇爭奪滿蒙邊界

「滿洲國」在成立之初已深深感受到蘇聯及外蒙的邊界威脅。在一九三三年初，把原屬黑龍江省西部的蒙滿兩族人民混雜居住的地區，改制為興安省，並任命了一位蒙族土豪為省長，並予當地蒙古族人以相當大的自治權，這是在「滿洲國」其他地區所沒有的現象。

但自一九三三年之後，日本在滿洲之政治及經濟發展漸入正軌，對興安省之控制亦隨之而加強，而興安之蒙族人士則對日本深具戒心，漸有傾向外蒙之勢，蘇聯更是乘機在幕後策動外蒙與內蒙（包括「滿洲國」屬下之興安省及中國綏遠察哈爾等省）之團結運動。一九三四年十一月，蘇聯與「蒙古人民共和國」簽訂一項秘密協定，由蘇聯供應外蒙古各種援助物資，以供內蒙人民「武裝起義」之用，同時保證若因此而引起日本對外蒙之攻擊，蘇聯將負保護外蒙之責。此項秘密協定之內容，直至一九三六年三月十二日才公佈。

自一九三三年之後，「滿洲國」與「蒙古人民共和國」之間不斷發生邊界衝突，一個是日本的傀儡政權，一個是蘇聯的傀儡政權，兩個傀儡之間的衝突，反映了兩個主子之間的緊張關係。外蒙軍警對其境內的滿人姦殺擄掠無惡不作，而滿洲軍警亦公然洗劫蒙族遊牧部落，並以強姦蒙族女子為榮。

關東軍當局為保衛「滿洲國」的西部及西北部邊界而大傷腦筋，安撫政策既不能生效，就決定以武力對付，南滿鐵路當局修築了一條支線通往滿蒙邊界，以供軍事運輸之需，從日本本土召來的大批「武裝移民」也開始向滿洲西部地區集體移殖。這些武裝的浪人在西部地區開始實施清鄉政策，使遊牧的蒙古人無法生存而被迫退入外蒙境內，日蘇兩國的飛機經常飛入對方領空進行偵察及轟炸，邊界衝突不絕如縷，雖然在「張鼓峯事件」發生之前尚無大規模的軍事行動。

狗咬骨頭狺狺不已

擄日本外務省在一九三七年二月（中日全面戰爭爆發前約半年）公佈的統計數字：自「滿洲國」成立至是時為止，滿蒙之間曾發生二千三百六十七次邊界衝突，其中有半數直接牽涉到日蘇兩國的軍隊。

自一九三五年六月起，雙方舉行了一連串會議以圖解決邊界事件。一方為蘇聯與外蒙，另一方為日本與偽滿。此種會談時斷時續，邊打邊談。在連串會談的初期，日方建議設立一個「四國委員會」劃定滿蒙之間的邊界，蘇聯根本無和解誠意，一再故示刁難，先是堅持，此委員會內的蘇聯及外蒙委員應較日滿方面之委員多一倍，幾經折衝後，蘇聯同意雙方保持同等人數，但又堅持須以外蒙提出的方案作為劃界依據，此方案把「滿洲國」屬下的興安省之大部分地區列入外蒙邊界之內，此等方案自難為日滿所接受，因此談判幾經拖延而仍無結果。

由於雙方之猜忌與刁難，同時由於國際局勢之變化，使此種會談終於無疾而終。日本於一九三六年十一月與德意兩國簽訂反共軸心條約之後，此項會談即告中止。邊界戰事復趨熾烈，日蘇兩國分別在滿蒙邊界駐屯大軍，而滿蒙兩「國」的軍隊反而無足輕重，分別從「自己」的邊界撤退，把「保衛領土」之責完全交給日蘇軍隊。

在談判破裂後，蘇聯宣佈建立一條西伯利亞大鐵道的支線，由遠東紅軍總部所在地之赤塔直通至滿蒙邊界，這條支線的終點站，在日本和「滿洲國」所出版的地圖內，像在滿洲境內，而蘇聯則堅稱係在外蒙邊界十公里之內，雙方相持不下，大批日軍開入這個擬議中的蘇聯鐵路終點站，制止蘇軍築路，而蘇聯則揚言要派兵保護築路，雙方劍拔弩張，大規模的軍事衝突一觸即發。

在張鼓峯大打一仗

同時，蘇聯故作緊張，宣佈將其「莫斯科青年近衛軍」（蘇聯首都之精銳衛戍部隊）調往赤塔，增強遠東紅軍之實力，使駐在外蒙地區之蘇軍實力凌駕滿洲境內的日本關東軍之上。

局勢之日趨緊張，終於觸發了轟動一時的「張鼓峯事件」，日蘇雙方為爭奪滿蒙邊界的戰略要衝張鼓峯，出動了逾萬軍隊進行陸空大戰，一時使世人認為醞釀已久的日蘇大戰已告爆發，但經數天激戰後，雙方皆無進展，在沒有第三者干涉調解之下，竟告大事化小、小事化無。張鼓峯事件的戲劇化結束，不僅反映了當時滿洲的政治情況，而且也反映了當時世界局勢的全貌。駐在滿洲境內的日本關東軍，驕恣已慣，自從出國以來所向無敵，現在首次遭逢對手，使其驕氣盡斂，同時因為對中國的全面戰爭經已爆發，中國戰場拖住了日軍主力，東京當局不願在此冒險北進，在一天之內發出三道急令促關東軍與俄軍設法停戰，免使戰事擴大。而蘇聯方面，亦因希特勒在歐洲之蠢蠢欲動，在德軍的攻擊意向未明朗化之前，蘇聯必須把其主力部隊部署在西部國境，亦不願在遠東地區與日本大打，因此使張鼓峯事件突然冷卻下來，在雙方皆不願大打的情況下，各自作了一番實力示威後，就自動停火。

張鼓峯事件結束後，「滿洲國」當局宣佈實施一項為期三年的新計劃，目的為籠絡其境內的「蒙族滿洲國國民」。此項計劃之名稱異常可笑，正如「滿洲國」所頒佈的一切政令一樣，採用半滿、半漢、半日的文體，稱為「滿洲國國民蒙族同胞兄弟發展自強三年大計劃」。根據此計劃，由「滿洲國政府」撥款一千萬元發展西部地區蒙族人民聚居市鎮內的衛生設備、教育、交通及農業設備。此計劃當然是出於日本的授意，目的為籠絡「滿洲國」的少數民族，免受外蒙古的影響，而其更深一層的目的，則是要同化其境內之蒙人，以利統治。

日蘇友好滿蒙不侵

當時的一千萬元偽滿貨幣，約相當於一萬八千兩黃金，這是一筆相當大的數字，偽滿政權的「國庫」內根本無此基金，而偽滿「財政部」所管的也只是王宮的菜金以及日常行政費用的開支而已，也撥不出這筆偌大的經費。這一千萬元事實上是由關東軍總部撥出來的，而關東軍的一部分少壯軍官心有不甘，認為「滿洲國」剝奪了他們的權利，駐在新京的一批日軍竟擅自進行「募捐運動」，未經總司令之同意，進入溥儀的王宮內，向溥儀的老婆婉容「王后」募捐，婉容嚇得花容失色，從後門逃出王宮，這批日軍就翻箱倒篋，把王后的珠玉首飾全部「募捐」了去，成為「滿洲國」政治史上的一頁「佳話」。

從一九四一年四月起，紛擾已久的「滿洲國邊界問題」突告解決。由於蘇聯先後與德國簽訂互不侵犯條約及與日本簽訂友好互助條約，使遠東及全世界局勢頓時改觀。蘇聯部長會議主席兼人民外交委員長莫洛托夫與日本外務大臣松岡洋右在一九四一年四月十三日簽訂的條約中，規定日本承認「蒙古人民共和國的神聖邊界」，同時蘇聯承認「滿洲國的不可侵犯之邊界」。因此這項日蘇友好條約，事實上也是滿蒙之間的互不侵犯條約。

是年十月，日本駐蘇大使館與蘇聯外交部雙方派員會商繪定了滿蒙之間的「正式邊界」，但這條界線從未正式確立，在還來不及在擬定的邊界線上樹立標誌之前，蘇聯已在六月間與德國宣戰，日蘇之間的友好條約也就名存實亡。蘇軍全力應付德軍攻勢，無暇東顧，日軍乘機毀約，重佔擬定的邊界無人地區。這種情況一直延續至一九四五年八月蘇軍全面攻入滿洲時為止。

偽滿畸形的工業與農業

偽滿時代的財政部，可說是世界上最窮的財政部，而「滿洲國」的經濟發展（特別是工業），在日本財閥包辦下，卻是世界上發展得最快的。

在談述這種畸形的經濟發展之前，先記述幾件「財政部」的趣聞。

溥儀置裝鬧出笑話

溥儀是個非常吝嗇的人，金錢對於他毫無用處，但是他卻視錢如命。同時因為他缺乏現代政治知識，更不知責任內閣為何物。他一向把財政部視為宮廷的帳房，而財政部也因一切財經大權均操在關東軍總部之手，無所事事，亦甘為溥儀的帳房。由積習而形成一項不成文的規定，就是宮廷的一切日常開支皆向財政部支銷。財政部每日的例行開支是宮廷的菜金。有一次，溥儀向英國定製了四套西裝，他的某貴人也同時定製了兩套華貴的西式衫裙。這批新裝由一家日本公司代運到新京後，宮廷叫代理商去向財政部收款。財政部突然面臨這筆「巨額」的意外開支，頓時出現了財政危機，迫得動用數額有限的庫存黃金，而動用黃金是必須徵得關東軍總部同意的，總部認為這筆錢應由宮廷日常經費中支銷，拒絕批准動用黃金。財政部迫得就商於溥儀，但溥儀死也不肯自己掏腰包，寧可把這批新裝退還。這位日本商人在新京苦候多天仍拿不到錢，最後慨然答應把這批新裝送給溥儀。一星期後，這位日本商人的兒子在「滿洲國」政府內弄到了一個肥缺，出任安東省稅務局顧問。

財政部在「立國」十三年內的最大一筆開支，是濬疏新京溝渠的撥款，共付出十二萬元（約合二百兩黃金），為了這筆錢曾舉行十七次會議，一位日本記者曾戲謔地報導此事為「陰溝財政」。

近年來風行世界的「分期付款」辦法，據說是美國人發明的，但早在「滿洲國」時代，已經有了先例。溥儀在一九三六年向關東軍總部購買一輛殘舊的軍車，改裝後成為御用專車，需款一萬七千元，財政部因在「預算」內沒有這筆開支只得分期償還，每年付給關東軍總部一千元，直到滿洲國覆亡時，這筆帳還沒有付清。

日閥資金湧入滿洲

言歸正傳，且說「滿洲國」的畸形經濟發展之由來。戰前的日本政府，一向操縱在幾個望族的手中，而這幾個大家族也正是日本經濟的主宰者。例如三井、三菱、住友等財閥，在政府大員中，皆有他們的屬員，因此戰前日本的外交政策與經濟政策總是有密切配合的，自三十年代初期起，日本的工業就全面生產適合於中國市場的消費品，敏感的觀察家已經可以看到日本將對中國進行擴張政策；到一九三六年，亦即中日戰爭爆發的前一年，日本工業轉向軍事生產，大量製造陸空軍設備，到太平洋戰爭爆發前一年，造船工業的發展壓倒了所有其他工業。

日本的這種特殊政經情況，也立即反映在「滿洲國」的經濟中。滿洲國財政部雖然日夜鬧窮，但是有這樣的一個大老闆在幕後撐腰，當然不必擔心無錢發展工業。

一九三五年「滿洲國」的政治及社會秩序開始穩定後，日本財閥們的資金就大量湧入這個新國家來。這種投資有著絕對的保障，財閥們完全不必擔心這種投資會浪擲，因為只要日本存在一天，滿洲國也必存在一天，如果滿洲國覆亡，日本也一定自身難保，這時在國內或國外投資所遭的命運是完全一樣的（當然沒有人會料到美國如此迅速地扶植戰敗後的日本之經濟復興）。同時，財閥們不論從政治或經濟的觀點著眼，投資滿洲國的利益必定較國內投資為佳。從政治觀點上看，扶植滿洲國的經濟發展，對日本政府和對財閥們自己都有好處；從經濟觀點看，日本本土的經濟發展已經接近飽和點，工業競爭激烈，盈利有限，而滿洲國一切尚在開始，投資事業有遠大前景，而且供不應求，不必擔心競爭問題，捷足先得者都可在經濟上獲得壟斷地位。

輕重工業景象蓬勃

由於這些因素的存在，使日資大量湧入滿洲，一向貧瘠的滿洲地區立即出現了美國西部淘金時代的蓬勃景象；財閥們根據政府在亞洲大陸的擴張政策，都採取了長期計劃，全力在滿洲國發展工業，一方面是貪圖未來的厚利，一方面是支持在大陸擴張的需要。

在重工業方面的投資，建立了大批鋼鐵廠、電力廠及機器廠，由於一切都是從頭做起，在機器及設備方面皆較日本本土的工廠所採用者更為新型，並且也是在亞洲最大規模及最新設備的工廠。滿洲國三百五十萬人口的就業問題完全解決了，不論日本人如何刻薄，產業工人的收入總較農民為好，因此滿洲人民的生活水準普遍提高。

在輕工業方面的投資，助長了農業及商業的發展；紡織工業的蓬勃發展，使大批荒田種植了棉花；釀酒工業及食品工業的發展，使高粱和大豆的品種不斷改進，牲畜的飼養改換現代化方式，同時為了打開市場而建立了健全的商業網。

自一九三五至三七年，「滿洲國」在短短三年內從一個落後的農業經濟社會一躍而為亞洲的第一工業中心。到一九三七年中日戰爭爆發時，關東軍的一切軍需品及軍火彈藥，皆可在滿洲國就地製造，此種軍事工業後來發展到足以供應在中國戰區的全部日軍的需要，使日本本土的軍火廠只需製造飛機、坦克、兵艦及巨炮，其他軍火皆可在滿洲國製造，這對於抱有擴張主義的日本軍人是一項莫大的鼓舞。

農業方面一籌莫展

但是在農業上的發展，基本上說來仍是失敗的。「滿洲國」的農業產量雖較張作霖時代大為提高，但遠不及日本當局計劃中的目標。自滿洲國成立至覆亡，始終沒有多餘的糧食可供出口；日本採取大陸擴張政策，主要是為了解除國內的人口壓力及糧食問題，但滿洲國在這一點上並不能幫助日本。農民的保守性，普天之下都是一樣，滿洲的農民對日本所介紹的新式耕種方式抱有抵制心理，而日本的農民又不願移殖到人地生疏的滿洲國來。軍方一再向國內召募移民，但只能召到工業人才及武裝浪人，而無法召到大批農民，有一度時期，關東軍在政府默許之下，在日本的關東地區規定每一農戶，若有兩個以上的兒子，必須把次子派往滿洲國殖民，但這項政令實施的結果，使農民們都趕緊把次子送進日本的城市裡去做工。

這是因為日本農民在國內的生活，無論如何比到滿洲國來做拓荒者為好，少數移殖到滿洲的日本農民，既不服水土，又無法配合天時，更因缺乏他們慣用的耕種設備、並受當地民眾的敵視，皆在抵達滿洲後不是打道回國就是進入滿洲的城市去求生。

由於在農業上的一籌莫展，使滿洲國的經濟發展受到了限制，在工業的發展上，它雖已執亞洲大陸的牛耳，但因農業的失敗，使關東軍始終無法把「滿洲國」建立為一個在經濟上獨立的強國。

在發展農業問題上，也發生過一個笑話，這就是日本報紙大書特書的「槍斃公雞大案」。這個事件的始末是這樣的。

吉直貞夫槍斃公雞

此時，日本關東軍方面，採納土肥原賢二的建議，採取中國古代的屯田制度，下令關東軍每一旅團在其駐防地區內進行農業屯墾。關東軍在日本陸軍中自成一個系統，大多出身「軍人世家」，都是幾代在關東軍內當兵的，不像一般軍人之大多出身於農家，因此叫這批不識農務的士兵去墾殖，就鬧下了許多笑話。駐在遼東平原上的第十七旅團長吉直貞夫，下令他的部下種稻及養雞，當地農民曾告訴他這個地區只能種高粱而不能種稻，但他認為自己的部下吃慣米，所以必須種稻，幾個漢奸為了奉承他，說是有辦法可以種出米來。經過一年的辛勤耕作，在大片土地上只種出了極少量小如芝麻的米粒，只夠用來餵部下所養的雞。其他旅團皆多少有一點成績，唯有吉直旅團繳白卷。於是關東軍總部就下令查究責任，當時獻策的幾個漢奸已逃之夭夭，吉直無以回報，只得把責任推在雞的身上，總部內的一些高級人員出於官官相護心理，也就不再追究，在批覆公交時只叫吉直貞夫「嚴懲罪魁」，於是吉直就槍殺了幾頭公雞。但這事為京都的一家報紙派駐在滿洲的記者所悉，在京都的報紙上爆了出來，軍部認為有損軍人尊嚴，要查封這家報紙，而日本的新聞自由一向是深受尊重的，報館寧可與軍部打官司而不願道歉或更正，一時成為全國注意的公案，好在不久中日戰爭爆發，關東軍不再務農，這件「槍斃公雞大案」也就不了了之。

與「槍斃公雞大案」幾乎同時發生的，是在黑龍江省的饑民搶糧事件，在這事件發生之前，已經有過許多零星的類似事件。饑民把並未成熟的高粱割下來充饑，因為在成熟之後，所有收成皆被日軍徵收，以致農民趁尚未成熟之前先收割一部分加以收藏，日軍有鑒於此，加強了農耕地區的守衛，因而使饑餓的民眾陷於絕境，終於在黑龍江省爆發了大規模的搶糧事件，日軍用機槍掃射暴民，死傷無數，事後還大肆搜捕「搗亂分子」。據最保守的估計，因這事件而喪生的人，至少在二萬名以上。

畸輕畸重現象脫節

這兩宗事件，雖然前者是非常可笑，後者是非常沉痛，但皆反映了同一個問題，就是關東軍當局與偽滿政權在農業上一籌莫展。

「滿洲國」境內容的工業發展可以稱得上是一日千里，而且這種發展一刻不停地在進行著，但正值工業上獲得相當成就之際，在農業上則發生了這些事件。東三省在傳統上是個農業地區，所以日本統治者及其傀儡政權，在一九三七年之前始終無法在農業上有任何建樹。

日本國內人士也愈來愈注意這一現象，日本的報紙把造成這一現象的原因，輕描淡寫地說成是因為資金皆被用在工業上，同時因土匪出沒而破壞了農業地區的安定。

但真正的原因，並未被日本的報紙所指出，這也許是日本當局的故意掩飾真相，也可能是在當時並未認識到這種真相。造成這種現象的根本原因，是滿洲地區的實際統治者——關東軍當局——缺乏行政經驗及經濟知識，因而忽略了農業的重要性。關東軍的前後兩任統帥，皆過分地重視工業，他們從軍事觀點出發，只注意到發展「滿洲國」的工業潛力對於建立「大東亞共榮圈」的意義，而沒有考慮（或者是不瞭解）強大的工業力量，必須建立在當地人民豐衣足食的基礎上。這是近代的任何軍事獨裁者最易犯的錯誤，不論是列寧、希特勒、史達林或毛澤東、都先後重蹈這個覆轍。當時「滿洲國」的所有工業事務，皆由關東軍總部及直屬總部的「滿鐵株式會社」直接控制；而一切農業事務，則交給一個完全不受重視的「農村貸款聯合會」負責。這個負滿洲地區最高農業之責的機構，設立於一九三四年，由一批日本浪人領導，他們的職責是發展農業，但這批浪人只懂得替關東軍搜括糧食而不懂得發展農業，他們儘量搜括農產品以博取關東軍當局的歡心，而完全不顧農民的死活。

日本關東軍組織由無形到有形

當時在「滿洲國」境內的日本人，除了軍人之外，幾乎皆是技術人員、商人及行政人員，從事農業工作的人數是少之又少。在一九三二年初「滿洲國」剛建立時，在其境內的所有日本平民皆係城市居民，無一人是農民。此後，在關東軍當局的召聘及日本政府的鼓勵下，各種職業的日本人大量移民到

「滿洲國」來；至一九三三年年底的統計，除了關東軍人員之外，在滿洲境內的日本人已增加到一五二七〇二人，其中只有三六九五人住在農村中，其他都是行政人員、商人及專業人員。

全力擴建鐵路公路

上述這些來自日本本土的移民並非完全沒有用處，他們對農業雖然毫無貢獻，但對「滿洲國」經濟的其他方面，卻有相當重大的貢獻。最具成就的是在交通發展方面。關東軍當局在來自日本的專家協助之下，於一九三三年三月制訂了一項鐵路建設計劃，並立即付諸實施，在「滿鐵」主持之下，到同年九月，已建立了長達四千三百多公里的鐵路線。這些鐵路的建築，都是為了配合經濟發展的基本需要，所有礦產區與各大工業城市之間皆有了鐵路連貫，許多人跡罕至的邊遠地區亦皆出現了鐵道，為工業化奠下了基礎，同時也使邊界地區與後方供應基地之間建立了戰略交通線。

大規模的公路建築也於一九三三年三月開始進行，大部分工人都是從各當地農村中抽來的壯丁，他們在皮鞭之下毫無酬報地做著奴工，雖使公路網迅速地建立起來，但也更促成了農業地區的蕭條與破產，到「滿洲國」覆亡時，在其境內的柏油公路共長達六萬四千公里。偽滿政權在一九三五年開始建立了「國營」公共汽車公司。此外，又在遼東半島的營口建立了現代化的海港。

滿鐵組織壟斷一切

「滿鐵」（即南滿鐵路株式會社）是「滿洲國」的最高經濟主宰者，不論其財力及權力，皆遠較偽滿政權的財政部為大。這家所謂鐵路公司，其所經營的業務決非僅僅是鐵路業務。上文已經提到過它擁有自己的軍隊及行政系統，是一個半軍事性質的經濟壟斷組織，完全操縱在日本人手中，偽滿政權不得過問，「滿洲國」的所有主要工業、商業及礦業皆由其一手把持，諸如「鞍山鋼鐵廠」、「小豐滿水電站」、「撫順煤礦」等，皆是直接受「滿鐵」控制的企業。

「滿鐵」的特殊地位，充分表現了「滿洲國」的獨特經濟性質，這種政治與經濟相結合的經濟形式，完全是根據軍事的需要而建立起來的。「滿鐵」在一九三六年向日本政府提出的「滿洲國發展報告第五篇」中，躊躇滿志地宣稱：「南滿鐵路株式會社已經把文明的光芒照耀了整個滿洲國。」這雖是自我吹噓，但也不能說它完全是揑造事實。

在這篇報告書中還敘述了「滿鐵」的經濟哲學：「用共產主義的管理方法來發揮資本主義經濟的優點，使國營化經濟的各個部門能達到最高度的發展。」這種所謂的共產主義管理方法，並非指借鏡蘇聯的工業管理方法，而是指馬克思著作中的方法。

「滿洲國」的經濟發展一直是依照關東軍的這項方針發展的，因此「滿洲國」不僅有蓬勃的工業發展，而且也建立了健全的商業網。關東軍反對無原則的節約，曾在日本國內引起非議，但關東軍當局卻堅持貫徹這種經濟理論，對國內輿論不加理會。

廢除滿幣使用日圓

可是關東軍的經濟政策終於遭到日本政府的干涉，日本政府認為在「滿洲國」投資了數以億計的日圓，而絲毫得不到「滿洲國」對日本本身的經濟之貢獻，滿洲地區的經濟雖已有長足進展，可是日本絲毫得不到補償。因此東京當局決定把「滿洲國」的經濟領導權從關東軍手中奪過來，在一九三七年五月十五日下令成立一個「日滿經濟合作委員會」，使「滿鐵」不再受關東軍總部控制而改受這個委員會的控制，而這個委員會則直屬日本內閣。

「日滿經濟合作委員會」建立後，首先就是在「滿洲國」境內推行節約運動，減少消費品生產、統治貿易、傾力發展重工業生產，一切重工業產品歸日本政府統一調配而不再是只用於滿洲地區。

這些新措施所產生的直接後果，就是使「滿洲國」的經濟與日本的經濟完全合併，以致迫使「滿洲國」廢除自己的通貨而以日圓為唯一合法的貨幣。按自「滿洲中央銀行」於一九三三年七月一日成立後，發行「滿洲國國幣」在其境內流通。以前在東三省流通的各種貨幣，包括銀元、法幣以及張作霖所發行的紙幣，皆被逐漸兌換回籠，到一九三三年十二月底，幣制已完全統一，至一九三四年十月，「滿洲國國幣」的幣值大為抬高，每一一八點三八元可兌換一日圓，以後曾一度下降至二〇九點二元兌一日圓。但自一九三六年初開始，滿幣的幣值再度提高，至一九三六年十一月，已達一〇二點四九元兌換一日圓，打破了以往的紀錄。當關東軍的經濟政策逐漸產生效果後，滿幣與日圓的兌率更進而衝進了百元大關。但「日滿經濟合作委員會」成立後，立即下令廢除滿幣，以當時的九七點八元兌一日圓的比例收回全部滿幣，從此在「滿洲國」境的通貨一律改為日圓。日滿幣制統一後，使「滿洲國」成為日本的國內市場，由於雙方之間的貿易已毋需兌換外匯；但也因此而引起了英、美、德、意等其他貿易大國對「滿洲國」的不滿。

所謂的日本關東軍

「日滿經濟合作委員會」對滿洲地區的經濟發展並無多大貢獻，這個委員會事實上只是坐享其成地接管了關東軍建設的成就。當這委員會成立時，「滿洲國」的經濟已經有了長足的進展，特別是在工業上已經有了相當的基礎。

要瞭解關東軍經營「滿洲國」的方針以及其憑什麼會獲得如許的成就，必須先瞭解關東軍的淵源及其特色。

所謂「關東軍」，並不是一個部隊的番號，而且在「九一八」事變之前，根本不是一個有形的組織。「關東」是日本一個地區的名稱，在日本明治維新之後，在關東平原地區的許多青年從軍，由於地域觀念使然，遂產生了「關東軍」一詞，這是關東地區出身的軍人的一個無形精神集團，這正像我們中國一樣，也有許多帶有濃厚地方色彩的軍隊，譬如在民國史上常常被提到的「川軍」，如果要到國防部的檔案中去查閱，根本找不到「川軍」一詞，也沒有人能說出川軍究竟有多少人數，究竟以誰為總司令，這只是對四川軍人的一個通稱而已，但並不是每一個四川人從軍後都屬於川軍系統，在川軍內也並不是完全沒有外省人。日本的關東軍也正是如此，在「九一八」事變之前，「關東軍」一詞只是對關東平原出身的軍人之通稱而已，但在「九一八」事變之後，關東軍卻逐漸成為一個有形的組織了。

侵略好戰淵源有自

這一轉變，說來話長，需追溯到日本最古老的家族之一秩父氏的時代。日本在公元第四世紀時，開始有文字紀載的歷史，在日本最早的史書之一「日本書紀」中，記載著當時東瀛三島的文化中心是在目前的關西地區，首先建立的是「大和國」，當時的關東地區還是一片蠻荒之區，是「吾妻」族部落出沒之地，被大和國人民稱為「東國」，在「日本書紀」中有東國向大和王朝進貢奴隸及魚乾的紀載。到公元七世紀，大和王朝國勢興盛，征服本州各地，建立許多番邦，現在的關東地區開始被稱為「武藏國」。其後，大和國首都自奈良遷至京都，在奈良朝後期以至平安朝時代，各地豪族開荒闢地、建莊築城，武藏國豪族秩父氏在平安朝末期於武藏國中心地區設立「江戶郡」，這就是東京的前身。秩父的子孫後來改姓江戶氏，經之營之，使江戶成為關東平原的文化及經濟中心。此後，江戶幾經戰亂數度易主。到公元一五九〇年（天正十八年），大和名將豐田秀吉消滅統治江戶的北條氏，把北條氏舊轄八國之地賜給手下著名武士德川家康。公元一六〇〇年（長慶五年）德川家康仿效關西豪族武士設立幕府，實力大盛，展開了日本史上著名的「德川幕府」時代，不僅統一關東，且征服關西各地，大舉招兵買馬，關東青年紛紛從軍，武士道精神大振，這是關東平原的全盛時代。此後，關東地區表面的繁華繼續增長，但在長期和平中滋長了奢華浮誇之風，後人稱之為「江戶氣質」，武士精神式微，輕率之風盛行，關東在物質文明上不斷進步，而在武士精神上漸趨墮落，從中國學來了「好男不當兵」的俗語，軍隊內幾乎全是關西子弟，只有窮途末路的關東子弟才去從軍。

到公元一八六八年（明治元年），明治天皇結束幕府政治，推行維新運動，首都遷至江戶，改名東京，並吸收西方文明，建立現代軍隊，大批關東青年報效投軍。從這時開始，出現了「關東軍」之名。

但因關東地區經過二百年的精神墮落，武士精神一蹶不振，把持軍隊的仍是關西能征慣戰之士。到本世紀初，關東軍出現了名將大田次郎，極力鼓吹武士道精神，關東軍開始出現生氣，一九〇五年日俄戰爭中，大批關東子弟隨軍出征，但在海上殲滅俄國艦隊而奠定勝利基礎的全是關西子弟，在陸軍中，關西及關東子弟各佔半數。因此關東軍仍未能發揚軍譽，此後亟圖找尋機會發揚軍威，這就奠定了關東軍的侵略好戰本色。

南次郎是精神領袖

日本當局鑒於關東子弟的高昂戰意，把他們紛紛派駐國外，諸如朝鮮、台灣、東三省等地日本駐軍，幾乎皆為關東軍。

關東軍雖沒有有形的組織，但有一個精神領袖，通稱為關東軍總司令，軍部並不承認其地位，但是所有關東系統的部隊皆奉他為總司令。其情形一如抗戰時期的中國有人談起「桂軍總司令」，而在軍政部內並沒有這一戰鬥序列，可是每個人都知道「桂軍總司令」是指李宗仁。

自一九二八年前後開始，被關東軍系統各部隊奉為「總司令」的是南次郎大將。「九一八事變」爆發時，駐在東三省地區的關東軍司令官是本庄繁將軍。這位以暴戾聞名的本庄繁中將，是關東軍系統內的許多師團之一的師團長，因其師團駐於東三省，故為東三省地區關東軍的司令官。

「九一八事變」對於日本人說來是成功的，特別是對於關東軍說來，更是無比重大的成就，使關東軍聲譽大振，日本政府論功行賞，本庄繁由少將師團長升為軍司令官，並賜以「關東軍」之稱號。從此，「關東軍」成為一個有形的稱號，但事實上，本庄繁的「關東軍」仍只是關東軍系統內的一部分而已。據美國國會圖書館藏書第五五——八八三一號Modern Far Eastern International Relations一書第四一四至四一六頁的記載，荒木貞夫及本庄繁發動「九一八」事變之前，並未請示日本內閣，而只向關東軍的精神領袖南次郎大將請示過，而在事變成功後，由南次郎親向內閣解釋。據美國東方史學家Herbert Norman在一九四〇年時所著的Japan's Emergence As a Modern State一書第五一七頁的記載，在「九一八」事變成功時，關東軍根本還沒有建立「滿洲國」的打算，關東軍的各巨頭南次郎、宇垣一成、山下奉文、武籐信義、荒木貞夫等只想到把東三省變為關東軍「大陸擴張政策」的基本，與仍在國內佔有優勢的關西系統軍人分庭抗禮。因此這批將軍紛紛抵達東三省，更因裕仁天皇賜給「關東軍」稱號，使他們明目張膽地建立了關東軍總部（但始終不敢用「關東軍總司令部」的名義），經總部的磋商後才決定把溥儀從天津「弄」到東三省來建立「滿洲國」。

積極推行大陸政策

由於「九一八」事變成功使關東軍在日本聲譽大振後，關東系統的軍人也有了進一步的團結。以往關東軍的無形組織只存在於陸軍內，到了此時，在海軍內的許多關東平原出身的軍人也投到這個集團中來，其中最著名的就是海軍大將山本五十六，「滿洲國」的許多經濟措施就是出於山本大將的建議。在這一群關東軍首腦中，山本五十六與荒木貞夫兩人皆精通經濟學，荒木貞夫且是馬克思「資本論」的讀者，他雖不信奉共產主義，但他認為把馬克思的經濟理論施用在「滿洲國」是合適的。

這批將領把「滿洲國」視為「關東軍的王國」，從關東地區招聘了大批人才到「滿洲國」來經營這個屬於自己的地盤。在日本官方口中的「關東軍」雖然只是一個軍團的番號，但事實上依然存在的關東軍系統則是一個人才濟濟的大集團。

他們經營「滿洲國」的基本方針是要建立關東軍在亞洲大陸大肆擴展的基地，因此他們特別著重於經濟建設，尤其是工業建設，使將來執行他們的「大陸政策」時有充分的物資可供運用，而毋需受國內官僚政客的牽制。由於當時日本國內的工業亦已發展到了飽和點，為了爭取「生存空間」及國外市場，日本的財閥及工業鉅子們皆衷心支持關東軍的大陸政策，這使關東軍總部解決了發展「滿洲國」經濟的資金來源。

荒木貞夫成太上皇

一九三六年南次郎大將退役後，宇垣一成大將被舉為關東軍的精神領袖，也就是非正式的「關東軍總司令」。宇垣一成的思想比南次郎更激進，他認為「滿洲國」不僅應該是關東軍的後方基地，而且應該是整個日本陸軍的後方基地，日本本土的軍火工業應該集中於製造海軍艦艇及飛機，而所有陸軍的軍需品生產應以「滿洲國」為中心。他非常重視荒木貞夫的才能，因此荒木逐漸成為「滿洲國」的太上皇，是權力最大的一人。他名義上是關東軍參謀長，但在滿洲地區的一切軍事、政治、經濟活動幾乎皆受他控制，甚至連關東軍駐滿洲地區的司令官本庄繁的一切治安行動也須聽命於他。

荒木貞夫在關東軍內有「儒將」之稱，喜歡吟風弄月，他寫得一手好字，曾從偽滿「國務大臣」鄭孝胥習書法。他是比較熟悉及尊重中國人的傳統禮儀的，因此在一九三六年後，滿洲地區日軍的橫行不法行為是減少了。「滿洲國」雖然始終是個不足為法的傀儡組織，但在一九三六年後不愧稱為一個法治之區，這應該歸功於荒木貞夫。

荒木貞夫是個極端反蘇的人，是「北進政策」的積極鼓吹者。一九四一年底日本發動太平洋戰爭的前夕，他與山本大將之間發生了齟齬，使關東軍巨頭之間的內部團結一度出現危機。山本主張「南進」，這是基於他的海軍大將的立場，因為「北進」使海軍沒有「表現」機會。但在宇垣大將的調解下，終於使兩人和好。荒木當時提出的論點，足以反映關東軍治理「滿洲國」的方針與抱負。荒木認為要使日本成為世界第一強國，必須先建立在亞洲大陸的霸權，佔據西伯利亞及全中國所付的代價，遠較佔據太平洋中許多「無用的」島嶼為小，「滿洲國」的工業力量已經足夠支持在亞洲大陸的擴張政策，唯一缺少的是飛機製造工業之不足，把用來發動太平洋戰爭的人力物力投在進一步發展「滿洲國」的重工業，可以建立世界最大的工業中心，這時日本的軍事力量將舉世無匹，在建立大東亞王國之後，再經幾代的努力，把滿洲地區的成就推廣到亞洲大陸各地，就可以輕而易舉地擊敗英美而完成世界霸業。

荒木的計劃是「田中奏摺」的延續，但比田中的計劃更為具體。惟因當時日本其他各大有力派系的軍人妒忌關東軍的成就，亟思擴充自己的地盤，同時因為對美國軍事實力及工業潛力的估計錯誤，終於貿然地發動了太平洋戰爭。如果當時這位滿腹經綸的武將荒木貞夫具有像山本大將同樣的地位與權勢，也許可以阻止「南進」，則整個歷史將需重寫了。

獨霸東北海關、強購中東鐵路

上文曾提到關東軍總部在對「滿洲國」的統治問題上與日本政府的爭執，關東軍總部力圖使「滿洲國」成為自己的禁臠，對來自東京的官員多方排擠；而日本政府則計劃使滿洲地區成為一個在政治及經濟上與日本本土無法分割的共同體。因此雙方的明爭暗鬥愈演愈烈。

自民國廿年（一九三一）「九一八事變」發生後，直至民廿六年中日全面戰爭爆發時止，此種鬥爭從未間歇過。但至中國全面抗戰後，因形勢的需要，關東軍總部不得不向東京中樞讓步。因此「滿洲國」的歷史明顯地分為兩個時期：一是在一九三七年之前，它是日本關東軍的軍事統治地區；一是在一九三七年之後，它是日本的殖民地。

海關問題、鬧成僵局

關東軍與東京中樞之間的明爭暗鬥，充分反映了「滿洲國」的特殊地位。當一九三二年二月「滿洲國」宣佈「獨立」後，此種鬥爭已經趨向表面化。當時，日本政府是列強對中國的「門戶開放」政策的支持者之一，而關東軍為了保護滿洲地區的工業發展，則在「滿洲國」實施「門戶關閉」政策。在「九一八事變」之前，東三省雖為中國的領土，但沿習著北洋割據局面下，非南京政府權力所能及，可是在海關制度上，東三省各港口的海關與中國其他港口的海關一直是統一的，由駐節上海的海關總監英國人梅茲爵士（Sir Frederick Maze）管理。這位英國人係代表訂立庚子條約的八國在中國之門戶開放政策的最高執行者，日本亦為當年攻陷北京的八國聯軍成員之一，因此梅茲爵士亦為代表日本在華利益的。但關東軍統治東三省後，立即宣佈要使東三省的海關獨立，並要另訂稅則。在「九一八事變」至翌年二月「滿洲國」成立的這段時期中，關東軍已下令禁止把東北各地海關所收的稅款上繳至上海海關。

梅茲為此問題逕向日本政府交涉，日本政府保證在東北各地的海關仍受梅茲爵士控制。而當時在東北的海關官員大多是中國政府所委派的，中國的反日情緒已經非常高昂，眼看自己的官員受到日本軍人的頤指氣使，因此輿論普遍要求政府撤回這些官員，但梅茲則要求中國政府繼續忍耐，以待與日本政府折衝之結果。於是，在海關問題上形成了複雜的四角關係：中國政府、日本政府、關東軍總部及梅茲爵士。各有各的立場，彼此相持不下。

霸道行動、竟獲勝利

對中國財經活動具有重大影響力的上海銀行界巨頭們，則支持梅茲爵士的意見，要求南京當局千萬不可關閉在東北的海關，以免危害中國與西方各大國的關係。但是中國激昂的反日情緒則不允許為了八國利益而坐視自己的官員為日本軍人服務。在輿論的壓力下，財長宋子文於一九三二年六月二日到上海與梅茲談判，向梅茲提出兩項辦法任擇其一，第一項辦法是：若要繼續保持在東三省境內的各海關，則所徵關稅必須彙交上海海關，不得落入日軍之手；第二項辦法是：若無法徵集在東三省境內的關稅，則所有在東三省的海關必須立即關閉。梅茲力勸宋子文「面對現實」，但宋氏則堅持我國最高當局的這項決策。

六月九日在大連發生的所謂「福本事件」，使海關所屬權問題的爭執趨向爆炸點，終於使關東軍公然接管東三省境內的一切海關。福本是旅順大連的日本海關關長，他在六月九日突宣佈旅大海關「獨立」，所有關稅不再上繳上海總關。梅茲爵士於六月廿四日下令撤免福本的職務，但三天後，「滿洲國傀儡」溥儀突任命福本為「滿洲國海關總署署長」。至此，「滿洲國」的海關完全與中國海關脫離關係，「滿洲國」的一切財經活動也就完全落入關東軍的掌握之中。日本政府雖在中國海關內也有一部分權益，但「滿洲國」海關的獨立對日本有更大好處，因此東京當局對關東軍的獨斷行動故意裝聾作啞，不加聞問。

英、美、法、德、意、奧、俄等國，紛紛向日本政府提出抗議，庚子條約委員會的一九三二年度主席美國副國務卿卡素爾，代表七國向日本提出正式的抗議照會，日本表示這是中國與「滿洲國」雙方之間的問題，日本無法干涉。七國在既成事實之下，儘管提出了多次抗議，但這些官樣文章並不能扭轉事實，而且終於不得不默認這項事實。

這是關東軍的霸道行動之又一次勝利。由於西方國家的反應軟弱，使關東軍對滿洲地區的統治有了更大信心，從而激起了他們大舉建設「滿洲國」的更大野心。

不擇手段、廣植鴉片

據前日本駐美大使野村在戰後發表的回憶錄紀載，在接收「滿洲國」海關之初，關東軍內部曾一度發生歧見。大多數關東軍要員主張把關稅所得全部用於「滿洲國」的建設，但具有政治頭腦的武藤信義大將獨排眾議。他主張把稅收所得，仍按照庚子條約的規定，使其他七國分享應有的利益，從而平息七國對日本的不滿，也可使西方列強在「滿洲國」問題上減少對中國的支持。武藤大將的這項主張，獲得有「關東軍智囊」之稱的荒木貞夫之支持，終於獲得通過。此種政策一直實施至一九三七年中日戰爭全面爆發時為止。

自海關接收之後，日本與「滿洲國」的經濟合併就逐日加強。但是關東軍首腦們始終有他們自己的一套打算。他們在表面上不得不服從東京當局，可是在私下，他們一心要把「滿洲國」建立成關東軍的天下，儘量擺脫對東京的依賴，並且希望在工業及經濟建設上有比日本更大的成就，從而提高他們自己在日本政壇上的發言權，因此他們不擇手段地要使「滿洲國」富強。他們所採取的措施之一，就是廣植鴉片，一方面使「滿洲國」財源廣進，一方面為毒化中國作長期打算。

據「紐約時報」在一九三三年十一月三十日登載「世界反毒品協會」會長霍勃遜上校的一篇演說

稱：「熱河省已被有計劃地建立為世界最大規模的鴉片種植場。」此後數年間，世界輿論對關東軍當局的鴉片政策之抨擊愈來愈烈，因此關東軍總部不得不有所表示，在一九三七年七月一日頒佈禁煙令，但這項命令只是禁止「滿洲國」人民吸食及販賣毒品，而未提到禁止種植。一星期後，中日戰爭爆發，關東軍在滿洲地區變本加厲地廣植鴉片，不僅運入關內各地，而且遠銷到南洋各處。

關東軍在滿洲的經濟政策，一般說來是成功的。但因為關東軍的侵略本質及其偏狹的本性，也無可避免地造成了一項重大的失策，這就是忽略了外國資金的重要性，不僅沒有設法去吸收外資，而且使外資視「滿洲國」為畏途，在荒木貞夫的經濟政策之下，終於使外資完全退出了「滿洲國」，使「滿洲國」的經濟發展受到無可彌補的損失，其情形一如共產黨執政後的中國大陸，把一切收歸「國營」之後，只能造成暫時的有效經濟統治，在經過一段時期之後，必然會因資金短缺而使發展趨向緩慢甚至完全停頓。

英美俄等、紛紛退出

當關東軍建立有效的經濟統治後，首先是美國「國立紐約銀行」（即一般所稱的「花旗銀行」，香港稱「萬國寶通銀行」）在一九三五年五月底宣佈關閉在滿洲境內的所有支行，原因是「無業可營」。接著，英國政府宣佈放棄在「滿洲國」境內的一切礦業權益，因為在一九三五年八月頒佈「礦業法」後，所有礦業皆受日本軍方壟斷，外商只能投資而不能分紅，並且失去了經理權。東三省的礦業中，英資佔最大比例，諸如撫順煤礦等中國首屈一指的礦場，皆係英國資金建立的。如果關東軍能夠把眼光放得遠一點，繼續與外資合作，雖需分一部分利潤給外商，但可解決資金來源並使礦業發展得更迅速，對

「滿洲國」的重工業建設及全面經濟發展皆有莫大好處。關東軍首腦們只注意眼前利益及滿足其權力慾，忽視了外資的重要性，致使日後「滿洲國」的經濟發展倍增困難。

蘇聯亦像西方國家一樣，自一九三三年後逐漸喪失其在「滿洲國」之經濟權益。關東軍故意在中東鐵路沿線一再製造事件，使蘇聯難於繼續經營這條有厚利可圖的鐵道。主管中東路的蘇聯專員李維諾夫在一九三二年底向最高蘇維埃提出的報告中，說這條鐵路已逐漸成為經濟上的負擔及政治上的累贅。翌年五月，李維諾夫奉命與南次郎大將談判，把這條鐵路售與日本或「滿洲國」。中國政府立即向蘇聯提出抗議，指出此舉有違一九二四年的中蘇條約，但日蘇之間在一九三三年整個夏季內仍繼續進行此項談判。

蘇聯此種只顧現實而不顧信義的行為，引起中國極大的忿怒。蘇聯外交部在一九三三年八月廿四日致中國政府的一項照會中，向中國解釋其苦處，照會稱：「日本侵略軍對於奪取此鐵路係志在必得，當前之談判對日本並無好處，僅為我國希望在此鐵路被無償掠奪之前，及早談判以收取部分補償而已。」

九萬兩金、購條鐵路

但是談判結果，始終對價錢談不攏。談談停停，直至一九三五年三月才達成協議，由「滿洲國」付給蘇聯一億七千萬日圓，而蘇聯則把此鐵道及其沿線設備完全移交「滿洲國」。

一億七千萬日圓在當時約相當九萬兩黃金，以此價購買這條鐵路，簡直是太便宜了，但「滿洲國」直自一九四〇年一月四日才付清這筆款，而且是經過蘇聯在外交上一再折衝之結果。

日軍接管中東路後，改名為「北滿鐵路」，亦屬「南滿鐵路株式會社」管理。在這宗交易上，日本不但在價錢方面得到了便宜，而且更在外交方面打了一場大勝仗，因為蘇聯與「滿洲國」正式談判的結果，已使蘇聯在事實上承認了「滿洲國」。

當時日本正急切需要世界列強之中的任何一個強國對「滿洲國」加以承認，原因是多方面的。在接收海關之後，日本與列強之間的關係搞得很僵，如果有一個強國承認「滿洲國」，則日本可以在外交上獲得轉迴餘地。另一方面，在國際聯盟內，日本一直處於被指摘的地位，有一個強國承認「滿洲國」後，就可以使日本在國際上的處境簡易得多。更有一項不可告人的原因：東京的政客們對於關東軍當局的野心已漸感不安，關東軍從不希望「滿洲國」獲得國際承認，他們一心只想關起門來把「滿洲國」建成關東軍的私有地盤，而在列強承認「滿洲國」之後，就會有外國代表進入滿洲，發生外交上的種種聯繫，東京當局就可以更易於插手「滿洲國」的事務了。

溥儀由日本玩偶變成蘇聯俘虜

宇垣一成大將於一九三六年繼南次郎大將出任關東軍最高首領後，與「滿洲國」發生最密切關係的三名關東軍大員是東條英機、植田謙吉及吉岡安直。當時東條英機是關東軍總部的參謀長，駐節新京（長春），是「滿洲國」的真正統治者，直到一九四〇年調回日本後，由駐滿洲地區的關東軍參謀長荒木貞夫繼任關東軍總部參謀長。東條回國後飛黃騰達，在關東耆宿、元老政治家西園寺公及頭山滿等的支持下出任戰時內閣的首相，並委任他的舊上司宇垣一成為陸相，這是關東軍的全盛時代，無名有實的「關東軍總部」也自此時開始解散，因為所有日本軍隊皆已在關東系統軍人的控制之下了。

高傲孤僻的東條英機

植田謙吉於宇垣統領關東軍之後，出任駐滿洲地區關東軍司令官，直至第二次世界大戰結束時止，他一直是「滿洲國」的最高軍事負責人。

吉岡安直在南次郎返國時，只是駐滿洲地區關東軍的大佐特務機關長，但他獲得東條英機中將的賞識，委他為關東軍總部的八名參謀之一，由大佐而晉升為少將，當東條回國出任首相之後再把他擢升為中將，並委任他擔任「滿洲國皇帝」溥儀的「帝室御用掛」，相當於皇室最高顧問，負責「滿洲國」的一切政務，並負督導偽滿政權的全責。

早在南次郎統領關東軍時代，已把吉岡大佐安置在溥儀身邊，但當時吉岡並沒有什麼頭銜，直到宇垣接長關東軍總部之後，吉岡才「名正言順」地接管了「滿洲國」的一切大小政務。但「滿洲國」的經濟發展事務，則一直在荒木貞夫的控制之下。

這三個與「滿洲國」發生最密切關係的關東軍大員，具有完會不同的性格。東條高傲而孤僻，他在新京期間從不入宮謁見溥儀，他對一切軍政事務的意見，皆直接下令給有關的關東軍人員去執行，如果在執行中遭到「滿洲國政府」的阻力（偽滿當局在關東軍眼中一向是一個成事不足敗事有餘的組織，但因政治上的原因，不得不保留這樣一個政府），他就把溥儀或負責的偽滿官員召到關東軍總部來申斥一番。溥儀的英文教師莊士敦在返英後寫的回憶錄中說：「這位皇帝接到東條大將（按：東條離滿洲國前不久由中將升至大將）打來的電話，雙手發抖，久久說不出一句話來。他（指溥儀）每次從東條的總部回來，總是把自己關在房裡，有時連晚飯也不想吃。」

植田謙吉與吉岡安直

植田謙吉則是一個典型的老粗，他的職務不需要他與溥儀發生交往，但是他常常寫了條子派人拿進宮中，要溥儀「犒賞」關東軍士兵，在這些條子上寫明了需要犒賞的各種物資之數量，並且限定交貨日期。對於偽滿軍隊的調動，他也完全不通知偽滿當局，而直接向偽滿部隊下達命令。莊士敦回憶錄中記載有康德五年（一九三八年）十一月四日植田謙吉派人送進宮內的一張條子，上面寫著：

> 滿洲國皇帝陛下：通遼地區現有大日本皇軍一萬七千人及貴國部隊三千人，現亟需禦寒衣食，請於本月底之前將下列物資送達本軍軍部。計：赤金一百四十兩，生牛一百八十隻，全新木材十一萬立方公尺。另有現擺設在毓慶宮（按係溥儀的皇宮）入門屏風後的銀質彫花花瓶一對，亦請於本月底之前送達本軍軍部。

吉岡安直則是一個陰險狡猾的政客，毫無武士本色，他經常住在溥儀的宮中，與溥儀形影不離，溥儀在上英文課時，吉岡也坐在一旁監督。他每月總回家一兩次，返回宮內時總要帶一點他的妻子做的菜給溥儀吃。他是日本的貴族，與裕仁天皇之弟秩父宮有姻親關係，他每年要回國兩三次，臨行之前必叫溥儀的御廚做一些滿洲風味的糕餅，帶給裕仁天皇的皇太后，歸來時也總是帶一點據說是日本皇太后親自做的糕餅給溥儀。

表面上，吉岡與溥儀的關係就像兄弟一樣親密，但每當溥儀對植田謙吉的「打單信」有所不滿時，他就會板起面孔訓斥溥儀，他對溥儀說：「天皇陛下就是你的父親，關東軍是代表天皇的。你應該懂得孝道，父親的家人就是你的家人。你要聽關東軍的話，就像聽父親的話一樣。」

溥儀的一舉一動都受吉岡監督，甚至打個電話給他的「國務大臣」，也必須坐在吉岡身旁通話，溥儀皇宮內外有二百多名御林軍，其中半數是日本人，半數是滿洲人，但溥儀不得與任何御林軍人員談話，他要差遣御林軍，必須先報告吉岡，由吉岡傳達命令。

這三個控制著「滿洲國」的關東軍軍人，雖然性格迥異，可是是作風卻完全一致，他們都不把溥儀放在眼裡，更不把「滿洲國政府」放在眼裡。這是世界任何「皇室」所沒有的特徵。

關東軍入關偽滿解體

康德十一年（一九四四年）春，太平洋戰事急轉直下，美軍在跳島作戰中連連擊敗日軍，但在中國大陸上的日軍則仍佔著軍事上的優勢。這一年的四月十八日深夜，溥儀在床上被吉岡叫起來，去參加關東軍部的一個會議。溥儀進入軍部時，所有在滿洲地區的關東軍將級軍官皆已在座。會議由甫自東京飛來的岡本大將主持，傳達東條首相的一項命令，要植田謙吉率領所部進入關內作戰（大概是因為在關內的一部分日軍已抽調到太平洋作戰），並且即席宣佈由荒木貞夫統領留駐滿洲境內的全部日軍。召溥儀參加這次會議的目的，是要他負責飭令偽滿各級官員佈置「全國性」的歡送大會，送別植田部隊，以鼓舞士氣，同時要他負責籌集大批軍糧。植田中將在會議桌上把一張已經擬就的清單交給溥儀，所需物資數量驚人，關東軍原已有大量貯備，但這次臨別打單旨在禮括「滿洲國」僅有的全部資源，而要「滿洲國政府」做惡人去向民間搜括。植田謙吉的部隊後來在衡陽會戰中遭到慘敗，不知溥儀聽到這消息是喜是悲？

植田走後，荒木貞夫獨攬了「滿洲國」的軍經大權，但這位飽讀經書的「儒將」已無所施其技，為大勢所趨，大日本帝國已臨夕陽薄暮，荒木貞夫雖刻意經營，但亦已經無法使「滿洲國」來挽回日本帝國的既倒狂瀾。

到康德十二年（一九四五年）初，「滿洲國政府」已在事實上解體，因為一切大小事務皆由日本軍方掌管，「滿洲國政府」連撥款修補皇宮前的馬路之權力也沒有。繼「國會」解散之後，所有「政府」官員也不再辦公。到五月份以後，這些無所事事的官員連乾薪也無法領到，因為一切資源及財力皆已用於支持關內作戰，日本軍方對這個傀儡政權的形式也無暇顧及了。在「滿洲國」存在的最後三個月中，常有一些高級官員到宮裡來向溥儀告貸，偽滿陸軍總司令祁繼忠向溥儀借二十斤麥子，溥儀也無法供應。溥儀嚇得躲在深宮不敢見客，所有前來告貸的達官貴人皆被吉岡中將斥退。

蘇對日宣戰直撲新京

這一年的八月八日，「滿洲國」面臨了末日。這個「國家」是在數天內匆匆建立的，經過十三年的苟安，終於也在數天內草草覆亡。八月八日清晨六時，蘇聯對日本宣戰，半小時後，新京已接獲蘇軍四路攻入「滿洲國」的報告。美國的原子彈投落日本之後，在滿洲地區的日本關東軍已經軍心渙散，對來攻的蘇軍毫無招架之力，第一路蘇軍渡過黑龍江向齊齊哈爾及哈爾濱進攻。第二路蘇軍沿中東鐵路向承德及錦州的方向推進，第三路蘇軍進攻吉林及哈爾濱。而蘇軍主力第四路軍則自貝加爾湖出發，直撲新京而來。溥儀聽到這消息後，急忙找吉岡，但吉岡卻在數分鐘前出了宮。直到上午十一時，吉岡才回來，面色很難看，但是很鎮靜。他對溥儀說，東京已有急電打給荒木大將，謂正趕調援軍前來保衛「滿洲國」，軍部有信心可以阻遏蘇軍攻勢，並叫溥儀留在新京，宮內任何人不得離開。

第二天，蘇軍先頭部隊已經開入哈爾濱，主力第四路軍正在南渡松花江，但吉岡仍謂有把握守住新京。到八月十日，吉岡召來了一隊日本憲兵守住溥儀的王宮，不准任何人出入，他自己則整日在軍部內開會，直到十一日清晨才回到宮內。他一見溥儀，就叫溥儀收拾行裝，帶同幾名最親信人員乘汽車去遼寧省的通化，改搭飛機赴日本。因為這時新京的機場已被蘇聯空軍轟炸破壞，市內也已聞到了清晰的炮聲，並且隱約可聽到機槍聲。

皇帝生涯與偽滿同盡

溥儀及其弟溥傑，乘著吉岡親自駕駛的汽車，先到市內的軍部接載一個名叫橋本虎之助的大佐，一同前往通化，但在軍部內獲得通知，謂在新京以南的一個小型機場上，尚有數架輕型客機可供使用，因此他們一行趕緊前往這機場，改搭飛機前往通化。原來準備自通化直接飛往日本的，但抵達通化後才知道所有可以飛赴日本的飛機皆已被軍部用於運送文件及財寶返國，因此溥儀及吉岡等一行在通化呆候了四天仍無法啟程。到八月十五日東京當局宣佈無條件投降，溥儀奉吉岡之命，在通化頒發「詔書」下令「滿洲國軍民」停止戰鬥。於是他們這一行又乘原來的輕型客機赴瀋陽，當時新京已被蘇軍攻佔，錦州也已易手，瀋陽成為唯一仍在日軍手中的「滿洲國」大城市，但天皇既已頒詔投降，瀋陽的日軍也就放棄保衛活動，靜候蘇軍前來接。

溥儀在瀋陽機場的休息室中，尚用「滿洲國皇帝」的名義發表了最後一道命令，下令所有「滿洲國」官員不得擅自向蘇軍洽降，必須根據當地日軍的命令洽投降事宜。

當這篇「最後的文告」用無線電發出數分鐘，三架蘇聯飛機就降落在瀋陽機場上，其中兩架滿載士兵，一下飛機就把機場內外的日軍全部繳械；另一架則載著十多名蘇聯軍官，前來辦理受降事宜。吉岡與橋本倉促地奔到跑道盡頭去迎接，陪同著一名蘇軍中校來見溥儀，這個蘇聯軍官以傲慢而粗暴的口吻對溥儀說：「你就是那傀儡皇帝嗎？從現在起，你只是我們的一名俘虜，你的皇帝生涯已經與滿洲國一同結束了！」

就在這短短數語中，宣佈了「滿洲國」的覆亡，而溥儀則從日本人的玩偶變成俄國人的奴隸。莊士敦在教他讀英文時，曾經讀過一則西方的寓言：一個住在荒山茅屋中的孩子，聽到一隻狼在撞他的大門，驚慌地開了後門逃走，但一走出後門就被一頭守候在那裡的餓虎吃掉。想不到這個故事竟應驗在溥儀身上。

偽滿建國周年秘密採訪記

陳紀瀅

一面永遠明亮的鏡子

「瀋陽事變」（簡稱「九一八」）發生於民國二十年九月十八日，距今恰整四十周年。中國對日抗戰，雖自民國二十六年七月七日「蘆溝橋事變」算起，至三十四年八月十五日日本投降止，號稱八年；其實，應自「九一八」計起，共為十四年，較為合理。想當年，「九一八」紀念日是多麼沉痛悲傷、轟轟烈烈、全國上下激憤的日子！至少有十年光景，每逢此日，全國各地都有重要集會。這個日子所給予四十歲以上中國人民的衝擊，實在比任何日子都強烈；這個日子留給中國人民以沉痛心理影響，至少有三代之多。雖然因物換星移，事過境遷，一個重要紀念日已被人們漸漸淡忘，從心理上抹去，但若仔細撫摸一下今日的傷痛，有幾許不是早日的病根？展望國家的前途，我們又怎能不把歷史垂為殷鑑？激發愛國情緒，仍不失為提高民族精神教育的重要課題。自強自立，為建國之本。「九一八」這面鏡子，實在在中國歷史上永遠明亮而富有鑑往意義。

再過四十年如何？

「九一八」發生時，我正服務於哈爾濱。「九一九」清晨，我的家眷從驚惶中，從長春到達哈埠。她們對我訴說路過吉（林）海（龍）路時所聽到的槍聲，以及在吉林、長春所看到的景象。長春以北於二十年十一月就進入戰爭狀態。二十一年二月五日哈爾濱被日軍侵佔。跟著江橋戰起。偽滿於三月一日成立。沐猴而冠，擁溥儀為傀儡皇帝。以後東北自衛軍興起，由丁超、李杜率領在吉東與日軍奮戰。到二十二年初，一部分自衛軍退至新疆。但吉東十八縣尚在自衛軍佔領之下，繼續與南京保持聯繫。此後十二年之間，自衛軍多次演變，成為東北抗日聯軍，由北滿發展到南滿，共有十二個較大軍事單位。其中以趙尚志、周保中、楊靜宇、李兆霖等實力最為雄厚。迄三十四年八月十五日日軍宣佈無條件投降，抗日聯軍總數尚能保持十至十二萬人。一方面蘇俄蓄意裝備這些多數屬於共產組織下的偽軍，以為擴大破壞我政府基礎的資本，抬高毛共在東北的地位；另方面，我政府未能把握時機，爭取這批可能為我效力的抗日聯軍，又沒能夠在外交運用上，早日揭穿與阻撓蘇俄的陰謀。等蘇俄的預謀完成，我們再控蘇俄的暴行於聯合國，惜已為時過晚。今天大陸淪陷二十餘年之久，最重要的關鍵，還是在我們沒有有效地控制東北的緣故。將來收復失土，以及保持太平洋上的安全，保持東亞和平均勢，仍有賴能掌握東北這塊絕對有戰略價值、有豐富資源與廣大人口的地區。不信，拭目待之，四十年以後新中國的一代，就會證明我的話並非荒誕！

為什麼有這次採訪？

我這篇小文主題是報導我秘密深入東北，採訪偽滿建國周年的經過，以紀念「九一八」四十週年。這絕不在誇耀個人有什麼成就，或有什麼才能；而是提供今天新聞界一種思考機會：為什麼直到今天還沒有一個新聞記者曾去大陸作過一次秘密採訪？難道真的進不去嗎？難道怕冒險嗎？我們對大陸消息，不是來自情報，就是來自外國記者的報導，或自逃離大陸難胞的口述，都不算是第一手資料。其中缺乏真實感跟新聞記者的敏銳嗅覺與比較深入的觀察，所以枝枝節節，給予讀者的印象模糊、欠深刻。因此我們迄今關於大陸有系統的各項資料，多半由研究機關供給。絕少是新聞記者採訪。今天真的沒有青年記者敢冒險去大陸嗎？也不見得！乃是沒人提供他們機會。有人或者說，偽滿那年代容易混進去，因為日本人畢竟是敵人，好欺騙；今天共匪監察過嚴，他們賦性狡猾，手段毒辣，生面孔，很難以闖關。其實，都不實際。假若是，也就不會有那麼多人逃出來了。既然有千千萬萬人能逃出來，就應該有千千萬萬人混進去。鐵幕的罅隙永遠張向外，何況竹幕？

卻說，我那次採訪的時間是民國二十二年八月六日至九月十六日。我是經大連、長春，到了哈爾濱；又去三姓、佳木斯等地。採訪的對象是日本人在偽滿一年中，淨做了些什麼？軍事、經濟、文化、社會等等，現狀如何？他們還打算做什麼？東三省的民心歸趨怎樣？以及一般人的生活狀況如何？

為什麼有這次採訪？我必須先加以說明。

《天津大公報》於民國十五年九月一日起，由張季鸞、胡政之與吳達詮三人接辦，因言論公正，消息翔實，內容充實，編印精美，以及發行、廣告業務，俱都發達，不數年間，即執全國報界牛耳。「九一八」前夕，該報發行總額，已達十二萬份，而東北一隅報份卻有三萬份之多，佔總額四分之一。所以對東北消息，一向著重；更時常以東北問題為言論中心，喚醒國人注意。瀋陽及哈爾濱派駐記者（「九一八」前是李玉侃，後被日軍捕去）專司採訪。其餘各大城市，也有特邀訪員，供應稿件。自「九一八」事變發生，不僅特派員因身分暴露無法活動，就是特邀訪員，也因有許多顧忌，不能繼續撰寫新聞。以致不但損失了廣大的報份，影響發行收入；而消息來源一旦杜絕，更失卻新聞發佈的權威。報館當局有鑒於此，就設法找人能秘密寫通信，以恢復過去的聲譽。他們找到了我的好友趙惜夢兄，因惜夢兄曾服務《哈爾濱國際協報》，為名記者。那時他正在天津、北平兩地策劃反滿抗日的工作，與《大公報》當局時有接觸。於是就由惜夢兄介紹我。因我既曾與惜夢兄同時服務於《國際協報》，同時我又在郵局上班，消息比較靈通，且有種種方便，而我那時還留在哈爾濱。當時日軍正忙於黑龍江呼海鐵路及吉東的戰事，對於哈埠控制還不十分嚴密。我那時的職務是吉黑郵政管理局的郵袋管理組組長兼監視郵件檢查事宜。因那時關內關外火車郵政還未封閉，日偽當局派憲兵及工作人員每天前來檢查郵件，尤其平津大批報紙為他們扣留的對象。我們為了使淪陷未久的民眾繼續獲得正確消息，不定時地把一部分報紙抽出來，秘密散發到市面去。至少有三個月之久，這項工作相當成功。後來平津報館知道報紙被扣，也就停止再寄。我的工作所謂方便，就是知道這些日偽撿查人員什麼時候來，什麼時候走。郵局是全天候辦公，他們每天只來八小時，其餘十六小時都是自由交寄郵件時間，而且隨封隨發。所以從來若取不得郵局人員的合作，檢查郵件之事，永遠是片面行為，大海撈針，碰運氣的工作。

當我接到惜夢兄跟胡政之先生的兩封信後，我也曾做理智的考慮：我應不應該擔任這項工作？我怎樣做這項工作？怎樣保證成功？經仔細考慮過後，我認為根據當前環境，這是一樁愛國行為，不是普通新聞事務。我若不答應，沒人能擔任；為了愛國，義不容辭。我要選擇重點作有系統的報導，使讀者藉以瞭解日本人侵略東北後的動向。要絕對避免暴露身分，並且有把握地躲過日偽的郵件檢查。

所以自二十年十月起（當時日軍還沒有侵佔哈埠），迄二十一年八月，我們奉命撤退上海，在此十個月之內，我用種種方法與《天津大公報》保持聯繫。我也寫下了無數封通信，報導、揭穿與評論日本侵略東北，特別是吉黑兩省的各項動態、陰謀與其趨向。這些稿件分別標明寄自哈爾濱、吉林、長春、齊齊哈爾與次要城鎮，也用不同筆法、口吻寫些長短不拘的小消息。這些資料，一經《大公報》刊出，立刻騰揚全國，第二天便以重要電訊普遍刊登引用在大江南北的新聞版上與讀者見面了。

我怎樣維持通信？

我每個月收到四十元的鈔票稿費，分做四張，每張十元，都是交通銀行所發行的紅色券。這些現鈔每次以保險信封寄來。當時這四十元相當於我全部薪俸哈幣的三分之一，對我生活的幫助確實不小。但最令我感動的，還不是這點物質報酬，乃是胡政之先生時常親筆寫給我的信。他用隱語，以龍飛鳳舞之筆，對我的通信，多所讚揚，使我大有「士為知己者死」之感。其初他落款「政之」，後來即簡單寫一「霖」字。因很少人知道他的正式名字叫「胡霖」。這跟季鸞先生名字叫「熾章」，不為一般人所知相同。

有一次，我的保險信，被一位同事看見，發生了疑問。我只得以有一位天津親戚託買人參為藉口。雖然我明知道他並沒有惡意，但仍不得不防備。當時我所用洋文地址、姓名，都是假託的。我每次稿件都是趁「封車」之前，親自送到「格眼兒」去的。並且常常換方式、換地點，以逃避日憲的檢查，以及同人的注意。而《大公報》為了種種方便，早就有了種種代號。譬如當時我所用的是：「天津法租界三十號路一八一號新記有限公司李大為先生」。「新記有限公司」是有的，「李大為」則是編輯部的代號。政之先生派定專人接收與處理我的稿件。

另外，最重要的一個有利因素，是偽警務處人員，反滿抗日的心理存在心的底處，對郵政檢查一事態度消極與日本人相反。我記得有兩位警官，一位姓金，一位姓尚，都是遼寧人。嘴裡雖然沒說出來，但一切作法，都是敷衍塞責，得過且過。有時日本人不來時，便當著我們面發牢騷。好像幹這種事，有滿肚子委屈。我對他們的心理摸得很透，所以儘量與他們交朋友，拉關係；不談國家大事，彼此心照不宣。因此我的通信能照常寄出，也能照常發表。日本人曾設法從天津方面打探消息來源，以及撰稿人姓名，地址等等，因報館防範嚴密，始終不得要領。所以我的報導皇皇刊登於大公報要聞版內，他們莫能干預，徒喚奈何。直到我於二十一年八月自哈埠撤退到上海之前，我的秘密通信任務，除報館少數人外，無人知曉。

怎樣進行秘密採訪？

因此，當報館於二十二年夏天，打算搜集偽滿建國周年資料時，很容易地又想起我。但我那時正在上海郵政管理局服務，在過去一年當中，我除經常寫些上海通訊外，有時也幫幫《國聞週報》的小忙。《國聞週報》與《大公報》是姊妹事業，上海總社由李子寬主持，程玉西、朱壽康等協助。說來我與他們的關係未斷。我先接到的仍是惜夢兄的一封信，說明報館當局意向，徵求我的同意；繼來的，則是季鸞先生的信。季鸞先生在此以前曾通過幾封信，但還沒有見過面。他在這封信裡，言詞殷切，語語動人，希望我再赴東北一次。按當時情形，我剛到上海不久，實不便離開；但這兩封信確給了我很大鼓勵，不容我不加考慮。於沒辦法當中，忽然想起服務郵局恰滿六年，正好藉機請「例假」。按那時郵政規章，凡服務屆滿六年者，可有六個月的例假，薪俸照領，還代付來回返里旅費，包括眷屬在內。我與雙親，尤其母親暌違數年，也應該回家看看她老人家。父親於二十一年夏，先我們結束了律師業務告老回家，也很盼望孫子，孫女回家去看看。上海管理局因大批東北員工（幾百人之多）撤退，人浮於事，也樂得有人請假，暫時化解一下人事擁擠現象。於是我先與局方講好，決定自七月一日起，准我例假半年。依據規章六個月期滿後，還可以無薪延長一個月。這項安排既舉，我才分別函覆惜夢兄與季鸞先生，說明經過。並告訴他們我打算先把家眷送回故鄉，然後再於八月初到天津當面領教，以便報命。他們接到我的信後，十分高興。那年七月初我率領全家大小五口，自上海北站搭乘平滬通車（藍鋼車），經南京長江輪渡逕駛北平。我們乘的是二等包房間的臥車，算是我家一次空前舒適而豪華的集體旅行。因平滬直通車未久，一切尚保持新鮮氣氛。在北平又與惜夢兄嫂盤桓數日，故都老友紛紛來聚，數年流離，親切倍常。

到了家後的一切瑣事，暫且不表。我於八月初隻身去天津，到《大公報》拜見胡政之與張季鸞兩位先生。那是我初次去報館，也是初次拜見，兩位在國內外已是極負盛名的報人。大公報在舊法租界三十號路一八一號。前邊臨街是一幢二樓，大約有十幾間長，比今天的三樓還高。後面是可容兩部捲筒機及排字房的工場，相當寬宏敞廣。兩位先生在二樓會客廳接見我。果然，不出我的想像，兩位無論言談舉止，雖然不同，但各有千秋。政之先生表情熱烈，言語爽朗，拿得起放得下，有大事業家的風度；季鸞先生說話緩慢，態度安詳，書卷氣很重；但兩眼敏銳，光輝照人，又是十足報人儀範。他二人除了分別誇讚我在哈爾濱一段時期秘密通信所給予報紙的影響力外，就跟我研究再去一趟東北，是否可能？與是否有危險？

我聽了之後，並不認為他們是勸阻我不去，乃是責任感的必然表示。換言之，我若認為危險，或畏懼前往，他們也並不堅決主張我非去不可；我若說無危險，情願前往，將來萬一出了事，與館方無涉。這在責任須分明之下，我也不怪他們要我自己保證。

其實，這些問題，我早已熟慮。既來天津，當然是不顧一切要前往。但我也不是冒冒失失，或想出什麼鋒頭才要去的。我沉吟了一下便答道：

「承兩位先生的美意，實在感激！去東北是沒問題的，因為火車雖不通，卻通輪船。至於有沒危險？危險是有的，但為了報館，為了報答兩位先生的德意，同時更為了替全國同胞採訪一些第一手新聞，冒這次危險也是值得的！」

他們見我答得很有勇氣，並且斬釘截鐵，把剛才滿臉猶豫與嚴肅表情，一掃而空。於是，進一步跟我研究怎樣躲避日偽的耳目，以及不暴露任務的種種方法。

當我把我準備的一切情形及若干把握，說與他們聽了之後，兩位先生都顯得非常高興。當下，政之先生領我把報館一切部門參觀一遍，並在中午與季鸞先生同在胡氏公館為我餞行。

我住在中國飯店，把由塘沽去大連的輪船票購好之後，便於八月六日悄悄登上了「長平丸」，奔向目的地。

當時的國內外形勢

「瀋陽事變」發生後，我政府不久就將全案控訴於日內瓦的國際聯盟，請依照盟約第十一條規定處理。國聯是當時各種集體安全公約下最有制度的機構，美國與蘇聯雖沒參加，但已入會的國家在五十個以上，故國際糾紛，大多數由國聯處理，猶之乎今天的聯合國一樣。後來幾經交涉，才有李頓調查團的組織。我們郵局人員的全體撤退，就是根據李頓調查團的裁決而實施的。李頓報告書此時已發表，大體上與中國有利，最重要說明中國人皆不願受日本人的統治。偽滿洲國的成立，完全是由日本人一手操縱所玩弄的傀儡把戲。加上美國國務卿史汀生的不承認主義，國際干涉雖未實現，但日本在國際間的地位十分尷尬。

「九一八」後，不到四個月，天津便發生便衣隊搗亂事件，為土肥原劫取溥儀之煙幕。二十一年一月二十八日（「一二八」），上海又發生戰爭，這是田中隆吉轉移列強視聽的詭計。日軍又於二十一年初進攻錦州，藉窺承德。不久，熱河也被侵佔，北平動搖。

政府在汪兆銘任行政院長兼外交部長領導之下，所持的大局指導方針，是「一面交涉，一面抵抗。」而同時又有所謂「睦鄰政策」之說，都是為了緩衝日軍的急進，以待國際的干涉。

以上海、北平為主的全國反滿抗日運動，如火如荼，在各地掀起。其中以東北團體最為活躍。在北平有「東北救亡總會」的設立，組織龐大、業務繁多。在上海也有「東北協會」、「東北後援會」及類似的公私組織，直如雨後春笋，遍地皆是，不勝其數。而義勇軍的旗號與其代表的活動，更常佔滿新聞重要篇幅。黨國先進朱霽青率領義勇軍在熱河一帶與日軍對峙。其餘如馬占山、李杜、唐聚五等，都有代表在全國各地奔走呼號，請求援助。而全國人民激於義憤，解衣縮食，毀家抒難者，大有所在。捐助義勇軍成了最榮譽的舉動。所以在偽滿洲國的日本當局，一面扶持傀儡溥儀為兒皇帝，竭力鞏固基礎；一面要防範義勇軍的興起、鎮壓內部的反抗力量，與杜絕外來破壞份子的滲入。因此各地關卡查緝極嚴，尤其自關內去關外的，更不會放鬆，以免有漏網之魚。

長平丸上

日本客輪我已嘗試過一次，那是從大連到上海，乘的是「大連丸」。對於日本人稱船為「丸」，有一個時期非常有反感，尤其是連接中國地名時，日本人一面以武力侵略我土地，一面還以商業賺取我利益。因北寧路斷絕已久，此時去東北，仍不能不借助日本人的交通工具，說來矛盾而令人傷心。「長平丸」約一千五百噸，客艙分頭二三等，我乘的是三等，即統艙。艙內客人很多，大約有百八十個人，每人一領蓆子的舖位，擠得滿滿的。根據當時我的觀察，十分之八九是買賣人，少數是學生；像我那樣公務員似的也不過五六名。我深知日本船上的茶房雖然多半是中國人，都負有特工任務，為他們驅使。對他們的應對，也不能不加防備。我把簡單行李舖好，就一在舖位上靜默著等候開船。一面也做心理準備，萬一到了大連，遇見險阻，我要怎樣應付？我身穿衣服與攜帶行李，甚至手提袋裡的每樣東西，無論大小，是否有足以啟人疑竇的地方？我再加以默察。雖然這些事我早已考慮至再，並且在裝箱子的時候，也注意到了；但若站在對方立場，還有無破綻，啟人疑竇的地方？目前我加以清除，還不算晚。我的名片、我的證件、我的證人與我的證物，以及遇見什麼場合我怎樣措詞，我又重新思考，再度衡量。等到我一番熟慮，覺得萬無一失之後，我才漸漸入睡。在睡夢中，聽見汽笛連鳴數聲，知道船已啟椗，離開港口，朝大海駛去了。時間，正是八月六日的午夜。

船開動了，涼風自四週圓圓的小洞口吹來，把艙中夏季的一股燠熱，漸漸驅散；換上來的是海上的清風與沁人肺腑的新鮮空氣。胸間多時的積悶因以排除。

那年我才二十六歲。照規矩我不過是一個剛出校門未久的大學生，可是我早熟，我已是有六年資歷的公務員了。加上我過去幾年的文學與新聞生涯，我超年齡的歷練，使我忘掉了「危險」、「困難」與顧慮，卻一心一意要達成使命。

那時，我頗有上了賊船之感。但也有「既上了賊船，就得對付賊」的決心。睡到天明，我走上甲板上，窺望旭日東升，從海拔線上浮起，其形確美。但這時因日本侵略國土之故，對於「旭日」這個名詞，從內心裡討厭。尤其見了那隻紅膏藥的旗幟，厭惡的心情越深。這種近似幼稚的心理表現，不只出自我一人，全國幾億同胞都有此同樣的感染，可知中國人與日本民族結怨之深與招恨之鉅，又何怪乎我有這種不深於世故的淺薄反應呢？

塘沽距離大連，僅有二〇〇浬。大連自日俄戰後，便被日本霸佔。分明是中國港口，此時卻須有我要進入一個外國港口的心情。我站在甲板上，一邊欣賞白浪滔天的海水與成群飛翔的白鷗，一邊也望望在甲板上出來透透氣的同行旅客。因一夜悶睡，幾乎所有的人都到甲板上來了。其中有靠近我鋪位的兩個學生模樣同伴也在內。因昨晚避談，免惹是非，一夜無話。此時他們竟趨前與我搭訕。據說他們都在北平上學，家在吉林，趁暑期回家渡假的。又有兩位公務員模樣的人，說是去瀋陽。我們各懷心事，誰也不敢攀談太多，以免暴露了真實身分。中國人見了中國人不能暢所欲言，就是這種時刻。跟今天到了外國，除非確知是從台灣出去的，不能隨便交談也是同樣悲哀。誰使我們形成這個樣子？誰製造了我們的距離？四十年來，屢次遭遇到這種情形，這真是對中華民族的一大挑戰！

回到艙內一個個靜悄悄地躺在舖位上，不發一言。這是趟最沉默的旅行。雖然我們並沒有辨認船上究竟有多少日本人？但卻把所有穿白制服的中國人，當成日本人看待。因為他們都操日語，即便說中國話時，也故意模仿著日本人的習慣，加了許多「的」字。種種可笑可憐的姿態，令人髮指。

第二天下午五時左右，「長平丸」離距大連港口，只有十幾浬了。

從一隻類似巡邏小艇上邊跳下了五個人，攀登到「長平丸」來了。我曉得這是每隻船在進入港口前例行的檢查，無法避免。

我安定一下心神，準備迎接他們的查問。

其中為首的是一個大個子，身材細長，面龐削瘦，穿著藍色細條短袖襯衫，藍色西裝長褲，不結領帶，卻戴著一頂鴨舌帽。兩個矮胖子都穿著類似海關人員的白色制服。還有兩個人介乎他們三人中間的身材，不高不矮，不胖不瘦，衣服雜色。他們先到頭等、二等艙裡查了一遍，約一二十分鐘後，來到統艙。由茶役領導，走到每個人面前，先看每人的船票，然後都有類似的簡單問話。譬如：

「你叫什麼名字？」「你是幹什麼的？」「到哪兒去？」「有什麼公幹？」甚至於還詐問：「你是跟游擊隊來工作的嗎？」等等。我一聽聲音，早已知道那個大個子是所謂「金（縣）復（州）海（城）

蓋（平）一帶跟日本人當狗腿子的傢伙。」平時仗勢欺人無惡不作，魚肉鄉里，被人痛恨。其中兩個矮胖子果然是海關人員，操日語，專門查驗有無攜帶私貨，以及有無應該納稅的東西。其餘兩個，一個是日本人，另一個也是中國人。那個中國人也是遼南聲音。不久，就輪到我了。

大個子問：「你姓什麼，叫什麼？」

「姓田，名家聲。」

「從什麼地方來？」

「由天津來。」

「到哪裡去？」

「哈爾濱去。」

「你是哪裡人？」

「原籍河北，寄籍哈爾濱。」

「你是幹什麼的？」

「郵局職員。我是回家的。」

「有證件嗎？」

「有。」隨後拿出一張證件來請他著。

我笑了笑，說道：「一個當公務員的，怎會與游擊隊有關係！」

「你是不是與游擊隊有關係？」

「嗯！」他哼的這一聲非常狡猾，既含有「打量你也不敢」的意思；也有「可能是真的」用意。

我以為就此過關。哪知道他轉身告訴茶役說：

「把他一齊給我帶到警察署來！」

「糟了！麻煩來了！」我心裡開始嘀咕起來。

那個茶役對我說：

「船靠了岸，你的行李不要動，只帶小箱子上岸，隨後再取行李。」說良心話，這個茶役蠻和善，不似那個「狗腿子」那麼兇狠。他並沒有嚇唬我的意思，毋寧從他的語氣中，知道這種問話是例行的事。

總之，我早已有心理準備，應有處變不驚的態度。

水上警察署

大約，又過了幾分鐘船便靠碼頭了。這時我才知道要上岸問話的，一共是三個人。另兩個人就是跟我搭話的學生。茶役走來，查點我們的行李，他又把三個人的行李交給另一個茶役看管，然後就引我們上岸，經過碼頭大廈，就奔向問話的地點了。

這時候，一邊走，一邊也不免懷疑，究竟剛才他所說的警察署是什麼性質？完全是特務機關嗎？還是普通行政機關？但此刻實不便發問。而且，我看那兩個學生面色不寧，早就嚇呆了。走起路來，也是蹣蹣跚跚的。

茶役領我們三人在一座高樓之前停下，我定睛一看，在高高大門楣上，用金字自左到右橫寫著「水上警察署」五個大字。他把我們三個人領到二樓，把我交給那個大個子，把其餘兩位交給另兩個穿便衣的人。到此時才證明這三個便衣確實是特工人員，因為那兩個穿制服的海關人員不見了。

大個子已摘下了那隻鴨舌帽，但還握在手上。他留的小平頭露出來，兩道顴骨削立著。滿臉冷酷，好像從來沒有露過一絲毫的笑容似的。他引我走進一間屋子去，裡邊僅有一張書桌和兩把有後背的日式小椅。他並沒有坐在桌後，如同主人似的；卻坐在桌的頂端那隻椅子上，使我坐在桌前那個位置上。

他先點燃了一隻香煙，吸了兩口，又望了望我的手提箱，才徐徐說：

「請你打開手提箱。」一邊說著，一邊又似歉意地說：「我忘了，你貴姓？」

我也就一邊打開箱子，一邊說：「敝姓田。」又說，「噢！這是我的名片。」我從手提箱裡拿出我那盒偽造的名片：「田家聲」右下方印著「住址：哈爾濱馬家溝協和街七號」字樣。我順便遞給他一張，還說：

「請您多指教。」

「你這次回來究竟為什麼？」

「還不是因生活不習慣？」隨後我便偽稱去年因受迫撤退到上海，沒想到一年住下來，生活不習慣；尤其因氣候、飲食都與東北不同，所以瘦了很多（那時我委實很瘦）。這次回來，可能另謀他就，因「滿洲國」有許多故舊，今天已在國務院裡當了高官。

他一聽，似乎很驚訝，於是面部微微鬆弛了一下，很有興趣地問道：

「你認識哪些人？」

「總理張敍五（景惠）先生是世交。總參議曾子固（蘊）先生是前輩。外務大臣大橋忠一與他的顧問馬夢熊（子祥）先生都認識。」

他見我「吹」得這樣仗義，也不由他不相信。我又找補了一句：「先生，若有工夫到『新京』去，或到哈爾濱時，我可以負責跟您介紹，說不定對您的職務有所幫助。水往低處流，人往高處爬。人嗎？誰不想好？所以，我有此門路，可能不回上海了。」

我的幾句話，竟使他滿面冰冷化解，展露出了和暖的微笑。

「好，謝謝您。可能我會到哈爾濱來找你。」他說。

「一定要來看我！我要交你這個朋友！」

他看見我箱子裡有一本俄文字典。他問：「這是什麼？」

「一本俄文字典，我會幾句俄國話，原先在哈爾濱學的。這回準備再補習補習俄文，說不定到東鐵謀個差事。」

然後，他對我說，「『滿洲國』自成立以後，時常遭到外邊的破壞。尤其關裡各種救亡團體派人深入各機關做間諜工作，非常頭痛，所以不得不嚴密防範。對不起你，打擾了！」

我說，「好說，好說，應該如此，應該如此！還有什麼可問的嗎？」

「沒有了，你回船拿行李，搭車北上吧。」

「不，我還要在大連玩兩天，以前總沒閒得好好逛過，這回可得著了。千萬不要忘了，到哈爾濱來找我。」

於是我緊緊和他握手，深深向他道謝。走出了水上警察

偽滿建國周年溥儀與日軍首腦及文武偽官合影。其左為總理鄭孝胥。

署，加緊腳步回到「長平丸」，取出了我的行李，僱車逕赴車站。不到半小時，我便搭上車往長春進發了。

我的憑藉

我要說明，我的偽造名片及偽造證件，當然是事先準備好的。名片地址是我離開哈爾濱以前的真實住處。張景惠、曾子固及大橋忠一等，我的確認識，在當時是偽滿洲國三個重要角色。其中尤其是曾子固，我曾教過他女兒英文，相處甚洽。萬一出了事，我可以拉他來「緩頰」，是不成問題的。大橋忠一曾任日本駐哈爾濱總領事，我那位同鄉兼有點老親戚的馬夢熊先生曾是女一中的英文教員，與大橋是好友。所以大橋忠一作了偽滿的外務大臣，他就當了顧問。他們都在偽都新京（長春）任職，拉出任何一個人來，都可以做我的掩護。因此我才大膽地前來，我也不怕吹破了牛皮。其實後來這些人一個也沒見，但他們確都當了我的擋箭牌。我那本俄文字典，是讓他們確信我是從東北出去的。再加我說話大膽，態度和藹，既無猶豫口吻，也無頓挫現象，使聽話的人無懈可擊，找到一點可資疑竇之處，終於把我釋放。至於我馬上上車，無非是早日離開是非之地，免得再生枝節。後來聽說，那兩個學生被他押起來了，沒釋放。

那時代，既無身分證，長途電話也不發達。應付的方法，完全憑人頭兒熟，地方情形熟，大膽心細，動作機警而已。

獨闖偽國務院

我到了長春，就住在頭道溝車站前的日升棧。這是我以前來往關內外經常落腳之地，不但與店內上下都熟習，特別我知道他們的規矩與習慣。又因為我在長春過去曾有短時期的居住，對於長春與頭道溝的街道、環境都極明瞭。那時長春因偽滿洲國的成立，已易名「新京」，但一般人仍稱長春。長春自二十一年初，日偽雙方就在舊長春市迤西舊名杏花村一帶，大興土木，開闢新社區，為偽滿國都興建辦公處所。二十二年夏，偽國務院及各部均已次第完成。

我在棧房睡了一夜，已把因在大連水上警署被審訊所引起一陣不安的情緒，完全平復。我原希望在長春住兩天，看看市面及比較一下一年當中所發生的變化。既而一想，我已然來到偽都，「不入虎穴，焉得虎子？」所以我於巡視了頭道溝及舊長春市區各街道、各商店之後，決計作偽國務院之行。

在沒有去之前，我曾作短時間的準備工作。我的考慮是：

一、我要去找人嗎？二、如果第一個人不在？第二個人是誰？三、如果人都找不到怎麼辦？四、我的衣飾能獲得門口侍衛們與傳達的尊重嗎？五、我的髮型有什麼不對，六、我的語言腔調是否會引起他們的懷疑？

當我考慮周詳，並且經過一番整裝之後，攜帶名片與證件，便在頭道溝僱了一輛較新的馬車（那時該地尚無出租汽車，但哈爾濱則早有。）快馬加鞭，揚長趕往偽國務院了。

不到二十分鐘，馬車到一幢大建築物門前停下。我叫馬車等候，就向當中大門走去。早已瞥見門首有兩個持槍站崗的衛兵，我昂首濶步，走到其中之一個面前，說道：

「我是來看曾總參議官的。」然後拿出一張名片來在他面前一亮，他似看見沒看見的，但見我神氣活現，態度大方，衣飾整潔，語言沉著，於是稍一定睛，就向我行了個舉手禮，說道：

「請到裡邊的承啟處。」「承啟處」就是一般機關的傳達室。恰好承啟處在拐角處，需要經過一條相當長的甬道才能到達。換言之，我去不去承啟處，衛兵並看不見。也偏巧，承啟處竟無人在，毫不遲疑，我未駐腳，便排闥直奔辦公大樓。

辦公大樓是南北方向，共有三層。我在樓下挨門依戶看見掛著這個廳、那個室的木牌。來回蹓躂了一遭，並沒一個人管我的閒事，盤問我。但我不能就這麼浮光掠影，走馬觀花，看看房子，即一走了事。所以我便打聽總參議官的辦公室。據說在二樓。於是我走上二樓，先巡邏一遍，然後再找總參議官室。我早已盤算好，如果曾老先生在，我怎麼說？如果不在，我又怎麼說？我要借助這個關係幹什麼？於是稍加思索，靈機開動，就敲門。迎接我的是他的一位秘書，三十多歲，一口北平語音。

「我來看曾子老的。」

「您貴姓？」

「敝姓田，是從哈爾濱來的。」

「有什麼事嗎？」

「一來他老就任之後，我還沒有道喜；二來新政府成立一年多，我想有些事，我要當面請教請教。」

那位秘書聽我這麼說，忙答道：「子老去瀋陽了，大概還有幾天才回來。我可以替你辦什麼事？」十分禮貌地。

「哦！」我驚奇了一下，「真不巧，我留下這張名片。不過，你若能帶我去什麼地方找些資料，那就感激不盡了。因為我與哈爾濱《國際協報》有關係，想寫些文章表彰新政府的建設情形。」

「那容易，」他說，「我帶您去公報部，那兒有各種宣傳資料。」

「那太謝謝您了。這張名片留給子老，替我問候他老人家。就說前兩年在他家庭做英文教師的那個人來拜候。因為怕他老事忙，一時記憶不起來。就顯我太冒昧了。」曾子固（蘊）先生，滿人，曾任福建巡撫，並招安張作霖，在清室地位很高。當時已過八十歲。

「好說，我帶您去。」

於是又爬上三樓的公報部的一個資料室。那兒一聽說我是《國際協報》的人極表重視，因該報聲譽在東北極高，我確實也曾在該館服務，如果認真談起來，我無所不知，無所不曉。偽滿建國極需要《國際協報》的支持，所以我敢這樣攀附關係。萬一曾氏在，我仍可以說自哈爾濱來，因他並不知道我去過上海了。

我搜集了許多資料與照片，其中夾雜著若干日文與英文的宣傳品。雖然其中多半屬於誇大的宣傳，更不乏偽資料，但對我來說，仍有極珍貴的價值。因為我不但可以就此辨偽，更可以查出他們注意的方向。

我深深道謝了那位秘書先生，抱著資料逕出偽府。不僅路過承啟處時無人攔阻，而門外兩個崗警，並向我立正致敬，我還禮如儀，以完成我這次獨闖偽國務院之行。

我滿載而歸。於此我也想到機關如何防範一個陌生人闖入的情形。

沿路我見許多地方仍在大興土木，「新京」市區的輪廓已隱然在望。那個廣場更顯得四通八達，氣魄雄偉。日本人對於扶持一個傀儡，不惜大量投資，以裝點門面。從來在這方面他們顯得有「魄力」。

我不願失掉探求民隱的機會，我問車伕道：

「新京自成立以來，你們趕馬車的，生意好不好？」

「趕馬車的，不抵泥水匠。因為來的人多，去的人也不少。只有房子越蓋越多，工人不夠用。」

「你看，這個朝廷能長久了嗎？」當時我這種問話，並不顯得突然。因為民間早就傳說溥儀是兔子的尾巴長不了。宣統年號只有三年，大同會能多久？日本人這種做法，只有少數漢奸附合。老百姓都明白這是一齣猴兒戲。

果然，「兔子的尾巴長不了！」是他答覆我的話。

他又跟我說起「孝子墳」的故事。我們路過一個地方，馬路彎曲很多，但在高階上蓋有一個亭子，並有墓碑一類的東西，我問：「這是什麼？」

那車伕見我一問，就嘆了口氣道：「這就是報應！」

原來日本人為偽都開闢馬路，既徵地，又拆房，弄得老百姓雞犬不寧。在「滿炭」前面不遠之處，有一座墳地也應在拔遷之列，可是那個墳主說什麼也不肯移動，日本人遂下令叫工人掘墳，哪曉得誰來掘誰就得一種怪病（有說是吐血而亡的），不能繼續工作；屢次如此，傳到日本人的耳裡，他們不相信有此邪事，於是派日本工人試掘，一樣死，而情形越來越嚴重。最後以致不得不繞道而行，並且為了工程的順利，給它加蓋亭子，兼題碑記。三十四年勝利後，我曾親訪該墳，忘記孝子姓名，好像姓王。我認為這是日本人牢籠中國人的手段之一。

我回到旅館，多付了些車錢。吃了午飯，又在頭道溝舊遊之地逛了一遍，覺得市面依舊，繁榮如昔。但人民對於偽滿的存在，好像根本沒加理會。據棧房掌櫃說，一年以來，來來往往過境最多的還是買賣人，到「新京」來的則是「官晃兒」上的。

叔叔的遠見

因為我急於先到哈爾濱，沒有再訪偽外交部，便於第二天清晨搭車離開長春了。我住在道裡斜紋三蹚子街十四號，家叔陳際青公館。家叔在「九一八」以前就是哈埠有名士紳之一，為糧事交易所與貨幣交易所的雙重理事長，在當地有相當聲望，平素對我獨多愛護。所以我投宿在他家最為安全，但我也不能沒理由作不速之客。我告訴他老人家，我是請准例假將眷屬送到老家，前來哈爾濱為父親取東西來的。因父親於前年結束了律師業務，在道外還存著不少東西。我說明只住一個短時期，仍回原里。叔叔是聰明絕頂之人，他也不多問，就安排我住下，並且囑咐我：「一切加小心就是了。」

他是東北經濟界有數的權威。在他分析下，日本人的作法，完全是採壓榨騙取手段，從今以後，個人財產休想再保得住，言下不禁唏噓不止。因為他也是被壓榨騙取最大對象之一。（十四年之後，他不但送了性命，而且約一千餘萬現洋的財富，被日本人巧立各種名目徵用殆盡。）

從此之後，我便在叔叔家住下。早出晚歸。到了晚上，陪他老人家談天。談上海，談家鄉，以及在平津所見。他有意移轉產業，但因日本控制嚴密，已無能為力。他當時認為鄭孝胥、袁金鎧之輩把溥儀再捧出來作執政，完全是土肥原賢二，這個日本大特務頭子一手所造成，不會有什麼好結果。日本人這樣做，無非是在中國扶持若干傀儡，作為滅亡中國的一種過渡手段。其結果也是失敗的。最後都將要被蘇俄吃掉，坐收漁翁之利。

叔叔的遠見提醒我很多。因為偽滿洲國的國防、經濟與其他重要設施，都是以防俄為對象，同時與日本國內政策配合。以後我特別注意這方面的資料搜集。

三姓、佳木斯之行

偽滿建國後，東北義勇軍蠭起。馬占山於二十一年四月三日在拜泉再度打起抗日的旗幟。于芷山的部下也反正於通化。李海青部出沒於中東路南線。李杜、丁超進出於依蘭（即三姓）與佳木斯。黑龍江方面則有徐景德、鄧文與天照應等。在吉林迤北及哈爾濱迤東則有王德林與馮占海等部。遼寧有唐聚五、鄧鐵梅與劉景文。各方兵力，據日方估計共約二十一萬，使日本不得不動用五個師團的大軍來壓制。這個時期，李杜、丁超的兵力，因日軍的進迫，離開依蘭、佳木斯地，由黑龍江已入蒙古，向新疆移轉。

因哈埠於二十一年二月五日陷落時，丁超、李杜的部隊最後撤出，這兩個部隊留給市民印象甚深。且李杜氏在此區抗日一年有餘，為最有組織的部隊。依蘭又為松花江下流十三縣首府，我若去查訪，便可提綱攜領，舉一反三。佳木斯為日本特選的移民區，更應一看。我決計訪問這兩個地方，除尋找抗日的一些痕跡，及探訪日本移民情形外，同時也因我在東北那麼久，始終還沒有乘過松花江的江船。有以上種種原因，決定以五天時間完成訪問。但是日偽因義勇軍及反滿抗日份子遍地，各地特工人員極為活躍。我雖然人地皆熟，但也不能不預防於萬一。於是我稍加準備，就買票搭船前往。

在松花江裡行船，猶如在長江裡航行，多數地區平穩而多姿，因兩岸都是人煙稠密，富庶之區。任何一個小地方都比長江二等城市繁華，如巴彥、木蘭、通河都熱鬧得不得了。糧食（大豆）、漁業、木材與皮革都等待出口。那時三姓大約有十五萬人口，四五萬人口的小縣很多。地方經濟繁榮，可以說沒有一個窮人，也無失業之說。其中百分之八十是直魯移民，僅有少數土人，所謂魚皮韃子者是也。

三姓曾在民國初年設依蘭道，莫德惠氏（柳忱）曾任道尹，對於這個地方曾在他生前所著《雙城莫德惠自訂年譜》介紹如下：

> 民國十三年，余任吉林省依蘭道尹。依蘭地區為我國極邊區域，在周代為肅慎氏之地，兩漢為挹婁，南北朝屬勿吉，隋唐時附秣鞨，後歸渤海。宋屬契丹、女真，至元代則為開元路之北境，明代設遼東都指揮以理之。清代置將軍都統駐防，民國設鎮守使。至民政方面，清光緒末年設府，闢作商埠，民國改府為縣，即依蘭道尹所駐地。亦名三姓，意指舒、葛、盧三姓。此原始地名，亦狀其戶口之稀。
>
> 所轄十三縣，大抵荒寒僻遠，文化落後。惟就地勢而言，其南境，牡丹江與松花江在依蘭會合。由北而南，至牡丹江上游二道河子以上，曲折而東，由綏芬北境西北曲，則與俄國接界，截興凱湖為二，與俄南北分割，然後以松河、蔡河（又名松嘎里河。按即松花江）為界，連烏蘇里江蜿蜒而北，是為我國之東北國界。北境以黑龍江為界，至都魯河以上，亦與俄接境。西則全部鄰黑龍江省小興安嶺東南端之丘陵地帶。總觀全境，東北兩面與俄國相接，若干縣份，如虎林、同江，與俄國僅一江之隔。一旦中俄有事，為邊境必爭之地。民國十八年中俄戰爭，即可為證。即平時亦不免為強鄰覬覦。九一八事變以後，依蘭鎮守使李社將軍首先發動抗日，惜勢孤未能挽回變局。日本佔領軍曾命偽滿洲國強制徵購土地，交日本開拓團使用，實行屯田移民。共匪竊據

後，亦作為其後方訓練基地。

余到任後，欲深切瞭解民間實際情形，乃輕車簡從，全面視察各縣。轄境西及西北鄰黑龍江省，為陸路交通，其縣則北有黑龍江，東有烏蘇里江，南有牡丹江及松花江，所經以水路為多。雖身體不適乘船，亦勉為之。某日在黑龍江與松花江會合處，風起浪湧，更值深夜，輪船機械發生故障，順流飄泊，情勢極為危險。迨天明風息，則擱淺於富錦縣境之沙灘上，是亦冥蒼默佑也。

觀察結果，念欲開發地方，首須啟廸民智。因本向來重視小學教育之一貫主張，特為廣設學校，慎選師資，寬籌經費，不時親自巡視各校，考核功課，並創辦會考制度，以齊一教學水準。現在台之國大代表呂銘，即為彼時之高小學生，曾以品學兼優，經余特頒獎品。此外，關於實業之振興，荒地的開闢，交通之改善，商賈之招致，亦皆擬有進行計劃。惜不久奉調去職，未能完全實現。

經過一天一夜我到達三姓。一下船，就遇見當地偽政府的稽查人員，我把郵局證件給他看，我說我是來查局的，也就過了關。我住在客棧裡，以兩天時間，靜靜地察看商民的交易與社會一般情形，在若干建築物上，還有沒清除淨盡的自衛軍標語：「自衛軍是保境保民的救星！」「中華兒女要反滿抗日！」「打倒日本鬼子！」「殺死漢奸走狗！」等等紅紅綠綠的紙條，仍黏附在牆壁與電線杆上。有的僅剩半截，有的只有一兩個字，但湊起來則知道全句的意義。

市面上的人只貪圖作生意，對偽政府的作為，好像根本沒有理會。一般老百姓更顯得麻木不仁。

跟他們提起自衛軍來，好像這是另一個世界的事了，其實才一年。

第三天，我又乘船到佳木斯去，仍以巡視局務為名，以應付夜晚軍警來查店。此行主要為調查日本人移民的情況。

日本侵佔東北既有她的國防目的，也有經濟原因。日本係一島國，可耕的土地面積與人口不成比例；工業發達，但須尋找市場。所以向外移民的主張，自二十世紀之初就奉為國策。而移民最近的地方，莫若朝鮮與東北。日本已統治朝鮮數十年，雙方相處極壞，且朝鮮人多地狹，沒有多少富裕土地，可供移民耕種。所以在「九一八」以前，曾在南滿路兩側試辦移民，日本人認為相當成功。但南滿沿線早已開發，不能容大量移民，等偽滿成立，遂決定依照計劃實施。當時他們的計劃，每年移名一萬戶，每戶平均五人，計共五萬人。每人可得十晌（一百畝）可耕的土地，由日本的通產省下設滿洲墾殖部主管其事。根據資料顯示，截至二十二年八月，日本自九州與本州遷到佳木斯的移民還不到兩萬人，約二百戶。沒達到預期的主要原因，乃是氣候嚴寒之故。因東北每年有半年是冬令時間，耕種不便，取暖花費較多。甚至因氣候驟然變化，致有許多移民害病生冰瘡之事，時有所聞。

當時我曾邀了一位會說日語的郵局同事，陪我去他們類似「集體農場」地方的辦公中心拜訪，主持其事的日本官員說，他們相信十年之後，可達到五十萬人。據我後來於三十四年重返東北時，佳木斯區域的移民僅有十萬人左右，只有原定目標五分之一。他們自認民政策失敗。失敗的原因，除氣候不適宜日本人民外，同時他們仍競爭不過中國人。後來中國人也墾荒，但比他們的成績佳。據說，自東北淪陷給共匪後，佳木斯已成為航空工業區，並且是重要囤兵區。主要房屋就是利用原先日本人的墾殖區所遺留的建築物。

又佳木斯附近的鶴立岡與鶴岡為產煤區，並有金礦。在敵偽時代曾修築佳林鐵路（佳木斯至林口），勝利後成為合江省省會。

怎樣寄發資料？

自佳木斯又回到哈爾濱。我又到《國際協報》與《哈爾濱公報》找尋舊報紙，凡有資料性的，我都剪下，分門別類，各成系統。又在中東鐵路局理事會所出版的《中東路月刊》，找到許多珍貴的「建設」資料，內容豐富、包羅極廣。年鑑、人名錄、畫片、書籍及零星紀事，都在我儘量搜羅之列。整理這些資料，也耗費了我不少時間。

那時候，關內關外，雖不通車，但仍通郵。我把這些資料分成若干大小不等，厚薄不同的待寄的內容。然後根據體積，分裝信封，或用牛皮紙包裝，或作印刷，或作信函，以英文打字，打出寄件人與收件人的往址，掛號或快信寄往天津大公報的代號。為了躲避敵偽的檢查，當然我最內行。什麼時候寄？到那裡去寄？應該平寄？抑應掛號？我都斟酌情形，親自去辦。為了避免郵局人員的注意，郵亭、郵車都是我發信的去處。最重要的，我利用中國人崇洋心理，不僅寄件人是著名洋機關、洋人；而收信人也是洋機關、洋人。信封與包裝更是漂漂亮亮的，毫無瑕疵，並令人一見就起重視之心。大大小小，共有十幾包，我順利交郵，並且都逃過了檢查。

不承望失敗在日本人手裡！

我決計於九月半離開東北回到關內去。正在我猶豫借助什麼交通工具時，我見報刊載北寧路已於九月十日通車了。我喜出望外。

我用兩天的時間，與家人話別。並且確把父親的東西裝了滿箱。叔叔嬸嬸都有滿腹牢騷，我勸他們多保重身體，通車後可到北平去逛逛。臨走之前，叔叔垂著淚說道：

「你去吧！誰能離開這裡誰有福氣！叔叔英雄了一輩子，不承望卻失敗在日本人手裡！……」又道：「盼多來信。」

我也陪著掉了幾滴眼淚，並祝福他們。（叔叔於二十四年去世，死前曾有信寄我，表現了無限悔恨。）

最後闖關

我乘早上九時的中長火車，下午轉南滿車，大約五時左右到了瀋陽。自瀋陽至臨榆（山海關）仍是日偽管轄的天下。因為通車未久，旅客擁濟不堪。直到午夜十二時才到達臨榆站。下站之後，搭北寧路之前，須要接受日本憲兵隊的檢查，才能算是正式出境。

有一隊持槍的日本憲兵，嚴令大家在站台上排起隊來，各人照顧自己的行李，等候檢查。輪到我時，從衣服口袋到行李箱底，翻過來倒過去，做了一次徹底摸索。我看他們最重視的是文件，幸虧我的資料完全寄出去了。如果帶著，不但片紙隻字帶不走，恐怕還要惹相當麻煩。

「你的，不是記者？」一個日本憲兵用生硬的中國話問我。

我立刻答道：「什麼記者？我不知道。」因為他從我身上找不出一點兒記者生活的痕跡，連來時那本俄文字典也寄出來了。他搜羅了半天，毫無所獲，只好讓我過去。

我雖故持鎮靜，卻捏了一把冷汗。

大步邁上車站那端的北寧路車。當我在椅上，安神坐定之後，我不禁朝著遠方的檢查行列，發出了一陣勝利的微笑。

「是否我聽錯了？那個日本憲兵在搜索記者？難道我的活動，他們的特務機關有所發覺嗎？我的應對妥當嗎？」後來從多方證明，日本特務機關，確實發覺有外來的記者在境內活動，但不知是何人。

我一邊微笑，一邊再行思索：「萬一我仍搭船看見那位大高個子怎麼辦？」「車到山前自有路，我早已準備好了。」我這樣自言自語。但對剛才憲兵搜查一幕，仍不免惴惴然。

我買了幾隻包子與燒雞，不免大嚼一頓。吃完後，我開始假寐。可能這是我一個多月來，最心安的一刻。吃得十分香，睡得十分甜。人生最大愉快，莫如心理上沒負擔。我最愛心理上的空白。

火車於午夜一時開出。乘車多半是平東遷安、唐山、寶坻一帶的生意人，滿口老祖語音，使我深感這類語音的普遍性，與詫異同一省分語音是如此有距離。

因為行車不按鐘點，直到九月十六日中午時分，才到達天津東站。合著我此行共耗四十日。

趕寫十二小時

我下了車，先到旅館去沐浴，並吃完午飯，然後驅車到大公報。胡政之先生見我平安歸來，喜出望外。並且告訴我，所有資料都已收到。我也簡單把此行經過報告了一番，他也替我捏了一把汗。胡氏立刻當著我的面，叫王芸生進來（這是我初次見芸生。）把我剛才的報告又簡單重述一次。略一商量，政之先生便對我說：

「紀瀅，你偏勞了。既然你回來了，而且如此驚險，咱們就不能不趁機會湊湊熱鬧。我們打算後天九一八兩週年出一張特刊。現在已有惜夢兄關於熱河的一萬多字，希望你從今天下午開始寫，可寫到明天晚上十點鐘，寫多少是多少；源源本本，詳詳細細，儘量紀述你這次秘密採訪經過。一面寫，一面排。我馬上給你一間屋子，晚上，你就住在這兒，一切茶水、伙食，我叫他們供應。那些資料，等會兒我叫協民兄送給你，以備你使用。」

然後，他便引我到編輯部後邊一間宿舍去。指著一隻辦公桌，說道：「你就在這裡寫。又指著裡邊一張床，晚上你就睡在那兒。我叫聽差給你準備稿紙與文具。叫排字房的小孩兒隨時來取稿。你就開始寫吧。」

連謁見胡氏到我伏案寫稿，前後不到半小時。這真是最急猝的差遣。但我這時實在樂意接受這種臨時而又十萬火急的命令。因為誰讓我回來的不前不後，恰好有餘暇完成這項緊急命令呀？假如我回到天津的日期是九一七，也許這個特刊變了質，至少材料方面不會如此之多。天下事往往如此湊巧。一個記者本質，就是永遠不失掉分秒的機會，應付急就章。他必須隨時隨地把握機會從事工作。不管什麼環境下，也要完成工作。老一輩的記者，都有這類經驗。胡氏這樣立刻決定，便是豐富經驗的發揮。所謂「稍縱即逝」、「當機立斷」是也。將近四十年來，我每次回憶這段剎那間的決定，不知不覺對前輩先生們智慧之高，表示無限敬意。

一個姓張的茶役給我打了個冷水手巾把，又沏了一杯香片，拿來一疊稿紙。我就坐在籐椅上，先享受了中國人慣常非藥品的鎮靜劑。然後伏案構思，一至於下筆疾書。不一會兒，果然排字房小孩兒前來取稿。我就把寫好的幾頁交與他，並且告訴他說，「每隔一小時來一次吧。」中間，我吃了一頓蛋炒飯。寫到夜裡十一時，居然成功了一萬六七千字。我估計再加上幾張照片，兩版足夠了。因為大公報每一版是十二欄，每欄一二〇行，每行九字，除去標題、空行，大概實需一萬字。如果配上幾張圖片，兩版一萬八千字也差不多了。

我實在需要睡眠。於是去報告政之先生我第一日成績，並且預計次日下午決可竣工。他高興極了。囑我好好休息一夜，明晨再繼續工作。此時，在芸生案前，已看到我寫稿子的校樣。對於館方工作之迅速與負責的態度，教我不能不感動。我那時才知道季鸞先生在病中，所以沒到報館來。但我之平安歸來，他已全曉。

一夜安眠，疲勞盡消。張役為我準備的早點有稀飯、饅頭、花生米與豆腐滷等，正是北方人愛吃的東西。我飽餐一頓，即展開工作。

大約在九時許，有一位自稱姓杜的同事，抱著大批郵件送到我室內來。原來是杜協民先生。他說：「這是您寄來的資料，胡先生叫我送給您。」然後他說：「每次收到你寄來的郵件後，胡先生就趕緊教我鎖在保險箱裡，誰也不讓看。你真是了不起，這種仔細與機警，使你採訪成功。不打攪你了，寫完了再領教。」

我說，「好說，改天再向杜先生領教。謝謝你，替我保存這麼多郵件，我現在還不需要。」

原來杜先生貴州人，當時他是《大公報》的會計主任。抗戰後，他曾任《重慶國民公報》社長。又曾擔任貴州省參議會秘書長。

「鎖在保險箱裡誰也不讓看。」這兩句話給我印象太深，幾十年來一直存留在我心中，縈繞著無限感激之情。因為前輩報人深深瞭解一個年輕新聞工作人員的辛苦，點點心血都付予相當體諒與重視。這種妥善安排，足為後世之鑑。

第二天的速度不減，到了下午兩三點鐘，我的全部紀事，居然大功告成。不多不少，恰好是三版三萬六千字的容量。配上了四張照片，大約我淨寫了三萬二千字，共耗費了十二小時，每小時的生產量是兩千六七百字。當然比起古人「倚馬萬言」（假如不是誇大）的速度來，我太慚愧、太差勁了。

那個取稿小孩兒名叫那普津，旗人。後來長大了，我們曾邀他去漢口大光報當排字工人。當時他每小時跑來取一次稿，見他滿手漆黑，渾身髒兮兮的；但是小臉又白又紅，眼睛大大的，怪可愛。

東北勘察記

我寫完了稿，回到國民飯店。洗了個澡，就倒頭大睡。一直睡到七、八點鐘，我才醒。到馬路上吃了一頓豐盛的晚餐。然後我在英、法兩租界的人行道散步，逛公司，極顯瀟灑悠閒。此時心理上的輕鬆愉快，無法形容。在預定特間內，完成一樁心願的事，也是我與生俱來的愉快。

第二天（「九一八」）清晨，我在旅館買到《大公報》。那天共出四大張，第四張便是紀念「九一八」特刊。我打開一看，皇皇出號刻字標題〈東北勘察記〉，醒人耳目，列在特刊之首位。署名則是「本報特派記者：生人」。然後每隔一兩千字有一子題，提綱攜領，清楚明白；令人讀來容易。照片清晰，地位適當，幫助文字，生色不少。整整三大版，都是我的文字與資料。當時看了，真是既感動又雀躍。感動的是：報館這樣重視我的採訪，任令三大版登載我的紀事；用初號刻字標題，只是要聞版的事，我的紀事文能獲得與要聞同等重視，那能不令我感動？而沒有標明我的真實姓名，正是我的盼望。那時，《大公報》有一個不成文的習慣，即撰稿人自己從不標姓名，任令編輯先生去作主，以免有出鋒頭之嫌。當時如果用了我的真實姓名，可能連累哈爾濱的許多親友，尤其我叔叔。說不定曾子固老先生也被牽連在內。我文章內時常說自己是一個闖入偽滿洲國的「生人」，所以芸生就用這個署名姑代我的真實姓名，正恰合我意。後來才知道，他還是請示了政之先生才決定的。又在我的正文之前，有一段介紹詞，說明記者曾作廣泛的採訪，深入的勘探，將另有專文介紹偽滿的國防、軍事、經濟、外交、文化，以及社會一切動態，希望讀者注意。

我在旅館裡，把刊出來的每一句及每一字讀過，雖然全文甚長，但尚無拖沓之弊。也可以說文字還相當生動，有很高的可讀性。驚險處也會令讀者替我捏一把汗拍案叫奇；哀痛處也可以引起灑同情之淚；高興處也可以招致會心的微笑。我以寫實的手法，報告了我親入虎穴的所聞所見。我掬誠傳達了四千萬東北人的心聲。這是兩年來第一個中國大報，也是第一個中國記者，所採訪的第一手資料。不敢說絕後，卻已空前。我高興！我快樂！但我也心酸！因為我自幼兒所受教育，不許說謊話。但這次卻說了許多妄言。我沒有內疚嗎？後來我才悟到：「對敵人不誠實，無損於道德。」「謊言若是獵取真實的手段，那謊言便是金玉。」

餘波盪漾

當天上午胡氏自報館打電話給我，對我的紀事，誇獎甚多。為了給我洗塵，說晚上要請我吃飯。囑我先到報館來。屆時我到編輯部，胡先生一見我便沉著臉說：「報館鋒頭是出足了，可是麻煩也來了！剛才接到南京電報，說日本大使川樾對於本報特派記者秘密赴偽滿洲國採訪，已向政府提出嚴重抗議。」隨後，他又綻出了笑容：「你不管，由我們來應付。」

然後他解釋日本的立場，他們認為「在汪精衛領導的政府，主張以『睦鄰』為政策之時刻，《大公報》竟然敢派記者，深入東北，秘探訪滿洲國的虛實，是件極不禮貌、富有破壞性的行為。」

我很有歉意地說：「因我惹了麻煩，很對不起。」

「報館既刊登了，就由報館負責。我們怕政府胡塗，接受了他們的抗議，對我們有所行動。」胡氏不無顧慮地跟我作進一步解釋。

當時我抱著歉意的心情，應邀到原是黎元洪花園的胡氏寓所去吃飯，心中確很彆扭。但稿子既然登出來了，就該由報館負責，是對的。我所歉然的，是怕給報館找來麻煩。

胡氏見我沉默，就故意以勸酒使我高興起來。我為了不辜負胡氏的美意，也就強振精神，喝下幾杯。記得那天陪我的，有曹谷冰、許萱伯、王芸生、孔昭愷、趙恩源、杜協民、李清芳、馬季廉、楊歷樵，及費彝民等，濟濟一堂，都是當時《大公報》的中堅人物。我多麼光榮，有此寵召？

「九一九」那天，天津一家日文報紙，也對《大公報》派記者至偽滿之舉大事抨擊。但是，中午胡先生再邀我去報館，說：「一切過去了！」我也未細問，怎麼過去的？胡氏並且告訴我：「你即日搬到報館來住，有系統地寫出你要寫的文章來，什麼也別顧忌！」

編《小公園》

我敬謹遵命。即日起，搬進報館。我所睡的牀，原來就是何心冷的舖位。他正臥病醫院。同室則有艾大炎與高元禮二位。

自那時起，我平均每週寫一篇有關偽滿的專文，仍署名「生人」。文章先由《大公報》刊登，然後由《國聞週報》轉載。這些作品一直被全國知識界引用，其中數目字更延長使用到「七七」抗戰爆發，可知資料搜集之不易。又因何心冷患病，我又兼任《小公園》及本市版的編輯。這兩個職務原是他的工作。一直何氏逝世，我為他出特刊，我天天不是寫就是編，偶然與林墨農兄出去吃小館看京戲，倒也悠閒自在。從九月起到二十三年陽曆年，才放我回籍渡舊曆年。中間，胡氏與季鸞先生至少有兩次要我辭掉郵局職務，到報館與他們共甘苦。當時《大公報》的聲望與待遇，在全國新聞界中總算第一等，但經我仔細考慮，我沒有遵命。我說：「我在郵局已有六年的年資，待遇還不錯。（那時我已拿到現洋一百二十元的薪俸，《大公報》曹谷冰的待遇與我相等。我若到報館，顯然不能與谷冰看齊。）同時我不需要在人事上費腦筋，慢慢再說吧。謝謝兩位先生的盛意。」政之先生於我臨走時，又贈我一百五十元，

偽滿國務院會議，中立發言者為總理鄭孝胥，
左坐者為張景惠、羅振玉、臧式毅等。

以為額外酬報，並囑咐我，請我隨時把鄉間民生疾苦，以小品文記載下來。這些事都使我有極深印象。

我的祈求

約在二十三年春，我訪偽滿文章，還在《國聞週報》陸續刊登。敝帚自珍，偶然看看還算有內容。回憶前塵，不禁驚險萬狀。也不禁對日偽之被騙啞然失笑。我之如何與水上警察署的大個子交涉，我之如何獨闖偽國務院大樓，如何剪報與搜集資料，如何躲避日本憲兵的搜查，如何郵寄資料，說起來其中得失，完全憑方寸之間。稍一差池，不但前功盡棄，更可能噹啷入獄，作了日偽恐怖政策下的冤死鬼呢！託天之福，託《大公報》之福，更託全國同胞之福，使我成功地完成了這次採訪。在個人的經歷上雖然僅是小小一彩筆，但在中國新聞歷史中，可能佔獨特的一頁。可是，這樁事只有《大公報》人知道，只有我少數知己知道。若不是《傳記文學》主持人劉紹唐兄以慧眼見我在〈憶廸化〉一文中，有此不經意的記載，逼我寫出來，這段經過，恐怕石沉大海，很難有公諸於世的機會了。我誠懇祈求，哪個機關，哪個私人，如存留二十二年「九一八」紀念日的特刊，以及那段時期的《國聞週報》，能夠替我把那些破文章爛稿子複印一份出來寄我，我願付相當代價，並馨香拜謝了！

（註）

一、關於偽滿洲國的一切詳情，不在本文討論之列，故均從略。

二、關於偽滿洲國的組織，簡記如左，以供參考：

1.國名：滿洲國。

2.國土：奉天、吉林、黑龍江、熱河及蒙古自治領。

3.國民：不分種族，以居住滿、蒙之年限為標準。

4.國旗：紅藍白黑滿地黃。

5.元首：稱執政，溥儀擔任。

6.國號：大同（後稱康德）。

7.政治：民本主義。

8.國都：長春。

9.民國二十一年三月一日成立於長春。（一說偽滿成立於二十一年三月九日。請參閱史學家梁敬錞著《九一八事變史述》。又梁著稱滿洲國為滿州國。）三十四年八月十五日，因日軍投降，自動瓦解。

閒話偽滿洲國的另一面！

山男寄自東京

作者按：《春秋》雜誌從第一期一直到現在，幾乎每一期我都看過了，但其中所記載我國東北方面的史料，說起來實在少得可憐，因此，不避簡陋，願意就記憶所及寫些當年東北方面的故事，希望能拋磚引玉，引來更多的珍貴資料。

首先，草成了〈閒話偽滿洲國的另一面〉一文投刊《春秋》，並請編者先生不客氣予以削正。筆者蟄居日本，因特別喜歡登山，朋友間均戲呼我為「山男」而不名，山男係日本語，即：「住在山中之男人」或「登山者」之意。

一個美夢、意外實現

偽滿洲國開場於民國二十年，閉幕於民國三十四年，在這十四年當中，諸多荒謬措施為人詬病，其令人髮指之處，固不勝枚舉，而「兒皇帝」溥儀以及其他所謂「元老重臣」所寫的專書和報章雜誌記載已多，不再贅述。不過在十四年中，偽滿的那一齣鬧劇，也不是一無是處，有些地方，也還有若干好處，閒時無聊，不妨先寫一篇反面文章，提出來向大家說一說。撇開政治立場不談，其中若干地方卻也頗值得目前的當政者之參考呢！

當初，日本關東軍一手造成這個偽滿洲國，從內心來說，他們確是要想在滿洲好好建設一番，使成為日本關東軍的「王道樂土」的，因為那時候日本國內正受著世界經濟不景氣的影響，人民生活普遍困窮，而財閥和政客相勾結，一方面拚命弄錢，一方面又拚命搶官，不理會人民的生活！至於軍閥方面，因為擁有廣大士兵群眾，反應最靈敏，他們在表面上似乎是急於要為貧苦大眾找出路，其實是要為自己伸張勢力，於是，便選擇了柔弱的中國下手了。在先，日本的財閥和政客既然沆瀣一氣，抑制軍閥，因此，日本軍閥的這次「行動」也就不聽命於由財閥和政客結合的政府了。何況這次行動——「搞偽滿洲國」，竟獲得意外的成功，建立了傀儡政權，實現了日本關東軍王國的美夢，此後當然就更不理會財閥和政客了。這一舉措，漸至演變成為日本陸軍不聽命於政府，亦為政府控制不了軍部的濫觴。

關東軍王國建立之後，摒絕財閥勢力伸入偽滿，舉凡住友、三井、三菱、富士等大株式會社，都被嚴禁插足進來，一切措施都由關東軍校尉級軍官策劃指導執行。他們也有意和國內的政府一較高下，因此偽滿初期確是呈現一番治象，幣制穩定，治安良好，人民生活亦稱安定。

日人自稱、王道樂土

東北淪陷之後，各地抗日軍隊蜂起，有的真正打日本鬼子，有的藉游擊隊之名，而遂其打家劫舍之實，這一部分人就是東北人所稱的「紅鬍子」。可是不數年間，由於日本關東軍的「掃蕩」，漸次消滅，從民國廿二、三年開始到三十四年光復為止，在偽滿各地真是做到沒有強盜沒有小偷的地步，雖窮鄉僻壤之處，也可放心大膽夜行，日本人稱此為「王道樂土」，真是由他說得嘴響了！

據筆者所知，他們當時掃蕩游擊隊所用的方法非常殘酷，只要一發現游擊隊的蹤跡，就把整個村子包圍起來，連人民和游擊隊一起用炮轟，打得雞犬不留為止。這麼幾下子就把東北鄉民鎮住了，此後絕沒有人再敢收容游擊隊，游擊隊既無所依附，不是餓死，就是投降，日本關東軍規定，凡是有槍的都要繳給政府，不繳的一被查出來，就是槍斃。開始打死了幾個人，嚇得一般老百姓把心愛的槍都偷偷地丟到井裡或者埋在地下，家家都不敢有槍了。

至於對付小偷和強盜，一經日本軍部捉到，先是毒打一陣，然後施以所有的慘刑，最後則驅去做勞工，不但沒有工資，而且連飯也吃不飽，提起當年的偽滿勞工營，真是人人談虎色變，一進去便休想出來，縱使十分倖僥地能活著出來，少說也得生場大病，九死一生。這麼一來，誰也不敢再做小偷和強盜了。

偽滿洲國就是靠了這種方法維持其治安，我們如果不論其手段如何，總之他卻真是做到了「宵小歛跡，夜不閉戶」的地步。筆者當年在偽滿的城市和鄉間都有房子，那十幾年當中，就沒丟過一次東西，也曾在夜間走過鄉間小道，也沒碰到過一次路劫。

人事制度、公平合理

要說偽滿公務員個個清廉，沒有貪污，這話恐怕不會被人相信，但是在我的經驗中，卻是雖不中亦不遠，主要的是靠了非常簡單的人事卡片制度，使得想貪污的人，也無從貪污了。

當年偽滿政府對於公務員的任用，就以大學畢業生來說，一就職，不管你是什麼人的子弟，都一律八十元偽滿幣起薪，非常公平，沒有倖進，通常是兩三年一任，然後調職轉勤，也不能靠人事抗調不去，調職後，應領的配給以及住所都已準備好了，人事卡片也隨著轉到新機關，這張卡片非常重要，所有的功過都寫在上面，因此你不能一下子由一百元底薪跳到二百元，從科員一下子跳到處長，躐等以進絕不可能，總得按年資一年一年往上升，這一份卡片永遠隨著你走，騙人不得，如果犯了過錯被免職，便永遠不要想在公家機關做事了，因為雖然你找好了事，可是新機關要向你最後的離職機關去照會，了解你卡片上的記錄後，那麼也就不能違法任用你了。惟一的出路只好去做私人機構的事，或自己做生意。有了這份卡片和照會制度，公務員簡直不敢貪污或者非法辦事，只有按步就班的做去，按步就班一定有出路，而且月薪也足夠溫飽。偽滿的幣值一直到抗戰勝利還是非常穩定的，普通中下級公務員一百元左右的薪水，可以過非常舒服的生活，也確實不必再去動非分的腦筋。何況只要「奉公守法」，也絕不受虧待，到了該升級的年頭準升，一任主管、一任閒曹、一任都會、再一任絕對是鄉村或者邊遠的地方，沒有老佔著一個地方享福的，也不能老在一個地方受罪，令你有施展抱負的時候，也有冷靜觀察的時候。

分層負責、不敢貪污

偽滿的文武官員都有制服，武官由肩章上分階級，文官由制服質料上可以區別官等，在官衙的室內，辦公桌子的大小，都有一定的尺寸，也可以看出等級來，簡任官通常坐單間房，委任官和薦任官各有固定的桌子，進了辦公室一看，就可以知道室內有幾個薦任官、委任官。

文官薦任以上，武官尉官以上就可以吃大米了，簡任官都有公家汽車坐，而武官校級以上的就有馬騎。

高級主管調動，只能帶一位秘書，其他的如事務科長、監印、總務、庶務、交際科長等人一概不能更動，一朝天子一朝臣的做法，在那時早就落伍得行不通了。

公務員秉公辦事，決不會被歧視或排擠，因為主管官即使要找毛病也安插不了他的私人，因此大家的內心都充滿一種公平和驕傲，也有一種所謂「高貴感」，沒有人看到別人升官而嫉妬，因為你到了年限也自然會升上去的，所以表現在辦公廳中的氣氛是大家心平氣和，沒有牢騷。只是忠於職守、勇於任事，對長官也服從。說「貴」氣似乎有點封建意識，但是當年日本軍人的習氣，也傳到了偽滿一個日本尉官級的少壯軍人，已是威風凜凜。氣吞河嶽，覺得國家的重任都在他肩上，那種「不可一世、顧盼自雄」的樣子，也影響了偽滿的文武官員。事實上，當年發動「二二六」東京政變、「九一八」東北事變等，都有日本尉官級所謂青年將校參與密勿，這種風氣傳來，偽滿的武官自不必說，就連文官也都覺得國家責任在我身上的驕傲。（雖然，他們卻未曾理會到連他們的主子，都只是一位「兒皇帝」而已。）

他們自己這麼想，別人也是這麼看他，所以養成了這種氣氛，一個小主管對於該管的事，就有決定權，也用不著開會和請示，事實上誰也不敢為非作歹，因為有入事卡片和資料袋在拘束著他，同時俸祿也絕對可以養廉，用不著去做非份之想。

交通建設、臻現代化

偽滿的建設在那幾年中也差強人意，拿建築物來說，偽都長春（新京），由一個荒涼的小鎮，不上一兩年，就成為一個現代化的都市，大的建築物一座座樹立起來，「皇宮」、「國務院」、「各部會」、「銀行」等，都是美奐美侖的大廈，尤其是「偽滿中央銀行」的樓房，全用花崗岩石砌成，更是壯觀堅固，勝利後國共歷次攻防戰，都曾被做為司令塔據而防守，敵人砲彈打中了也不過畫了一道傷痕而已！「新京」的大同大街寬約一百公尺，兩旁遍植樹木，煞是美觀，前些日子，我和一個日本朋友遊大阪的御堂筋，這是日本最直最長最美的一條大道，兩旁的銀杏樹也非常高大，蔭翳蔽日，這位日本朋友竟贊不絕口，我笑笑說：「你沒去過長春，不知道那條大同大街比御堂筋還要長一半和多寬五十公尺，並且比它還要直，路兩旁的樹比它還要漂亮得多呢！」

其實，不單是長春，瀋陽、大連、哈爾濱，在那幾年都是不斷地在改修、建築，偽滿的建設，先著重小學校、鎮鄉村公所及公會堂，然後再普及到工業方面，所以每個小學校，不管它是在窮鄉僻壤，也是高樓宏麗壯觀的。德國在第一次大戰敗戰後很快復興，據說是注重小學教育的原故，日本學德國，亦步亦趨，哪一樣都不例外！當然，日本人在偽滿所規定的小學課本，內容如何，那是另外一回事了！

有「日本八幡、滿洲鞍山」之稱的鋼鐵都市鞍山，擁有六個熔礦爐，盛時工人有十幾萬人，鞍山的市容，也擴張建設得非常整齊和現代化，煤都撫順、本溪湖、鶴岡、通化等產煤都市，也都高樓聳立、房屋櫛比。上下水道、瓦斯電燈齊全。

交通方面，東北鐵路網之密為全國第一，各大城市都有火車可通，有很多地方都是雙軌。如今日本新幹線火車時速二百公里稱為世界最快的火車，可是遠在那個時候，從新京（長春）到大連的流線型亞細亞號火車，時速即達一百二十五公里，也算是世界第一呢！

偽滿的公路，當時稱為警備道，每縣鄉都要出動人員去修，顧名思義，當初是為警戒輸送兵力而用的，後來騾馬車的膠皮輪也可以走了，這警備道比鐵路還要普遍，到處四通八達。

小豐滿和水豐兩個發電廠的供電，不但偽滿夠用，而且還能輸送至韓國，幾乎全東北都有電燈。隨著，城鄉老百姓們每家都被強迫購買分期付款的收音機，以便利偽滿政令的傳播；後來盟軍空襲東北各地時，要每家都把收音機擺在門口，這時候又變成指揮避難的工具了。

短短一段、太平日子

在我的記憶中，偽滿的「滿洲中央銀行」所發行的貨幣，在那些年中似乎一直穩定，物價一直沒有變動過，十塊錢的鈔票，通稱「一張票」，能買好多東西，至於一百元的鈔票，民間叫「老頭票」，那可真當回事兒，直到勝利為止，市面上並不常見。

勝利初期，東北各地先使用蘇聯的紅軍票，乃至接收後的東北流通券，到關內以後花關金和法幣，以至於後來的金元券、銀元券，甚至於中共初期的人民幣，票面額動輒上萬，聽起來先已是怕人了，因為十多年來，在偽滿享受到了幣制的安定，驟然碰到膨漲，老百姓們簡直沒法適應。偽滿當時因為年紀還小，何況受制於人，並不知道日本關東軍是採用了什麼方法，使得物價一直穩定，歷十數年而不變；

當然太平洋戰爭後期，物資是相當缺乏了，但是也只是缺貨而已，有了貨，價錢還是和以前一樣。在我的記憶中，不管是公務員或是一般人民，就沒有人閒談之中嘆息物價又高了！生活困難這一類的話！

今天，我流寓日本已十多年了，可是物價也是上漲不已，人民多怨恨佐藤內閣。回憶起偽滿那段日子加上勝利後和今天的情形，真使人有無窮的感慨！

東北地廣人稀，物產豐饒，大豆高粱卻是吃用不盡。在以往，每一家都有一年的存糧，通常今年吃的是去年的陳米，而明年再吃今年的糧食；穿的普遍是布衣和冬天的皮襖，並不要求時新花樣，因此人民生活大都安定，無虞匱乏，加上民風樸厚，當時日本人除了嚴厲壓制「反滿抗日」行動外，其餘的事，並不多管，所以東北老百姓在那幾年，卻過了一段短短的太平日子。

民三十八年，筆者在廣西桂林，碰到一位從東北打敗仗逃回來的青年軍講起東北的情形時說，他在東北換上便衣往外逃的時候，在那家都可以吃到高粱米飯和睡熱坑頭，並不要付一文錢，可是一進關就不行了，越往南走越糟，先前還是先吃飯後給錢，分文少不得，等到一過長江，人家一瞧他那一身衣裳，竟變成先給錢後吃飯了。

訓練士兵、非常嚴格

日本當年實行軍國主義，對於士兵訓練是有名的，偽滿在日人管理之下當然也沒有例外。初期，募兵制度還是採用奉軍的舊規，談不上怎麼好，尤其是中國人受了傳統觀念認為「好男不當兵，好鐵不打釘」的影響，不願意當軍人，可是在偽滿的《國兵法》實行以後，情形就整個的改觀了。按照規定，凡是年滿二十歲的青年都得服兵役三年，不管你是誰人的子弟都不能免除，徵兵的條件非常嚴格，不夠尺寸的不要，有沙眼的、疾病的不要，如果被刷下來，稱為「國民漏」的人那可就慘了，十之八九要去做勞工，多半有去無回！

被選上為國兵的，按照指定的日時入營，接受入伍訓練，一開始連個二等兵的資格都沒有的，帶的肩章是光光的紅板，經過相當時間以後，才「任兵」，在紅板的肩章上加上一顆星，二等兵的資格，得來也不容易！

軍隊的訓練除了立正、少息、拔正步之外，還有柔道和打劍道；術科之外還有學科。夏天耐熱、冬天耐寒的訓練真是夠人受的，在炎日之下，背上全副武裝一站就是幾個鐘頭，完了還要跑步，滿身汗水濕了還乾，乾了又濕，一定要耐得住；冬天穿很少的衣服在雪地上打滾，這且不算，還要脫光了衣服實行「冷水浴」和「冷水磨擦」，簡直凍得你僵。還有所謂「試膽會」，要在月黑風高之夜，到死人棺材裡去取圖章；又要走高達兩丈的獨木橋。至於階級服從也壓死人、氣死人，挨打挨罵是平常事，不會騎馬的硬給扶上馬背，然後教官在馬屁股上猛抽一鞭子；不會游泳的四個人把你拉住手腳丟到水裡去，跌個半死也淹個半死，直到會了為止。這種方法是否太過，姑且不談，總之，確是訓練出了一批精兵來。

解散偽軍、大大失策

軍官的養成，在新京（長春）有軍官學校，先後辦了七期，訓練的科目和程度跟日本陸軍士官學校相同，水準也高，當時一般青年多半願意考軍校，假如軍校和大學同時考取，幾乎都是選擇了軍校而摒棄了普通大學，女學生也都願意戀一個軍校學生，幾年的光景，偽滿人士對「當兵」的觀感大大轉變了。

事實上「當兵」確實不錯，因為穿得好、吃得好，一般人民買不到的東西，軍隊裡都有得配給。當時偽滿的警察，又壞又可惡，老百姓對之恨得咬牙切齒，也沒辦法，可是「當兵」的一到禮拜天出來逛街，一不高興還可以打警察哩。

偽滿後期，日本關東軍認為「滿軍」的素質已和日軍相等，所以給與禮貌上的同等待遇，就是階級小的日軍見了比自己高階級的「滿軍」也要舉手敬禮的。

這一批素質訓練優良的偽滿軍隊，勝利後被解散了，國民政府沒有用他們，卻被共軍收容去了，以之攻城陷陣，一直打到廣州。

偽滿末期在東北目睹之怪狀

山男寄自日本

原編者按：山男先生以一個純樸東北老百姓的立場，描寫當年在故鄉耳聞目睹之事實，凡所記述，都是珍貴詳確的，讀之使人倍覺親切，值得回味。本文是作者從日本寄來的第二篇東北往事拉雜談，從文內所述一般東北老百姓的情況，可以反映當時政治的得失，發人深省，未可以事涉瑣碎而忽視之也。

偽滿洲國、接近終場

偽滿洲國開場於民國二十年，收場於民國三十四年，前後歷十四年之久，傀儡皇帝溥儀用了兩個年號，是大同二年和康德十二年。在康德五、六年（民國二十七、八年）間是偽滿的黃金時代，一切設施都上軌道，等到康德八年（民國三十年）太平洋戰爭開始以後，就日走下坡，一年不如一年了。首先映在眼簾的是穿得不像樣子了，軍人還沒多大改變，文官就不行了，原來高等官、委任官都有等級的制服配給的，這種制服叫做「協和服」，取日滿協和之意，後來料子越來越差，到了最後，配給的料子叫做

「更生布」，粗糙得簡直像麻袋一樣，老百姓開玩笑的說：「滿洲國快完了！你看官員不是都披麻戴孝了嗎？」有些人不願意穿「更生服」，寧願穿上那套破舊的制服，不過在破了的屁股和左右兩膝蓋上卻要用縫紉機打上四個大補釘。

民間雖然仍有配給布，但是少得太可憐了，於是有的人把幔帳扯下來（東北人家多南北火炕，炕沿上面掛幔帳，睡覺時放下來），有的把裝麵粉的袋子染了色來湊合著做衣服，有的乾脆就把麵粉袋子剪開穿在身上，正如近年流行的袋裝一樣。鞋子由牛皮變成馬皮的、豬皮的，後來連豬皮的也不多了。起先膠皮鞋還有得配給，後來連學生也沒得穿了，一般人大多穿一種叫做「水襪子」的黑色長腰膠皮鞋，又壓腳又臭。那時候山海關內的情形比較好，有人從北平帶來幾尺布或一雙球鞋，在東北來說，都是上好的禮物了。

吃的高粱米，本來在東北是一種大宗產物，應該不虞匱乏的，可是在偽滿後期，實行「出荷」配給了，所謂「出荷」，就是農民打下來的糧食，由「興農合作社」按低價收購，然後配給與城市的人們；農民除了「出荷」以外，按規定僅能剩下自己一家吃的，可是「出荷」的數目並不嚴格，總可以偷油剩餘一點下來，農民就把這一部分以高價出賣，糧食統治對農民並沒有什麼影響，因為低價賣出的「出荷」部分，給高價賣出的剩餘部分拉平，和以前差不了多少。受影響的還是城市居民，因為配給的數量不多，而且又不是好米，要想吃好米，就得出高價私自零買，當時糧食統治，不准私自搬運，公開運糧是要犯法的，抓到了算是經濟犯，要罰錢的，這時就有一種新興行業出現了，東北人稱這種行業為「背背」，就是私米販子，他們多是山東人，傍晚坐火車到離城三十四里的鄉間去買米，然後背上走路，在拂曉時進城去賣，警察當然是要干涉的，可是「背背」頭目都和警察有連絡，大家通氣，因此也就順利通過。法院法警以及消防警察雖然也是帶刀的，可是不屬他們管轄，稍給一點好處，也就平安無事了。除了「背背」以外，農民們也在秫秸車裡或糞車裡藏上糧食，運到城裡去賣，也對溝通城鄉糧食有很大的幫助。

在東北，不論城鄉貧富人家，都是用大缸裝糧食，如果用麵袋子買米，會被人視為笑話的，可是到了偽滿後期，因為糧食缺乏，城裡人免不了也要拿麵袋子買米了。

在東北，逢到過年過節，在農村，粳米（旱稻）和白麵粉還是有的，豬肉牛羊肉，也都夠吃；東北人當官為宦的或是做買賣的，大都出身農家，鄉下總是有幾天（十畝叫天）幾畝地的，除養豬、養雞鴨之外，還種麥子種粳米，逢年過節，回到鄉下，殺雞磨麵，總還可以大吃大喝一頓。

終偽滿之世，吃穿兩項，除了穿的較差以外，吃的倒沒成什麼問題。

國共雙方、爭取青年

偽滿後期，鬧了一陣子的獻銅獻鐵，一時雷厲風行，凡是門環、鐵窗框、火爐勾子等，都拿去奉獻了。情形頗似年前中共「大躍進」發動人民大拆鐵門鐵窗等去用小高爐煉鋼一樣。

汽油不足是必然的，那時汽油都歸軍用，所以私家汽車都因配給不到汽油而停開了，後來發明了用木炭代替汽油，在巴士後面裝上個燒木炭的爐子，既薰黑了車身，行車速度也變成老太爺踱方步！

火車倒是不錯，依舊準時開行，直到日軍投降前四、五天，才亂了章法。

快接近光復的前一兩年，偽滿的日本人很多被調去當兵了，一下子走了很多，機關、學校、會社大家都感到微微舒過一口氣來，雖然不知道那天勝利，但是日本敗象是了解的，大家私下裡都在慶幸著，人與人之間，也諒解了很多，比如兩個人在吵架，只要有人過去說一聲：「大家都是滿洲人，何必呢？」彼此也就算了。

美國的B-29飛機轟炸瀋陽、鞍山等各大城市，老百姓都登高眺望，看到日本的高射砲打不到那麼高，只在一半左右上空開花，B-29在空中來去自如，如入無人之境，大家不禁拍手高聲叫好。只要不讓日本憲兵看見，其他的人誰也懶得管了。

一般青年階層，反日情緒很高，尤其是各大學以及軍官學校學生更厲害，當時國共雙方都有人在做爭取青年的工作，在各學校宿舍裡都有抗日書籍在宣傳，大抵那個時候一般人對共產黨的觀念很壞，加之正牌邪門的觀念很重，所以共產黨很不容易發展，僅在建國大學學生中散佈了幾個細胞而已；反之國民黨則不然，無論是醫大、法大、農大、工大乃至軍官學校學生，多參加了組織或外圍工作，後來連中等學校學生也參加了，偽滿的學制是小學六年、中學四年（國民高等）、大學四年，那個時候中學最高班次也不過等於現在的高中一年級，十五、六歲的孩子，業已懂得愛國抗日了。

一般老百姓，對日本更是厭惡，於是有人算命卜卦，有人圓光，有人扶乩，都是預言日本就要失敗了，當時流行的乩語是：「要破口中口，必須天上天。」據說口中口是指日本，天上天指的是美國。

日本投降、國土重光

從民國三十四年八月開始，東北老百姓就知道日本要完蛋了，因為美軍的轟炸機，日本高射炮根本打不到，同時火車也開始誤點了；偽滿這麼多年，火車向來按時開行，誤了幾分鐘都是件不得了的事，可是現在不然了，每條鐵路都是誤點，有時還不止一個鐘頭，而且運兵頻繁，往南來的都是撤下來的婦女老幼，往北開的都是兵車，當時對蘇聯參戰的事，還沒有人知道。

八月十一、十二日，原子彈已經落下來了，從日本軍人口中知道，美國投了最厲害的炸彈，一下子死了十幾萬人，有人偷聽廣播，開始知道了叫原子彈，可是還不知道究竟是那兩個字，於是有人自作聰明，說是「軟質彈」，又有的人說是「原紙彈」，前者解釋說這種炸彈是軟質的，不是鋼鐵包的；後者解釋說這種炸彈是紙做的。七嘴八舌，也各言之成理。

八月十三日，從北滿撤退的一批人口中得知，大鼻子已打進了白城子（東北人稱蘇聯人叫大鼻子），南滿的人們才知道大鼻子打上來了，一下子都高興起來，認為這回小日本可完了。

八月十五日，日本天皇廣播停戰詔書，宣告投降，日本人聽了都哭了起來，個個都垂頭喪氣的樣子，而東北人卻高興得流出眼淚來。由於日本軍隊還在，大家不敢怎樣慶祝和報復，可是對偽滿那些平常作威作福的警察，以及憲兵和「腿子」們（「腿子」是給警察憲兵做眼線的人，有跑腿之意，也叫狗腿子，比警察憲兵還壞），眼看日本敗了，老百姓會找他們算帳的，一夜之間都穿兔子鞋——跑了——。

日本軍去、大鼻子來

兩天以後，大鼻子兵來了，一般人首先感到的是蘇聯兵的汽車大和坦克大，汽車是十輪大卡，日本僅有六個輪子的卡車，沒看過十輪的，他們的坦克之大，能把日本的裝下去，以此人們都感到新奇，大家眺望，蘇聯軍在東北大城市車站前邊，多樹立一高立柱，在頂上安放一輛坦克模型，擺威風給人看。

各地迅速成立了蘇聯軍城防司令部，瀋陽的城防司令就是後來做了國防部長的馬林諾夫斯基元帥。日本軍都給調到城外指定地點去解除武裝，偽滿軍隊也解散了，官兵都回到了自己家裡。中國人自己在各地成立了維持會，因為警察都跑了，所以臨時招了一批警察維持治安，這些改警察穿黑色制服，大沿帽子上鑲一道白箍，佩青天白日帽徽，在領口風紀鈎左右有立方的白領章，在上面有幾顆星表示階級，老一輩的人說，張學良時代的警察，就是這個樣子的。

這時國民黨和共產黨的地下工作份子，都鑽到地上來了，到處招搖，到處掛招牌，寫著「×××黨部」，或「××××委員會」等。十四年來，東北人沒聽說過什麼黨的，官廳也沒聽過委員這類名詞，一時之間，五花八門，弄得眼花撩亂。

大鼻子軍隊來了，日本軍隊走了，人民的報復行動也跟著開始了，最初，對象是中國人警察和日本警察、憲兵，與及給這些人做「腿子」的中國人，若是給發現了，大家立即上前去打，連看熱鬧的都會去踢上兩腳，說實在的，這批人也真是惡貫滿盈，罪有應得，後來範圍擴大了，去打高麗棒子（朝鮮浪人）了，這批人在偽滿時代享受準日系待遇，狐假虎威，欺負老百姓，也是無惡不作的，有那麼幾天，這批壞東西被打得滿街亂跑，鬼哭狼號的，當時只要有人發聲喊，大家就去打，一打就打個半死，大鼻子根本不管，維持會的警察數量不多，就是看見了也管不了這許多，有時候他們也去幫著揍一頓呢！

就這樣發展下去，不久東北各地就開始成為無法無天的世界。這情形和最近中共的「紅衛兵」在大陸造反有些彷彿！

城鄉一片、搶劫之風

一次氣餒，兩次氣壯。大家一看打人殺人沒鬧出什麼事兒，所謂殺得興起就越鬧越兇了。打了幾天警察、狗腿子、高麗棒子之後，開始搶日本人家了。那時日本軍人是開到城外去了，日本的文職人員如教員、醫師、會計員、商人等，仍居留原處等待將來遣送，有的地方還要把婦女編隊送去慰勞蘇軍，「王爺廟」那兒還得把青年男子召集來去慰勞蘇聯的女兵，日本人嚇得都不敢出來了，就是出來也打扮成中國人模樣，否則準是挨罵和挨打，這回輪到中國人找上門來了，先是搶東西，舉凡門窗、桌椅、書畫、床褥，凡是能拿走的都搶、都拿，日本人毫無反抗，也不敢反抗，東北人把搶日本人東西叫做「發洋財」或「撿洋撈」，有的日本人給搶得光剩下身上的衣服，好在八、九月天氣不太冷，勉強還能度命，要是冬天，真要立刻凍死呢！

這種搶風，不僅城裡如此，鄉下也是一樣，「撿洋撈」蔚成風氣，人民如醉如狂，因此不管有錢沒錢的都出動人馬去搶，凡是以前「興農合作社」儲存的糧食，以至公共會堂，甚至火車上的坐椅，都給搬走了，有的還出動大車去拉，那時為搶東西而打起來，甚至殺死人的事，時有所聞。

這種搶劫都是在光天化日之下進行的，誰也不感到羞恥，反而對於沒去搶東西的人認為是廢物，不識時務。

就在搶劫行動之中，中共的八路軍進來了，這群人頭上包紮白布手巾，穿著各色各樣的衣服，除了帶隊的有枝手槍外，餘下的有的胸前掛兩顆日本瓶式手榴彈，有的甚麼都沒有，殿後的挑一個大鍋和碗盤傢什，東北人看慣了日本軍和偽滿軍那種大馬金刀的整齊勁兒，再看看他們，簡直像個叫化隊，誰也沒把他們看在眼裡，誰也沒瞧得起他們。

可也好，他們也不妨礙人民的打家劫舍，也不理會國民黨的招牌，只是默默地在那些小學校或中學校住下來，離了一個禮拜，都換上日本的軍衣被服，武器也都有了日本的三八式步槍，有的還戴上個青天白日帽徽，從遠處猛然一看，還以為是日本軍隊又回來了呢！

劫走機器、手段高強

蘇聯把從日本軍手裡接收過來的軍裝武器，轉手交給了八路軍，有時八路軍自己也會到日本被服廠或鄉下去搶，筆者住在瀋北鄉下那幾天，八路軍就來搶了好幾次，先是搶日本軍用品，後來連滿軍的衣服、刀、帶、皮靴也都搶了。

東北工廠裡的機器，蘇軍整火車的往西伯利亞裝運，他們也不避諱東北老百姓，火車都是敞車而且白天開行，所以東北人都知道「老毛子」拉走了機器。等到他們把機器搬完了之後，就把大門打開，鼓勵中國人進去隨便拿東西。東北人一看大鼻子領頭讓拿更高興了，都蜂湧進去搬，凡是桌椅、櫃子都搬，大鼻子也很會安排，今天讓搬這份，明天讓搶那份，而且事先都有消息可以知道，到時候大家等在門口，然後等大鼻子開門進去，中國人到裡面就拚命拿東西，大鼻子在門口就拚命拍照，等到國府接收後問起工廠的事，大鼻子就把拍了的照片拿給他們看，並說是中國人搶光了的，不信？這就是證據！

這「撿洋撈」不但男人去做，就連女人小孩子也參加了，事實上那個時候，機關、軍隊都解散了，學校停課了，工廠休息了，一切都在真空狀態，一干人手都閒著沒事，「撿洋撈」倒成了惟一的工作！

就這樣，東北當時就形成了老百姓搶日本人，八路軍搶日本軍，蘇聯搶工廠的「搏亂世界」！

淪陷區三個偽政權的遺聞

司徒重石

大英帝國的沒落

當英國帝國主義者在中國國土內建立租界的時候，他們的殖民政策是招降納叛，販土走私，聚賭庇娼，無惡不作。中國政府無論滿清、北洋、民國，一直都無法制止。但是英帝國主義者也有丟人現眼的一天。自第二次世界大戰發生，英自顧本土且無力，遑論殖民地。當戰爭即將爆發前，英國撤僑並不徹底，不想因此竟使英國人有機會丟盡了他們紳士氣派的臉，喪失了大英帝國的國格。

在天津的英租界自從珍珠港事變，日軍和汪偽政權進入後，從前英國的兩大殖民先鋒：怡和、太古兩個商行就下旗回國，結束了英國在中國的剝削機構。這兩家公司的買辦粵人陳吳兩姓，也離開了他們的衣食父母。他們眼看他們的主人的勢力已經全部垮台，於是落井下石，想出新鮮方法對以前的主人施以報復，來贖他們多年來幫助外人剝削國人的罪咎。

當遣僑時，怡和、太古兩行的英籍職員眷屬，以及部分英國貴族眷屬，大都不想離開中國，因為英本土糧食不足，副食品更形缺乏，連英女王和首相邱吉爾都得每天按配給領取食品。在天津只要有錢，要吃什麼都有，因此都自願留下來。

自從七七事變以後，日人便限制外僑提取銀行存款，每月只限三百元，那時候物價穩定，三百元是儘夠用的了，不過富商和貴族的眷屬，平時奢侈成性，就感到十分拮据。好在女人自有上帝賜予的求財本錢，現實要緊，也顧不得紳士貴族顏面，自然就走上出賣她們靈魂與肉體的一條路上。於是，當年目高於頂，不可一世的英國貴婦，就落在平日做他們奴才的中國買辦手裡。

具有阿Q精神的買辦們，施行報復的時候到了。秘密蹂躪不快意，還要公開的侮辱，不惜大量金錢，召來大批英女招待友人，達成報復的心願。可是受侮辱的並不以為恥，反以為得到金錢，享盡口福而自我安慰。大戰中英人終日不得一飽，她們竟享受如平時，不知羨煞多少自尊心已經喪失的英國人。從此英國人在東方便抬不起頭來。

沒齒難忘的仇恨

七七事變後的第四天，平津間的火車方始通車，勉強恢復已經癱瘓了四天的交通。七月十日晨，北平前門東車站開出一次探道車，包括工程車、器材車、員工車等共五輛組成一列，走了八小時才抵達距天津東站（接近舊俄界）半里之遙的法國橋。過橋那邊就屬法租界，那時法國人在租界裡仍具有行政權及警衛權，日人不敢公然侵犯。

這一列特別慢車，平時僅須時一小時五十六分可以抵達的途程，竟走了八個鐘頭，因為要逢阻開路，斷水搭橋，終於有驚無險的安達津站。這列車通過廊房時，即電北平前門站可以酌開一列客車，以疏被阻四日的旅客。此一列車不分頭二三等，客滿即開，亦沒有規定開行時間，只是尾隨探道車前進，因此相差半小時就跟踪到達天津。這列車共走了四小時二十分。

探道車由前門站開出時，員工多已逃避，乃由站長開車，課長掛鈎。當時準備離平的旅客，數以萬計，已住站兩日夜，急待第一次南下列車開行，冀早離危邦。一般旅客的心情，均認為早一刻離開北平，就可得到活命。據報前途平安，即組織一列客車應命。此時鐵路員司已紛紛齊集，曾被破壞的電話也恢復了，旅客們靜候列車開行。

不想先開往天津東站的第一次列車，竟發生了一件極大的不幸事件。因為北平前門站上旅客眾多，車輛又少，於是路局決定先疏送女客，並且在女客中先疏運北平某校的全體女師生。當這一群女客得到優先離平上車的消息傳出時，其他旅客均為之不平；得到登車者卻額手稱慶。不料一步爭先，招來了畢生的憾恨，那就非始料所及了。

當這第一列旅客車進入天津東站後，旅客下車齊集，預備出站。適東來一列兵車，滿載日兵約兩千人，也在此處下車集中站台，點名後下令休息，準備換車西上。這時，由北平來的那八百餘女客，一見日軍下車，急忙進入休息室暫避，但卻已為日兵發現，紛紛越過鐵道，湧入候車室，予以集體輪姦。幸為時甚暫，日軍官長吹笛集合，一群獸性大發的兵士乃登車西去。這時路局員乃迅速的簇擁這八百多被迫害的女子飛奔過旱橋，急趨法國鐵橋。過橋後，橋即拉橫，後面雖有駐舊俄租界的日兵追來，已無法渡河，日兵雖鳴槍示威，駐守鐵橋的法警亦不肯將橋樑拉直，這一飽受蹂躪的女學生才得以跑步方式轉入橫馬路，在正昌飯店門前停留下來。斯時人心稍定，痛定思痛，坐在地上痛哭不已。

路局員司對旅客負責是有限度的，離開鐵路範圍，本可不管，任旅客自由行動，但是對這一幫被侮辱的女旅客，在戰亂時期，自應從權安置她們。這時華界已施行戒嚴令，租界也受影響，行人稀少，知道此事的甚少，路局員司提醒她們，叫她們趕快各投親友，免被記者探得消息，前來採訪。經此警告，她們才勉強掙扎，離開是非之地。只留下三四十人是此地無親友投奔的，由路局妥為安置。未幾大批記者到來，已人去地空，終於保全了她們的顏面。

做漢奸的悲哀

汪偽政權在南京曾成立了一個國際俱樂部，用作與日本侵略者聯歡之所。在這一個俱樂部裡，曾發生過一件偽府與日雙方憲兵幾乎火拼的事件，此事當時各報都沒有登載。這事經過是汪精衛與日本駐偽府大使阿部信行在國際俱樂部約晤時發生的。當時日方、汪方人員均已到齊，只候汪和阿部二人，院內車輛已經停滿了，只空出兩個車位，供汪和阿部的車停用。適二人座車同抵門前，阿部著司機讓汪車先行，汪下車後，汪的車伕見一空位，即倒車入內，不想竟為日憲兵所阻，且令退出另覓地位。汪的司機不願，他以為汪是南京天字第一號人物，國際俱樂部又是偽府的，「主席」座駕車停車豈能受干涉，乃堅持不肯退出。但阿部的車伕又非停車在此一空位不可。雙方堅持，始而口角，彼此語言又不通；於是日憲兵加入，鳴槍示威，汪憲兵亦不讓，眼看事態擴大，汪和阿部聞警制止，才和緩下來，開會時彼此互道誤會了事。由此事看出，日方處處強橫，竟在汪屬機構內逞凶滋事，偽政權事無大小受制於人，可見一斑。

幹特工的影佐禎昭曾與日皇昭和同學，雖做過旅團長，後來也曾升到師團長，但他是道地的紈袴子弟，南京稱他名字是「影佐真糟」。他只能做特工，卻不宜掌兵符。汪偽政權時代，他是太上主席，但為人謙和有禮，有點像西方的外交家。他對汪精衛頗為恭順，文質彬彬，從不疾言厲色。主持梅機關數年，為汪解除不少困難。日本駐偽府大使阿部信行，寡言穩重，當汪精衛出任偽「主席」舉行就職典禮時，他立正站在禮堂上身體筆直，半小時中紋絲不動，有如老僧入定。影佐就不行了，半小時中，雙腳交換休息不下十次，雙手也沒地方安頓，以此比較，影佐修養遠不及阿部，大概在學問與年齡上都有距離的原故。

日本人無論文武官員，官階愈低，氣焰愈大。日中級軍官中佐以上，比較有禮貌；官愈小則愈趾高氣揚，不可一世。汪日常受的是日本小官的氣，大官不但對他客氣，而且恭順，因此使汪便有說不出的苦，他才遇事猛抓自己頭髮，而以罵人發脾氣來洩憤。

偽政權的特工

在汪精衛未組偽府以前，已派有特工赴華北做地下工作，負責人是石林森。偽華北政務委員長王克敏，也要學時髦搞特工。褚民誼的部下戴震是搞特工的，他設法滲入華北偽政權，介紹一名李家駒的給王克敏，王就用他做華北的特務頭子。王不知道李家駒是汪系的三等特工，竟予以重用，因此王的舉動在汪未「還都組府」以前，已瞭如指掌，而王猶在夢中。

日本方面滲入華北特務工作的，是東北海城人袁規。此人純粹是東洋奴才，滿口「你們中國人」，彷彿他不是中國人似的。日人薦袁規任北平市警局的特務科長，連市長余晉龢也得讓他三分；受他陷害的，莫不恨之入骨，卻無如之何。袁憑日人勢力，作威作福。論魄力機詐，袁遠不如石林森。因此有人建議石，不妨借件小事殺殺袁的氣焰。一日筆者友人宴某偽政要，邀石林森和袁規作陪，席間袁敬那個偽政要的酒，被婉拒，袁以為不給面子，強之飲，勢將動武。石即令左右繳袁的械。袁隨身手槍二，登時被繳，驚愕失措，從此吃癟，不敢再在人前逞威。後來雖經人調解，還了他的槍，但他從此在警界便無法立足。

一群武臣的下場

偽府首腦人物除汪精衛病死於日本未伏國法外，在抗戰勝利後，有的被槍決，有的自殺，有的病歿，形形色色，不一而足。先說偽代「主席」陳公博，勝利後被捕入獄，服刑南京老虎橋監獄。一日役吏點名提人犯，他自知大限已到，沿途辭別難友，從容走至刑場，說來世結緣者再，鎮定如無事人。當陳受審時，所撰之辯訴狀，洋洋數千言，據事直陳，不怨天，不尤人，坦承失足成恨。他獄中有詩云：「今日方知役吏尊」，蓋知國法至上，獄吏雖末職，固不可犯也。據說這篇辯訴狀曾經其情婦莫國康修改潤色，閱者以為文情並茂。莫乃偽府「立委」，文筆流暢，後流寓香港。

偽內政部長陳群本偽維新政府人物，投靠於汪，汪未組偽府以前，即派陳群為駐維新偽府代表。偽政權成立後任他為內政部長。他曾依附杜月笙，乃文人而無行者。勝利來臨，自知不免，自殺於南京寓所。他是偽府中自殺的第一人，其詩詞文章，除汪外就要數他了。

褚民誼以太極拳名，他曾發明太極棍，是用木架上面吊一支圓棍，以手推之，旋轉左右，代替「推手」功夫，其功效與練太極拳等，惜沒人學他的太極棍，因而失傳了。他能唱崑曲，且喜皮黃而不佳。當年他任行政院秘書長時，曾為泳后楊秀瓊御車，一時備受社會批評，但他卻處之泰然。褚民誼曾在南京彩排平劇空城計，自飾司馬懿，唱到後來忘其所以，竟欲策馬晉城，飾孔明的坤伶金桂芬急止之，說：「秘書長，進不得城！」一時傳為笑柄。勝利後他被捕入獄，每天照樣唱戲、練拳，不知死之將至。到執行死刑時，挨了兩槍，第二槍擊中時，還來了個吊毛，翻身才死，大概是太極的反應吧。

維新偽府之梁鴻志乃純粹詩人氣質，沒有從政的本領。他雖然做過段執政的府秘書長，但卻沒有什麼表現。日人侵華時，他流寓申江，窮無所歸，被逼下水才組織維新偽府，完全是為了飯碗問題。他雖飽讀詩書，卻失去了文人做人的原則——「餓死事小，失節事大」。梁被捕入獄後，仍然吟哦不絕，臨刑還在做詩，步入刑場，吟哦到第三句第七字，便一槍畢命了。

齊燮元曾任長江巡閱使兼江蘇督軍，民初蘇督李純不明不白的所謂自殺，傳聞齊也有嫌疑。齊屬軍人政客一流，局勢改變，他不甘寂寞，投入北平王克敏偽政權充治安督辦。勝利後解南京，槍決於雨花台。昔年齊開府南京時，雨花台下許多冤魂，都是他的傑作，初不料他也死在雨花台下，可謂報應不爽。

任偽府宣傳部長的林栢生，乃汪精衛之惟一親信。他學汪的董其昌字體，據說可以亂真。林在香港辦中華日報時曾被刺傷頭，從此更為汪所優遇，與其妻徐寅同屬汪手下紅人。勝利後林一槍畢命，徐寅後來作寓婆於香港。

偽華北財務督辦兼聯合準備銀行總裁汪時璟，為一理財家。為他早年任東三省中國銀行行長時，預料東北有變，曾將大部資金和黃金白銀、外匯調入關內，避免偽滿接收。後以官迷心竅，乃出任王克敏華北偽政權之財務督辦兼聯銀總裁。勝利後被捕，由北平移南京老虎橋監禁，再移上海提籃橋。共匪入滬前凡判有期徒刑者，均獲釋放，汪被判的是無期徒刑，未獲釋放，後三年竟瘐死獄中。

盧英乃上海亭字號人物，十九路軍駐滬時，也曾掌管北平運滬的保安隊，乃得崛起滬濱。偽府時，他任曾末期的南京偽警察總監。勝利後入獄，海上聞人均代為疏通，希冀改為有期徒刑，但未獲邀准。大陸淪陷後三年病歿獄中。

偽行政院秘書長陳春圃，乃陳璧君姪，筆下差可，才能平常。勝利後本已逃脫，隱居滬上友人家，是一所石庫門老式住宅，地點在成都路，他只佔一間亭子間，無人知其曾為偽府顯要。一日適遇查戶口的於梯次，對方問貴姓？他不假思索的順口答：「我叫陳春圃。」其實人家並沒問他的名字，因為廣東人習慣上是連名帶姓一齊叫出來的，弟弟叫哥哥，老婆叫丈夫，莫不如此。這回老廣習慣性吃虧了，立即被人通知肅奸處，捉將官裡去。此人頭腦簡單，胸無城府，不知道他那秘書長是怎樣當的。後來被判十二年徒刑，共匪入滬前二月就釋放了。（編按：陳春圃一九四五年在上海自首，次年被上海市高等法院以叛國罪叛處死刑。一九四七年在復判後改為無期徒刑。一九六六年在上海提籃橋監獄因病逝世。）

丁默村是偽府社會部長，本屬周佛海系，特工出身，偽政權末期調任浙江省長，被捕即遭槍決。臨刑時，屎尿交流，面無人色，跪在地上求委員長開恩饒命。和王揖唐一樣怕死。

有幾個汪偽政權的「部長」如偽「農礦部長」陳君慧，後期「宣傳部長」趙叔雍，「邊疆委員長」岑德廣，廣州「市長」周化人，外交「次長」陳允文，「司法行政部長」李聖五等，被捕後都是判的十二年有期徒刑，共匪入滬前兩天，全部獲釋出獄，一群驚弓之鳥，馬不停蹄的立即趕著搭乘輪船逃港。現在這班人除趙叔雍死於南洋大學外，其餘後來都在港九度過餘生。

抗戰期間華北偽組織內幕

司徒重石

日人侵略中國的手法，是佔領某地後，就成立一個偽政權，以遂其徹底統治的目的。當七七事變之前，日人就在華北成立了一個具體而微的偽政權，以開其端，那就是偽冀東自治政府，並利用當時我國政府派任的冀東行政督察專員做傀儡，稱為「冀東行政長官」。

這一群牛鬼蛇神

第一任冀東行政長官是地道漢奸殷汝耕，由中國政府任命的官吏，一變而為日人支持下的地方官，雖張邦昌也沒有像他這樣公然叛國。第二個是密雲區行政長官，管轄平東十幾縣，行政長官是陶尚銘，就職未久就棄官南返，不知所終。後來日人覺得冀東地區太小，起不了什麼作用，才由喜多誠一捧出王克敏來做華北五省三市的偽行政院長。

冀東方面由池宗墨代替了殷汝耕，直至偽華北臨時政府成立，才取消了冀東政府併入河北省政府。池宗墨時代的秘書長是陶叔仁，陶曾任天津市長周龍光時代的秘書長，此人學問不錯，絕非漢奸一流，他曾主張取消冀東政府，為該地日本駐軍所忌，於宴會席上被毒致死，入殮時口角出血，十指皆紫，這是淪陷區中被日人毒斃的第一個官吏，此後此等毒殺事件便繼續發生。

冀東政府期間，北寧鐵路曾發生分割事件，日人擬將由塘沽至唐山以西一段另成立一鐵路偽組織，此乃大偽組織中之小偽組織。唐山至山海關一段仍歸北寧鐵路，但中間突被切斷，通車遂成問題。

分割出來的塘唐段，日方支持殷汝耕內親陸伯鑄做局長，北寧鐵路曾因此停止運輸，幸為時甚暫。因日方內部意見參差，調停結果，錄用陸某為路局專員，另給予補償金，了此一段公案。陸伯鑄在勝利後得美軍之助，經營事業於琉球，獲財甚厚，一九六八年初因病死於台北榮民醫院。

殷桐時代的北寧鐵路，處於日駐軍勢力之下，日方每每侵犯路權，軍用車輛，任意調用；更支持高麗浪人走私，殷桐取締甚嚴，因而開罪日方，乃由日方提出號稱日本通的粵人陳覺生繼殷桐任北寧路局局長。其後滿鐵余佐美欲併北寧入滿鐵範圍，陳覺生反對甚烈，日人遂毒死之於天津北寧鐵路辦事處。當時人們多以漢奸目陳，陳亦不辯，陳死後搜出許多陳死時焚燒未盡的文件中，有許多是不利於日本的，陳身分雖屬鐵路局長，但是他兼作間諜任務，利用他與日人接近探得不少消息，此為日人毒斃所謂漢奸之第二人。此事外間知之者少，茲就記憶所及，用以告世之不明真相者，雖在日人勢力之下任職，並非盡屬喪心病狂之漢奸也。

華北偽組織財長之爭

王克敏組織華北偽政府，第一步稱行政院，後來改組為華北臨時政府，王克敏由院長改稱委員長，下設各部稱總長。王曾任黃郛時代行政院駐平辦事處之總參議，故日人喜多誠一利用之，由滬攜之北來，王亦以正在窮極無聊，不惜賣身投靠。日人本擬利用曾任北洋政府時代的國務總理靳雲鵬，不意靳患瘋癇重症不果。轉擬利用吳佩孚，又以吳所提條件過苛，難以接受，不得已才用王克敏的。

華北臨時政府之下，有法部（不稱司法部）、治安部、教育部、實業部、內務部、建設總署（不稱部）、經濟委員會等組織，獨缺財政部（但已有聯合準備銀行）。原來華北行政院設有財務處，現在既成立了臨時政府，管理所謂五省三市的財經，原財務處負擔不起，俟各部成立後才增設財政部。王克敏本想自兼財政部總長，因為他做過北洋政府時代的財政部總長，每以財政專家自居，故臨時政府初成立時獨缺財政部，蓋留以有待也。

日人不願王克敏兼任財政總長，因王不諳日語，認為諸多不便。日方提出的人選是曾在日本學軍需的中國留日學生汪時璟。按早年留日學軍需的共有三人，就是唐生智、余晉龢和汪時璟。後來唐生智帶了軍，余晉龢做過北平市長。汪時璟則曾任東三省中國銀行行長，九一八事變，他將東北中國銀行現金大部分提運入關，此舉雖不利於後來的滿洲國，但日人嘉其手段敏捷，深覺此人有才，因此支持他。

王克敏想自兼財長不克如願，大為恚憤，心有未甘，乃提出原財務處副處長熊慕渠升任財政總長。日人以為熊既非留日學生，更非財政專家，恐不能任此繁劇；即退一步言，也應以財務處正處長升任，而不應由副處長出任（處長即汪時璟）。日人堅決否決了熊慕渠，王無奈，只好依從日人意見，明令汪時璟以聯合準備銀行總裁兼任偽臨時政府第一任財政總長。

從此王克敏與汪時璟意見日深。不過汪時璟有同學余晉龢和大舅子殷桐為其奧援，與日人的關係和本身的實力都比王強，王只好隱忍聽命。

汪時璟就任「財政總長」後，即率同次長以下各局局長往大樓公署聽訓。華北臨時偽政府設於北洋政府時代之外交大樓（一稱迎賓館），地點在東單牌樓北，為當年故都頗為閎偉之建築物。王克敏接見新財部官吏時，似有所感觸，始而大罵董康及湯爾和等，繼而痛哭，指桑罵槐以洩憤，於是此一幕就職聽訓的鬧劇遂草草散去。從此王、汪之間，芥蒂益深。

汪時璟上台第一件事，就是取消中外銀行發行紙幣權，一律代以聯銀紙幣，予以九五折領用。即日人之正金銀行亦俯首聽命。汪並限制日軍用票行使權（鐵路線除外），規定與聯銀同價，一直維持至勝利為止。抗戰勝利後，中央宣佈以法幣一元兌換聯銀五元，此一比率較諸汪偽政權周佛海所發行之儲備券二百元兌一元法幣高得多了。

殷桐被日人毒斃

殷桐由北寧路局長下台後，休息一個時期，被任為華北偽臨時政府建設總署署長。後來南京汪偽政權成立，華北偽臨時政府改組為委員會，署長升級為督辦，其他各部首長也一律改稱督辦。建設總署為一有錢機關，舉凡整修河道，建設水利，修護故宮及郊外頤和園，以及公路建設（除鐵路外），均屬該署範圍。殷桐、汪時璟誼屬郎舅，彼此支持，開支不虞匱乏。王克敏嫉之甚，就商於法部朱深，非去其一不可。

殷桐在宋哲元時代曾任北寧鐵路局局長，因取締高麗浪人走私十分嚴厲，種下怨毒，這時由平赴滬應日人宴會，突遭施毒，匆匆回平即暴斃平寓，死相與陶叔仁、陳覺生相似。此為被日人毒斃附逆之第三人。也正中了王克敏的下懷。抗戰以前在華北一帶，高麗人公然結隊走私，當然是仗日人撐腰，每批人數多至數百，經常佔據三五節車廂，不許普通旅客入內。路局為了對付這些浪人，曾調鐵路警察數十人駐守天津東車站及其他大站，以便遏止走私。走私項目包括大批人造絲（那時尚無什麼「龍」之類）成品或原料，及袁大頭、白銀，以及人參、鹿茸、皮革、鴉片、海洛因等。這批走私的浪人到達天津東站（舊各國租界區域），不服路警和海關的檢查，每發生鬥毆事件。路警及海關人員人數不足，難以抵抗。其後調來大批保安隊，勒令排隊檢查，人造絲包裹甚大，一望而知，每次檢查，扣留充公不少，且械鬥時高麗人多有傷亡（其中也有許多日本浪人），於是怨毒集於殷桐一身，終遭日人暗算。

殷桐死後，建設督辦一席由署長周廸評升任。周乃德人佔青島時所設青島高等專門學校工科學士，與日人及王克敏均無淵源，只做過殷桐任北寧鐵路局長時的材料處處長。抗戰末期周又轉任偽天津市長，直至勝利交代畢，被捕入獄。

齊燮元美夢成空

日人卵翼下的華北偽政權，初期頗能安定一時，金融穩定，物價亦無大波動，皆由於王克敏對付日人有他的一套手法。自汪時璟停止各外國銀行發行紙幣後，偽聯銀信用日升，當時保有黃金十噸，白銀三十噸，外匯若干，直至勝利到來。

日本軍閥嘗批評：王克敏是能辦事而不聽話；王揖唐聽話而不辦事；汪精衛既不聽話又不辦事。日本華北佔領軍想換一個能聽話而又能辦事的人來代替王克敏，但是一直找不到符合這一條件的，只好仍由王克敏暫時維持現狀。

當時對偽華北政務委員會委員長一席有野心的，是治安總署署長（後改稱督辦）齊燮元（北洋時期之江蘇督軍）。齊以為他手中有些過時的軍隊做政治資本，似乎形勢較強，有取王而代之的條件，而日方曾加以考慮。適是時北平市上發生日軍某大佐乘馬經東單牌樓馳往東四牌樓中途被我愛國份子射殺案件。據說凶手像貌的特徵是滿面大麻子，於是一時城中麻子被捕數十人，不巧治安總署的一個局長李在中恰巧也是麻子，亦遭傳詢。就因為有此一段插曲，竟打破了齊燮元的「委員長」迷夢。王克敏又得以安於其位。

南北偽政權的分合

在這一段時間中，華北偽政權表面上似甚安定，不料日人又在華中方面玩弄花樣，竟扶持一位詩人梁鴻志出來做華中的政治傀儡，成立了一個偽「維新政府」，並且把上海的偽大道市政府取消了。而且更將南北兩個偽政府連結起來，名義上稱為「聯合政府」，而事實上這兩個偽政府卻並未合併，仿彿聯邦，卻沒有聯邦組織，只不過每月開會一次，第一個月在北平舊外交大樓委員會開會，第二個月開會就在南京，這兩個偽組織雖然分別由王、梁主持開過幾次會，但卻無決議案，不過聚會一番而已。不久這個會也就流產了。等到汪偽政權成立，偽維新政府便無形消失，梁鴻志也到南京去做偽「監察院院長」去了。

雖然偽維新政府未久即併入南京汪偽政權，但華北偽政權仍然屬「華北特殊化」，不完全聽汪偽政府的命令。在日本政府以為他支持了一個全中國的佔領區統一政權，可以收統一之效；那知道日方地方軍人意見不一，使華北事實上仍維持「特殊化」，只不過在形式上更改幾個首領的名稱而已。

王克敏一心一意想維持他的「委員長」地位，在汪偽政權下仍然保持他的獨立身分。他認為汪同他原籍都是浙江，從先人遊幕到粵而落籍番禺的；他父親王之展也曾在廣東候補，他同汪又是自幼相識。這時他想起了汪精衛曾在廣州教過家館的，那家館中的學生李某可以利用作為橋樑，向汪接洽合作條件。汪當時方由河內到滬，正在進行所謂「還都組府」，當李某到滬見汪時，汪曾面允他的學生使轉告王克敏，將來無論如何改組「政府」，必使王仍舊貫，做他的華北方面的政治首領，不過名稱略有改變而已。

汪偽政權的遲遲成立，影響了王克敏的心理。汪偽政權本定十月十日雙十節成立，可是到時流產，於是王克敏信心便開始動搖。又傳翌年元月元日成立，歲暮匆匆度過，汪偽政權仍未成立。王對汪寄予希望已絕，乃正式反汪。於是密令北平市公安局長余晉龢逮捕年前為他傳書遞簡的紅娘，但李某已遠颺滬濱。

王捕李某不得，乃遷怒於他的直屬部下——行政院情報處處長周龍光。周除任情報處處長外還兼任委員會委員長一職，該會有日本顧問，周以有顧問保鑣，公然抗拒王的逮捕命令，逃入日人機構中，王無之何。捕周不得，乃捕情報處兩科長以洩憤。

王捕周的原因是周龍光代汪複印艷電，分傳華北各省市縣，似是代汪作宣傳工作。事實上周如此做是曾簽呈王克敏批的，如今王竟不認帳，將情報處兩科長以貪污罪嫌送法院偵察。周龍光為此致函王克敏辯稱情報處並無會計、庶務之設，無從貪污，若有貪污，那就是「行政院」本身的事。王置之不理。這兩個在押的科長直至王揖唐上台才放了出來。

王克敏與王揖唐交惡

民國廿九年三月廿四日，汪精衛正式宣佈「還都組府」，廿九日成立偽政權於日軍佔領下的南京。偽政權成立後的第一道命令就是免去王克敏的「華北臨時政府委員長」職，另外新任命王揖唐為汪偽政權下的「華北政務委員會委員長」，各部總長並一律改稱督辦。王克敏無顏留戀故都石老娘胡同私宅，乃攜寵妾筱阿鳳赴青島養老去了。此汪精衛、王克敏交惡之大略也。

回憶王克敏與汪精衛在南京會談一事，其他記載，謂王克敏曾為開會時的座次與華中偽政權首腦梁鴻志相爭，似有出入。事實上當時王克敏是與陳公博爭首席並非與梁鴻志，結果王終於坐了次席，第三位才是梁鴻志。王當時為了爭席次幾乎退席，還是梁鴻志勸阻的呢。

後來汪精衛北上青島與王克敏與王揖唐等北方偽組織首腦，會商統一偽政權事。時二王交相向汪爭寵，由於王揖唐比較接近汪精衛，頗為王克敏所忌。王揖唐搶先到青島一步，往前膠州總督山上官邸會見汪精衛、陳春圃、周佛海等，王揖唐離去時王克敏方到來，兩人遇於門次，王克敏深怪王揖唐搶了他的先，現不愉之色，二王因此更為不和，自此以後，直至王克敏將「委員長」席位交代給王揖唐為止，兩人從未正式交談一次。

王克敏有女，王任偽組織委員長時，某夜正在揮筆作詩，忽覺有水點落紙上，初不以為異，及水點落手背上，他才回頭，看見他的幼女，立在身後，正右手高舉利刃，作行刺狀。王原不在意，只隨口說：你瘋了嗎？他女兒始將利刃擲地上，痛哭不已。王克敏這才明白他女兒這一舉動是行刺而非玩笑，追究指使之人，其女堅不吐實，王也不再問，翌日託一周姓親戚將此女帶往香港，了此一段大義滅親公案。

王克敏在北洋政府曹錕時代，曾以中法實業銀行董事身分入閣，獲財政總長一席。王嗜賭，下注甚大，一擲萬金無吝色。其後慘敗，連佣人的頭錢四萬餘元亦挪用為賭本。他晚年做了偽政府首腦，反而吝嗇起來，某日宴客，由泰豐樓備筵席四桌到府，來了好幾個廚師和跑堂的，宴後事務處上簽呈，擬給賞金百元，王批：「賞百元未免過多，減半可也。」宴客完畢，例有剩餘果品、香煙，簽呈中有：「香煙兩聽，用去七十支，餘三十支併為一聽，存樓上小櫃。剩餘水果計蘋果九枚，葡萄兩掛，蜜餞三碟，存樓上小冰箱。」由此可見王之鄙吝。但是他卻不貪污，與王揖唐免去偽「委員長」時，連委員會中剩餘的汽油、煤炭、米麵均搬運一空，真有霄壤之別。王揖唐後來免職令下，一再要求辦交待須一月之期，日人不許，終限十日交待清楚。原來他是要一段時間來搬東西呢！

王揖唐接替王克敏

華北在淪陷期間的偽組織首腦，似乎同姓王的結下不解緣，王克敏去，王揖唐來，最末了也是姓王的作結束，那就是王蔭泰。雖然朱深也曾接受過明令，但做不到一個月就死了。抗戰八年，華北方面一直是三王的天下。

王揖唐是偽行政院時代的內務總長，汪偽政權統治華北，才改總長為督辦，蓋有別於南京各部的部長。王揖唐與王克敏雖然不洽，但兩人卻是親戚。王揖唐的側室顧氏，是王克敏側室筱阿鳳的養母，筱阿鳳做妓女時，顧氏正是老鴇。王克敏雖精明，卻沒有王揖唐陰險，雖然遇事王克敏總掣王揖唐之肘，但王揖唐卻能容忍至再，絕不抗拒，而結果卻是王揖唐取王克敏而代之，王克敏方了然此野泰山之狠毒可畏。

王揖唐早已蓄意奪取王克敏的寶座，乃極力聯絡汪系人物如汪派充北來代表的趙叔雍、李廻瀾、陳允文、周化人等，以便他們向汪進言。當時謀偽「委員長」一席的，還有治安總署督辦齊燮元，不過齊以「華北人的華北」為口號，致遭汪忌。王揖唐只要做官，並無口號，他是安徽人，不會贊同「華北人的華北」，這一點他佔了優勝。雖然，華北後來仍然保持「特殊化」的形態，並不聽汪的指揮。其實那是日本軍閥的政策，與王揖唐無關。就這樣王揖唐取得了王克敏的地位。

王揖唐在做偽華北臨時政府「內務總長」任內時，內部發生過許多荒唐的笑話。王揖唐一生多采多姿，他是前清進士出身，曾入日本士官學校。他會說英、德、法、西等國語言，但只是半瓶醋而已。也曾出將入相，做過閣員、督軍、省長、巡按使，而且是政黨（安福系）黨魁，做過國會議員，文章詩詞，都還過得去，可稱得起文武全材，但是人品卻差，好名好貨，歷任要職，始終沒做過一件令人稱道的事，功業更談不到。一生宗旨但求達到目的，不擇手段，從不講信用，不計人言。他有幾個不同國籍的太太，各種不同膚色的兒女，比如是瑞士太太生的，就命名王瑞士，餘可由此類推。王瑞士說的是德語，曾與我同事。他似乎對他爸爸的身世，不大了了。王揖唐可算得是今世的怪物之一。

夏旭初「蓋章局長」

王揖唐任偽華北臨時政府「內務總長」及「督辦」時，部內總務局長是貴州麻哈夏狀元同龢之子夏旭初。夏與馬君武在日本仙台中學是同學，也於宣統二年同赴德國，馬學的是工科，夏學的是農科，回國後各奔前程，馬回廣西，夏到北京。因為他那時是國會議員，住在北京，故與王揖唐相識。後來王附逆做偽組織的內務總長，就用夏做總務局長。夏為人也沒有骨氣，正好與王性情相投，因此王揖唐很信任他。不過當時王與他有一個協議，就是關於錢財方面夏是不得過問的。

當時該部科長王某，皖人，是王的親信，任司會科科長（管理會計和庶務），每有公文需要局長蓋章時，他就一手按住文字，只露出蓋章部分，著局長蓋章而已。夏奉命維謹，絕不索看全文，糊裡糊塗蓋章了事。王揖唐極讚其能，因此人稱夏為「蓋章局長」。這就是王揖唐用人的標準。

王揖唐升任汪偽政權偽「考試院長」時，夏出任考試院秘書長兼銓敘部次長。王調偽「華北政務委員長」後，任夏為政務廳廳長，柯昌泗為秘書廳廳長，後又用李鴻章之孫李枚庵繼柯之後為秘書廳廳長。

政務廳之下設事務處，處長是說四川話的粵人羅韻蓀。羅之跋扈在王科長之上，廳長在公文上蓋章與內務部一樣；夏得王「委員長」暗示，因此絕對服從部下的處長指揮。一日廳長執公文候羅處長簽辦，夏立於羅側久之，似是屬員侍候上司，羅竟置之不理。夏久候不耐，著羅快點，羅說你忙啥子嘛？等不得就莫等！夏只好放下公文，悄然走去。更有甚者，夏一日向羅索下月配給的米麵，羅竟說，下月到了再說，先借沒有！夏一再請求，羅說你也太囉嗦了！夏無奈，哭訴於王揖唐，王說算咯算咯！不夠吃的到我家拿去，你人緣不好，忍耐點吧。夏忍氣吞聲默默而退，仍然照舊做他的廳長。

汪偽政權分贓大略

王揖唐做了華北偽政務委員會的「委員長」，還遙領著南京汪偽政權的「考試院院長」，表面上看來彷彿不合道理，其成因是由於在汪偽政權未成立以前，青島會談所協商好的，偽考試院院長一席議定歸華北所有，因為汪偽政權成立時，華北地方政權依然存在，不同於華中的偽維新地方政府根本剷除，所以華中偽政權分贓所得，比華北多得多，它分得偽監察院、偽司法院還有偽高等文官懲戒委員會等機構；華北所得的，只是偽考試院院長一席，連副院長暨銓敘部都分給了另一黨的江亢虎，考選委員會副委員長則給了上海名律師吳凱聲，考選委員長也不是華北系，卻是汪系改組派的焦瑩。

王揖唐根據協定，他有遙領或推薦華北系人物的權利，若非他們華北系自己人搗亂，王是不會辭偽考試院院長職的，汪也無如之何。後來王揖唐已獲得有實權的偽華北委員長地位，可以為所欲為，也就不再堅持遙領偽考試院長一職。本來王辭後汪欲以陳中孚繼任，但陳非偽行政院長不幹，汪為避免他系爭奪，乃以偽考試院副院長江亢虎升任，而讓出他兼的銓敘部來位置汪系中人。從此汪算是違背了協定，收回了偽考試院院長一缺。此汪偽政權分贓之大略情形也。

王揖唐無恥之尤

王揖唐就偽華北委員長後，為保持祿位，對日人盡量巴結，卑躬屈膝，真做到了「絕對服從」四個字。三年多的任期中，他沒做過一件像樣的事，每天週旋於眾賓客之間，就打發了一天。他常對部屬說，我是做官來的，在日人勢力之下談什麼做事，我不是做了三年又六個月嗎？那就是不做事換來的。要依你們的見解，今天興辦這個，明天興辦那個，做不到一年就會垮台。更有一次這位偽委員長開會，王向與會的人表示他是以「誠」待人，希望大家合作。闔座均笑，偽治安總署督辦齊燮元更狂笑不已，並說，委員長懂得「誠」字怎麼寫嗎？殷桐接著說：委員長做人就是缺少這個「誠」字。闔座均大笑。汪時璟為人忠厚，覺得未免使人難堪，他終究是個「委員長」，才打開僵局說，委員長既然表示誠意，我們一定合作，委員長放心吧。王處此情況下，始終面不變色，若無其事，照常宣布繼續開會。事後諸同仁莫不佩服王的涵養功深，更覺得他簡直是無恥之尤，也就不再譏諷他。有人問他何堪受此侮辱？他說我是以不變應萬變，我不仍然是委員長嗎？

王辭偽考試院院長後，心猶未甘，曾簽呈汪精衛請求保留特別費，汪無可奈何，終由「主席」特支項下，將那筆特別費補撥給他，但是在簽呈上批了「無恥」兩字。事聞於王，他還對人說，無恥也是手段嘛！每月照領特別費不誤。

水磨與「文化米」

日人水磨是興亞院駐平負責人，每見王舉措失當，常進忠告之言，王甚惡之，但是表面上仍然虛與委蛇，送禮巴結應節不缺。水磨每舉禮物以示人說，王委員長新近又有貪污事件了。因為他每次送禮，都是有所干求的。

日人侵佔平津的第三年，老百姓的食糧改配給「文化米」。所謂「文化米」是二十四種雜糧配合而成，其中雜有花生殼，食後常患消化不良症。當然好米仍有供給，那要特權階級才可以買到。文化米一樣配給與官吏家屬，但特任官不在內，凡淪陷區內能稱閣下的，才可以不吃文化米。因此淪陷區的老百姓莫不痛恨王揖唐，對王克敏卻懷好感。因為王克敏時代是沒有配給文化米的事。

水磨以此事質之王揖唐，王答得十分巧妙，他說上等米都留給皇軍作軍米，我們官吏表示與老百姓同甘苦，只好吃文化米，安定老百姓的情緒；我雖然不必吃，但是做民眾的表率，也得嚐嚐。文化米不是貴國發明的嗎？我聽說吃了這種米，脖子會粗，腳會腫，我吃了些，你看！我的腳也腫了，脖子還沒粗，就不敢吃了。其實他何嘗吃過一粒文化米，他有腳氣病，雙腳因而發腫卻是真的。水磨明知其詐，但無法說穿他，憤恨之餘，知道南京方面也不喜歡他，就聯合倒他的人，分別向中日兩方進言。王揖唐做了三年又六個月就倒了下來，汪精衛給他一名偽國府委員的名義，他還厚著臉到南京就新職呢。繼任他的是法部督辦朱深。

當王克敏第一次出任華北偽政務委員長時，他應汪精衛之約赴青島會談，是為時勢所逼，不得不有此一行。他只是一個舊式官僚，缺乏政治眼光，憑他臆斷，以為他同汪精衛具有兩代交情，又同是浙江隨宦到粵的官僚子弟，可以同汪說私話、講世交，向汪索取有利條件，來鞏固自己的政海地位。他根本不了解由於日本軍閥打算不要他，才另找汪精衛來一個統一南北的偽政府——雖然後來日人仍保持華北局部特殊化，但那是由於華北駐軍同日本政府意見不一致的原故。

但是汪偽政權初建立時，日人要給汪的面子，華北的偽政務委員長還得汪偽政權發表。在汪精衛這一方面來說，一天新的偽政權未建立，表面上就仍要同原來的地方偽政權虛與委蛇。當年華北偽臨時政府取消偽冀東地方政府，及免去池宗墨的長官職，不是同他現在處境一樣嗎。王本著他過氣老官僚的做法來搞現代政治，注定是要罷職丟官，終於敗在老狐狸王揖唐之手；何況他還得罪了汪派在華北的代表呢。

王克敏始而擁汪，秘密會汪地下代表於城外清華園，由汪的地下代表李某引汪所派北來的陳允文、周化人兩人來見，室中侍候的是他的愛女而不是男女佣人。他對汪系來人表示極端擁護汪先生，並有親筆信對汪表示絕對服從，對來人優禮有加。這是王克敏戀棧的表現。後來汪政權一度難產，他一變擁汪而為排斥，再由排斥而反汪，其手段是政治上最劣等的。結果被免職下台，才隱居青島，閉門思過，惟時已晚矣。

王任偽政務委員長時，他對人談話，言詞之間，是分等級而有時間性的，其幼稚程度根本不似一個老官僚。最初捧汪時，稱汪先生，繼改汪季新，再而汪精衛；反汪時又改稱「那姓汪的」，如此口吻，那裡像一個有政治頭腦的老官僚。汪根據報告，在未到南京前已痛恨王入骨，必除之而後快。而他本人還自我陶醉，以為應付得體呢。當他從青島會談回來後，根本忘了他曾得罪那姓汪的事，高興得很，吩咐各位同仁安心任事，聽候改組。還說大伙放心，這不過是換湯不換藥；又對部下說同姓汪的有私人交情呢。一般無知的小漢奸們，聽他自說自話，還以為是真的，惟有一個老傢伙躲在一旁暗笑，那老傢伙心裡有數，王克敏今日的席位，汪政權若成立，必然是不可靠的。那個旁觀者就是老狐狸王揖唐。

王揖唐在青島會談席上，從不發一言，態度和藹，逢人打躬作揖，笑容可掬，使與會人士對他都發生了好感。但是他在幕後卻非常活動，攜來許多故都名產，無論吃的用的應有盡有。他還將偽華北政務委員會歷年行政概況及五省三市經濟狀況等許多表冊獻與汪精衛。（另外，有關華北預決算全案則是由汪時璟託王攜來，由汪系駐華北地下代表轉交汪精衛的，所以當時汪已決定以汪時璟為南京偽政權第一任財長。後來汪時璟受王克敏壓迫乃表示辭職，才會輪到不懂財政的周佛海做財長，這是後話。）

王克敏在青島會談中，表面上似乎很活躍，那些不過是一般的酬應過節而已。事實上王態度傲慢，只敷衍幾個權要，其他一概少理會，在禮貌上他又輸給王揖唐那個老狐狸了。

王克敏離開北平赴青島開會，所乘的乃日方軍用飛機，汪系駐平代表擬搭此機同行，被王拒絕，並囑咐事務處長張仲直，非他親筆條子，不許附載任何外人。飛機抵濟南，例須添油再飛，機上人員均入貴賓室休息，王忽睹某代表亦入貴賓室，大為訝異，急問張仲直何以任令他人附載？張亦不知究竟，及看飛行名單，方知是日本大使館參贊原田隆一讓給的座位。王雖憤憤，竟無如之何。及抵青島，王揖唐俟王克敏座車先行，乃強邀某代表同車赴招待所。此王迎，彼王拒，王克敏在應付上又失敗了一回合。

王克敏到青島會晤汪精衛，兩人不必說那不鹼不淡的藍青官話，乾脆痛痛快快的以粵語對白。王滿以為拉拉交情就可以固位，而汪精衛竟也對於王的蟬聯滿口答應。因為在青島會談的時候，連他自己的南京偽政權能否順利產生，還在兩可之間，所以樂得隨便敷衍。而王竟真以為鴻鵠將至，認為他在華北的地位，仍舊可以穩如泰山，回來曾對幕僚宣稱，你們安心服務，華北仍然是華北。不過老謀深算的朱深曾警告王克敏不可大意，以為「害人之心不可有，防人之心不可無」；更有一層要注意，恐怕變生肘腋，因為汪系在華北地下工作人員甚多，表面上有河北省黨部焦某，北平市黨部李某，內奸還有王本人直轄下的情報處處長周龍光等。雖然朱深警告他，他卻不以為意，他一再的說，料他們不敢。他認為無論日方、汪方，玩手段都不是他的對手。但他卻忘了他的野泰山王揖唐。王揖唐對他貌似恭順，周龍光等早已被汪系收買。王揖唐聯絡這般人暗中活動，正所謂水鳥外交，水面頗似平靜，水底下卻活動甚力。王克敏就失敗在不懂水鳥外交上。

王揖唐挾著他華北原有地盤，而與汪政權實行政治分贓，因而汪才付與考試院院長一席。王克敏以華北內務督辦一席仍屬王揖唐遙領，但他必須以考試院院長身分長駐南京。這回真去了肉中刺，眼中釘。那時候武的齊燮元，文的汪時璟、王蔭泰、殷桐等都是服從他的，王揖唐遠走南京，他從此可以高枕無憂。其實這不過是他的如意算盤罷了。

汪偽政權成立，王揖唐仍任華北內務督辦兼南京偽政權考試院院長。他雖然不曾獲得整個考試院，但仍分得銓敘部次長一席，以之位置他在內務總署時代的總務局局長夏旭初，委以考試院秘書長兼任銓敘部次長一職。王揖唐就偽考試院長職後，逗留南京月餘，匆匆飛返北平，南北奔馳，月必一次，為的是做官拿錢。其後以高考為名，又回北平，竟奪了王克敏偽華北政務委員長的寶座。王克敏被免後，汪又逼王揖唐辭去偽考試院院長。此王去，彼王來，從此王揖唐安安穩穩的做了三年又八個月的「華北王」。後來王揖唐下台，朱深繼，不幸朱早死，王克敏又復職，一年後又被日人逼之辭職，汪偽政權遂發表以王蔭泰繼其任，直拖延至勝利為止，這才結束了華北的割據。

王揖唐去職，繼任人選雖然華北暗中屬於特殊化，但日方形式上還是要徵求汪精衛的同意，才能產生新的華北委員長。不過南京要是真的派人，日方也不會同意的。而華北方面，齊燮元高唱華北人的華北，為汪所最恨；王蔭泰在華北則資歷較淺；董康、湯爾和也都死了。最後實在找不出人來，退而求其次，只好用朱深來代王揖唐。

朱深官運不佳，發表他繼任偽華北政務委員長那天，他於就職後就病倒了，據說是黃疸病，不到一個月就嗚呼哀哉。於是日本人和汪精衛又得傷腦筋物色繼任人選。偽華北政務委員會組織中，有常務委員兼財務督辦汪時璟，實業督辦王蔭泰，教育督辦周作人，建設總署代督辦周廸評等人。二周均無此奢望，那只有汪時璟、王蔭泰兩人逐鹿，但汪身兼財務及聯銀，難捨原職，不欲以二換一；王蔭泰則夢想此缺久矣，乃積極運動日汪兩方，王正在活動中，不料半路殺出個程咬金來。

原來王克敏靜極思動，大有髀肉復生之感，更想一雪當年王揖唐奪位之仇，乃派專人到南京表示絕對服從；日方本對王克敏不壞，如汪不反對，日方願予以支持。於是朱深死後，王克敏遂再作馮婦，東山又起。

王此次上台，志在出一口怨氣，就職後，看見以前部屬態度大變，大有號令不行之勢，這一來他就冷了半截。加以第一次出任偽委員長時，只有日本一個婆婆，如今多了一個汪精衛；並且汪時璟、齊燮元、王蔭泰、周作人等都不當他是上司，有平起平坐之勢，益發使他覺乎今非昔比。還有南京派到華北河北偽省黨部及北平偽市黨部，隨時在窺視他，稍有差池，就打小報告。於是他也學他那野老丈人——王揖唐，從此一事不辦，坐在偽委員長的位子上，垂拱而治。這一次，他沒有患得患失心情，他以前的積極，一變而為消極，既不聽話，也不辦事，同汪精衛一樣作風。這樣一來日人對他開始不滿意，不像以前那樣支持他；他也覺得這位置味同雞肋，常發牢騷，大有敝屣尊榮之意。事聞於日人，打聽南京方面，對他不滿，就表示可以照汪的意思辦理。這時日人在太平洋上已步入失敗之途，無暇顧及中國佔領區內部的人事異動；加以汪方派在華北的工作人員一致反王，汪精衛乃以王蔭泰代王克敏為華北最末一任的偽政務委員長。王二次下台，日人批給他四十萬聯銀券退休金，王乃攜筱阿鳳赴青島做寓公，勝利前忽返平。

當國軍孫連仲部隊開入北平的第五天，即開始整肅漢奸，王被捕前，身體已衰弱達極點，每日恃打補針及吸食鴉片維持，每日需注射三針，尤覺步履維艱。被逮捕的那天，由他西城石老娘胡同家中押赴北城參謀本部後身酒醋局陸軍監獄時，須兩人扶持方能舉步，入大門上到第六級台階就倒了下來，把他抬入優待室憩息，三天不飲不食，未經審詢便一命嗚呼了。

王蔭泰出任偽政務委員長，可謂得償了他多年宿願。王蔭泰是留德學生，與日方、華北及汪系均乏淵源，竟能排斥在華北有深厚根基的齊燮元於門外，使他永遠未完成他的委員長迷夢，這實在是出人意料的事。王蔭泰之所以被汪看上，是因為他既不是留日學生，籍貫又屬南方，不至於唱華北人的華北的反調，這就是王蔭泰的有利條件。

王蔭泰出任偽政務委員長的時代不同於前二王，那時大東亞戰爭已近尾聲，日人已無暇顧及華北，王蔭泰就承襲了王揖唐衣鉢，一事不辦。王揖唐拿會客來打發時間，他連客也不大會。偽委員會的例行西餐，他也不照顧，每天回家陪德國太太吃德國牛排同鄉下濃湯，伴著兩個如花似玉的混血千金，獨樂其樂，那管國家興亡。好在斯時日本在南洋方面敗像已現，無暇再理整個中國的事，汪精衛已飛日治療當年被刺的槍傷，陳公博出代偽主席職，一樣無精打彩的靜候勝利來臨。其他南京群魔，除褚民誼外，沒有一個關心華北的；周佛海一系眼光從來只看到上海，他非所知，因此王蔭泰成了無主孤魂，接唱華北大軸戲，等候勝利後的國法裁判。華北偽政權，以王姓始，以王姓終，事之巧合，莫過於此。

華北另一巨奸繆斌到華北較晚，那時偽政權的部長、市長、省長這幾個職位都告滿座，日人不得已才派他去辦黨，定名該黨為「新民會」，由王克敏任會長，他任副會長。事實王對黨務從不過問，該會也無事可辦，日人不過以之作政治點綴耳。

繆斌在勝利後是被槍決的，其實他在槍斃前四年已註定他將來必死於非命，可是四年前不幸由一個姓關的替代他被槍打死了。雖然倖免大難，但他後來仍然逃避不了這一劫。繆斌到華北來是想做華北偽政務副委員長的，但是日方佔領軍方面卻意無添設此缺次。他求其次而謀獨當一面的職位也沒有，無可奈何才勉強就了這味同雞肋的「新民會」副會長職務。雖然新民會也算一個獨立機構，但終日無事可做，他也學學軍閥時代的要人，以捧戲子來打發淡得出鳥來的時光。卻不料因捧角幾乎送掉小和尚一條老命。（繆斌曾經做過和尚）。原來他捧的對象是一個過了時的坤伶新艷秋，（原名王玉華，戲名珍珠鑽，原習梆子小生因與男伶程艷秋相貌相似，故改此名。）每逢新伶登場，必購包廂四，散座一排，約友人同往捧場。一日新伶正上演〈賀后罵殿〉，西樓包廂槍聲突起，旋見一人倒地，登時全園秩序大亂，軍警圍捕兇犯，竟一無所獲。傳詢戲園主持人及新艷秋，雖嚴刑逼供，仍不得要領，新伶只負代訂坐位及包廂之責，不知其他，被扣留三日，備受酷刑，後由其義父江寶蒼（北平第一任維持會會長兼市長江朝宗之子）保釋，了此一段公案。

繆斌當日本約有友人關某同往捧場，並坐包廂前排，忽報太太駕到，繆愴惶由後台出後院遁去，繆妻到園只見坐前排的關某，不見其夫，怒責下人所報不實，恨恨而去。繆妻由西包廂樓梯下，兇手由東包廂樓梯上，看準西包廂內的白胖子，急奔入西廂，一槍擊斃了關某，兇手認為目的已達，始由西包廂後梯下樓。誰知繆離去後，關某移坐其位，遂遭誤殺，做了繆斌的替死鬼；繆則因怕老婆而倖免遭毒手。替死之關某粵人，為名工程司關頌聲胞弟，與偽府無關，竟因代人捧場而死於非命；以宿命論而言，其死似早已註定，原來在事發之前三日，關某曾延律師預立遺囑，似已早知其生命即將結束。

另一巨奸偽華北委員會委員汪時璟，並任偽財政總長兼聯合準備銀行總裁，他在任時，曾發生一件離奇的親子弒父案。他每日中午例須回北城兵馬司私宅用膳，一日當他跨下他的保險車，步入宅門，剛入中院，門外跟進一少年，守衛阻他入內，少年大怒說：「我要看汪總長，我是他兒子，你們有權不許兒子見老子嗎？」說著直往裡闖，守衛的不明所以，事在兩難，就跟他進來。適衛隊長從上房出來，不明究竟，奔前攔阻，不意少年竟開槍打死了攔他的衛隊長，掙脫了包圍。出門騎他預置大門外的自行車逃失無踪。偽公安局局長余晉龢旋率保安隊至，汪時璟囑余晉龢對此事不可聲張，也不必勞動保安隊，兇手更不要捉拿，已死衛隊長由他個人給資撫卹了事。

外間不久也知道這件離奇的案件，前有王克敏之女行刺其父，而今又有汪時璟之子入宅行兇，可謂無獨有偶。原來汪時璟自與殷桐之妹殷醉丹結合後，竟置糟糠於不顧，原配所生一子（即兇手）亦視同路人。每月只由他好友給予五百元以維持生活。雖然斯時華北物價平穩，以汪的身分來衡量，似乎過少。汪子曾要求增加，未蒙乃父首肯，經手人只好代為增加二百。經過半年，華北物價開始波動。區區七百元實不足以應付一家的生活，汪子代表母親要求增加，正由代表磋商中，汪子因母病不耐乃父之寡情，乃有殺父之舉，不意竟誤殺死衛隊長。汪子亦悔此行之孟浪，汪之友人乃代汪給資遣其子南行，了此一案。汪時璟勝利後由北平移南京受審，交上海提籃橋監獄執行徒刑。

勝利後國軍入駐北平，戴雨農將軍旋亦到達。在勝利後，戴將軍曾經由美軍飛機接汪時璟到重慶晤過面。汪時璟由渝回平後曾對人云：「隨後有好消息，中央只問行為，不問職守，大家安心報國。」

某日，所有北平在野在職偽組織各要人，均至兵馬司宅聚齊，每人點名即被帶出客廳，獨曹汝霖三字最後呼喚，曹甚惶恐，以為必難倖免一死，（曹並未在華北偽組織做過官，只任七種皮毛協會會長。）曹被呼喚出汪宅，登上門口預備下的汽車，戴雨農將軍也在車上，直馳東總布胡同西口曹宅門前打住。曹在車中已不作生存想，既抵自己門前，只好下車，戴將軍亦隨下，曹入室坐定，戴隔了一會才進來對曹說，守衛已令撤去，曹先生你恢復自由了。曹後來打聽，當日點名諸人，獨他恢復自由，其他均在收押中。雖到過重慶的汪時璟也一樣移南京收監，其後移上海提籃橋，共匪佔滬後三年庾死獄中。這就是華北肅奸的一幕。

曹汝霖未在華北偽組織中任官，身分比較超然，凡有政府來平工作者，偶有事故，均是曹出面向日方保釋資遣。其實這些事，都是汪時璟等經手，託由姓曹的出面而已，惟曹一人馬上恢復自由，實出曹意料之外耳。

華北第二任偽政務委員長王揖唐，在勝利前一年，已入西城北平著名之中央醫院治療宿疾，許多記載說他在勝利來臨，才託故入院，那是不實的。王入中央醫院約四個月，醫生就限定他一天只准起床三四次作大小便，或由人扶持步行二三十步而已。此後數月，根本不許起來，但是他神智清醒。當他受審訊時，是用擔架床抬到法庭去的，那時他的髀肉已局部潰爛，證明是長期臥床的結果。

法院傳訊王揖唐，王每次都是睡在擔架床上應訊。但是他人雖到了庭上，卻一言不發，裝聾作啞，法官亦無如之何。他的本意是拖延時間，希望在此期間，發生奇蹟或可苟延性命，所以經數月之久，傳詢多次，王案毫無進展。法官不耐，正擬缺席裁判，王知拖延手法不靈，他在監裡說話了，居然要求開庭答辯，此舉大出法官意外，便依犯人意願開庭公審。審訊的那天，王仍然是用擔架抬至法庭，他突然拚力坐了起來，而且大聲狂喊，聲音宏亮，不似久病之身。原來他又在變戲法，再施拖延手法。他對審他的法官說：「你不配審我，你在我手下當過淪陷區的法官，我是大漢奸，你是小漢奸，那有小漢奸審大漢奸的道理，你照例要迴避。」說完這幾句，他又三緘其口，不再發言。那位法官只好宣告退庭，改期再審。

王揖唐這一番話影響輿論甚大，法院調查結果，王所供屬實，只好將他免職另換新人。新法官登場，再開庭傳訊，王道時已技窮力竭，知道拖也無濟於事，這才一一照實供出做偽官的經過，末了大喊委員長饒命，沒過幾天就槍決了。據聞是用單響毛瑟行刑的，打了七槍才斃命。結束了他那狡詐的一生。

華北淪陷前後紀實

頑石

近年來所載之政壇珍史，雖琳琅滿目，包羅甚廣，惟對於抗戰前後華北方面之政情與內幕甚少提及。筆者近應撰〈華北淪陷前後紀實〉一篇，將當年所親身目擊之種種，據事直陳，不加褒貶，求能作出最公允翔確之記述。

本篇內容，雖多為筆者身經其事，或為參加定策之一員，惟以事隔多年，既無參考資料，一切全憑記憶，疎漏之處，在所難免。特於文首，先為廣大讀者告。

一、由王克敏說到梁鴻志、汪精衛

黃郛自比現代秦檜

自民十九年張學良關外易幟，通電服從中央，國民政府乃告統一，且予張學良以北平綏靖主任名義，除原有東北各省外，再令兼轄冀、晉、察、綏四地區、坐鎮北平，其權力遠在唐代節度使之上，當時北方人士的心目中，已認華北為特殊區域。不惟張學良本人以「華北王」自居，同時日本人方面亦因此造成一種錯覺，以為使華北地方化，則不需事事秉承中央，所謂日華交涉，當可由地方直接處理，以便其控制。

其後雖入於汪政權之世，華北仍始終未脫離特殊化。直至日本投降，此一不合理名詞，方告消滅。

猶憶民廿二年（一九三三）何應欽偕黃郛北來與梅津會於塘沽，簽訂《何梅協定》（一稱《塘沽協定》）。協定簽訂後，乃改組華北政務機構，在北平成立行政院駐平政務委員會，以黃郛為行政首長。黃郛又薦王克敏為總參議，為黃借箸，黃依之如左右手（此為王克敏日後受日方駐北平司令官喜多誠一利用在平組織臨時政府之張本）。

黃郛既出任華北政務委員會委員長，理應留平處理政務，詎知黃氏於就職之後，席不暇暖，即以回京述職為由，離平南下，政務交由總參議王克敏代拆代行，旋即蟄居上海，一去不返，直至病死申江為止。

按《何梅協定》雖由何應欽負責簽字，但幕後奔走促成之者，實黃郛一人而已，此一協定黃亦為連署之人。故黃郛在上海將偕何應欽北來時，早經聲明是跳火坑，且揚言不惜為現代秦檜，勉力挽救危亡。蓋黃氏以為彼時我國實力太弱，如不暫時言和，實無以圖存，環境幾與南宋無異，所以黃氏當時的論調是：「秦檜和金，卒保南宋偏安百年之局，倘棄和言戰，實無把握，因宋積弱已久，與新興之金人相比，不可同日而語，戰反自速其亡。秦檜蒙不潔之名，而南宋賴以苟延，本人（黃氏自稱）既抱跳火坑的決心，甘心為秦檜第二，初不計毀譽，是非則將留待歷史判斷。今者跳火坑之志已遂，故本人決計棄職而去，表示非為利祿而來」云云。

世人每自譽忠貞，黃反自比奸檜，此亦奇男子也。

吳佩孚要練十萬軍

黃郛去後，由王克敏繼任，支持殘局，殊為不易，不久王氏亦以辭職聞。中樞以時局日非，華北事已不可為，乃又改組為「冀察政務委員會」，無形中將駐平機構，變為地方政權，並任西北軍將領宋哲元（彼時為察哈爾省主席）為「冀察政務委員會」委員長。

當時中樞對日本之交涉，常感棘手，為了應付強鄰，見事不可為，即委之地方，以推拖為能事，遂將四省縮為兩省，聽其自生自滅。以宋哲元當時的兵力，不及十萬人，所統轄者不過張自忠、佟鄰閣、趙登禹、張蔭梧各師旅而已，試問將如何抵抗日本關東軍大兵團？和戰兩途，均使宋哲元艱於應付。宋本行伍出身，對於外交，自非所長，何況冀東尚有日人支持下之「冀東政府」殷汝耕在，臥榻之旁已有他人酣睡，隨時可以變生肘腋，宋於無法應付時，亦效張學良當年故技，凡對外交涉，一概推給中央，迴避不理。倘日人催促過甚時，乃避往山東樂陵家鄉，藉詞因病修養，輒數月不返北平。日人失對象，只得轉向中央交涉，中央又推回地方，如此推去推來，擺出一副「不戰、不和、不守、不走」的不負責態度，當然無法長此拖延，於是「九一八」之變，乃重演於北平，「七七」事起，結果一夜之間，平津遂告失陷，繼之山東、河南、亦次第淪入日人之手。

平津既失，日本的特務頭子土肥原、大迫等，急思利用困居北平之吳佩孚出作傀儡，吳氏初時頗擬一試，嗣因吳擬招募十萬大軍自行統率，日方大迫不允，只許吳練兵一師。吳以討價還價，離題太遠，遂自高身價，不允出山。

那次參與大迫遊說吳佩孚出山者，尚有東北人陳級三，日本留學生也。時陳某居於北平禮士胡同李景武宅之東廂房，日夜商議，筆者亦曾與聞其事。此舉流產後，陳始遷出。

王克敏榮任委員長

吳事不成，日方又擬利用前國務總理兼陸軍總長段祺瑞系之靳雲鵬，惜靳氏此時已染狂疾，終日語無倫次，室中雜物，均被摔破，日人往晤，室中除床几椅外，無他物也。似此情形，實無法利用。直至民廿七年（一九三八）日將喜多誠一始則利用王克敏為地方政權，其後仍再利用王克敏組織「華北臨時政府」，直至汪政權在南京登場，王氏方始下台去青島閒居。

第一次之華北地方政府名曰「行政院」，王克敏任委員長，下設「內務部」、「法部」、「實業部」、「治安部」、「財政處」、「建設總署」等衙門。王克敏沐猴而冠，遂正式抱笏登場。（按：此時冀東之殷汝耕已被迫下野，易以池宗墨，可知華北地方政權亦未能統一也。）

經過一年之後，華北政局，日趨安定，轄有五省三市，計為：察哈爾省全部，河南省大部，河北省全部，山東省大部，北京、天津、青島三個特別市。旋在日人支持下，又正式組成所謂「華北臨時政府」，仍以王克敏為「行政院」委員長，董康為「司法院長」，朱深為「法部總長」，王揖唐為「內務總長」，汪時璟為「財政總長」，齊燮元為「治安總長」，王蔭泰為「實業總長」，殷桐為「建設督辦」，原任財務處長之熊正瑗改任財政次長，汪時璟兼任「聯合準備銀行」總裁，各省市長亦分別任命。冀東政府此時方告取消，改設冀東道，以陶叔仁為冀東道尹。

此時（民廿八年）中央政府已由南京西退武漢，繼又撤出武漢，直接入川，建陪都於重慶。而華北、華中、華南已盡入日人手中。「華北臨時政府」組成後，日本欲造成華北特殊化，所以對行政、治安、經濟等，亟謀走上軌道，求入小康之局。

關於財政方面：汪時璟曾任東三省中國銀行分行經理（汪氏為留學日本學軍需者），對於財政較有辦法，且又兼任「聯銀」總裁，乃統一發行紙幣，收回其他各銀行發行紙幣權，華北財政乃告統一，其紙幣價格，始終與日本正金銀行及軍票平兌平換。迨至抗戰勝利後，其價值亦與關金券等。（按：南京「維新政府」之「復興銀行」及汪政權之「中央儲備銀行」紙幣，於勝利後皆以二百對一元法幣而收回，惟對「聯準」紙幣則勉強以五對一作價，可見華北雖在淪陷區內，戰爭期間，其紙幣價格亦未貶值，非如以後法幣之一文不值也。）

現暫將華北之事按下不表，且先敘南京「維新政府」成立及與「華北臨時政府」合流之經過，當為關心近代政海秘辛之廣大讀者所樂聞也。

梁鴻志的酒店政府

事緣當時日人眼見華北政局比較安定，而南京方面情狀，則荒亂不堪，民生經濟，日陷絕境，於是日本的南方軍人乃思建立南方政府，但南京與北京有異，北京七七事變後，宋哲元全師退出，雖欠完整，尚未殘破，南京經過一場保衛戰之後，已經破壞不堪，白日亦路斷人稀，至下午六時即已行人絕跡，晚間槍聲四起，百物缺乏，除糧食外，日用物品，無人過問，西式浴盆一隻只售三元，磁盆一隻只售一元，書籍一元百斤，全套百科全書連柚木箱亦僅索價五元，亦無人過問。凡出賣物品者，終日不得一飽，巷戰之後，市中屍體山積，巨宅中之門窗，均為市人拆作柴薪，直非人間世界。日人各方拉人組織政府，久之無人敢於出面。正焦急間，適段系詩人梁鴻志困居滬濱，頗感無聊，經日方多次商請，梁氏乃冒險允為試辦，但仍不敢即行入京，即就上海虹口之新亞酒店先行籌備，俟一切問題大致就緒後，始由日軍保護下進入南京。故時人譏之為「酒店政府」也。

南京「維新政府」開始組織於民廿八年，由梁鴻志為「行政院長」，林旭為「立法院長」，溫宗堯為「司法院長」，三院下設各部，分別就職。

同時又創立了「復興銀行」，由日人撥付基金。雖然勉強支持，苦於毫無進展。

明合暗分亂世奇聞

日本東京方面以為「維新政府」既無進展，認為不如與北方合流，較易整理。但日本在我國南方之軍人雅不欲聽命北方，而又不便反對東京的主張，經過他們苦思焦慮，居然創出一種明合暗分之局，此亦政局中之奇聞也。所謂明合暗分，即「華北臨時政府」、「南京維新政府」依然讓其分別存在，毋須另組統一政府，但南北兩政府每月得聯合開會一次，處理雙方有關聯絡事項，雙月在北，單月在南。因華北臨時政府成立在先，第一次會議乃在北京行政委員會（即北洋政府時代之外交大樓）開會，以王克敏為主席，南方政府閣員一律到齊。第二次則在南京開會，北方臨時政府人員亦一律南下參加，以梁鴻志為主席。其實此種會議，毫無意義，議案通過而不實行，直同兒戲，開會期間只是應酬遊玩而已，因無權利之爭，遂無意見之衝突。如此安然渡過半年之後，不料日人又花樣翻新，仍思組一南北統一政府，由上海「梅機關」主辦，以特務機關長影佐禎昭為支持人，適其時汪精衛被日方由河內接到上海，遂由此產生汪精衛政權焉。

汪氏本在重慶，為國民黨副總裁，某日忽離陪都逕飛昆明，且公開演講於雲南大學，翌日即飛河內，險遭暗殺，曾仲鳴乃成副車，代汪畢命，汪乃發出艷電，赴港轉滬，響應日首相近衛三原則，並決定在上海召開國民黨全國代表大會，商定國事。

汪精衛要開全代會

在那個時候，要召開全國代表大會，確非易事，南方代表之召集尚不太難，所難者端在北方，因為北方代表要包括東北、西北、華北三大區域十餘行省。經過汪氏考慮後，乃派陳允文（汪政權成立後任外交次長）、周化人（曾任宣傳部次長）二人秘密由上海赴北平，設法召集代表赴滬開會，陳周二人奔到北平，原本在尋覓改組派之焦瑩（時任師大秘書主任），以焦氏為老馬識途，當可駕輕就熟，不意焦某在北平根本缺乏活力，無從施展，陳允文在一籌莫展下，乃密訪當年在南京警高同時教學之李景武（其時李在北平任職），請其拔刀相助，出而促成其事，至於周化人則與李景武並不相識也。

北平「臨時政府」時代，在北方之日人非常反對南方派人來北平活動，因此陳、周二人居住遂成問題，旅館中絕難長期逗留。幸由李景武為之安置於參謀部後身酒醋局銀行公會俱樂部內，會址地點甚大，離大街亦遠，外間斷難窺見內部。同時又為疏通中日兩方特務機構，請予不加干涉。如此經過一月之久，各方代表終於選得四十二人，計東北——奉、吉、黑；西北——陝、甘、青、寧夏、新疆；內蒙——熱、察、綏；華北——山東、山西、河南、河北及平、津、青三特別市。

於是，各省籍貫俱齊，一行數十人，浩浩蕩蕩，準備南下開會。時汪精衛在滬所召集者亦不足百人，因不足法定人數，初擬稱為「全國臨時代表大會」，迨北方之代表四十二人由李、陳、周、焦等率領南下，西南方面亦有少數陸續抵達，如此一來，已超過法定人數，遂又改稱為「第六次全國代表大會」，在滬西——極司菲爾路七十六號開成立大會，當即選出中執監委。其中李、陳、周、焦等，均當選為中監委員，北方之四十二代表中，亦有當選中監委員及候補執監委員者。其實委員多為汪氏所指定，所謂選舉，不過形式而已。同時又選出常務委員及主席團，議定即開「六全大會」之「一中全會」，第二日在愚園路王伯群宅（汪居此樓）召開一中全會，宣佈還都組府，此汪政權成立之大概經過也。

回憶當年之華北，因水陸交通，每多阻塞，遑論遠處邊陲之西北各省，若當真要選舉代表，決非彼時之環境人力所能許可，我們竟於短短一月之間，居然選出了半個中國地區之代表，豈非神話！說穿了，莫非指定而已。某也新疆，某也青海。例如青海代表，若問彼青海在何處，彼且不知，該地之方言、情況，更無論矣。

代表趕到欺神騙鬼

至於此四十二人代表團那次南下之經過詳情，筆者不妨補述一下：彼等先由北平乘火車沿北寧線直馳山海關，然後再換「滿洲國」之南滿鐵路車輛竟赴大連，再由大連改乘日本郵船「上海丸」馳滬，蓋因津浦鐵路已經不通，非繞行海道不可。惟不料彼等乘北寧路火車行至山海關內之留守營時，適大雨滂沱，山洪瀑發，濁流滾滾，水勢洶湧，留守營以西兩站，電線已毀，以東情況更見惡劣，列車長以電路不通，無法向天津總局請示，不敢作主繼續開行，幸同行之李景武氏兼任北寧路委員，乃令列車長急速退出留守營，向西退卻，開車時，濁流已緊隨車後，危險萬狀，隨又下令急行，約廿分鐘已駛過兩站，地勢較高，始停車觀望，再定行止。一小時後西行電路已修復，才得與天津取得連絡，總局著列車撤回天津候命。車返天津後，李等乃囑各代表留宿車中，由李、陳、周、焦四人遄返北京，另籌善後。但上海方面急候開會，聞訊焦急異常，而此間則「行不得也哥哥」！擬啇之日方，空運至滬，惟當時北方航空公司之最大飛機亦不過乘坐廿人（美製之「島格那司」）；另一種為雙機尾之「路奇圖」，只容得十四人；日製之一種「AT」式機更小，只容八人。正當進退兩難間，忽得天津路局來電，謂留守營方面洪濤已退，可乘特備車輛東行，又稱或有再遇山洪之可能。彼等亦顧不得許多，乃急乘汽油車赴津，立即會同諸代表匆匆東去，翌晨抵山海關，路局已與南滿鐵路交涉妥當，得以換車繼續行程。

當日下午抵大連，寓大和旅館，留一日改乘「上海丸」，海行四日安達上海，汪先生派員來迎，招待於虹口新亞酒店，該酒店已被徵用為代表招待所，專供代表食宿。翌晨汪先生派專員顏家寶來致送各代表招待費及一切證章。再一宿後，清晨往見汪先生於愚園路，汪氏大為高興，以不足法定人數之代表大會，今乃得超額而成合法之大會，無怪其笑逐顏開也。會中，由主席團選出汪先生為國民政府主席，授權汪氏還都組府，此一欺神騙鬼之六全大會，乃宣告閉幕。

二、王克敏擁汪反汪丟官記

上節曾詳記汪精衛在滬召開所謂國民黨六全大會，在大會中並授權汪氏還都組府等種種經過。但此一大會宣告閉幕後，關於組府事宜，仍在汪宅繼續開會，起初是定於民廿九年雙十節還都，但日期屢經更改，終於改在翌年（民卅年）三月三十日正式還都組府。三月廿四日全體委員到達南京，三十日成立了南京政府政權，同時並撤消了華北臨時政府及南京維新政府。

汪精衛的南京政府成立後，南來開會的北方代表李景武，被任為北平市黨部主任委員，焦瑩則任河北省黨部主任委員，其他各省市黨部亦皆陸續成立。

當汪精衛尚未還都之前，中間有大半年時間，曾經過許多波折，汪的還都組府幾至流產。尤其是華北臨時政府的王克敏對汪之忽冷忽熱，彼此幾至鬧到破臉的地步。所以汪氏於還都之後，對華北下的第一道命令即免去王克敏之職，而以考試院長王揖唐代之，其中錯綜複雜之情，似不可不為讀者一道及之。

李景武作汪王的橋樑

且說汪氏在上海召開六全大會之後，各代表紛紛言旋，李景武亦北返，蓋此次南來與會的四十二位北方代表中，有不少是李景武的學生（李氏在北政府張學良時代，曾任北平警官高等學校教務長），大都服務華北各省市。王克敏與汪精衛和好之時，李等在北方活動猶無問題，迨至汪王交惡，王克敏遂拒絕此一班官吏回任，而北方各級黨部黨務之進行，亦大招日人之忌，這是後話。

李景武這次由滬返平不久，王克敏曾多次約談，因彼時汪氏既已決定於民廿九年雙十節還都組府，王認為彼與汪之間的政治結合，可由李擔任橋樑，對汪寄望甚殷。但不料是年雙十節期屆，王見汪還都組府消息渺然，大有遙遙無期之勢，至此王即開始對汪稍變其態度了。

王克敏本與汪精衛有舊，他兩人原籍均屬浙江，而他兩人的先輩亦皆以游幕而寄籍廣東（按：外省人之入粵籍者，必歸化番禺而非南海，南番兩縣皆屬廣州府轄）。是故王與汪雖多年未曾謀面，仍有此一段香火緣。今更利用李景武為居間之媒介，照說汪王之合作應是毫無問題的。何況李景武又是汪精衛的及門弟子（按：汪精衛早年在廣東考秀才，以第一名案首入學，頗負聲譽，當時由汪之堂兄汪兆鏞推介，薦汪充任水師提督李準之家庭教師，教導李氏姑叔姊弟等六人，而此六人中，以李景武年最稚，時僅七齡，汪氏是年亦不過十九耳。其後李準又保送汪留學日本，因此得識中山先生，並加入革命陣線，汪回國後在北平謀炸攝政王一幕，李準幾因此招禍，幸晚清末年，已外重內輕，政府方面因得張之洞維護，乃得無事。故李汪兩家交誼，實非普通賓東可比）。此中內幕，王克敏皆知之甚詳，此番汪氏又以李充任駐北方全權代表，但汪此時尚未正式登台，事事不便公開，但囑王克敏遇事與李接洽，若論橋樑人選，實為最佳無上者。至於汪氏對南京之維新政府，則囑陳群為代表，負責與梁鴻志接洽。

國旗之爭雙十誤佳期

在這一段期間，王因不時約李面談，又怕遭日人之忌，起初見面時，為了避人耳目，每次皆選在北平城外清華園清華大學內（該大學此時已停辦）密晤，左右侍候者，亦不用外人，而以愛女隨侍，客來茶點亦不假手他人。客廳外則由其姑爺（時任華北臨時政府行政院參事）邵東湖擔任招待。

此時，為汪、王、李聯絡最密切之一時期，王克敏亦一切惟汪之命是從，王曾向李表示：「汪先生有命，事無大小，一概遵辦。」李以王有此衷心表示，即以汪氏在河內所發艷電及國民黨宣傳小冊子等交華北行政委員會情報處長周龍光印發（周氏曾任張學良時代之天津市長，日本帝大畢業，為一有名之日本通）。周處長對於這一任務，不敢怠慢，隨即簽呈王委員長（克敏）請示辦理，旋奉批示，著大量印發，配給華北五省三市及各縣政府並各新民會黨部（新民會乃日本人成立之黨部，王克敏任會長，繆斌任副會長）。此時王克敏對汪，可謂絕對服從，無微不至，有時作事，且超過汪所要求。華北臨時政府諸首要，見王如此卑躬屈節，亦皆見風駛舵，因而競相奔走於李景武之門，其中最著者為王揖唐及齊燮元兩人。王揖唐為人工於心計，彼與王克敏本屬親戚，蓋王克敏之妾小阿鳳，乃王揖唐妾顧氏之養女。雖然如此，然二王之間，並不因此而和睦無爭。

王揖唐希望汪政權成立後，取王克敏之位而代之，但王揖唐與汪固無深交，汪之代表居北方者，又只有李景武一人，所以王揖唐不惜對李百般聯絡，又恐克敏知之，常夤夜走訪，潛由旁門而入；或約往彼之私邸飲宴，亦卜夜不卜晝，鬼鬼祟祟，另有一套功夫。其後王揖唐果能如願以償，以考試院院長兼代華北政委會委員長，實皆出於李景武居間拉攏推介之力。蓋李氏當時以王揖唐為皖人，當不致如齊燮元之以華北為北方人之華北，而製造特殊化，曾以此向汪進言，終令王取得委員長地位，其後且續任三年之久，由此可見其官僚奔競之工為如何！

秋光已老，寒冬將至，雙十佳節已屆，而汪政權卻是「只聽樓梯響，不見人下樓」。原來日人與汪因國旗問題發生爭執。汪志在恢復青天白日滿地紅國旗；日人則希望仍用中華民國元年袁世凱總統時代之五色國旗（紅黃藍白黑）。此一問題，雙方堅持不讓，遂使汪氏還都組府擱淺下來。其後雙方各讓一步，仿德人佔領比利時的辦法，在青天白日滿地紅旗幟上端，另加一杏黃三角旗，地位與本旗平行，杏黃三角上方從左斜下，直至本旗右上方止，上書：「和平反共建國」黑色六字（按比利時旗，上方杏黃斜三角無字）。於是旗幟問題，方告解決，但已錯過雙十節還都佳期矣。

組府遷延王克敏變臉

當時曾傳汪氏還都組府，將改於來年元旦行之，而是否能順利如期，仍難確定，經此波折，趨炎附勢之王克敏態度漸變，對汪之擁護及對李之敷衍，熱度銳減，但尚未至破臉地步耳。民卅年新年匆匆到來，還都問題，又未見實現，大有流產之虞。此時汪精衛又以經濟來源及處理方法諸問題，與日方發生歧見。軍事方面日皇介弟秩父宮，又擬利用前華北東海關監督粵人歐大慶赴江西以五色旗為標識招兵買馬，似欲與汪爭一日之短長。因此種種，所謂還都組府之期，更陷於夜長夢多之困境矣！

王克敏為一舊官僚，而非政治家，根本缺乏國際政治眼光，到了此際，彼以為汪政權勢必流產，而「華北」與「維新」兩傀儡政府，仍可能原封不動，繼續其明合暗分之局，其祿位自可永保無憂。至此，王之態度突然大變，一變擁汪而為反汪，某日突下手諭，令北平市長兼公安局長余晉龢逮捕情報處長周龍光，及周之科長張、蕭二人，誣以貪污罪名。余晉龢持王手令示周，周不動聲色，急電其後台老闆日人上村（其時周尚任華北經濟協會會長）告以經過，不一刻，上村即偕兩日憲兵至，挾周逕赴會所，余晉龢因之未能執行命令，回報王克敏，王亦徒呼負負，惟餘怒未息，乃遷怒張、蕭兩科長，交由余晉龢著市府看守所看管，靜候起訴。結果，控周以擅用職權及貪污兩罪，即以官吏瀆職罪論處。查周龍光前所代印為汪宣傳之艷電及小冊子等，乃經王親筆批准，且有簽呈為證，何得謂為擅用職權？至於貪污，更屬可笑，情報處本屬委員會所轄，該處並無會計與庶務之設，一切公費開支，均係由委員會之會計科經辦，而那位會計科長黃某乃王克敏之姨甥，如屬貪污，則當是黃而非周，經法院一度審問後，據實直呈，王憤忿不已，怒火無從宣洩，乃囚張、蕭兩科長於看守所，從比不審不放，直至汪政權成立，王揖唐接任委員長後，始由李景武請王予以釋放，周龍光至此亦由會所回返私宅恢復自由。此汪政權數度流產中一段小插曲也。

王克敏那次捕周既不成，乃轉而對付李景武，指李管理華北財政，虧空數十萬，派熊正瑗、李宣威會同查辦。熊、李兩人奉命前來查辦時，李景武即時交出四柱清冊，只消幾分鐘便已明瞭一切，使查辦人員無話可說。熊正瑗等見李如此坦白，迫得當場道歉，並一再表示係奉命行事，並非有意查辦，請不必介意等語。語畢悄然而去，此事又以不了了之。

汪梁王南京初次相見

李景武既成王克敏的眼中釘，並聞王又擬以他計陷害，實在防不勝防。某日李往晤殷桐、汪時璟於兵馬司汪時璟財長私邸，叩以此事應對王如何應付？汪時璟主抗，殷桐則主避。汪深表憤慨，云將向王以去就力爭。殷桐則認為時局不久將有改變，不如由李景武赴滬面謁汪精衛報告一切，不必爭此雞蟲得失。結果，李景武以事不宜遲，乃於當夜乘車赴上海，取道津浦線南下。從此汪、王交惡演成表面化，亦為日後王克敏被免職之張本。

前此，汪精衛與王克敏雖曾先後在南京晤面，青島會談、南京會談，而彼此感情已無法恢復。翌年（民卅年）三月廿九日汪氏還都組府，遂對華北下第一道命令，即免去王克敏之委員長職而代以考試院長王揖唐。並改組「華北臨時政府」為「華北政務委員會」，以王揖唐為第一任中央任命之委員長，雖然華北仍在日本軍人勢力下保持其特殊化，所不同者，不似從前公開耳。

猶憶汪政權未成立之前，汪精衛、梁鴻志、王克敏三人初次相見，會於南京城內鐵道部龍園。梁在汪由滬抵南京之夕，即與汪晤面，王克敏則於第二日始由北平抵南京，至第三日晨始與汪氏相晤，此番王氏由北南飛，乃搭乘日方軍用機。汪當時曾有電致李景武，著返南一行，李急欲飛返，但日方軍機苦無空位，乃囑託情報處長周龍光與日方交涉（此時周龍光尚未被拘捕），後卒由日本大使館參事原田讓出客位，始得以如期啟程。事先李景武曾商請華北行政委員會事務處長張仲直設法機位，張不敢作主，請示王委員長，王此時嫉李已甚，力阻其行。張只得答覆無位，且怪李申請過遲。翌晨，王克敏搭機飛南京，華北各要人均已齊集機場，有行者，有送者，李景武亦在其列。王克敏還以為李氏前來送行，頻點其首，不意飛機起飛時，李已坐其身後，而彼固未知也。

汪精衛召開青島會議

日本軍機先飛抵濟南，下降添油，王氏亦下機至休息室用茶點，在機門間，李讓彼先行，王突見李同機南飛，驚愕萬狀，及抵貴賓休息室，王似難以忍受，乃問李何以有機位可乘，李答以係因原田參事官臨時相讓。王登時臉色青白，良久始說：「好手段」三個字，又與在身旁之張仲直耳語良久，張作無可奈何狀。斯時飛機油已添滿，李乃先王上機，蓋恐彼阻止繼續行程也。

既抵南京，梁鴻志招待王克敏一行人員下榻於聯合政府辦事處。李景武於安放行李後，即電話汪氏報告行踪，汪令立即入見，詢問華北情形甚詳。李離去時，汪並囑次日清晨陪王克敏往談。李返辦事處，王尚不知李已晤汪返，而李卻當面傳達汪口諭，令彼明晨八時往見。王此時始恍然大悟，乃頓改傲態，滿臉堆笑，囑即開飯，飯前並請李入室密談，極盡親熱之能事，好一派官僚作風也。翌晨，李先抵汪處，八時王克敏偕日文翻譯兼事務處長張仲直至，李景武迎之門前，張隨王入，李導王登樓，張欲隨上，李卻毫不客氣地加以阻止，並告以汪精衛與王克敏相談，不須日文翻譯，且彼二人將以粵語對白，你亦不懂，何不留在樓下休息。於是，李乃引王登樓，與汪見面，此為汪、王第一次相晤，除李以外，並無第三人在座，談話時間約三刻鐘，王對汪終無一言反抗。關於此次談話詳情，容當專章紀之。

汪精衛此次留南京三日返上海，王克敏與李景武亦返北京。梁鴻志乃「維新政府」首領，仍須留京代命，但亦隨汪赴滬一行。王克敏北返後，靜候汪政權之成立，初不料其一誤再誤也，未幾已是新年，而還都組府依然渺無消息。王至是，乃變計，因而拘捕周龍光，迫走李景武，對汪已不存任何希望。李景武返抵上海，即以華北日華雙方反汪消息面告汪精衛，汪因之考慮數日，乃決赴青島召開一次會議。梁鴻志、王克敏等均參加，汪則率領準備還都組府之各要員同行，計有中監委周佛海、梅思平、褚民誼、林柏生、岑德廣、陳允文、李景武、陳君慧、焦瑩等（按焦氏乃由北京赴青島）。抵青後，下榻於舊膠州總督署，此建築物建於德人佔據青島時代，共用去當時大洋三百餘萬，窮極奢侈，居半山上，下有河流，外間但遙見其屋頂耳。此次隨汪來青島之各中委及汪本人均寓此樓，李景武與陳允文共居一屋，在二樓之西面，正與汪氏寢室比鄰也。

酬庸金廿萬王氏退休

翌日，參加會議者皆已齊集青島，汪乃偕各中委歡宴梁、王以及華北日將喜多誠一等。時屆，汪氏及各中委迎賓於舊膠督府大客廳，賓主六十餘人，坐席乃口字形，主人坐正中，客人則排列三方，當時有人譏此為「黃天霸請客」，蓋主人坐首座也。宴用西餐，酒則中外美酒均備。酒過三巡，汪精衛即宣佈準備還都，團結內部，必須消除紛爭，做到南北統一，不使再有地域觀念，存乎其間，使人民得以暫時舒困，靜候世界和平，還政於合法政府，……等等。此中含義，即是務使華北特殊化消除，以及他日仍應與重慶合流，使中國不因戰亂而分裂。

日方代表致詞時，亦贊同此意，並謂南北統一之說實現，才可達到東亞真和平，亦乃繁榮東亞共榮圈云云。

此次會議，汪偕各中委同以主人身分請客，其意義表示仍以國民黨為中心而建立政府，至於「維新」、「華北」兩政權當然取消。當汪氏立於廳門之側，一一介紹各中委與日方及「維新」、「華北」三方相見時，互相握手，彼此各自道姓名，此不過禮貌上之應酬耳。

青島會談後，梁鴻志、王克敏等各返回根據地，靜候時局推動，南京之梁鴻志對政治已感厭倦，因他對行政方面頗苦力不從心，諸多障礙，因日人之干涉「維新政權」內政，有勝於「華北臨時政府」，故梁則希望早日改組，自己仍不失為監察院長。而王克敏則與梁鴻志有異，王則希望汪政權流產，彼仍可以盤據華北，過其特殊化生活，不願為汪之附屬品，何況尚須防汪之免其職務。在梁鴻志方面則無此顧慮也。

汪氏登台後，王克敏果被免職，且無下文，王領得華北方面二十萬元酬庸金宣告退休，避居青島，養晦韜光，直至以後數年朱深出任華北委員長，因就職後，未及一月，即以黃疸病死於北京，王始再代朱重為委員長，但彼時已深感病體不支，左眼亦不能視。汪又以王蔭泰為王代，直至勝利後逮捕為止。所以「華北委員會」是由王蔭泰交與中央者。

此時王克敏已老病侵尋，卜居於北平西城石老娘胡同私宅，此宅乃張宗昌之產也。勝利時，孫連仲部隊入駐華北，戴笠在北平逮捕華北偽政權諸政要，王克敏亦在內，均押在酒醋局陸軍監獄，王在陸軍監獄三日即告死去。

三、王揖唐在華北之醜史與趣史

汪精衛在還都組府前一年，初會王克敏於南京，作初步商討華北政局事宜，議而未決；繼之為青島會談，一切方案乃次第明朗化，決定取消華北之「臨時政府」及南方之「維新政府」。未幾更進一步復在南京正式開會談判，汪氏偕各負責中監委及將來組府之各院部長再度由滬赴南京。彼時有政院各部長人選多已內定，其他各院亦不例外。華北之王克敏、維新之梁鴻志、及南北兩政權之負責首長，均行出席與會。汪方配以周佛海、梅思平、褚民誼、林柏生等；華北方面配以王揖唐、汪時璟、殷桐、齊燮元等；維新方面配以溫宗堯、顧忠琛等。

回天乏術王克敏免職

在此次會議中，互商確定取消南北南政權之日期，一俟汪氏還都組府之期決定，兩地方政權即行結束。南方之「維新政府」則全部解散，以梁鴻志為汪政權之「監察院長」，溫宗堯為「司法院長」，顧忠琛為「高等文官懲戒委員會委員長」。其他均分別有所安置，茲不多贅。

華北方面之改組與南方「維新政府」卻大有差別，因華北「行政委員會」依然讓其存在，表面隸屬於南京汪政權，事實上仍保持其特殊化，此是華北日方軍人的一貫主義，直至汪政權正式宣佈還都，亦不例外。汪政權先明令發表王揖唐為考試院長，以主考全國高等文官考試為名，著王氏立即返回華北，蟄居於北平中南海（在表面上他是入主考試闈場），不得與外界接觸，旨在使王克敏不防，靜候王克敏免職令下，即以王揖唐以考試院長身分兼任「華北政務委員會」委員長。當此時也，王克敏尚在夢中，以為華北局面改組後仍可保持其地方政權祿位也。

猶憶王克敏第二次赴南京出席談判時，在會議席上，曾因座位問題發生爭執，王以為汪居主席位，是毫無疑問的，但第二位自當捨彼莫屬，第三位始為梁鴻志。殊不料他被排在第三位。當時幾因座次而不肯就席，幾經勸解，方允就位，王此時亦只有退一步想，能保全「華北委員長」名位已算不錯，惟有忍氣吞聲，默然接受現場安排之第三席次。當時與會者咸見王怒容滿面，久久不發一言，此爭座位一幕，遂無人不知矣。

王克敏雖屬老官僚，然在政治手法上，似尚輸汪一籌，彼已被排擠而不自覺，其愚真不可及！此會開來未及一小時即宣告結束，會後，兩地方政權同時飭令所屬各省市聽候南京接收。

王於會議閉幕後即匆匆北飛。翌日，在北平召集所屬在「行政委員會」開會討論交代事宜，且面諭各單位：「安心任事，此番不過是移轉管轄，事實一仍舊貫，不致有所更動」云云。

不意南京汪政權的第一道命令，即為免去王克敏職，並以事先馳抵北平入居考試闈場之王揖唐取而代之。當時李景武亦已專機北返，曾晤王揖唐於中南海池畔，王因監考「入闈」例不得外出，故李與密晤於此，是日王克敏仍一無所知，興奮如常。直至李景武與王揖唐分手後，始有人密告王克敏，王正籌思如何對付王、李之策，而翌日免職令即正式公佈，已經回天乏術了。

做官不做事妙語妙人

民國三十年五月，王揖唐繼王克敏就任委員長職。克敏下台後，萬念俱灰，連在北京石老娘胡同私宅亦不肯多作片刻留，倉皇奔往青島，閉門思過，後嘗對膠海關監督秦通理表示深自悔悟，並言，因一時小覷李景武，致敗於孺子之手。

王揖唐登台後，素志得償，職兼南北，從此亦頓改作風，原來他只求保全祿位，所許條件概不兌現，且終年不作一件事，每日外交大樓即「政務委員會」內的中西大小客廳八座，無一不座上客常滿，他每日清晨八時半必到會辦公，表面似甚勤奮，事實等於紅樓夢中之賈寶玉，可算無事忙，他在每一客廳必出入多次，周旋於眾賓客之間，週而復始，奔走匆匆。時屆中午，已是用膳時間，或邀賓客三五人同食會中不花錢之西餐，其他客人則作鳥獸散。下午例不會客，有事且俟明日，明日又復如是。自民國三十年五月到三十三年十月，揖唐共任職三年又六個月，根本未做一件事，雖前清腐敗官僚，亦決無此等作風，王揖唐則優為之，彼且自以為得計。

李景武原是擁王揖唐者，且對王負有監督之責，勢不能袖手旁觀。王氏某日宴請由重慶秘密來北平之國社黨領袖曾慕韓，邀李景武作陪（按此次曾慕韓北來，本有所活動，由王之介與日方興亞院駐平機構聯絡，後以不得要領而悄然離去，此事知之者甚少，亦從無人道及，甚可怪也），因曾氏與李同為四川人，便於接洽，王揖唐之合肥鄉音，令人難懂，常須請人作翻譯，始克傾談。是日宴中，李景武亦係擔任傳譯之任。宴罷，李景武曾私詢王氏道：「何以每日見客如是之多，而又未聞解決一事？勞神費時，不及正務，似此辦法，於行政效率，未免背道而馳啊！」

不意王揖唐的答覆可謂妙絕，他對李說：「我就是要永遠解決不了任何一個問題，我數十年在官場打滾，行政經驗敢說比任何人的見地都高，認真作事與馬虎了事，不都是為人作嫁嗎？照我的作風，官是要做的，事就不必認真，這樣做人，才不會吃虧。」李聽罷，為之啼笑皆非，無法再談下去。故終王之世，未聞在華北有一事興革。

受審不發言難逃一死

王揖唐確不愧為官僚中之狡猾者，死抱著做官不做事的哲學不放。直至勝利後他在法庭受審以至遭槍決，起初他亦採拖延政策。他在勝利前半年，原已染上沉痾，進入中央醫院診治。迨中央人員進入北平，王氏即遭逮捕，出庭受訊時，他始終閉口不發一言，每次開審都是以帆布床將他抬上法庭，既不起立，又不說話，如此經數月之久，作風不變，法官對之竟無如之何。結果法庭上不能再忍耐了，最後一次審訊，已準備即使他不開口，亦為判決，等於缺席裁判。詎知王氏消息靈通，事前已有所聞，知此次已無可抵賴，於是在最後庭訊時，忽然坐起，有問有答，而且聲音洪亮，絕不類久病之人。他開口第一句便責斥推事與法官，他說：「你們不配審問我王某，你們本是我手下的北京高等法院推事，又不是地下工作者，你既是我的部屬，你也是漢奸，小漢奸不配審問大漢奸，你快些廻避，讓政府另換法官再行審訊，我王某有的是話說。」

庭上的推事與法官，被他這麼搶白一頓，為之大窘，一言未發，即宣佈退庭，改期另審，此案又拖一月，不能了結，該法官終遭免職。王的一條老命，因此又苟延了一月有餘，王本意在爭取時間，以為或可僥倖免死，再行設法脫罪。不久之後，法官易人，一經審訊，王氏終不免一死，臨行刑前，尚口呼「蔣主席開恩」不已！且身受七彈，始告絕命，此或狡猾背信之報耶？

有學歷有資歷無人格

王揖唐前後任「華北委員長」三年有奇，其可鄙可笑之處甚多，茲擇其較有趣之事，略為讀者言之：某日，日本方面之渡邊中將參謀長來訪，臨行，王恭送渡邊至外交大樓大門口，竟對之作九十度鞠躬，此一動作，適被某報記者攝於鏡頭，翌日赫然刊出，成為可憐的花邊新聞。李景武特持報紙示王，並云：「此九十度鞠躬，豈不太失體面！」王氏卻莞爾而答道：「對付日人，愈恭敬愈表現服從，日人則愈滿意，將腦袋低下一點，於我並無損失，此非可恥，處外人勢力下如此方克保全，亂世為人是不容易的，所謂大智若愚，笑罵由他，子何不思之甚也！」可謂妙極！

王揖唐的前任王克敏品性雖劣，但尚不如王揖唐之如是卑鄙。王克敏每對日人拒抗，常惹日人不歡，尚帶一點人味。是以當時日方軍人批評王克敏、王揖唐、汪精衛三人各有不同之點：王克敏能做事而不聽話；王揖唐能聽話而不做事；汪精衛既不聽話又不做事。此語雖出自日人之口，吾人不能因人廢言，批評頗有見地，由此又可證明汪氏固始終未替日人做過一件對不住國人之事也。

再談到王揖唐的學歷資歷，則遠非一般官僚所可及，論學歷：他是前清進士，又是日本士官畢業，更曾遊學歐陸，對於英、法、德、西，諸國文字，雖未窺堂奧，但於普通酬應，差足應付。論資歷：文官曾任巡按使、省長、總長；在政黨方面且屬北洋段系安福派之黨魁。武職亦曾任過督軍、將軍，稱得上是出將入相。惜其人格卑劣如此，實為我國政壇上所罕見，可見不能以學問資歷論人也。

他在「華北委員長」任內，某日赴各處視察，御西方晨禮服而不打領結。或詢以故，不意他卻又有一番高論，據他說：「我蓄有一部大鬍子，即有領結，亦不為人見，何況此間並無歐美人士，日人亦多不習慣打領結，我又何必多此一舉呢！」

談到無恥居然有得色

又一日，王氏召開行政會議，此乃他就任「華北委員長」後的第一次會議，席間他表示：「我王某素來以誠待人，希望諸位同仁亦以誠待我。」座中，「建設督辦」殷桐（按：汪政權登場後，改華北各總長為督辦）說：「委員長會有『誠』字嗎？」說罷哈哈大笑。同時「治安督辦」齊燮元亦附和殷桐的話道：「委員長就是缺少一個『誠』字，同仁等倒有不缺此字的啊！」殷、齊兩人，一唱一和，不覺舉座騷然，狂笑之聲，達於室外，左右之人，均代王難堪，深覺殷桐等太過惡作劇，未免有傷忠厚，令王難以下台。初不料王竟面不改色，反與同仁相視而嘻笑不已。如此厚顏，眾人反而無如之何！

王在華北既尸位素餐，以往擁之者，亦大起反感，有人擬向汪精衛進言，先免去其考試院長兼職，遂推由李景武託故赴南京謁汪，當面報告一切。汪聞悉後，亦為之皺眉，結果決定先免王之考試院長。議定，汪在南京即公開表示：「揖唐就新職已久，院長一席，似應讓出，位置他人……。」並擬以陳中孚繼任。可是當時汪政權之考試院長屬選任官，政府無權無故免職，旋經汪氏面諭由華北來京之李景武（李氏時任汪政權銓敘部次長），著諷令王自行辭職，遂先由李電知王氏，在表面作為王託李向汪代辭院長，汪已同意。此種做法，完全是「霸王硬上弓」，王尚毫不知情，某日王忽接到汪由南京來電云：「頃據李次長面述尊意，決辭考試院長職，如何乞迅復。」李景武同時亦電王云：「頃奉主席面諭，囑轉達鈞座即辭考試院院長職，如何賜復，詳情快郵另報。」此兩電接連抵北平後，將王氏弄得一頭霧水，王雖欲不辭，已不可能。王初奉汪電，還深怪李景武亂作主張，越俎代庖，及得李電，乃明白實係出於汪氏所授意，王不得已，乃囑秘書廳擬電稿表示辭職，另電李景武轉呈汪氏，並望能保留院長原領之機密費。未幾，王氏奉召晉京述職，為了那一筆機密費居然再向汪上簽呈，汪於懊惱之下，在簽呈上批了「無恥」二字。翌日李景武往謁汪，簽呈猶擱在案頭，汪以王之簽呈示李，並頻頻搖頭嘆息。是晚李晤王時，告以簽呈上批語事，王則毫不在乎問李道：「你以為我聞此批語，作何感想？」李答：「莫測高深！」王又道：「我比老弟年長二十多歲，社會經驗，敢稱豐富，須知『無恥』兩字也不易得，無恥也是我的手段哩。」李聞後，為之毛骨悚然！

做官只為錢上下其手

越日，李又將王揖唐所云，據以告汪，汪在苦笑中亦嘆為官僚之最。不過究竟王正任「華北委員長」，總要稍予體面，對於機密費一節，乃由汪名下之特別費中每月撥給王二千元，總算敷衍了事。當時的「華北委員長」一缺，待遇優厚，勝過南京汪政權中各院長何止數十倍。王克敏下台時，即曾獲得退休金「聯合準備銀行」紙幣二十萬元（按聯銀券與日金同價，有別於汪政權之儲備銀行所發行之紙幣）。王揖唐彼時居然接受此區區二千元特別費，可謂要錢不要臉矣！

王返北平後，刻意搜刮，無微不至，「政委會」內部組織，原有「秘書廳」與「政務廳」。秘書廳長李梅庵，乃李鴻章之文孫，工詩文、精公牘，忠實可靠，對王聽命惟謹，李氏後來居港，任文商學院講師。政務廳長夏肅初（字旭初），為前清貴州狀元夏同龢之子，曾留學日、德，習農科，夏氏又為王揖唐在考試院長任內之簡任秘書長（按：汪政權時代之五院秘書長，僅有行政院秘書長為特任，其他各院秘長皆簡任，此又小朝庭之利己制度也）。夏為人懦弱無能，奴性甚深，中、日、德文雖皆通順，但只知做官，毫不辦事，與王揖唐可謂臭味相投。王揖唐任華北「臨時政府」時代內務總長時，夏任總務局長，其下設有司會科（按：司會科乃會計、庶務兩科之合稱），部中會計例由局長（即司長）指揮，然該科王科長從不聽局長命令，收支帳目，局長從未過目，月結呈報，雖必須局長簽名蓋章，王科長手持文件，只以簽名蓋章部位出示，其他部分則按之以肘，例不得看，如此不合理做法，夏竟任由擺佈而不抗斥，此種作風，堪與王揖唐上下交輝！王用人多以此為標準，更喜用此種奴才，其後王升任「華北委員長」，水漲船高，夏亦升任「政委會政務廳長」，其下設有事務處，會計、庶務、警衛皆屬之，事權自較各部為大，王則派在四川出生不懂粵語之粵人羅韻孫為事務處長。羅之跋扈，更甚於王科長，其對付夏廳長，直如上司之對下屬，會內收支亦不令夏氏與聞。其實無論王科長、羅處長，一切行動，實皆王揖唐授意為之。夏亦了解，乃聽由部下作弊，從來不敢過問。

日人干預王揖唐垮台

俗語說「猪怕肥、人怕富」，王、羅貪污之事，終為日方所悉，由興亞院駐北平機關長水磨上尉調查屬實，日方即有撤換王揖唐之意，惟王氏乃南京汪政權任命之第一任「華北委員長」，若要換人，須南京同意。幾經醞釀，仍推由李景武赴南京請示於汪，是否可以另簡賢能。李對王早已看不過眼，事已至此，乃允赴南京一行，此時正值歲暮，地凍天寒，王揖唐做賊心虛，已知地位不穩，當李景武尚未啟程時，特約李往晤於堂子胡同私邸，一再諄託向南京方面多多疏通，以便拖延時日，渡過年關再說。李漫應之，旋即南行。王因放心不下，繼李之後，又派夏肅初赴南京謁汪，無非希冀假以時間，便於作臨去之搜刮而已。李景武抵南京後，代懇汪氏給王以「國府委員」名義下台。夏抵京謁汪，所談亦無結果，悵然北返。此時日方已感不耐，又再逼王辭職，王以既取得「國府委員」頭銜，乃答允辭職交代。日方限以三日時間要交代清楚，王則要求三星期。日人不允，來往磋商，方允七日為期。王臨行果作最後一次之搜刮，舉凡會內所存糧食、汽油及一切雜物等，皆搬運一空，日人亦未加深究。王揖唐的後任，南京又起用王賭子（即王克敏），演成王來王去之局，不過王克敏東山再起係得日軍方寺內大將之推薦，非出汪之本意，此民國卅三年杪事也。

王克敏既捲土重來，以「華北政務委員長」兼「全國經濟委會」委員（按地方長官為當然經濟委員），時李景武亦以中委兼經濟委員，與王同列。王克敏與李雖有舊嫌，仍無如李何。王再起未及一載，即因病去職，「委員長」一職由政委會常務委員朱深升任。朱就任未幾，又因黃疸病逝世，繼朱者為常務委員兼「實業督辦」王蔭泰。此時華北政局，已開至荼蘼，靜候勝利來臨。數年來華北小朝庭，共計三王一朱，大半時間，政權多屬王姓，亦云巧矣。

四、北寧鐵路糾紛與殷桐之死

華北特殊化局面之造成，自黃郛於《何梅協定》後出任委員長開始，但當時為黃氏奔走於日方從事聯絡者，殷桐實為要角（按黃郛手下有四名日本通，殷氏居其一）。惟後於殷桐參加黃郛系統者，多已先後耀居高位，或出長華北政權，獨殷桐始終未曾一掌大權，獨當一面。蓋殷之活躍於政治舞台，為半途出家，前此不過為青島一鹽商而已。殷桐雖樂於搞政治，但又功成不居，不甚熱中，亦怪人也。

殷桐的作風差強人意

當年吳佩孚於二次直奉之戰失敗，茫茫如喪家之犬，潛居黃州江上，蟄處八百噸淺水川輪「決川號」之上（該輪以後才改為炮艦），當時反吳者擬暗殺之以清亂源。日方探得刺吳消息，頗思拯救，以便示恩於吳，倘異日吳氏東山再起時，可不再反日，或可利用以聯日，日人對我之處心積慮，由是可知。惟日方救吳有心，接近無術，無法暗通消息，使吳趨避。幾經密計，乃決定由駐青島日本總領事介紹殷桐於上海日方人員，再由上海日領事偕殷桐以商人身分，同乘日清公司小輪，假充運輸礦砂，逕駛黃州，登輪見吳佩孚，面告謀刺消息，促即走避。吳氏初猶不信，經日領事及殷桐剴切陳述，吳始意動，遂乘「決川輪」溯江直上，時值滿江大霧，終告衝過武漢，直入湘江，吳氏既脫虎口，遂留岳陽，因而得免於難。吳氏逃難之日，雖有大霧為助，而殷桐仗義之功，殊不可沒，蓋殷當時對吳固無所求也。

迨自《何梅協定》簽訂，黃郛北來，殷桐在幕後奔走協助，出力至多，而殷仍未出任要職。直至王克敏繼黃郛為華北傀儡，殷桐始受聘為顧問。其後王克敏出任華北「臨時政府」首長，殷始出長「建設總署」。汪政權成立後，改組華北機構，王揖唐登台，又改署長為督辦，至此殷桐與各總署乃得同為特任之督辦矣。

華北地方政權，組織雖然龐大，但除財務總署外，其他各署多無事可辦。「建設總署」因主管地方建設，算是冷衙門中之熱衙門，該署經費甚為充裕，舉凡水利、電業、市政、故宮、名勝、城垣等，或修葺、或興建，殷桐在職時期，百廢俱舉，在亂世中，能具此等魄力，尚能差強人意。殷早年經商所得，在山東境內早擁有私產甚厚，初不必因官取財而蓄意貪污，較之王揖唐輩，殊不可同日而語。

本篇內容，主要為記述殷桐其人其事，茲再掉轉筆頭，從殷桐出長北寧鐵路局寫起。

北寧路局時代之殷桐

殷桐既屬於黃（郛）系人物，在抗戰前，與南京中央原有相當淵源。當宋哲元出長冀察政委會時代，殷適任北寧路局局長（按此席本由鐵道部任命），局長地位在政治舞台上雖非重要，不過北寧路卻屬例外，出任局長者，必須與地方當局有關係，後來更要聽命於日本軍方。前鐵道部次長錢雋逵曾一度以次長兼任北寧路局局長。況此路之收入（當年由北平直通奉天）為全國各鐵路之冠，非與政府有密切關係者，難以取得此位。殷本黃系，且與汪精衛有舊，七七之前，汪在行政院長任內，飭鐵道部長顧孟餘以此席委殷出任，是為殷桐出長北寧路之由來。其時冀察委員長宋哲元亦恃該路局撥款，以資挹注。局長雖屬部派，但以地區屬華北，須宋哲元軍隊護路，故不得不由路局撥款濟宋，否則單恃該路之路警，實力單薄，實難保行車之安全。若無地方軍隊護路，種種難題，必將隨之發生。例如：軍方任意扣車、索取車皮、軍事運輸頻繁，要人出巡之壓道車、鐵甲車等等，每不依法定行車時間開行，阻礙全路客貨前進，層層干擾，不一而足，在在皆影響整體收入，局長實難應付。

「九一八」以後，北寧鐵路只餘關內段，關外段（山海關至瀋陽）屬滿洲境，已在日軍控制之下。日本駐軍（根據辛丑條約，日人有權沿路駐兵）且不時要車，助高麗人走私之用。稍一不慎，即會引起糾紛。由是以觀，任局長者若非八面玲瓏，實無法幹得下去，只此數端，已夠使人頭痛。殊不料此時滿鐵總裁宇佐美忽思染指其間，使這條被腰斬的北寧路從此更多事矣！

無法無天的走私集團

宇佐美早思染指北寧，因未得下手之機會，遂告苟延。良以該路之收入豐富，待遇尤佳，歲暮花紅，常分至七八個月，在北洋時代花紅曾多至十四個月，路局的處長階級之薪津，月達一千四五百元之鉅，年終尚可分得花紅一萬六千八百元。曩年生活程度低於今日何止十倍，二萬元已屬中人之資產，處長薪俸優厚如此，局長所獲，自可由此類推，其他額外收入，尚未計及。以此種種，遂形成人人眼紅之肥缺矣！

斯時東三省已由日本軍方控制，關東軍的開支，不論公私，命脈繫於南滿鐵路，久思與北寧聯運。聯運倘若實行，則貨運、軍運，暢行無阻，日軍侵略平津魯豫，更為容易。關東軍授意宇佐美逕行與宋哲元洽商，以聯運題目，促宋談判。宇佐美是南滿鐵路理事，聽命日軍方。宋之外交素以推拖為能事，他此時又以鐵路屬國營機構為藉口，認為地方政府未便越俎代庖，終於拒絕商洽，至此，滿鐵又不便與南京政府商洽，乃直接要求於局長殷桐，擬舉行路與路的談判。

殷桐對此舉，本可推向中央、路局實未便直接談判也，乃計不及此，對日方竟出之以直接斷然拒絕，且收回「冀東政府」塘沽段的鐵路線。宇佐美因而含恨更深。乃一再破壞路政，利用日本駐軍，慫慂高麗棒子（即浪人，棒子乃極粗之糧食、暗示輕視之意），沿路走私，高麗浪人例無正當職業，在日人指揮下，遂明目張膽，大搞走私勾當，貨物以白麵、紅丸、袁頭現洋及人造絲等為主，北寧路每次西行車輛，他們常聚眾至數百人，或分散於各三等車廂之內，或集體佔據一車，橫行霸道，無人敢惹，車抵天津老龍頭車站時（天津東站，地在舊俄租界），即洶湧而下，站中警察人數有限，根本無力制止，站外的地方警察，例不援助。津海關駐站人員更無辦法，任由走私者攜私貨揚長而去。

每日如此搞法，北寧路局萬難坐視，幾經計議，乃調集大批保衛隊包圍車站，不使免脫，雙方人數既告接近，遂發生械鬥，一場打鬥之下，互有傷亡，緝私例有提獎，重賞之下，豈無勇夫，因此高麗棒子亦未得到甜頭。經此圍剿，走私之風漸斂，怨毒遂集於殷桐一身，殷桐終於被迫下台，改任建設總署署長。其後殷在上海中毒，飛返北平後，即暴斃於宅中，殷氏之死，即種因於此。

殷汪購買慶王府經過

殷桐與汪時璟（汪氏為華北財政總署署長），同為國際問題研究所會員（該會為中美合辦，戴笠、王芃生，均屬此會會員，此會在華北之會員，均屬地下工作者），須常與重慶通消息，惟苦於通訊不便，危險太大。適有北平定府大街慶王府出賣之消息，殷（桐）汪（時璟）皆同意購入該府第，價為八十萬元（聯幣），修理改裝二十五萬，共計約一〇五萬元，款由聯合準備銀行撥付，不入財政部帳，因聯銀屬特別會計，不報審計處（當時稱處），此一秘密撥款方法外間無從知曉。此皆七七事變以後之事，民國二十八年間也。

慶王府計有正房八十餘間，大小院落二十四座，前後花園佔地數十畝，裝修落成後，稱為「迎賓館」，以備遠來嘉賓駐足之用，在日人控制華北時期，在慶王府內曾招待過汪精衛、陳公博等，從未聞日人入住。何以日人對此巨大府第，未及注意？原來此宅之購置，純為暗中建立無線電台之用，天線露出部分，採活動式，日常工作者不足十人，每日須與渝通話，日方雖有電波推測，從未被發覺，誠僥倖也。

北平社會局長英千里被日人逮捕，經曹汝霖等保釋後，與其他地下工作人員，由商邱轉道入渝，凡護送出險者，均由此電台負責與重慶方面取得聯絡。

電台事雖未被發覺，但北寧路局時代，不滿殷桐之日人適在滬上，據報殷桐在華北對日人逮捕渝方人員，或獨自出面擔保，或由他人出面（如英千里事）保釋，通渝嫌疑甚大。適殷因事赴京謁汪精衛，事畢去滬，日本駐虹口憲兵隊邀宴，飯後返駐滬辦事處，即感不適，匆匆飛返北平，翌日即暴斃宅中，汪精衛派李景武代表弔祭，曾親見殷屍脣黑手紫，顯然中毒無疑也。

五、華北「財務督辦」汪時璟的下場

在前一節裡記敘過殷桐之死，本節再記當時華北另一「人物」汪時璟。汪、殷兩人本屬同一路線，汪曾歷任華北傀儡政權之「財務督辦」及「聯銀總裁」。猶憶抗戰勝利後（民三十五年），孫連仲部隊最先入駐北平，第三天，重慶方面既派專機飛來北平迎汪時璟赴渝，此行汪氏居渝八日，為戴笠宅中嘉賓，中樞當局曾嘉其功（以聯銀若干噸黃金、白銀獻給政府）。其後戴笠在北平將所有漢奸加以逮捕，汪亦在內，判無期徒刑。迨國府退出南京，將漢奸人犯，送上海提籃橋監獄，判十五年徒刑以下者，一律保釋，無期徒刑及死刑者，既不釋放，亦不執行，直至中共軍入滬後數年，汪始瘐斃於獄中。

淪陷時期的華北財神

提起汪時璟，他與唐生智、余晉龢等三人為同時留學日本習軍需者，因當時留日習軍需者人數極少，因此他們三人乃成為此中佼佼。回國後，唐生智轉領師干，成為內戰中之驍將；余晉龢入仕途，曾任北平特別市市長兼公安局長；汪時璟返國後，初為唐生智的軍需，後入銀行界，充漢口中國銀行副理。迨寧漢分裂，汪助唐，使漢口發行之中、交兩行紙幣停兌，總行遂將其撤換。至九一八事變時，汪任東三省中行經理。汪氏之夫人為殷桐之妹，殷桐夫人又為汪之妹。汪妻殷醉丹，頗有丈夫氣，論斷政事，每為汪所不及。汪本另有糟糠，棄之另娶殷妹也（其後曾鬧出汪子行刺親父未遂，槍殺警衛事，另詳下文）。

汪因殷桐之介紹，由奉天入華北，出任華北傀儡組織財政首腦，初為臨時政府行政院財務處長，旋升任「聯合準備銀行」總裁兼財政總長（至汪政權時，改稱財政總長為財務督辦）。

當財政處升級為財政部之時，王克敏滿擬可以自兼總長，特徵詢日方財政顧問之意見，但日方表示財政總長一席應由財務處長升任，王克敏乃告落空。財政部未成立前，汪時璟已有成竹在胸，早料財部可入伊手。惟汪為人過事猶疑，不能立決，為其短處。

紙幣滿天飛金融混亂

汪上台後，一心對外，內部事務，多交由總務局長李景武負責，王克敏推薦之財政次長熊正瑗不過伴食而已。當時王克敏之私意，本欲以熊監視汪、李的，不意適得其反，熊反聽命於汪。此時華北財政來源，只恃三個海關及十個統稅局的收入，撥充軍政費用，其他則另由鐵路方面撥款，以資挹注。何況日本軍方對華北，以「特殊化」處置，不准亂來，所有人員，必須依循日軍方既定方針行之。其次則為統一發行紙幣。按前清以至北洋政府及國民政府，無論中外銀行，例得發行紙幣，就當時華北地區而言，外國銀行有「英商匯豐」、「美商花旗」、「德商德華」（時已停業）、「比商華比」、「俄商華俄道勝」（時亦停業）、「法商東方匯理」、「日商正金」等等，此其犖犖大者。國家銀行中計有：中國、交通；地方銀行中計有：河北省銀行、山西省銀行、農商銀行；商業銀行中計有：浙江興業、金城、鹽業、大陸、中南、華威、五族、通商、聚興誠、大中等家，實不勝枚舉。各行多數自行印發紙幣（此時中央、農民兩行已退出），其他還有市銀行、官錢局發行銅子票（每元兌四百八十枚），其中以通商銀行所發行之三元票面，為最不合理。因各行濫發紙幣，每造成擠兌風潮，存戶紛紛提取存款，市面混亂不堪，人民存儲，絕無保障，銀行一旦停業，最多由會計師清理，以二三析收回，已屬萬幸。例如大中銀行曾停業三次，亦未聞取締。尚有許多銀號，雖不發行紙幣，亦填紅票（如禮券）流通。地方金融混亂至此，若不以快刀斬亂痲手段，從速整理，必至不可收拾。前之財政當局，缺乏魄力，因循坐誤，且受中外地方勢力或私人利益所牽制，每多顧忌，遂議而不決，決而難行。

發行聯銀券整頓稅收

關於華北統一發行紙幣問題，當時仍有人以為操之過切，或生事變，主張商諸銀行公會，而後施行。但汪氏在與總務局長李景武等熟籌後，不欲與虎謀皮，經通過日本軍方之同意，乃毅然以新財部一紙命令，取消各行紙幣發行權，紙幣發行遂統一於「聯合準備銀行」（等於中央銀行）。各行需要通貨，只可向「聯銀」領用紙幣，而給予百分之五的利潤。自紙幣統一後，紊亂的華北社會漸趨安定，不復再有擠兌、停兌之事，各行亦安分的經營銀行正當業務，投機取巧，逐漸消滅矣。

日方為保護其日金及軍票之價值，規定聯銀券與日金、軍票同價，當時華北人民對此三種通貨，同一信仰。

再次則整頓稅收。舉凡煙酒、汽水、郵政、票據等，皆統一印花發行，由總務局飭令財政部印刷局鑄版印行（後改隸行政院），因需用過繁，亦有將鑄版令商人承印。財政部中特設一「票照股」，一切票照，由總務局飭「票照股」負責管理。因當時華北傀儡政權中並無交通部，郵票亦由印刷局印行。從此稅收統一，華北各省市均需部發印花，方生效力（從前各省多自行印發使用）。迨至抗戰勝利後，國府對於淪陷區之紙幣，規定汪政權所發行之儲備券以二百對一收回（法幣一元兌二百儲備券），對華北聯銀券則以五對一收回。顯然聯銀券價值與儲備券相差懸殊，此可證明日方在華北對於財政措施，顯然與在華中華南不同。

當國軍接收上海時，國府以二百對一，收回汪偽政權之儲備券，此既為淪陷區日人指揮下發行之通貨，如此處理，尚有可說，惟同時尚有軍票、日金，數目亦至為龐大，實不應以一紙命令廢而不用，應要求日方賠償，無論作價幾對幾，均屬人民之損失也。英人重返香港時，則未聞滙豐銀行通貨，折價收回，雖日人所發行之「滙豐新紙」，亦准依舊行使，故當時港中人民額手稱慶，所蒙受之損失至微。假使國府當時能照英國辦法，人民何至一夕破產！

當時在華中、華南各地，儲備票既以二百對一，兌以法幣，人民大為恐慌，紛紛兌換者，多屬升斗小民，一時滿街儲券亂飛，未三日又傳變更辦法，或稍提高儲券價格，各銀號錢莊又紛紛收購，一夜之間，儲券身價大漲，誰知此消息純為宣傳作用，一鬆一弛之間，主持接收者已大發其財，老百姓苦上加苦矣！

汪時璟之子行刺親父

關於偽幣與國幣之兌換問題，因寫到華北「聯銀券」，不覺順筆一提，成為題外之文，茲再言歸正傳，仍記汪時璟其人其事吧！且說汪在財務督辦任內，某日汪氏之兵馬司私宅，忽來一少年，對警衛稱要見汪總長，衛士索名片，稱未備，只是說：「我也姓汪，我們是親戚。」衛士喚傳達出，該少年見衛士離崗位，乃奪門而入，方及垂化門（按大宅例有「垂化門」即第二重門，再入即為客廳），另一衛士適自旁院出，趨前阻止，不意該少年竟掏出左輪手槍，機撥彈發，一衛士即倒臥血泊中。一時宅內秩序大亂，正欲擒兇，而兇手連發兩槍示威，乘亂逃去無踪。

未幾公安局長余晉龢至，查詢究竟，正擬下令拘捕兇手。當時竟有人告以不必緝兇，不如撫卹警衛了事。蓋兇手實乃汪總長原配所育之子，汪娶殷氏後，棄之如遺，每月給五百元生活費，此款每月由汪之親信送去。其子漸長，生活及學費每感不敷，嘗請增加，又未得要領，但生活逼人，其子不耐，而子終不能見父，至此，遂不顧一切，單身直闖汪邸，槍殺他人以洩憤。其初汪還以為是愛國志士謀殺漢奸的行動，後經調查明，白並非重慶所遣，純屬家庭慘變，余晉龢身為公安局長，只得虛張聲勢，作一番緝兇狀，不了了之，最奇者，則為汪氏對髮妻之五百元生活費，雖鬧出一幕行刺案，仍然照送如故。

在汪宅舉行的鴻門宴

汪在華北任傀儡組織職務時，以身為「國際問題研究會」會員，似屬地下工作者。且勝利後又曾經重慶以專機來迎，留陪都八日，為戴笠宅中嘉賓，其時也，他有如「張松獻地圖」，將所有存儲「聯銀」若干噸金磚、銀塊、外幣、外匯、掃數獻上，並蒙當局溫諭嘉勉：「謹守崗位，聽候接收。」汪得此溫諭，已幾乎忘卻自己姓氏，且一心以為有鴻鵠將至。離渝回平後，乃召集華北留殘人員訓話（最末一任華北傀儡首腦雖為王蔭泰，但此時王反奔走汪氏之門，因汪歸至陪都，攜來好消息之故也），囑各謹守崗位，自有升遷，偽組織中之各委員、督辦、省市長等，其在北平者，似乎皆吃下了一顆定心丸。

汪時璟自渝返平不久，戴笠亦跟踪抵北平。戴來平後，特先單獨晤汪，並假汪宅大宴華北已過氣要人，請帖則由汪時璟出名，而各被邀請者心目中只有一汪，以為可作護身符，惟汪之命是從。王蔭泰維曾要求聯名請客，亦被拒絕，可謂慘矣！此時王克敏已病死，王揖唐則臥病中央醫院，已經數月。

在是夕宴會中，有一來賓，並非現職要員，乃久已下野北洋時代之外交總長曹汝霖氏。

彼時汪宅門前（北城兵馬司街），車水馬龍，其熱鬧情況，尤勝於在職之時，只差未演堂會而已。嘉賓紛紛蒞止，莫不預讚今夜佳肴，必然美不勝收。蓋汪氏素重口福，家饌以呂宋黃翅（一種魚翅名）、芝蔴鮑、哈士嗎等幾味，最享盛名，凡嚐過者，莫不叫絕。但今夕之宴，媲美鴻門，口雖稱許佳肴，而心實忐忑不寧，此種思潮，不期發為共鳴。眾人正在沈默間，忽院中傳入軍靴橐橐之聲，止於門外，窗外人影憧憧，室內空氣頓呈緊張，候宴來賓，直如待決之囚。

戴笠點名帶走曹汝霖

屏門開處，戴笠昂然而入，副官立正高聲呼報：「戴局長到。」滿堂嘉賓全體肅立，但未鞠躬。戴面部稍露悅色，眾人心始稍安。戴手持一張名單，注視室內一周，旋即對賓嘉點名，每點一名，則一人答「有。」當時曾有人作如是想：「如果是點名請客，真是千古創作！」點名超過十人之後，戴氏表情漸轉嚴肅，非初入室時略具笑容可比。諸人面面相覷，方悉宴無好宴，山珍海錯，亦不復知味，何況猶未入席耶？

點名至曹汝霖時，先呼名，繼呼曹先生，眾人聞此，認為異數，曹本人亦似受寵若驚，應聲而出。

戴笠至此先將名單置入衣袋，以手招曹氏出，暫置他人於不顧，旋領曹出汪宅大門，門首停有汪之保險車，戴以手示曹令入，曹遵命上車，戴隨入，曹默念：此行可能凶多吉少。雖然戴笠在表面上對曹似是優待，而曹素有親日之名，自忖絕難倖免，此時亦只好將生死置之度外矣。顧指示汽車南馳，頃刻馳過東四牌樓，直向單牌樓而去，曹處車中，早已不知人間何世！

車由單牌樓南行，速度極高，曹閉目坐車中，有如老僧入定，此時車忽轉向東行，曹在車中，失去平衡，始如夢初覺，默念城東並無刑場，亦無監獄，究在何方處罰，懷疑不已。正思慮間，車已止於一宅門首，曹目雖視而不能審辨，及有人令其下車，方始依令而下，斯時元神入竅，原來是自己的家門，著他下車之人，正是戴笠，曹遵令入門，戴偕兩特工扶持曹氏入客廳，旋令二特工出，方對曹稱：「曹先生！您恢復自由了。」曹擬詢問恢復自由之理由？戴已行至廳外，並令原在廊下及傳達室人員可即離去。並回頭對曹云：「一切經過受驚了，詳情今晚有信告知。」曹感謝時並詢以：「可否與家人見面？」戴答道：「曹先生您既已恢復自由，一切行動可任便。」一聲再見，遂大踏步而去。

曹之迅速恢復自由，實因北平「社會局長」英千里在平被日人所捕，經地下工作者通過汪時璟等「國際問題研究會」會員（按此會乃中美合辦機構）保釋護送離華北，轉入後方，因曹當時並非在朝之人，且屬「日本通」兼某公司副總裁，曹既非該會會員，做事可以不著痕跡，故由曹出面為擔保人，英千里因而獲釋，初不料此一小小功勞，救曹一命，而真正出力者之汪時璟反被判十五年監禁，至瘐死獄中，此亦有幸有不幸也。

五色帽徽齊燮元該死

行文至此，筆者擬趁便一提齊燮元被殺經過。按齊氏在華北「政委會」久任治安督辦，亦是承襲臨時政府而來，何以華北日人當時起用齊氏治軍呢？蓋齊乃河北省寧河人（華北有寧河系軍人，以齊為首領），齊因創「華北人之華北」一說，累次希望代兩王（王克敏與王揖唐）為委座，終未如願，王克敏未去職時，齊亦曾再三懇託汪精衛派在北方之代表李景武為之活動，李漫應之當時汪精衛為華北人事問題，曾詢李：「以誰代王克敏為宜？齊燮元為北方軍人，手中具有相當實力是否相得益彰呢？」李答道：「正以齊氏為北人，地方觀念太深，每對所屬訓話，必再強調『我們北方人管北方的事』，似此口吻，正是『華北人之華北』，若以齊為委員長，華北必特殊化毫無疑義。」結果，汪精衛再思其次，方商妥以安徽人王揖唐繼王克敏。

前不久香港某報載有一篇文章，指齊氏當年在南京晤汪時，仍戴北洋軍人之五色帽花（紅黃藍白黑），經汪面斥，始行更換云云。此傳說絕對不確。當日齊氏抵京，前維新政府財政部長嚴家熾宴齊於私邸，曾有筆者在座，地點在南京頤和路，齊確御軍服，戴五色帽花之軍帽，未開宴前，嚴即勸齊，見汪先生時，五色帽花是戴不得的。齊亦不敢堅持。當時由筆者想出一個折衷辦法，齊於見汪時，不必戴帽子。好在室內見汪，正不須戴帽，汪根本不知齊氏有戴五色帽花事也。齊氏亦從未表示過返華北後全軍更換帽花之意。據筆者所知，華北偽軍始終是戴的五色帽花，並未聞南京方面加以干涉，亦從無人提及這件滑稽事，蓋當時環境所使然，否則又何得謂為「華北特殊化」耶！

齊在華北任「治安督辦」時，某次在北平市上忽發生一件逮捕禿頭案件，事緣北京在春天二三月間（陰曆），例刮黃風數日，屆時黃沙蔽天，伸手不見五指，某日由北平東四牌樓往北，有一騎在狂風中飛馳絕塵而去，但在急馳間，忽有一頂軍帽落地，此人乃一禿頭漢子，市上老百姓多見之，而軍帽上的帽花卻是青天白日國徽，但此帽徽被日本騎巡隊拾起，一時為之大驚，以為市內公然發現重慶特工急馳過市，追詞路人，路人無奈，異口同聲說是禿頭之人，日人信以為實，乃大索全城，逮捕禿頭者，幾及兩千之眾，但無法證實軍帽究為何人遺下，禿頭者遭殃而已。齊氏治安部中的李在中局長，亦因禿頭，而遭傳詢，此案雖為活見鬼，終以不了了之。而齊燮元卻為之捏一把大汗。

齊於和平後，被解往南京，經過審訊，即槍決於南京雨花台。這位北洋軍閥餘孽，畢竟不得善終。

六、川島芳子與名伶李萬春醜聞

川島芳子（金壁輝）每自稱金司令，其（司令）頭銜的來源，既非由華北傀儡政權所任命，亦非日本關東軍方面所任命或予以支持。她的這一（司令）官銜，說來可笑，原來是由熱河土匪中的一個桿子頭兒（北方擁有一股勢力之土匪，俗謂為桿子）推舉她做的。土匪何以會推舉一個女人為首領呢？芳子又有何力量而受土匪桿子頭兒擁戴呢？且聽筆者道來。

在七七事變前熱河境內有一股土匪，約計千人，他們擁有土製軍火，以之打家劫舍，官府莫如之何。查此股土匪原為地方團隊，自日人侵佔熱河後，予以解散，於是，團隊遂一變而為土匪，自成一桿了。

金司令的部下是土匪

這個土匪頭兒名成方，乃滿洲金州人，據說為肅親王的舊屬。他聞川島芳子之名，又以芳子乃肅親王之女，自幼喜著男裝，好馳馬試劍，頗有男子之風。因此，頗想走她的門路。

某次成方偶來北京，暗中進行購械勾當，特設法往見芳子，芳子初不知其為桿子頭兒，對此不速之客，不過虛與敷衍而已。不料經過幾次閒談，成方表露身分，且面申仰慕之忱。芳子此時頓起野心，竟自告奮勇，代成方向各方面設法購買軍械。成方於感激之餘，遂在口頭上推舉川島芳子為「司令」。芳子亦聞而大樂，直受而不辭，從此遂稱金司令矣。

按滿洲皇族姓愛新覺羅，而此四字若譯成漢文，其意即「金」字，芳子自稱金司令，當然與此有關。若問她的部隊在何處？相信連她自己也不會知道。但她卻膽敢利用此一名義為號召，經常與日本浪人相往還，大概當時在華北日本駐屯軍之歷任司令，多與芳子有其超友誼的關係，其中，以與多田駿司令官為最密切，芳子有一時期，即挾多田以自重，每憑藉多田之掩護，設法供給熱河土匪之軍械。同時中日雙方人員亦皆視她為日本女間諜，至於是否真正負有重要使命，只有天曉得。多田當時駐紮天津，芳子亦在天津日租界福島街開設一間大酒菜館名「山海樓」，亦即以此酒樓為她的活動大本營，每日戎裝出入，路人側目。至於在熱河的那一股土匪，日方既不問不聞，華北官方對之亦莫測高深，甚至有人誤會這股土匪或為抗日游擊隊，馬馬虎虎，從來無人加以深究。多田駿雖甘願為芳子作後台，遇事為她撐腰，無如芳子不自檢點，招搖太甚，終受到軍方之責難。多田至此亦感無法庇護，曾警告芳子：「倘再招搖，即勒令離津回滿。」因此，她迫得銷聲匿跡者，凡一年。迨七七變作（按：

以上所述芳子在天津自稱「司令」等經過情形，皆為七七事變以前事），芳子始悄然赴北京另作活動，行動詭秘，無人知其來龍去脈。此時日本駐天津司令官已易人，多田駿亦已調充師團長。而整個華北不旋踵間已由宋哲元之手轉入日本人管轄。芳子在天津福島街的酒樓這時經已轉頂他人。自轉移陣地來北京居住後，似乎靠山已失，鋒芒盡斂，中日雙方已少人再買「金司令」的帳了，乃以「醇酒男人」為務。

李萬春作了入幕之賓

她在這段時期，頗感寂寞，除與日本軍人偶有往還外，因為手頭還有點錢，生活優裕，大抵男子在失意時，如古時的孟嘗君等，則以醇酒美人以自娛，女子如川島芳子，又何嘗不可以「醇酒男人」作排遣！此時芳子已是望四之年，雖然營養得宜，未現老態，但年齡不饒人，然亦僅餘徐娘風韻而已。前閱某報刊所記川島芳子，在汪政權時代，尚稱之為美人，大概該文作者從未見過芳子，尚以為西施至今未死！據筆者所知，汪政權登台時，她的芳齡已超過四十大關。

且說芳子某日在北京新×戲院欣賞京劇名武生李萬春之〈兩將軍〉（即〈夜戰馬超〉）後，散戲時，她即赴後台面約李萬春同車回公館，李伶此時已非童伶，其父李永利亦無力限制其自由行動，且李伶久聞「金司令」之大名，為了好奇心所驅使，乃欣然願往。芳子的香車既載得名伶歸，這一夜的春光如何，自非外人所得而知。起初，戲班的同業，以李伶得邀「金司令」的寵眷，為之艷羨者頗不乏人，一度且傳李伶曾拜在芳子裙下為「御兒乾殿下」，義母義子，打得火熱。不料過了一段時期，芳子忽誣告李伶竊盜了她的大批金飾，報官拘人，一時消息傳遍九城，成為頭條花邊新聞。

李伶與芳子之間，交情既深，本可共財帛，且李伶亦頗有資產，又何至盜取「金司令」之飾物。原來芳子此時已有點窮極無聊，所謂失竊金飾，竟是她故佈陷阱，誘使李伶入彀而不自覺耳。事緣某日李萬春於清晨離金宅，抵家後，因一夜辛勞，乃再入睡，午間忽而警察突至，來勢洶洶，李伶以已屬藝人，素無政治關係，了無畏懼，乃即時穿衣著履，隨警察直入區署，署長與李伶本為相識，並不以犯人待李，並著其坐下問話。

破財擋災李伶食惡報

該署長問李伶道：「你知否有人報案，說你偷竊了她的飾物，價值巨萬？」

李伶答：「是誰呢？我簡直莫名其妙！」

署長道：「不是別人，是金司令，她的神通廣大，對於她的事，我們不敢馬虎。你若真的偷竊過，請你照直講，讓我也好設法替你調停，不然要大失面子了！」

李伶聽說報案的人竟是「金司令」，也是為之一怔，繼而才恍然大悟，他正想向署長申述時，恰巧署長這時的眼光卻死盯著他的腕間，原來李伶的左手腕上赫然戴有一隻霞光璀燦的鑽鐲。

李伶正待開口，署長卻板起臉孔道：「希望你乾脆一點，快說老實話，你自己看看吧！人贓並獲，還有什麼抵賴的呢？」

李伶此時忽然又伸出右手來，苦笑著向署長道：「您看！我手指上還戴有一枚翠戒哩，這都是她的東西。署長！我上當了，我說出來，大概你就會明白的。」

署長道：「快說，快說！」

李伶道：「事情是這樣的，昨夜我是住在她那裡，在半夜時，她斜躺在枕頭上，將我的手從被褥裡拉出來，就將這枚翠戒戴在我食指上，並且還說你戴些時候，再來換一枚別種式樣的，這：不比我單送給你一枚好嗎？說著說著，她就同我戴上了。這時她的手皮包打開著置在牀頭，我於無意中翻了一下她那個皮包，看見了這隻鐲鑽，她又要與我戴上，我曾說男人戴鐲不是樣，她卻說戴著玩玩不要緊的，我就任由她擺弄，昏昏入了睡鄉，之後一覺醒來，已日上三竿，連臉都沒有洗，匆匆忙忙穿起衣服，就回家，回家後因為感覺疲倦，已無心練功，埋頭再睡，已將此事忘得乾乾淨淨，我還是剛才同您說話時，才看見腕上有鑽鐲，這真叫我跳入黃河也洗不清！署長！這也許是我的報應吧！」

署長聽罷李伶的供詞，雖認為入情入理，但要是上法庭的話，這情形，還是沒人相信的。署長考慮了半晌，便對李伶道：「你打算打官司，還是破財擋災？依我看這是圈套，你上當是上定了的。」

李伶答：「我寧願破財擋災，求求署長作主了卻這件事吧。」

結果，李萬春被拘留在區署中優待了一夜。直到翌日傍晚才得到署長的回話，據說「金司令」所失飾物甚多，開列了一張失物詳單，約值十數萬元之鉅，除已取回兩件外，其他也還要值五六萬元，非照賠不可。李伶一聽回話，氣得啞口無言，良久才央求署長道：「這件事只有求您多多成全了，我那來這麼多錢呢？」

署長笑答道：「誰叫你要尋快活，如今吃點苦頭只好算是活該了。」結果，李萬春迫得賣了北京潘家河沿的房子給名花面金少山，但也只籌得三萬多元，還差一半，幸虧由署長作中間人，說好說歹，奔走成全，李萬春才算是破財擋災了事。這也是伶人貪淫之報。從這件事來說，可見川島芳子晚年之窮困與無行，竟至如此地步。世人每以芳子為豪爽而富有之美人，絕非事實。

作風大膽無神秘可言

芳子自與李萬春因這一樁飾物公案而絕交，不久，他又轉上了京劇名坤伶新艷秋的念頭。新伶算是一世專走霉運的可憐蟲，不幸又蒙芳子所垂青，在某一段時期，彼此出雙入對，似乎在鬧著同性戀。她們常常聯袂赴新×戲院觀劇，芳子奇裝異服，必高坐第一排靠近舞台之包廂，顧盼自豪。傍坐之新伶，則如轅下之駒，木木然毫無表情。散戲後，又隨之返宅。「金司令」此時真似司令一般的策驅新伶，有如女奴。直至勝利來臨之前二年，日駐軍因芳子行為怪誕，聲名狼藉，乃唆使一些浪人，控告她「接濟土匪，詐取民財、強佔男女戲子」等罪名，勒令她速回大連。從此之後，北京即不再聞人談「金司令」了。而新艷秋方脫虎口，不意又遇上繆斌被刺而受牽累，幾至於危。所以筆者認為新伶一世走其霉運也。

前閱香港某刊物所載：川島芳子曾到南京與李士群之妻葉吉卿合作充日方間諜云云。唯據筆者所知，芳子從未在汪政權中活動過，李士群之妻，自李死後，亦未作過特工工作。李氏舊人，均已分散於各機構服務，未聞有何其他活動。川島芳子雖一度曾為日方之女間諜，但在我國抗戰後期，她因行為浪漫，不理於眾口，已鬱鬱不得志；其實，芳子除作風大膽，故作神秘外，並無若何神秘之可言，何況在華北她的名氣太大，人人皆知其為女間諜，所以日方早已不再利用她充間諜了。大凡充間諜者，無論在民主、獨裁、共產各種制度之下，一經暴露身分後，舉世皆知其人，則不能再用。若在共產制度下，甚或要加以消滅，芳子自亦不能倒外。準此而論，在抗戰後期，她何能再到汪政權之下度其間諜生活呢。

勝利後，芳子終以間諜罪被判死刑，確已驗明正身處死，或傳死者乃係替身，不足信也。

總而言之，芳子之充間諜，並無多大成就，世間以其為肅親王之女，又為蒙古王子之妻，故待為加意渲染，遂成孺子之名而已。

七、王克敏有女刺父

王克敏任「華北政委會」傀儡委員長時，忽一日召其戚氏某至其私宅，告以有事奉託，當即命其幼女出見，限翌日由該戚攜其幼女赴滬轉送香港。王氏之戚為周姓，乃山東人，而生長於粵省者。該戚受託後，面問原由，王但云：抵滬時有人來接，到時問來人即知等語。

周姓戚不便再問，只得告辭返家，摒擋一切，翌日乃攜王之幼女乘津浦鐵路火車南下，車抵滬，果有人來迎，始備悉此事經過。周某至此方知受命送女之根由也。

燈下寫日記的驚險鏡頭

王克敏別號「王瞎子」，在黃郛時代他已喪一目，其後另一目亦視線模糊，每因風流淚，夜間有所書寫時，必須在強烈燈光下行之，否則無法執筆。

某夜，王氏正作日記，記其當日與日本方面交涉之經過與困難，因感環境之惡劣，下筆之際，不覺滿紙牢騷。日記將寫完之頃，王氏忽覺自己之右頰奇涼，似有冷水滴下，王初以為係右目因風流淚，未加注意，書寫如故。未幾，忽又覺左面又著水點，王左目早瞎，並不似右目之見風流淚，何況室內無風，何來淚水？王正狐疑間，耳畔卻聞呼吸聲，乃驚覺，回首一望，見其幼女方手執利刃高舉欲下，王驚而怒斥之，女擲刃於地，抱父痛哭。王問女何以行此逆倫之事？女以受人教唆，以殺漢奸對。王又詢以何以良久不下手？女此時神色稍定，悽然答道：「爸爸在日記上所寫之事，似不如外間所傳者，爸爸亦同女兒一樣愛國，女兒實不忍下手！」王如夢初覺，與女對泣而不能成聲。為保女兒不為發號施令者所殺，惟有令其離開北平，南去香港。一幕刺父不遂案，後此終於外洩，論者遂謂王氏有女矣！

王克敏飽受其表弟之累

王克敏有表弟潘藩蓀者，當王出任華北「傀儡」時，被王任為華北郵政總局局長，此乃華北最肥缺，待遇之佳，一時無兩，舉凡局長之住宅、車輛、私宅傭人以及一切日用品等，均由公家配給，甚至防空用之沙紙（糊窗用）、漿糊、味之素、白鐵（製水壺用）等物亦無一不備，至於米、煤、柴、油等，更無論矣。

北平郵政總局長之官舍，在霞公府左近，為一十樓十底之三層樓洋房，佔地十餘畝，具花圃園林之盛，內外僕傭幾及二十人，一切開支雖均由公家支給，而局長月薪及津貼交際等費，尚可獲六七千元。在三十年前，似此待遇，恐行政院長亦不過如是。

照以上所述郵政局長之優厚待遇，潘某既能坐享，理應忠於其表兄矣，詎知潘某竟不然，除驕狂放蕩常為王氏樹敵外，且於抗戰勝利後，王氏將祖上三代所存之古董裝箱，交潘代為保存，潘親此大批珍品，不覺食指大動，終於思得妙計，將王所存之物，分別改裝，重新釘箱，其中精華則早已移存他處，據為己有，然後再以剩餘之糟粕，出首舉發。當時一般「劫收」大員，猶以為潘某大義滅親，欣然承受，且予錄用。

王克敏生卒具有一種惡習，每喜詢問親近左右之人曰：「近日外間有人罵我或批評我否？」一日，王偶以此語詢及潘氏，潘一時不知所對，適潘於是日午間曾宴客於其私宅，忽憶及參加宴會中之友人李某發言最多，為了敷衍王氏，乃匆匆舉出李某以對。

王又問：「李某如何罵我？」潘一時又啞口無言，苦思有頃，忽憶李某之祖父昔年在廣州候補時之笑話以對。（筆者按：李某之祖父昔年曾戲擬一副對聯，罵王克敏之父為龜，此一幽默故事，穗垣人氏多知之。）王聞而大怒，連說：「可惡！可惡！我必撲殺此人。」

王誤信潘某之言，以李氏如此侮辱，安得不怒，從此王氏與該李某勢成水火，而李某當時亦在華北供職，且為南京方面派駐北方之代表，迨汪精衛登台後，由於李某向汪進言，終因此而使王氏倒台。潘某但顧一時逢迎快意，拾往事以害人，豈非表弟害了表兄乎？

嘆為觀止的簽呈與批示

王克敏在晚清雖曾中舉人，其後卻轉行充任洋行買辦，以在中法實業銀行任職為最久。因收入充裕，一直揮霍無度，等到出任北政府財政總長時，更豪於賭，曾用去僕人「頭錢」廿萬元之鉅，遂有「流氓少爺」之稱。

王任華北「委員長」時，委員會（外交大樓）有電燈匠，年終例有賞金及來年加薪事，庶務科上簽呈云：「電燈匠擬加薪金十元。……」王批云：「一加十元，未免過多，暫加五元，明年再說。」

又嘗宴客，用泰豐樓菜四桌，隨來有侍者八人，例有賞金，庶務又簽呈，擬每桌賞小帳十元，王批云：「每桌賞十元，何慷他人之慨如此。」似此種細事，乃形之筆墨，真可笑也。每次宴客畢，庶務又須上簽呈，候「委員長」批示，簽呈內容大致如下：「梨五枚吃去三枚；葡萄一碟餘四十粒；紅菓一碟未動；胡桃餘半碟；蘋果五枚餘二枚；煙捲兩筒吃去六十四枝，存三十六枝等等。」

王則批示云：「水果等存樓上小冰箱（王氏自用），煙併為一筒，存樓上小櫃內。」似此吝嗇，實屬天下少有也。

八、汪精衛訪北平精彩的一幕

汪精衛於所謂「還都組府」之後一年（一九三〇年）春，曾率同汪政權之中委及部長級人物數人，乘專機飛赴北平一行。當專機抵達北平西郊飛機場時，日方及華北傀儡組織之軍政要人，均曾齊集機場恭迎如儀，由機場至行轅，沿途清道戒嚴，崗哨每隔十步背對背舉槍致敬，汪之座駕車以八十公里速率在北平市內絕塵而馳，市民凡住樓上者，均須閉窗，不得探頭觀望，除迎接人員導車前行外，尾隨車輛，數以百計，一路浩蕩疾駛，鴉雀無聲，直至北城定府大街之翠明莊（前清慶王府）。其嚴肅景象，為民國以來所罕見，汪氏顧而樂之，大有漢高當年「今日方知皇帝之可貴也」之概！

下榻勤政殿警衛森嚴

汪抵平後，日方駐華北軍政機構之各首腦，皆深知汪氏那一副自尊心與自卑感交縈於懷的矛盾心情，為予汪以體面起見，於汪飛抵之頃，即紛紛投帖求見，執禮甚恭，汪自一一欣然接待，每客寒喧數語，滿面春風，來賓均以「主席（尊稱汪）一路辛勞，不便久擾」為言，行禮而退。汪亦知此乃禮節上應有之表示，匆匆送客，頗現忙碌。「翠明莊」雖為慶王府所改造，但僅為一普通之「迎賓館」，其性質類似旅館，故於保衛方面，每感不足。汪氏在「翠明莊」亦僅下榻一宵，次日即遷駐中南海之勤政殿。

勤政殿建於前清末造，袁世凱稱帝時，曾加以改建及裝修，成為中西合參之格局，規模雖不大，略肖法國之凡爾賽宮。民國肇建後，因清遜帝溥儀居故宮猶未遷出，袁任大總統時，多在此殿辦公。此後，直至第二次奉直大戰，吳佩孚覆敗，各方擁戴段祺瑞出為執政，當時即係在勤政殿召開所謂「善後會議」，共謀解決國是，全國各方面代表雲集於此，一時稱盛。

該殿之正中為圓頂，全殿作月牙形，可容四百餘座位。殿內尚有大小客廳四間，臥室與套房俱備。殿外之長廊兩側，可開酒席百桌，廊前近大門處之左右，又有休息室六間，室內亦皆有衛生設備。猶憶「善後會議」召開時，筆者適充粵軍總司令洪兆麟之代表，參與會議，曾逗留三閱月，故知之頗詳。

閒話表過，且說汪自遷入勤政殿後，保衛工作，安排得十分週密，內圍全由北平警察擔任守衛，外圍則由裝備精良之保安隊任之。至於南海沿岸及正門口，又另派中國憲兵站崗，裡裡外外，並無一個日本憲兵混雜其間，蓋恐汪見之有刺目之感也。

行政大樓公宴小插曲

汪於翌日午間起，即在大殿上接見普通賓客，若來者為華北較重要人物或係日方將字號軍官，則改在小客廳延見（所謂小客廳，亦可坐四五十人）。惟汪氏甚懂得做人，他傳諭下來，首先要延見者為北京各大學校長，其次則為民眾團體代表，藉以表示他尊重民意及教育之意，此雖為做作，然亦為各方所稱贊，是為汪之小聰明處耳。

汪於接見若干民教代表之後，仍未輪到與日方貴賓周旋，卻先傳見「華北委員長」王揖唐以次諸要人，惟此種官式傳見，不過官樣文章而已，一問一答，刻板之至。重要者係在第三日之個別接見，始詳談華北方面之治安情形、經濟狀況以及民間疾苦。汪既殷殷垂詢，而華北各巨頭亦皆據實直陳，氣氛至佳。

第三日之夕，王揖唐及各署督辦等，聯合具名正式公宴汪氏於「行政大樓」，是夕之會，並無半個日本人參加，表示純為中國內部之事，此則與當年華北「臨時政府」及南京「維新政府」有所不同。歡宴之前，大家認為公宴主席，規定與會者皆御西式禮服或中國長袍馬褂出席。汪於事前得聞此事，特別表示客氣，諭令均衣便服與宴。晚六時，王揖唐來得最早，他穿西服居然未結領帶，未免太不雅觀，當時幸有人趨前告之，王始臨時著隨從人員隨便找來一條領帶，結於領際，因彼素來不愛此調調兒，以致領結打得又歪又大，他自己既感覺彆不舒服，別人看了更為之忍俊不禁。「財務督辦」汪時璟更荒唐，他施施然從外面走進來，卻穿起一套淡黃色獵裝，他如此打扮，是有意抑或無意，旁人無法推知，有人認為有些不倫不類，乃與耳語，並偕之遄返其私宅更衣，在途中汪竟一再聲言：「這是我剛才換的衣服哩，難道這不是便服嗎？」偕行者即向之解釋道：「此時已過七時，豈宜衣獵裝赴會？且夜宴雖不必穿禮服，但起碼亦應穿深色上裝，方合身分，何況你今晚還是主人之一呢？」汪無奈，只好換穿一套，再返「行政大樓」，在車中時尚自言自語道：「俗語說，三代為宦，方學會穿衣吃飯。這話真不錯，只怪陶良五（汪之秘書）誤我，說是穿獵裝可以出席宴會，陶乃燕大學生，竟不懂禮節至此，令人可嘆！」此皆是夕宴會中之小插曲也。

七時一刻，汪精衛率各中委抵步，歡然入座，完全顯示出一派領袖風度，其一舉一動，一言一笑，在華北特殊環境下，做得恰到好處，令人嘆為觀止。至九時餘，始盡歡而散。

慶王府傳戲佳劇連台

汪於接見華北方面之教育界、民眾團體以及地方官吏，並接受歡宴後，始邀日方要人來見，舉凡興亞院、日本軍方、特務機關、駐北方領事等等，均分別接見，極盡周旋肆應之能事，接著又出席日方之聯合邀宴。因筆者當時未會參加日方之宴會，此中經過，無從記述，僅得汪氏左右相告，汪素善辭令，是日在日方歡宴席上致答詞時，措詞甚為得體，而日方人員對汪，其恭順亦有如中國官吏等語。

汪氏在平數日，除與華北各政要以及日方人員作種種周旋外，並特赴北平西郊謁中山先生之衣冠塚，為了收拾黨內人心計，汪於謁衣冠塚時，悲悲戚戚，表演得如火如荼，令人感動萬分。王揖唐等為了要安慰主席，特假「翠明莊」傳戲助興。（按：當年北京政府請客欣賞平劇，謂之傳戲；人民家有喜慶事而演劇，則稱堂會。堂會得給戲價，傳戲則予賞賜，故其性質略有不同。是次為汪所傳戲，筆者尚記得倒第二齣為孟小冬與某名旦之〈武家坡〉，汪對京戲原是門外漢，聽完一折後，照例拍幾下手掌，其他來賓見主席拍掌，亦隨而拍之，因主賓若不拍掌，其他人等皆不便劈劈拍拍也。）

大軸為〈群英會〉，京劇名角薈萃一台，計有馬連良之孔明、譚富英之魯肅、葉盛蘭之周瑜、裘盛戎之黃蓋、蕭長華之蔣幹、侯喜瑞之曹操、劉連榮之龐統等等。此台戲可稱珠聯璧合，美不勝收。（筆者按：中共所攝製之《群英會》電影，不過與此次有一二角色不同耳。）雖不懂戲者，亦可看得明白，汪氏看得興起，接連鼓掌不已。惟此時已屆深夜二時，北方冬季，夜間已是滴水成冰，演戲是在舊慶王府（內建有新式戲台，池座可容八百人），汪之座位，乃特備之長梳發椅，相當舒適，因好戲當前，不覺時間已遲。可是由慶王府回勤政殿，走大路必須經過東四牌樓，而「東四」乃北京城內東南西北之通衢，夜間仍有不少行人及車輛。是夕因汪氏觀劇，早已宣佈戒嚴，交通斷絕已兩小時，城內行人，候解嚴於四座牌樓之下者，已麕集有數百人之多，在零下十度之酷寒下，進退維谷，莫不怨聲連天，汪之左右雖知此情，亦不敢面報，何況誰也不欲使汪氏掃興。筆者是夕適坐於汪之後一排，獲知戒嚴情形，乃悄悄言於汪，汪似有未窺全豹之憾，但又不得不行，終於提前離座而起。最後一齣〈水簾洞〉送客戲，遂不必演下去矣。

新民會演講涕泗滂沱

汪在平逗留期間，並在「新民會」作了一次最精彩之講演，值得大書特書。按北平之「新民會」，完全為日人在幕後提線，在表面上雖有如一個政黨組織，其實乃日人的御用機構，號稱為民眾團體，不過裝飾品而已。

汪初以為該會真屬民意機關，有意加以利用一番，這完全是「黨老爺」思想，無奈「新民會」在華北社會上根本起不了任何作用，汪雖經明眼人告以該會內容空虛，何必徒費唇舌，但汪氏卻自有打算，依然堅持己見，非要前往該會演說一番不可。終於抵平後之第三日午後，直赴「新民會」，當時日人尚不知汪要說些什麼，不免有些放心不下，但尚不至如「偽滿洲國」之對待溥儀，敢於事先索取演說詞也。

汪本美風姿，此時雖已望六之年，視之猶如三十許人，頭髮純黑，無一根白莖，是以東京人士稱汪為「優男（即美男子）」，信不誣也。

除此之外，汪更具有玄德之能，善於哭，俗語說：「劉備的江山是哭出來的。」汪近似之。汪是日在該會演說時，於未演說前，先已表示悲傷，他開口第一句便說：

「我今天到這裡來和大家見面，令我不知是歡喜，還是悲傷？我以同胞的立場，同諸位說幾句話。本來，我們的國家到了如此地步，還有什麼話向大家說呢！不過，只要我們一息尚存，總要說說的。

「我知道，世上罵我的人不少，也許在座諸君，也可能要罵我而尚未罵出口的，以國家立場來說，有人唱高調，有人唱低調。唱低調的，必為多方面所不原諒的。但是唱高調於事實又有何補呢？我還都組府，就是唱低調！

「南京終於守不住而告淪陷，人民死傷以百萬計，土匪遍地，治安無法維持，我才冒天下之大不韙（汪說到此處，痛哭起來了）！使到淪陷區，仍有一個整個的政府，人民總比『三月無君，惶惶如也』要好些啊！辦起交涉來，人家也有一個對象。等到天下太平，人心厭亂，不但中國，就是世界各國也無有百年戰爭的道理，終有一天要和的，敵人也會變為朋友的。

「我呢，是受過的，保全地方人民是我的私願，我盡得一分力量便盡一分。但是將來立國，使到國家富強，那又是你們青年一代的責任，望諸位好自為之，我方才說：『世上無不和之局』，復興中國，全在你們了。」

說到此處，不但汪個人涕淚交流，痛哭失聲，會場上的千數百人，亦無不動容，亦有為之嚎啕不已者。此一幕悲喜劇，歷六十分鐘始閉幕，在場的中年人無論矣，即青年人亦為之大受感動。散會後，人人都是眼睛紅紅的。

按汪氏的全篇演詞無一字在表面上指斥日人，但內容無一句話不是針對日人，且說世上無不和之局，人與人之間，不可種毒太深，事後，日方無論軍人、政治家、學生、人民甚至浪人，亦深佩汪之辭令。北京有句土話說：「罵人不吐髒字。」其汪之謂歟。

從容作楚囚難忘往事

雖然，汪這次在「新民會」演說起不了多大作用，但對淪陷區人民來說，已是一付清涼劑，以前各地方政權曾對人民說過一句人話嗎？即勝利以後，黨國要人中又有幾人說過責己而安慰人民的話呢？

汪這次北平之行，除公事外，曾涉及一件事隔多年的私事。事緣當年汪氏在北京銀錠橋謀炸攝政王載灃不遂，反遭逮捕，下刑部獄。當時清廷民政部尚書為肅親王善耆，內城巡警右丞為治銳。該案審問時，堂上令汪供述行刺詳情，汪云：「不必多言，拿紙筆來。」一篇洋洋數千言的供詞，一揮而就。肅王憐其才，言於載灃，以為「殺一革命黨，並不足以鎮壓，不如將汪改為終身監禁，表示朝廷寬大，使黨人感恩圖報。」所謂「感恩圖報」，不過滿人一廂情願的想法，漢人絕不因汪之不死而不革清朝之命。

汪被判無期徒刑後，在刑部天牢執行，在封建時代，監獄直與地獄無異，而刑部天牢，更為殘酷。汪入牢後，事竟有出人意料之外者，有獄卒某，睹汪狀，深憐惜之，待汪異於他囚，汪之換洗衣服，每為攜歸，交其母洗濯，隔三五日，且為蒸饅首送汪果腹，汪初以為出於清廷之優待，不以為意。為日既久，聞獄中人言，方知乃獄卒某對一己之特別待遇。此獄卒何以對汪如此，至今不得其解，筆者在北平時，曾親詢過此獄卒，彼亦說不出所以然。後汪拜此獄卒之母為乾娘，且與獄卒稱兄道弟焉。

獄卒晤主席佳話流傳

汪此次既抵北平，偶憶及此獄卒母子，先問筆者此母子是否尚在人世？筆者乃即走訪典獄長朱某。（朱某為廣東探花朱汝珍之子），探詢此事，朱亦不審，乃遍訪當時北平內外城各監獄，或其中老獄卒有悉當年之事者，幸中國無退休之例，否則汪氏此次將無法報恩矣。訪查過後，果於西郊模範監獄中覓得當年獄卒，蓋彼已服役歷兩個朝代，乃令朱典獄長偕彼至城內面謁汪氏。汪與獄卒晤面時，汪仍貌如青壯，而獄卒已白髮蒼蒼，其實彼二人之年齡，不相上下也。獄卒見汪，幾不相信汪即為四十年前之死囚。汪對獄卒則溫諭有加，並問老太太好（按北方無論各階層，均稱呼他人之母為老太太），且贈以五千金，並云要去拜候乾娘。獄卒答稱：「老母染病臥床，一俟痊癒，再來稟安。」（稟安二字，為北方後輩對長輩或低級對高級用）。汪連說：「還是我去看他老人家吧。」獄卒連稱：「不敢！不敢！」遂告退。都門人士，獲此訊息，一時九城哄動，傳為佳話，比之為漂母飯韓信故事再見於今日。汪於晤見獄卒後之翌日即飛返南京，當然無法履行諾言。僅囑設法為獄卒調一優職。但事後獄卒表示，身無他長，願終身為囚犯服役。筆者乃轉告朱典獄長，朱乃以初級典獄吏任之，該獄卒已喜出望外，此母子蓋亦奇人歟。

冀東政府興亡史

關山月

盧溝橋上砲聲打響以前，中日關係，實在是一篇無奇不有的爛帳。

那時，日本軍國主義者，居然在中國的土地上，公開地豢養和卵翼著三個半「向日本一面倒」的畸形政權組織。那就是：

關外的「滿洲國」；

故都近疆的「冀東防共自治政府」；

嘉卜寺的「內蒙古軍政府」。

那個以宋哲元、蕭振瀛為首的「冀察政務委員會」，名義上雖然是中國政府的行政機構，彼此之間，也似有似無地存在著一點聯繫。但是，實際上它也是由關東軍製造出來的，而且在成立的初期，親日的傾向，非常強烈。因此，把它算做當時半個「一面倒」的畸形政權組織，客觀說來並不過分。

「冀察政委會」和日本的關係，其所以後來越鬧越僵，固然一方面是由於日本軍國主義者貪而無厭，得寸進尺，引起了強烈的反感。另一方面是受到了全國人民反日高潮的壓力，再處處退讓下去，就會弄得身敗名裂。但是，真正使雙方開始磨擦的轉捩點，還是因為「冀察政委會」本身的利益，受到了損害。這關鍵，就是殷汝耕的「冀東防共自治政府」。

談到「冀東政權」這段令人不痛快的掌故，就要先提一下《塘沽協定》的舊事。

那時，關東軍席捲了遼、吉、黑三省以後，馬上又趾高氣揚地向關內「進軍」。從猛攻山海關起，到《塘沽協定》簽字，一共只費了五個月的功夫。中間的經過，大致是這樣的：

一月三日（一九三三年）——攻佔山海關
一月十二日——攻佔九門口要塞
二月二十七日——分三路攻入熱河
三月三日——不戰而取承德
三月十日——與二十九軍大戰於長城喜峯口
三月十二日——攻佔古北口
四月十一日——攻佔冷口
四月十六日——攻佔秦皇島、北戴河、昌黎
四月十八日——攻佔灤東各縣
四月二十九日——攻佔多倫
五月十四日——攻佔灤州
五月十七日——黃郛以「行政院駐平政務整理委員會委員長」的資格，赴故都坐鎮。
五月十九日——日軍前鋒迫近通州（距故都只有十哩）
五月二十二日——雙方商議停戰

五月二十三日——雙方獲得停火協議
五月二十四日——日軍攻佔寧河
五月二十九日——雙方各退軍三十里，以利和平談判。
五月三十一日——中國代表熊斌，關東軍代表岡村寧次，正式簽署《塘沽停戰協定》。
當時的局勢，以及《塘沽協定》的內容，都可以從下面這通密電中，看出來個大概：

南京……汪院長、南昌蔣委員長，密，親譯，極密。……各部隊兼月作戰，將士傷亡甚多，疲敝之餘，戰意已不堅決，就昨晚情形觀測，方成不戰自退之勢。……若竟任其自行崩潰，華北局面將至不可收拾。……

日方提出如下之二項條件：

①中國軍隊撤退延慶、昌平、高麗營、順義、通州、香河、寶坻、林亭口、寧河以南以西。今後不准一切挑戰之行為。

②日本軍亦不越上之線進擊……。

職等就此條件密商詳議，愈以此時前線情形如彼，而日人復以多金資助齊燮元、孫傳芳、白堅武等失意軍閥，有組織華北聯治政府之議，熟權利害輕重，與其放棄平津，使傀儡得資以組織偽政府，陷華北於萬劫不復，何若協商停戰，保全華北。……於是……對其所提四項條件完全接受。……肅電奉聞，伏乞鑒核，職何應欽、黃紹雄、黃郛、溸辰行秘印（發電日期：一九三三年五月二十三日）

根據後來正式簽署的協定各條，關東軍非但不能再追擊，而且要「自動歸還至長城之線」。換句話說：就是要從淪為戰區的冀東二十二縣（包括懷柔、密雲、順義、盧龍、灤縣、臨榆、撫寧、豐潤、玉田、樂亭、昌黎、遵化、遵安、薊縣、寧河、興隆、通縣、香河、平谷、三河、寶砥、昌平各縣，以及都山設治局），完全撤退出來，交給中國的保安隊來加接收。一時，所有在日方卵翼下的那些「漢」字號部隊，無論是李際春指揮的也好，石友三指揮的也好，趙雷、鄭燕侯、郝鵬指揮的也好，都紛紛要求中國政府把他們改成駐紮在冀東的保安隊。結果，因為有關東軍在後面撐腰，中國只好勉強把他們留用了三分之一。其它的保安隊，就由當時的河北省主席于學忠，從自己嫡系的五十一軍裡撥出了兩個步兵團，來加以改編。——這一支隊伍就是後來殷汝耕稱孤道寡的時候，抓在自己手裡的槍桿子。

在當時的情勢之下，這二十二縣，自然而然地就成了一個特殊地帶。中國把它看做「收復區」，關東軍卻把它看做「中立區」。為了管理方便起見，黃郛索性把它分成了「薊密」和「灤榆」兩個專區，派他幕中的「日本通」——殷汝耕和陶尚銘，分任這兩區的「行政督察專員」，直接受「北平政整會」的節制。

前者的任命，出於黃郛最親信的顧問，何亞震的推薦。而後者則是出於日本武官柴山兼四郎的建議。從此，殷汝耕這位不甘寂寞，野心特大的「日本問題專家」，就結束了他多少年來「閒員清客」的生涯，開始真正「獨當一面」了。

殷汝耕，這個從「辛亥年的老革命」，蛻變成公認為「賣國賊」的特殊人物，是鄭孝胥的親戚，浙江殷家的「千里駒」，日本早稻田大學的高材生，黑龍會首腦頭山滿眼中的「英才」，郭松齡倒戈時的「交涉署長」；而且也是中山先生及蔣先生在東京小住時的「翻譯官」。

然而，在中國的官場上，他卻一直很坎坷，做的都是參議一類的閒差。即使在中日交涉的場合上，常常被派為中國代表之一，但是根據當時的各次會議記錄來判斷：他大概只是「敬陪末座」而已，並沒有什麼多發議論的資格。偶爾說一兩句話，也是「忠貞」透頂，毫沒有媚日和懼日的氣味。

真正有了辦交涉和發議論的資格，是在他搶到了「蘇密專區」這塊地盤以後，也就因而和關東軍在華北的一些風雲人物，真正搭上了私人關係。——從此，他的後台，就非正式地變成了日本少壯派的那一些人，弄得連黃郛的後任，有名的「野雞政客」王克敏，想撤他時，都撤他不動。

「薊密」是河北的豪富之區，「灤榆」卻比較清苦。決心和他搗蛋到底的王克敏，就退而求其次，不聲不響地下了個條子：要他即刻和「灤榆區督察專員」陶尚銘對調。

誰知殷的道行，也已經爐火純青，馬上向氣燄萬丈的華北駐屯軍參謀長酒井隆、北平武官室主任高橋坦，打了一個小報告，說「王克敏獨斷專行，目無軍部」。那兩個「闖禍精」，也很不高興讓別人悶在鼓裡，當然就採取「報復手段」，把到北平來「請訓」的新任「薊密區專員」陶尚銘，約往武官室，馬上不由分說，送進日本兵營去軟禁起來。

與此同時，殷汝耕卻走馬上任，去接收了「灤榆專區」。新任的「薊密區專員」陶尚銘，既不能親自到任，他當然也就不必再辦什麼交代，索性化兩專區為己有，儼然可以和于學忠、宋哲元之類的方面大員，分庭抗禮。——地盤既大，油水又多，槍桿子也頗為可觀，這幾點因素，都使素來野心勃勃的殷汝耕，覺得他自己的確已經具有了「百尺竿頭，更進一步」的條件。

關東軍本來想在華北搞一個「聯省自治政府」。但是，像石友三、齊變元、白堅武那樣野心大於實力的人，日本並不想要。他們想要的韓復榘、閻錫山、商震、宋哲元之流的實力派，但是人人意存觀望，不冷不熱。於是只好「拿一個算一個」，先從「冀察」著手。

但這也並不是一件容易的事。根據中日雙方的野史資料，來加以判斷：當時在二十九軍和關東軍之間，很可能有了一種默契：

一方面是：關東軍大力支持，二十九軍東山再起，而且成為華北的主宰。

另一方面是：宋哲元的二十九軍，在得志之後，要致力於「冀察自成一家」，進而至於「華北明朗化」。

否則，就當時的中日關係而論，一個剛才由於《何梅協定》而被明令免職的，二十九軍軍長兼察哈爾省主席宋哲元，絕不可能在短短的一個月之內，就拜命為「關東軍」與「華北駐屯軍」臥榻之前的「平津衛戍司令」。

同時，他那個在喜峯口上，很給了「關東軍」一點苦頭吃的二十九軍，也絕不可忽然得到了日本軍方的同意，「特許」他們進駐平津。在這裡，最值得注意的一點是：于學忠的五十一軍，在戰鬥力和戰果上，都遠在二十九軍之下，日本軍方尚且口口聲聲稱它危險，一定要逼它「南下」，離開河北。為什麼卻又會那樣獨厚於二十九軍呢？

還有一個旁證，就是蕭振瀛在「冀察政委會」初期的紅得發紫，而且儼然成了和日本軍方辦交涉的主將，不會是偶然的。日本軍方這樣相信他，支持他，是不是正因為他是替那個「默契」，穿針引線的人？

《何梅協定》的原動力，是在五月十日左右爆發的所謂「河北事件」。那時，「關東軍」和「駐屯軍」使用的藉口是：

一、有兩個親日份子，胡恩溥和白逾桓，忽然在天津日租界內，被人暗殺，日方認為是中國的反日分子，在「向駐屯軍挑戰」。

二、有一支被稱為「孫永勤股匪」的部隊，忽然從長城外，衝到遵化、遵安一帶，然後才又飄然而去。日方一口咬定：遵化縣曾經對這支隊伍，予以補給，而且還指示給他們撤退的路徑。

接著就由酒井隆和高橋坦，代表日本軍方，向「軍事委員會北平分會」，提出了四項要求。在六月十日這一天，就由何應欽與「駐屯軍」司令官梅津美治郎，共同了結了這件公案。——也就是後來的所謂《何梅協定》。

同日，中國政府也正式頒佈了一個《敦睦邦交令》；而且把「排日」的軍隊從華北調開。「排日」的華北官吏，紛紛免職更換。使河北和平津，一時陷入了政權的真空時代。

這時，在酒井隆之流的少壯派策劃之下，天津已經出現了一大批「團體代表」，結隊到駐屯軍司令部去請願，要求日本槍桿子支持他們，成立一個「人民自治委員會」，來「主持華北政務」。幸虧梅津美治郎這個人還頗識大體，根本對他們置之不理。——這一個迷你型的「華北自治」，才又沒有搞起來。

《何梅協定》成立了不到三個星期，失意的軍人白堅武，勾結了一些石友三的殘部，收買了一列停在豐台附近的鐵甲車，在六月二十七日的深夜，偷襲北平城，而且還公開地發表通電，說是要自己帶頭成立一個「華北國」！結果不到幾個鐘頭，就被故都的保安隊打得棄「國」而逃。——日本軍方少壯派搞出來的另一個「獨立運動」，又宣告流產。這便是所謂「豐台事件」。

第二天，比較老成持重的梅津美治郎，還特別發表了一個聲明道：

我軍所要求之主點，……互相尊重信義，努力和平，以圖華北狀態之寧謐；更以便除去中日親善之障礙，苟如徒為擴大事態，或妄行干涉內政，決不在考慮之中矣。

這個聲明，雖然給當時的中國政府一顆定心丸；但卻也很可能使他成了少壯派的眼中釘，因而丟掉了他在華北的紗帽。——八月上旬，他就被調走了。

接任的是「滿洲國」的開國功臣之一，多田駿少將，「和平解放吉林」，就是他當年的得意之作。上任伊始，他就在司令官官邸裡，舉行了一個日本記者招待會，向每人分贈一本他的大作，題名為《帝國對支那之基礎觀念》，除掉緒言和結論以外，裡面共有這樣的五章：

對支政策之根本原則

對支態度

對國民黨及蔣之認識

支那之赤化運動

華北對策成敗之重要性

在談到「華北」時，他說：

帝國須根據自主之立場，先自易於實施對支政策之地帶開始，速即實現日支共存共榮之樂土，然後逐漸擴張。……今華北地區最易實現上述樂土，且有實現之必要。……

同時，日本大亞細亞協會的負責人中谷武世，也在華北「視察」了一番，公開發表自己的感想道：

中國再建之方向，厥為聯省自治。……華北問題並不因冀察事件解決而解決，問題寧自冀察問題解決後開始，為期當在此九月。

多田駿的大作，剛才公佈了一個月，離故都四十哩的地方，就又發生了所謂「香河事件」。那時，香河縣政府改變過一次稅收辦法，引起了當地鄉民很大的不滿，就在鄉紳安厚齊、武垣的率領下，包圍了縣城，鼓噪請願。縣政府也連忙四門緊閉，登城把守。

在雙方僵持不下的時候。忽然有三個日本人，情願陪同鄉民代表陳志儒等，進城去面見縣長請願。誰知一進了城，就全部都被扣留起來。

過了不到四十八小時，就開來了二十幾個日本憲兵，把那三個日本人要了回去。接著也就由鄉民們大舉攻城，衝入縣政府，自己成立了一個「維持會」，根本不再接受河北省政府的命令。

臨近的幾縣，也隨著發生了「不穩」的消息。

這場民變，雖然有些群眾基礎。但是，有日本軍方在幕後操縱，也是一件無可諱言的事實。所以，當時的河北省主席商震，只好親自到天津去找多田駿「鼎力相助」。這個被日本軍國主義者渲染為「民眾自治運動」的事件，才逐漸地平復下來。

這種種跡象，都顯示著一點：「冀察特殊化」，在關東軍和駐屯軍的心目中，是事所必行；而且也已經醞釀到了相當成熟的程度。問題只在於什麼人？什麼時候才能正式登場？

那時，日本軍國主義者已經看得很明白：山西的閻錫山、山東的韓復榘，都寧可關起門來做土皇帝，而不願意參加什麼「聯省自治」，搞個關東軍來騎在自己的頭上。綏遠的傅作義，無論從地區、威望、實力上來講，都獨自起不了什麼號召作用。「華北五省明朗化」的夢想，根本一時還沒有實現的希望，退而求其次的辦法，是先搞「冀察特殊化」。在于學忠被逼走以後，雄踞河北的只有兩個人，一個是商震；另一個是宋哲元。前者的三十二軍，根本是支「花拳綉腿」的隊伍，而且在察哈爾絕無立錐之地。後者是以察哈爾為老家，平津為基地的；不待日本軍方舉手之勞，它早已把「冀察」併為一家。——從這點上來看：日本軍國主義者，一方面硬要把「冀察」拉在一起來「明朗化」；另一方面又不聲不響地幫助二十九軍，把它的勢力範圍，從察哈爾擴張到河北，造成了「冀察兩省，一家天下」的局勢，的確是有其深意在焉。

誰知地盤一大，勢力一張，身價自然也就隨之大漲。在蕭振瀛之流的肚子裡，也很清楚：日本軍國主義者既棄前嫌來替他們撐腰，目的不過是要利用他們來搞「冀察明朗化」而已，拖得越久，取得的代價自然也就越高。因此，宋哲元雖然早已在平津坐穩了江山，冀察兩省卻依終還沒有「特殊化」起來。關東軍和駐屯軍所得到的唯一安慰，就是蕭振瀛的滿口承諾和亂開支票。

凡是當時在華北懂得點政治行情的人，都了解日本軍方對「冀察」那種騎虎難下的尷尬。這時，自作聰明的殷汝耕，就忽然心血來潮，起了個「彼可取而代之」的念頭，帶著他手下的全軍首腦——五個保安總隊長，專程到天津去找土肥原，來個毛遂自薦，表示他們決心成立一個「冀東政權，首先發難」。

萬沒有想到，土肥原居然會藉口：《塘沽協定》的遵守與否，和關東軍的信譽有關。如果在「非武裝區」突然成立了親日政權，必然會大大影響關東軍的聲威。所以，他建議他們：「回去靜待冀察新局面的出現。到時，冀東區當然也會是一個重要的角色。」

殷汝耕在碰過釘子之後，並沒有灰心，反倒改絃更張，拚命在天津和蕭振瀛、陳覺生之流的二十九軍人物，折衝樽俎。終於在天津日租界蓬萊街的王揖唐私邸中，召開了一次「聯席會議」。參加的人，主要有：

蕭振瀛、陳覺生，以及二十九軍系統的「日本通」和策士。

殷汝耕、池宗墨，五個保安總隊長，以及這一系的「英材」。

天津的重要親日份子。

被「殷專員」特邀參加的「冀東耆紳」。

結果，一致同意了許多「必要的措施」。其中最重要的是：

一、由冀東首先發難，爭取華北自治。

二、由「薊密」和「灤榆」兩個行政區，合併而成「冀東防共自治委員會」，宣告獨立，脫離中央。

三、「冀東防共自治委員會」，以殷汝耕為首，下轄二十二縣，首府設於通縣（距故都只有十哩）。

第二天，從早到晚，滯留在天津的土肥原，都在忙著見客。——第一批是殷汝耕和冀東的新貴。第二批是二十九軍的蕭振瀛和陳覺生。第三批是以郝鵬為首的「冀東民意代表」。最後一個是在幕後策劃和支持這個運動的田中隆吉中佐。

他們都異口同聲地保證：「冀東獨立，只不過是要替『冀察明朗化』，做一個開路先鋒。等到『催生』的作用消失以後，自會和冀察政權合流，而自動解消。」

土肥原是和二十九軍有「默契」的牽線人，所以他堅持要使「冀察」成為宋哲元的「一統天下」。現在，既然得到了如是其多的保證，又親眼看見蕭振瀛在為「冀東」奔走呼號，也就順水推舟地對殷汝耕的「揭竿起義」，表示同意。

於是，《冀東獨立宣言》就在一九三五年十一月二十四日這一天，正式發佈出來了。

殷汝耕發出了「獨立宣言」的第二天，就正式成立了「冀東防共自治委員會」，使冀東二十二縣這個肥沃之區，成了「滿洲國」與中國政府之間的第三政權，撇開地盤和實力不論，先從理論上來講，已經在北方構成了一個鼎足的形勢。

又過了兩天，日本部隊連口都不開一聲，就佔領了豐台車站，刀鋒直指北平。於是，也立刻發生了預期的效果：中國政府連忙決定：

一、撤銷「軍事委員會北平分會」。

二、派何應欽為駐平辦事長官，與宋哲元「商洽安定華北辦法」。

三、派宋哲元為冀察綏靖主任。

商洽了十天的結果是：「冀察政務委員會」，終於出了籠；公開宣佈：在十二月十八日正式成立。

——這就可見：殷汝耕的冀東獨立，的確在促使中央對二十九軍讓步，以及促使宋哲元決定登場上，起過「催生」的作用的。

但是，一向野心特大的殷汝耕，嘗了一個月「南面稱尊」的滋味，就再也捨不得去而覓他，真的投到「冀察政委會」下去為一裨將了。支持他的那一派日本軍人，也覺得「冀察明朗化」是一件事，在「明朗化」時「統於一尊」，又是另外一回事。如果能在不統一的情形下，實現「明朗化」，日本軍方倒也許更容易控制一些。——因此，就在「冀察政委會」成立了一個星期，正在朝夕盼望「冀東政權」自動解消的時候，殷汝耕突然在通州通電宣佈：正式成立「冀東防共自治政府」，而且自任「政府長官」，兼「武裝部隊元帥」。

從這時起，「冀東政權」才真正有一個「省政府」規模的組織。在「長官」和秘書長之下，還設立了十個部門：

民政廳，廳長張仁蠡
財政廳，廳長趙從懿
教育廳，廳長劉潤生
建設廳，廳長王廈材
實業廳，廳長殷休新
禁煙局，局長劉友蕙
保安處，處長劉守紀
外交室，主要是日本幹部
顧問室，同前
參議室，同前

在七個廳局處長中間，有黨籍的「民國官員」佔了五個；過氣的「軍閥餘孽」，只有兩個。

控制在這個政權之下的槍桿子，約略計算一下，也有一萬七千人左右。在「元帥」銜的「保安隊總司令」殷汝耕麾下，當時一共有：

第一總隊，隊長張慶餘

第二總隊，隊長張硯田

第三總隊，隊長李允聲

第四總隊，隊長趙雷

教導總隊，隊長殷汝耕兼

除掉騎兵之外，還有炮兵。從訓練到指揮，實際上完全都抓在各隊的日本「教官」手裡。

在這支隊伍中，第一二總隊，老底子是于學忠的五十一軍。第三四總隊，完全是改編做的「漢」字號部隊。教導總隊也不過是由石友三的殘部，七拼八湊而成的。

為了要在日本軍國主義的面前，鞏固自己的既有地位，「冀東政權」採取了兩個使「冀察政委會」不便效法，也更不便競爭的措施。一個是在教育上，全盤地「滿洲國化」。另一個是在經濟上，把自己轉化成華北走私的大本營。使得日本軍方面再也離不開它，絕不甘心讓它被「冀察政委會」，三言兩語地一口吞掉。

它在教育上的花招，可以從一九三六年二月七日的〈電通社天津訊〉中，看見一個大概：

……自治政府編成之教科書，以東亞大同團結之思想，救育兒童。曾與瀋陽之「日滿文化協會」，聯絡編纂，現已脫稿，二月末印刷完畢。

從三月之新學期起，齊用新教科書，斷然排擊國民黨之思想，力言東洋民族之大同團體，採東洋固有之文化，尤其孔孟之道德思想，以為教材，並力主中日滿三國之協調。

這種教育方法，當然是日本軍國主義者夢寐以求的東西。二十九軍那時雖然也大談尊孔，連宋哲元都敦請了清代末科狀元劉春霖，來替他講四書；宋系人物的俱樂部，也不叫別的名字，偏偏叫做「進德社」。但是，無論蕭振瀛之流如何膽大包天，皮厚如牛，也實在還不敢公然下令，要所有的教科書，向「滿洲國」看齊。因此，殷汝耕就首先勝了一著。

在經濟方面，他更是立於不敗之地，每年的經常收入有：

一、田賦和附加捐稅，八百萬元

二、煙酒稅和統稅，六百萬元

三、鹽稅協款，三百萬元

四、北寧鐵路協款，一百二十萬元

五、關稅，四百二十萬元

六、鴉片煙稅，五百萬元

加在一起，一共是二千七百四十萬元以上。而這個政權的每年總支出，卻只有一千五百萬元；剩下的一千二百多萬，除掉殷汝耕自己用來做「活動費」以外，大部分就拿去孝敬「關東軍」和「駐屯軍」了。

自從殷汝耕自立為王以後，冀東馬上就成了華北的走私大本營。大批的日貨，有時根本不必繳稅，就經過這裡，源源地擁向華北、華東、華中、華南、華西的每一個角落，用廉價傾銷的方式氾濫在市場上。這樣一來，就使得中國的海關每月都要平均損失八百萬元的收入，幾乎奪去了關稅總數的三分之一。但是，對日本的工商業來說，簡直是喜從天降，這個「冀東政權」總算幫他們發了橫財。

殷汝耕接著又在他的「獨立王國」裡，宣佈了一套新的稅則，把關稅減得非常之低，使得所有的日貨，差不多都搶著用冀東來當它們的吐納口。在中國的其它海關，一袋白糖（重一百三十五斤），要收十六元的關稅，以及百分之十附加稅。但是，在冀東只要六元就夠了。一百斤人造絲，別的海關要抽一百四十元的關稅，以及百分之十的附加稅，在冀東卻一共只要二十元。更何況在「冀東」繳過一次「進口稅」以後，就再也不能算做「私貨」，而且也再不能「勒令繳稅」。有些日本工商業者，本來對「走私」還覺得是作奸犯科，風險太大。現在有了冀東大開方便之門，真是「皇天不負苦心人」，何樂而不為？。因此，光是在一年中，經過「冀東」稅關，湧入中國市場上的日貨，就有四百五十萬噸人造絲，五萬三千捆海味，七千萬噸砂糖，四十二萬噸捲煙紙，二十萬捆雜貨。換句話說：也就是替日本工商業者節省了四千萬元的稅款。在這種情形之下，他們不把「冀東政權」看做賜福的財神才怪。

混身上下，貼滿了這樣多的護身符，殷汝耕的「冀東政權」，自然可以高枕無憂，平心靜氣地坐看：「冀察政委會」和日本軍方，吵得面紅筋脹，無法下場。

「冀東政權」雖然做了「冀察政委會」的催生婆。但是，後者卻「恩將仇報」一心要做前者的送葬人。就在殷汝耕宣佈：把「自治委員會」，改組為「自治政府」的當天，才就任了一星期「冀察政務委員長」的宋哲元，已經「御駕親征」，到天津去找土肥原，提出關於冀東問題的交涉。

這位號稱為「東方勞倫斯」的特務機關長，自己是贊成「二者統於一尊」的。不過，他也已經看出來：殷汝耕不再是當日的「吳下阿蒙」，要想讓他把「冀東政權解消」，問題並不太簡單。因此，第二天一早，他就專程飛往長春，去向關東軍請示。

這一段曲折，在蕭振瀛當日對報界的談話中，透露得很清楚。他說：

> 察北冀東等問題，均在進行交涉之中，大體上可抱樂觀。冀東問題，不致因當事者改稱政府，而增加困難。土肥原飛長春後，再來與否，尚無消息。余在津曾與日司令官多田氏，晤談數次，渠派參謀長永見，奔走解決冀東之事。

其實，「冀察政委會」在上台伊始，就把「冀東問題」咬住不放，並不見得真正是為了維護國家的主權，最主要的原因，倒是利益衝突。否則，像蕭振瀛那樣的媚日政客，是絕不會這麼賣力的。從那時起，直到七七事件爆發的時候為止，「冀察政委會」始終沒有放棄過「吞併冀東政權」的努力。總起來說，大致可以分為這樣的四個階段：

第一階段——冀察政委會堅持「二者合流」，由於日本軍方一部分少壯派的堅決反對，而且提出來了「成立防共協定」，來做為反要求。於是，雙方鬧得很僵。

在這段時期，除掉土肥原之外，「駐屯軍」參謀長永見俊德，日本大使館武官磯谷廉介，也都基本上是支持二十九軍的。因此，為了冀東問題，土肥原特地飛到長春去請示以後，關東軍副參謀長板垣征四郎。又特地入關，遍訪韓復榘、宋哲元、殷汝耕、多田和土肥原，徵詢各方面的意見。然後，決定由土肥原來「妥善處理」，如何使少壯派軍人放棄對「冀東政權」的支持。

那時，負責和土肥原接洽的「冀察人物」，是蕭振瀛和兩個日本通——陳中孚與陳覺生。交涉了一個多月，情勢似乎很可樂觀。所以，宋哲元的副手秦德純，才會在一九三六年一月底，向報界說：

冀東問題，日方亦同意將原有之組織取銷。惟善後辦法，刻仍與土肥原等繼續商談中。

宋哲元自己也表示：

東亞亟需中日提攜，共同維持和平，故此際需要誠意的交涉。……中日雙方交涉之人的問題，亦應先做明確確定。

意在言外，就是要日本軍方只承認他是冀察的交涉對手，只此一家，別無分號。

土肥原雖然極力支持他的立場，但是在排難解紛上，也感到很棘手。所以只是含糊其詞地說：

冀東問題，須經考慮始能談判。

多田駿比起他來，究竟頭腦簡單得多，講得也就比較乾脆。他說：

冀東自治政府與冀察政委會合流，鄙人對此亦甚希望。惟此兩組織性質，適乎不同。冀東方面為獨立防共，政委會係南京政府派令組織，故不可同日而語。

須俟兩組織性質，轉變至同一水平線上時，自能實現。

宋委員長近來對改革政務，極為努力，如進行順利，至相當時期，冀東方面亦可望之合流。

這段話，說得非常清楚：

一、他反映的駐屯軍少壯派的意見，和土肥原所代表的關東軍立場，頗有一點距離。

二、「合流」的條件，是要「冀察政委會」，「轉變」到冀東的「獨立防共」水平線上去。

三、如果「冀察政委會」，「努力」來滿足他們的要求，而且「進行順利」的話，才能以「合流」為酬。

四、直到那時為止，「冀察政委會」一派，和日本軍方合作得「極為努力」。

接著就在日本發生了「二二六事件」，土肥原被調回本土去擔任留守師團長，再也不能直接過問華北的事。這樣一來，真是「將軍一去，大樹飄零」，使得「冀察政委會」，頓時失去了一個最有力的奧援。也怪不得宋哲元自動地關上了談判之門道：

近日日方駐華北之負責人，亦在調換，故一切問題，均成懸案。……冀東偽組織之取銷問題，近亦在擱置中。

於是，冀東問題就進入了一個新階段。

第二階段上的特點，是日本軍部的上層，基本上已經一致同意了「合流」；而駐屯軍和關東軍的少壯派，還是堅持自己的立場，要求以「冀察明朗化」為先決條件，一面盡量地用「拖的戰術」，把冀東問題懸在那裡。

土肥原回國以後，日本軍方的首腦部，也有過一系列的更動。寺內壽一出任陸相，梅津美治郎調任陸軍省次官，磯谷廉介調任軍務省軍務局長，板垣征四郎也真除了關東軍的參謀長。這一批人，在土肥原的幕後活動下居然通過了一個決議：

「冀東政權解消，與冀察政委會合流。」

而且根據這決議，向關東軍和駐屯軍發出了訓令。但是，他們當然也並不是「慈善家」，一方面雖然支持「解消合流」；另一方面卻拚命強調「華北的經濟提攜」，而且還進一步由磯谷廉介出頭，推薦野雞政客王克敏，出任冀察方面的經濟委員會主任委員。

宋哲元那時為了「合流」心切，所以馬上就電請王克敏「出山」。而王也飲水思源，下車伊始，先去拜訪喜多武官、板垣參謀長、駐屯軍司令田代皖一郎、參謀長永見俊德，然後才去向宋哲元報到。

而日本軍方也對他支持得不遺餘力，據同盟社當時發佈的消息：

> 外務省對於王克敏之北上，極為重視……陸軍當局對駐屯軍司令官田代，亦已發出訓令，對王氏在華工作，一律給以最大支持。

誰知氣燄方張的少壯派軍人，也有他們的一套。王克敏一到平津，馬上就有成千的浪人和流氓，搖旗吶喊，大喊：「王克敏滾出去！」弄得王非常難堪。同時宋哲元也似乎並非以「國士」之禮待之，自己不接見他，只派部下的張自忠，去和他「詳談一切」。因此，不到三天，這位野雞政客就又很尷尬地回南去了。

這件事，很使主張「合流」的日本軍人氣短。於是，少壯派的咆哮之聲，就又雷鳴起來。首先是由接替了土肥原位置的松室孝良少將，開了一炮道：

> 本人所負任務……在根據既定方針，與華北官兵同心協力，而圖從速完成華北之「明朗化」，以資確立東亞，和平基礎。……日本駐屯軍……切望華北及早「明朗化」，俾成為人間樂土。……所望於賢明官民者，厥為充分觀察目前形勢，與日方誠意講求中日提攜與救國安民之道，且斷然並肩向徹底防共並使「華北明朗化」之道路邁進。

他們口口聲聲，不忘記「明朗化」，而「冀察政府委會」的一批人，除掉像蕭振瀛那樣的「軟體動物」以外，都還是主張「先合流，再談別的」。這樣當然會弄得雙方南轅北轍，永遠談不對頭。所以，日本軍方在一怒之下，索性把「共同防共」的法寶，重新搬了出來：由松室孝良和永見俊德，向宋哲元、蕭振瀛、陳中孚，提出了一個六點建議：

一、建立華北防共委員會，委員人選，中日各任百分之五十。

二、委員長由華人充任，副委員長由日人任之。

三、冀察如有匪蹤，日軍可採取自由措施。華方不得向中央政府乞援。
四、中日合辦「防共文化機構」。
五、華北部隊，加聘日人為「顧問」。
六，「冀東政權」，原則上可以解消，惟須在「冀察政委會」有充分事實表現之後。
這等於在象棋上的「將軍」，「將了又將」，直到把宋哲元的老粗脾氣也將了上來。他乾脆一面把「媚日起家」的蕭振瀛，打入了冷宮；一面公開發表意見道：

余與多田會見，曾交換中日兩國關係及解決冀東問題之意見。對冀東問題，多田曾表示可以解決，取銷該組織，不過遲早問題耳。

本人對任何問題，一向一談，再談，最多至三談，如仍不能解決，惟有聽其自然。

土肥原在平接洽此問題時，曾謂兩個月即可解決。然至今亦未實現，縱談亦與事無補。

此事在表面觀之，乃地方局部問題，實則於中日兩國關係重大，地方問題，又其次也。

多田、松室，均係主張取銷冀東之人，但關東軍有數人反對，因此不能解決，其原則以權限未分清之故也。現此事究由日駐屯軍，抑日關東軍負責接洽，尚屬疑問。……

「冀察政委會」的態度，是越來越硬。日本軍方卻又分裂成了兩派，一派是主張「能讓且讓，免得把冀察逼得傾向中央」；另一派卻還是要「霸王硬上弓」，無論如何，想在「冀察」搞出一個「防共協定」來。

結果是鬧成了僵局，使「冀東問題」又走上了第三階段。

在這個階段中，幕後的活動，遠多於公開的談判。日本軍方斟酌了土肥原一派，以及少壯派的意見，提出了三個促使「二者合流」的新條件。那就是：

一、不謂之「解消」，只謂之「改組」。

二、「合流」之後，「冀東」仍是一個組織細胞。

三、「合流」之前，「冀察」必須聯合魯、晉、綏三省，成立一個「五省保安自治機構」，走向明朗化。

這個建議，當然更不會為宋哲元所接受。

第四階段——「冀察政委會」，一方面覺得自己的根基已固，不必再像過去那樣投鼠忌器；一方面對「冀東政權」又是生氣，又是眼紅。所以。乾脆不再打「談判」的主意，準備用「武力解決」，只要時機一到，馬上殺他個雞犬不留再講。

因此，他們就通過青紅幫的老頭子，馮玉祥手下的騎兵旅長張樹聲，和殷汝耕手下的第一、第二保安總隊長張慶餘、張硯田，成立了默契：一聲信號，就揭竿而起，先搞垮「冀東政權」，再把殷汝耕，綁赴軍前，送到二十九軍來，聽候宋哲元發落。

盧溝橋上砲聲打響以後，宋哲元曾經一度下了決心，要在七月二十九日這一天，對平津的日軍發動總攻擊；而且也通知了「冀東政權」的兩位張總隊長，到時一同起事。

誰知通州雖然如期起了義，而且的確扣留了殷汝耕，故都的局勢卻已經急轉直下，宋哲元之流，早就坐上專車，不知所蹤，華北的局面從此一發不可收拾。

殷汝耕這位花花公子，平日人緣很好，所以事到臨頭，別人也就高抬貴手，放了他一條生路。誰知千辛萬苦，逃進了北平城，卻被日本憲兵隊抓去，受軍法審判。如果不是他當年的「恩師」頭山滿一力擔承，恐怕還要吃很多苦頭。

他那位遠在唐山的秘書長池宗墨，雖然自作聰明地宣言道：

殷長官於通縣殉國，臨終遺命宗墨勉任其難，責無旁貸。

而且正式「遷都」到唐山去，勉強維持了幾個月。等到王克敏「再度出山」，來主持「臨時政府」的時候，就乾脆下了個條子，把冀東劃歸「河北省長」高凌霸，來「全盤督導」。整個「自治政府」，縮編成了一個「善後辦事處」，由陶叔仁和陳曾栻負責。——於是，喧赫一時的「冀東政權」，也就此煙消雲散了。

中日戰爭期間兩個日本名女人：李香蘭和川島芳子

洪樹森

最近日本報紙紛紛刊載名女人李香蘭的回憶錄，以及探討川島芳子生死之謎的文章。這兩個名女人都是中日戰爭期中活躍於日本或中國淪陷區偽政府的新聞人物。由九一八事變開始的十五年戰爭改變了整個亞洲的歷史，也使二千萬以上的人類慘死於戰爭的浩劫，這一悲劇永遠無法自中國人的腦海裡消失。尤其當年活躍於中日之間的女間諜沒落王孫川島芳子以及一曲〈夜來香〉風靡了中日人民的李香蘭，老一輩的人記憶猶新，年輕的一代也時有所聞，以下的報導是這兩個名女人充滿傳奇絢爛一生中，精彩的片斷。

東洋姑娘中國養女

李香蘭一九二〇年出生在中國東北的撫順，她是百分之百的日本人，本名叫山口淑子。她回憶說：

我的少女到青年的人生是日本走向戰爭的瘋狂時代，命運的轉捩點在初中二年級時，我父親的親友奉天（瀋陽）銀行的李際春將軍收養我為養女，給我「李香蘭」這個名字，中國人在親友之間有互相收養子女，視同親生子女的習俗，以表示親熱感，戶籍上雖然沒有名分，但我好喜歡這個名字。

「李香蘭」這三個字在我的人生開始發生重大意義，是在一個偶然的機會，十五歲那一年，奉天（瀋陽）廣播電台正在找唱中國歌曲的女歌星時候，發現我在音樂會上相當出風頭，把我找去試唱並以中國名字「李香蘭」作為藝名，後來被關東軍的軍官發現，成為日本滿洲電影公司的演員，那時我才十八歲。

《支那之夜》影歌雙棲

日本的憲兵拿槍毆打中國勞動者的場面，我看了心裡很難過。當中日戰爭逐漸陷於泥沼化的民國廿七、廿八年（昭和十三、十四）時，我也在日本影片公司與長谷川一夫共演《支那之夜》，扮演一個愛戀日本兵的中國姑娘，在日本轟動一時，但在中國不受歡迎。在中國受歡迎的是跟中國著名的影星在上海拍製的《萬世流芳》（昭和十七年，民國卅一年）以鴉片戰爭為主題，我扮演一個鴉片巢窟中賣糖的少女，後來我在北平的記者招待會，本來要發表我是日本人，可是當時記者公會的會長勸我「在這時候不要敗壞中國大眾對你的形象」，所以一直沒有表明身分。

李香蘭除了上述兩片之外，還跟日本第一美男子長谷川一夫共演《白蘭之歌》《上海賣花姑娘》

《蘇州夜曲》《熱砂之誓》，由於她的美貌在日本亦為首屈一指，更以美妙的歌聲風靡了中日兩國人民，一九四一年二月十一日應日本劇院之請與長谷川一夫公演時，歌迷、影迷轟動一時。日本警視廳出動了大批警員維持秩序。她到台灣來的時候，更是萬人空巷，這在戰時的日本是很少見的。

戰後受審險被處死

一九四五年民國卅四年，李香蘭以漢奸的罪名被上海的軍事法庭起訴，李香蘭回憶說：

戰敗後我在上海由國民政府軍事法庭以漢奸罪審判，以李香蘭作藝名在歌壇所造成的形象使很多人不相信我是日本人，而以漢奸——中國人的賣國奴審判，有的報紙甚至刊出李香蘭已在賽馬場槍斃的新聞，有很多朋友趕快申請戶口謄本救了我一條命。

昭和廿一年（民國三十五年）四月，我被判無罪，准許回國，在上海乘船，船要離開上海碼頭的時候，我到甲板上看看我前半生生活的中國，船中的收音機正好播放我的成名歌曲〈夜來香〉，那甜蜜的歌，在太陽西下的黃昏，眼看上海的高樓漸漸遠去，我不禁流下了眼淚，這是李香蘭跟中國告別的時刻。

兩度結婚政壇走紅

回到日本，我恢復了山口淑子的本名，再度以歌星明星出現，為了到美國舞台一試，也數度到好萊塢和香港去公演，昭和廿七年（民國四十一年）碰到卓別林，我被他認真的工作態度所迷住，改變了我的人生觀。

山口淑子在戰後所拍的一部電影《流星》，民國卅八年曾經到台灣來放映過，但影片雖轟動，可是電影的內容有以硫酸毀容的場面，一時在台灣流行以硫酸毀容的案件發生達數百件之多。戰後日本糧食缺乏，強盜橫行、暴行、綁架、街上夜女郎（妓女）多達六千多人，在不景氣聲中李香蘭於一九五一年十二月（昭和廿六年）曾經和野口勇結婚，但不久因意見不合又離婚，後來嫁給外交官大鷹弘，開始十年的國外生活，由於丈夫曾任日本駐緬甸的外交官，隨夫過了一段家庭主婦的生活，其後回國於一九七四年（昭和四十九年）以大鷹淑子的名字競選全國性的參議員，以六十多萬高票當選，其後參加自民黨擔任自民黨婦女局長外交部會副部會長、內閣環境管理省次長等職務，一九八〇年再度以六十多萬票當選連任，比邱永漢之僅獲十餘萬票，高出數倍，可見其聲望之隆，在日本婦女中能有如此魔力不得不歸功於其早年建立的基礎。年已六十二歲的李香蘭，一九八一年二月十二日至十七日在日本劇院將要拆除前夕，跟四十年前共演的美男子——七十二歲的長谷川一夫再度合作，作告別影壇的公演，這一對金童玉女美男美女的演出，唱的是當年轟動的歌曲，日本人民說想不到四十年後李香蘭還有如此魅力，使歌迷大排長龍，狂熱不已，看起來李香蘭是比川島芳子幸運多了。

肅親王與川島浪速

跟李香蘭相反地，川島芳子是百分之百的中國人，她的父親是滿清王朝的肅親王，川島芳子的本名叫金璧輝，是肅親王的第十四個女兒，算來也是一個滿清的格格，一九〇六年出生，小時候叫東珍。四歲時成為日本浪人川島浪速的養女，九歲時和她的姪女川島廉子一起去日本，在豐島師範附小讀書，先在跡見高女讀了一半，民國十年九月，十五歲時轉入松本高女，廿一歲嫁給蒙古獨立運動領袖的兒子，兩年後拋棄丈夫逃回來做日本關東軍的間諜。

川島浪速是明治之初，一八七五年東京御茶水女子師範學校（後改東京女子高等師範，現御茶水女子大學）事務員川島的兒子，曾經在御茶水的男子師範學校（前東京高師、文理科大學、教育大學）附屬小學讀書，川島浪速是取名德富蘆花的小說「不如歸」的女主角川島浪子，要他迅速回來才叫浪速，東京商科大學中途退學後，一八八六年九月，浪速二十二歲時赴上海，浪速的同鄉松本市出身在參謀本部任職的福島安正陸軍大尉（一八五二——一九一九後任大將）安排他到中國大陸學中國話，甲午之戰替日軍師長擔任翻譯官，義和團事件西太后及光緒皇帝逃出北京，聯軍佔領北京，紫禁城祇留有帝室貴妃六名、宮女一百名、宦官一千名，籠城在城內，德國陸軍主張砲轟，日本軍司令部的代表是福島少將，川島浪速得到司令官的同意要求開紫禁城供應糧食，自任宮內監督巡視宮殿維持秩序，防止紫禁城及頤和園被燒，因而結識了民政尚書肅親王善耆，於是他們兩人成為結拜兄弟。

川島推動滿蒙獨立

辛亥革命之後一個月的十一月十四日，參謀本部次長福島安正派步兵少校多賀宗之為領隊，步兵上尉松井清助等二名軍官會同州島浪速，潛入內蒙古去作特工，與內蒙古諸王爺接觸企圖獨立，日本允予熱河南部卡拉丁部族的王爺貸款，十二月六日川島浪速打了一通電報給福島參謀次長「蒙古卡拉丁王以全部領土為抵押擬借用二萬兩請向橫濱正金銀行申請，希望能予貸款」，目的在舉兵反叛中國，內田外交部長立向橫濱正金銀行交涉。一九一二年借款增加，熱河北部十一部族也參加，肅親王以礦山作抵押，日本允予借十五萬圓。袁世凱出面之後南北和議成立，清朝結束，多數王公認為滿清無力對抗，但肅親王及內蒙古諸王依然抗拒主持會議的隆裕皇太后。川島浪速利用中國人缺乏團結參與分割中國的陰謀，準備以滿蒙為日本的保護國，一九一三年提出對「支那管見」。宣統退位後川島浪速與肅親王退至滿洲，一月廿九日與蒙古卡拉丁王訂獨立契約，內容規定：一、內蒙自衛並援護大清皇帝，二、川島負責計劃武器軍費，蒙古聘請日本人為顧問，三、內蒙與日本保持特別友好，並保護日本人企業。

一月卅日，陸軍次官岡市之助向關東都督府參謀長星野金吾打了電報「將來滿洲秩序如紛亂，以若干兵力增援，為帝國之將來在滿洲發生事端要注意乾淨俐落之處置」。二月二日川島浪速派日本浪人保護肅親王，由北京逃出，參謀本部派至北京的高山公通上校一行參加脫逃行列，高山與參謀本部次長福島安正中將有直接連繫。肅親王一行至山海關發現北方鐵路被破壞，改乘日本輪船至旅順由關東都督府提供民政長官官舍住宿，幫助日本人執行大陸政策，因很多王妃家族依舊在袁世凱軍隊包圍下，後來利用衛兵交替之際逃到川島旅邸，袁軍雖包圍，川島提出強硬抗議解圍，王妃家族六十餘人，由川島帶至旅順。

勾結日軍密謀割據

日本向東三省總督趙爾巽及張作霖進行遊說，到了二月十二日宣統退位後情勢改變，日本人轉而支持袁世凱，滿蒙獨立運動便告失敗。英國駐日大使馬克那爾特向內田外長表示關心滿洲獨立運動，日本政府回答說要保持中立，二月二十二日並下令奉天總領事取締日本浪人，川島浪速也接到福島參謀次長的電報令他回國，內閣會議決議參加善後借款團，一月十六日西園寺內閣決定締結日俄分割南北滿洲界線，滿蒙獨立計劃一時停止，但策動內蒙獨立工作仍繼續秘密進行。二月廿七日袁世凱士兵暴動，松井清助上尉擁護卡拉丁王，木村直人上尉擁護巴林王自北京逃入內蒙，賀少校提供大量武器利用滿鐵送至三井倉庫，日本人馬賊蒲益三率二十六人計劃組滿蒙義勇軍指揮蒙古兵，用四十七輛車輸送武器赴內蒙，被趙爾巽派統領吳俊升以武力阻止，內蒙獨立軍負責通知蒙古本部的王族阿爾基在途中被中國官憲逮捕槍殺，輸送隊也被吳俊升數百騎兵包圍，日本人死十三人，蒙古人死九人，中國人死三十人，而第一次滿蒙獨立計劃失敗。

一九一四年第一次世界大戰發生，日本佔領青島，提出廿一條要求，黑龍會的內田良平提出在福建設海軍基地，川島浪速乘機再策動，利用肅親王宗社黨率三千人與內蒙合作企圖獨立，一九一五年因袁世凱稱帝發生反袁革命，主張滿蒙自治的參謀本部第二部長福田雅太郎、活動外務省政務局長小池張造反袁，三月七日大隈內閣決議默認排袁，關東都督中村寬大將命令停止取締排袁活動，參謀本部次長田中義一命令小磯國昭少校赴滿洲與川島浪速策畫滿蒙獨立，以肅親王所有地為擔保，由大倉洋行融資一百萬並提供手槍五千枝、野砲八門，預定四月十五日起義。但三十七歲的安東領事吉田茂表示反對，矢田七太郎奉天總領事向外相石井菊次郎表明無成功可能，當時第二十七師長張作霖正在東北掌握實權，田中義一改為支持張作霖，土井上校與川島浪速企圖暗殺張作霖，派三村豐向張的馬車投彈失敗，一九一六年六月六日袁世凱死亡，黎元洪繼任總統，張作霖逃至北京，滿洲獨立計劃失敗。一九三一年日本再發動第三次滿蒙獨立計劃，炸死張作霖引發九一八事變，推出滿洲王朝。

男裝麗人高級間諜

川島浪速為了培植川島芳子作間諜，自少女時代即訓練她日本化，並改扮男裝在中國出現。一九三二年一二八上海事件前夕奉派到上海收買流氓，故意製造日本人僧侶襲擊事件，引發一二八上海事件，掩護天津的溥儀老婆秋鴻由天津逃出。當時擔任《大阪每日新聞》記者的石川忠行回憶說：

一九三一年我在奉天到川島芳子所住的旅館拍照，這位男裝的麗人盛怒要求取回底片，我還她之後她把底片往床上丟去，隨即毆打同行的東亞部記者原田，剛好憲兵來了，她照樣用馬靴踢憲兵，並大聲地說去告訴你們隊長好了，川島芳子是如此偏激不可思議的女人。

偽滿洲國成立後她在日本關東軍特務機關長土肥原賢二、高級參謀板垣征四郎的指揮下擔任安國軍司令官，率領歸順的馬賊討伐反清抗日份子，她手下有四百多部下從事諜報工作活躍於東北、日本、北京、上海各地，她不但與日本各軍師長有來往，而且與日本首相東條英機、近衛文麿都有來往，難怪有人要說她神通廣大，也就因此阻礙了我國抗戰工作。她自偽滿洲國成立至第二次大戰，受日本參謀本部訓練擔任日本人的間諜達十五年之久。

被捕槍決歸骨日本

一九四五年八月十五日，日本天皇宣佈無條件投降，十一月川島芳子在北京自宅被捕，一九四八年三月二十五日執行槍決。當時的《美聯社》報導稱：以叛逆通敵罪宣判死刑的川島芳子二十五日在中國最高法院北平分院刑場執行槍決，她遺囑「不要讓人家知道」，在黎明被帶到刑場，面向牆壁，執行官問她：「有無遺言？」她說：「我希望給長久協助我的川島浪速寫信」，而站著寫最後遺書，執行官命令下跪，一聲槍聲打中了她的後腦部，不久死亡。當時剛好有日本臨濟宗妙心寺派住持古川大（舟古）法師替她收埋，並把遺髮與手指、骨灰帶回日本，在松本市蟻崎的鳳來山正麟寺埋葬，現在這裡有「川島浪速之墓」旁有「同女芳子」並列。

替身謠傳與其胞妹

一九八一年的二月廿七日，日本《讀賣新聞》，以全版介紹川島芳子的生涯並刊出她的照片。一九七五年五月《每日新聞》出版的《一億人的昭和史》〈滿洲事變前後以奔放大陸的男裝麗人〉介紹川島芳子生前珍貴的照片七張，《中央公論社》一九七七年出版的〈辛亥革命〉乙書也介紹了川島浪速勾結肅親王的經過，揭開了這一段歷史，日本中京大學教授渡邊龍策懷疑川島芳子被槍決的事實，因為渡邊聽說川島要執行槍決，以機車趕到現場已是上午五時，有二十個中國記者，只有兩個外國記者，不久聽到槍聲，發出號外，但數日後傳出執行死刑的是川島芳子的替身，渡邊教授說：川島芳子已歸化日本人，應交軍事法庭審判，而以漢奸不公開處刑。刑場的人又說趕快燒掉，有一母親證言她的女兒作了替身，但日本船舶振興會長笹川良一說：

> 當時擔任國民政府情報部員的日本人會同證言，曾參與執行槍決，因此不會錯。

兩三年前倫敦街頭盛傳酷似川島芳子的白髮老女人出現。描寫川島芳子的評論家上坂冬子說：

> 川島芳子是陽性女人，想利用日本恢復滿清政府，她不像東京玫瑰純為日本軍閥所利用。

不論如何，川島芳子已成歷史人物，但值得注意的是她的妹妹川島廉子在北平住了卅七年後又回到日本松本市養父的家，可能是文革後發現過不慣中共不自由又貧窮的生活，而又回到童年的老家，這一位沒落王孫也已經是六十七歲的老太婆，而慨嘆人生像是一場夢。

男裝女間諜川島芳子

關國煊

抗日戰爭前後名噪一時的川島芳子，原名金壁輝，姓愛新覺羅，幼名顯玗，後改名東珍。清肅親王善耆之女，自過繼日人川島浪速後，取日本名川島芳子，又名川島良子、川島良輔、金誠三，化名金夢芝、玉梅和子、緒方福，北京人，滿族，清光緒三十三年四月十二日（一九〇七年五月廿三日）生於北京船板胡同肅親王府[1]。父肅親王善耆[2]，母四側福晉夢微夫人張佳氏[3]，顯玗有兄十六人，弟五人，姊十三人，妹一人，當時稱十四格格（格格乃清代皇族女兒之統一稱呼）。

1 此據朱子家（金雄白）《女特務川島芳子》、吳相湘《川島芳子的父親與革命黨》、上坂冬子《男裝女諜川島芳子傳》；曹聚仁《中國抗戰畫史》作生於一九〇七年四月，金壁輝十二兄憲均〈金壁輝其人〉、強劍衷〈日本特務金壁輝〉作生於一九〇六年，日人邊龍策《州島芳子》引原田松島之回憶：「大正七年（一九一八），那年芳子十二歲。」若十二為實齡，當生於一九〇六年，若為虛齡，則生於一九〇七年。〈金壁輝其人〉記云：憲均有一兄名憲奎，父為之「另取一個名字叫『金壁東』。金是『愛新覺羅』之意譯，『壁東』二字，意為『東方的一堵大牆』，川島芳子十分羨慕這位兄長的地位和『名聲』，於是，給自己取名金壁輝，公開宣布她是金壁東的親弟弟。這裡附帶訂正一下，有的資料上把金壁輝的『壁』字誤寫成『璧』，金本人在監獄中登記的姓名也寫的是『壁』字（引案：在獄中所用之印章亦作「金壁輝」），我認為這是筆誤，它與善耆給憲奎取名金壁東的原意不合」，強劍衷〈日本特務川島芳子〉，七十一年三月二十五日《北京日報》之〈北京歷史的今天〉亦作金壁輝。

2 偶園，清太宗（皇太極）長子肅武親王豪格第九代孫。

3 戰後金壁輝在法庭偽言大正五年（一九一六）生於日本東京，母為日本人，「從而問不了我的罪」。

五月初八日，善耆任民政部尚書。宣統元年正月，善耆與載澤、鐵良（寶臣）、薩鎮冰（鼎銘）奉派籌備海軍。二年三月，民黨汪兆銘（精衛）、黃樹中（後改名復生）因謀刺攝政王載灃（伯涵）不成被捕繫獄，善耆恐激動民心，不欲遽興大獄，攝政王從其議，遂免汪、黃一死。三年四月，清廷頒布內閣官制，設立內閣，以慶親王奕劻為內閣總理大臣，善耆為民政部大臣，內閣大臣滿八漢四，而滿人中皇族又居其五，一時譁然有「皇族內閣」之稱；閏六月，調為理藩部大臣；八月，武昌革命軍興；九月，由袁世凱（慰亭）繼奕劻組閣，由達壽（茀一）任理藩部大臣。

十二月中旬，列名宗社黨之善耆於隆裕皇太后決定宣統帝溥儀（浩然）退位前夕，入宮力爭，主張召禁衛軍保衛京畿，若事不濟，退回祖宗發祥地東北，再圖規復，不果，二十五日（民國元年二月十二日），清帝溥儀奉隆裕皇太后懿旨下詔辭位，是日善耆由日人川島浪速[4]保護，化名金晏怡，喬裝商人，出走東北，在京奉火車上，口占五絕一首，詩云：

幽燕非故國，長嘯返遼東；回馬看烽火，中原落照紅（或作「皇天照滿蒙」）。

善耆之目的地本為奉天，因通往山海關之鐵路橋被炸，被迫折往秦皇島，仍由川島浪速陪同，改乘日本巡洋艦「千代田號」前往旅順，由日本駐軍妥為招待，其後善耆留京全眷計子十七人、女十人由川

4 長野縣松本市人，諳華語，曾參加中日甲午之戰，後升日軍中級軍官，善耆任民政部尚書時，任為北京警務學堂監督，光緒三十三年與善耆結為換帖兄弟，兩人同年生，月日後於善耆，尊善耆為兄（實則川島浪速長善耆一歲）；善耆子憲立否認有此事，云：「關於換帖弟兄一事，沒有任何根據。在中國要同皇族結成金蘭之好，需要辦理相應的手續和儀式。」

島浪速護送，乘日艦「鎮遠號」由大沽前往相聚，善耆寄人籬下，深感「國破家亡」之痛，舊時傭僕，大半遣散，得川島浪速夫人福子（或言川島浪速、福子夫婦與日本皇族有關係，不確；福子嫁與川島浪速之前，乃外務省三等書記松岡洋右之情婦，民國十六年松岡洋右任滿鐵副總裁，二十九年任近衛文麿內閣外相）助理家務，子女插班入旅順日本小學攻讀。

民國元年七月，計畫前往東京，謁見日本明治天皇乞求軍援，西式大禮服亦已製備，終以明治天皇駕崩，不果行，是時善耆與日本勾結，倚仗日人勢力進行復辟運動，做成中興之局。三年，日本首相大隈重信支持日本財閥大倉喜八郎通過川島浪速與善耆談判，由善耆將東三省之森林、礦產開發權作為抵押，向大倉喜八郎借款一百萬元（此據《金壁輝其人》；《女特務川島芳子》作先以北京肅王府之地產向大倉喜八郎抵借一百萬元），在東北組織一次復辟軍事，善耆計畫配合內蒙王公巴布扎布，及通過前東三省總督趙爾巽（次珊）聯合吉林之孟恩遠（曙村）、哈爾濱之高士濱俟機而動，以犄角之勢，直取奉天。

五年，作為善耆代表之川島浪速，為提高彼在日本之地位，以取信於國人，要求蘭兄以一兒子為其義子（當初選中善耆第十四子憲立），惟礙於滿清皇族不得以男丁出繼外姓之規定，無已，改以第十四女顯玗作為蘭弟之養女，成為「復辟的犧牲品」，改名東珍，東渡後改名川島芳子，川島芳子時年九歲[5]，自幼逞強好勝，川島浪速攜養女至東京，準備與陸軍省積極談判，其後因日本內閣改組而改變對華政策，不再支持善耆，以致善耆勢孤力弱，計畫為奉系張作霖（雨亭）一手破壞（巴布扎布與張部激戰於林西時中流彈身亡），「匡復大清社稷」美夢成空，復辟運動為之瓦解，善耆困處旅順，先後將憲

5 此據《女特務川島芳子》：「那年她剛是九歲，這是民國五年間的事。」憲均〈金壁輝其人〉作年六歲；《男裝女諜川島芳子傳》提到大正二年（一九一三）、大正三年（一九一四）兩說，認為「大正三年的說法可能是準確的」。

均、憲立等二十四人送往日本留學（憲方、憲基、憲開、憲東畢業於日本士官學校），仍奢望借助日人完成畢生未竟之「偉業」；川島芳子東渡後，初居於東京赤羽，養父、母延赤羽松江為之教讀。九年，於豐島師範學校附屬小學畢業後，入跡見高等女子學校，後隨養父、母居於松本市柏原村「黑姬山莊」，轉入松本高等女子學校為插班生（或作旁聽生），因其經常騎馬上學，故有「假小子」之綽號，成為市民議論之中心，儘管顯玗已改名易姓為川島芳子，惟養父、母並未為之辦妥入籍手續，在川島家戶籍本上，迄無芳子之名字。

十年一月，生母張佳氏去世；二月十七日，善耆因糖尿病病逝，年五十六歲（一八六六——一九二一），歸葬北京東郊架松（今稱勁松）肅王府墓地，聞耗，奔喪回國（〈金壁輝其人〉作：「我家曾給川島去過電報，但在我家辦理喪葬期間，他們始終未露面。」），川島芳子自言：「一因清朝的律章，規定皇族的遺族有身披孝服守墓兩個月的沿習；二因為幫助養父的政治活動，當好他的秘書，不得不休學一個半月。」結果為新任校長土屋文明開除學籍，輟學後由養父帶之到處交際，訓練彼跳舞、騎馬、溜冰、開汽車、駕飛機、灌輸武士道精神。

十二年，年十七，為養父姦污（一作十三年六月），川島浪速嘗語憲立云：「你父親肅親王是仁者，我是勇者；只是仁者，難得天下，光做勇者，亦將失敗。我想：如將仁者與勇者的血結合在一起，所生的孩子，必然是智、仁、勇兼備！」憲立在十二兄憲均面前痛斥「川島浪速不是人，是衣冠禽獸！」因受不住養父糾纏，曾用手槍自殺，子彈射入左肩胛骨後側，以失血過多，不宜動手術取出，子彈仍留體內，傷癒後，性格上益發變態，開始剪男人頭，女扮男裝，易釵而弁，有與男兒爭雄之心，任意與人苟合，生活糜爛無度；同年川島浪速攜芳子循海道至大連，居於聖德街寓所，後脫離養父羈絆，返回北京老家，學習漢文，取一純中國式姓名金壁輝，以槍傷經常隱隱作痛，由同仁醫院外科醫生飯島庸德施手術將子彈取出。

十三年，川島浪速收芳子姪女廉子（金廉鋁、金旅子，顯玗長兄憲章之女）為養女。十六年初，在京邂逅奉系山東督辦公署（督辦張宗昌）諜報處第二處處長安靜生，不時約會，迨安靜生親至肅王府提親時，眾兄長眾口一詞，力加反對，責以大義，云奉張昔日令先人賚恨以歿，是以斷不能下嫁與為虎之倀、助桀為虐之奉系軍人，好夢難諧，金壁輝為免安靜生苦苦追纏，須儘早出嫁；十一月，由長兄憲章陪送至旅順，與內蒙公爺巴布扎布次子甘珠兒扎布（日本名寬壽郎，日本士官學校畢業，戰後為蘇軍所俘，後與溥儀弟溥傑遣返中國大陸，於六十年去世）在「大和旅館」舉行結婚典禮[6]，婚後居於旅順新市街鎮遠町十番地，後移居大連。十九年，由於雙方情感不合，婚後不到三年（或作一年），任性不羈之金壁輝突然不辭而別，離家而去，由大連前往東京，後由十五兄憲久通知甘珠兒接回，數月後加上婆媳不和，金壁輝再度孑然一身東渡扶桑，居於池袋，活躍於交際場中，與溫建剛夫婦相逢海外。

二十年初，留書憲久，隨溫氏夫婦由橫濱乘輪返回上海，抵埗後居於「大華飯店」，朝夕揮霍浪遊，由於伊「在日本人心目中是日本人，在中國人心目中仍然是中國人」，更加上其家庭背景，遂為上海日本特務機關長佐藤三郎少將看中，派出高級機關員（或作日本駐上海領事館武官、武官輔佐官）田中隆吉

6 結婚年月據《男裝女諜川島芳子傳》、〈日本特務川島芳子〉；〈日本特務川島芳子〉記云：「芳子長大成人，川島浪速又為川島芳子和巴布扎布的第二個兒子甘珠兒扎布撮合。一九二七年十一月，川島芳子和甘珠兒扎布由關東軍參謀長齋藤彌平太作媒，在旅順成婚。」〈金壁輝其人〉作：「一九二七年，金壁輝與善耆的復辟同盟者蒙族人巴布扎布之子甘珠爾扎布結婚。這是川島浪速的主意，經憲立撮合而成的政治婚姻，目的是組成一個新的『滿蒙聯盟』。」《女特務川島芳子》以婚期在「民國十七年的春天」。

（一八九三－一九七二）少佐與之接近，兩人在「三井物產株式會社」招待會上，經該社社員介紹相識，其後長期姘居；三月，田中隆吉告以日本將在中國東北採取非常手段；五月，復斷然告以東北將發生非常事變，聞之，疑信參半；九月「九一八事變」起，證明田中隆吉所言屬實，由是對特務工作由驚奇而欽佩，欲藉此繼承父志，而田中隆吉則利用其美色、機智、膽識、野心以獵取情報（據「田中隆吉著作集」，田中隆吉利用芳子作間諜其中之一理由為：「就是因為她時刻沒有忘記自己是一個清朝王朝的後裔，要千方百計依靠日本勢力來促進清朝的復辟，而且為了復辟即使獻出自己的生命，她也在所不惜。」）

金壁輝為便於行事，化名金夢芝，在上海愛多亞路「大華舞廳」下海伴舞，立時顛倒眾生，豔名四播，被譽為「東方之瑪塔・哈麗」（Mata Hari，乃一國籍不明舞女，一九一七年十月十五日以德軍間諜罪為法國政府逮捕槍決），又不時易釵而弁，招搖過市，日人稱為「男裝的麗人」，喜流連於虹口一帶之藝妓院，曾為一雛妓真野鶴子贖身，留居家中，情逾姊妹，一變雌伏而作雄飛。

是時憲久在東京以著名浪人岩田愛之助之介，往見日本陸軍省軍務局長小磯國昭，小磯國昭告以計畫將清廢帝溥儀由天津張園「護送」至滿洲，作為東北形式上之統治者，軍部希望憲久先回滿洲布置一切，由憲久與吉林地區司令滿人吉興宣布脫離中國獨立，率兵南下，與日軍呼應，憲久銜命經漢城抵奉天後，先往見日本關東軍（司令官本庄繁）參謀長坂垣征四郎，後往晤蒙古王爺業海喜順於通遼；十一月，溥儀在日軍奉天特務機關長土肥原賢二誘脅下，自天津潛赴東北，先至營口，後居旅順；冬，奉坂垣征四郎命，至天津接遜清皇后婉容（秋鴻）北上，由於清室規矩不許閒雜男性接近皇后，是以日軍選派肅親王十四格格顯玗去執行「接皇后」之任務，晉見後，用種種巧妙說法以消除婉容之顧慮，最後一起作男裝打扮，在駐天津日軍翻譯官吉田夫婦陪同下，乘「上海號」輪前往大連，後轉旅順，溥儀《我的前半生》記云：「過了大概一個月，關東軍把我遷到善耆（這時已死）的兒子憲章家裡去住，這才讓婉容和後來趕到的二妹、三妹搬到我住的地方來。」川島芳子完成任務後，返回上海，「通過舞會的機會，得以接觸到孫文的長子，行政院院長孫科，搶先捕捉到蔣介石下野消息的，也是芳子。」（《男裝女諜川島芳子傳》）

二十一年一月十日，關東軍參謀長坂垣征四郎經由上海橫濱正金銀行匯交田中隆吉二萬元，由田中隆吉在上海挑起事端，轉移國際視線，以便屆時關東軍實現「滿洲獨立」，十八日，上海日本妙法寺和尚天崎啟昇等五人與三友實業社工人在馬玉山路衝突被毆，二十日，田中隆吉、川島芳子煽動上海日人暴動（由憲兵大佐重藤千春指揮），焚毀三友實業社工廠，上海市市長吳鐵城向日本駐上海總領事村井倉松提出抗議，二十一日，村井倉松向吳鐵城道歉，允懲兇賠償，對日僧被毆（二十四日日僧水上秀雄因傷重不治去世）則要求緝兇並取締抗日團體，二十二日，中央政治會議常務委員蔣中正（介石）、國府委員兼中央政治會議常務委員汪兆銘、行政院院長孫科（哲生）在京共商時局，二十五日，行政院院長孫科辭職赴滬，二十八日，上海「一二八事變」起，事變發生時，「曾單身潛入吳淞砲台，查清了砲台的砲數，然後向田中的上司——臨時上海參遣軍參謀長田代皖一少將作了報告」（《男裝女諜川島芳子傳》），同日中央政治會議決議以汪兆銘為行政院院長，孫科為立法院院長，「當戴上一幅金絲邊的眼鏡，操著一口廣東音的官話的某院長留滬期內，他與政府之間不斷有密電來往，其中頗多關涉對日方針，而芳子以近水樓台（仿效歐美鉅賈們收記室為情婦的成例，給了她一個秘書名義），幾乎可以一覽無遺，凡遇到有較重要的文件時，通過（一個說是熟悉她病源的）醫生而轉入田中隆吉之手。」（《女特務川島芳子》）

後以日方部署已定，恐日久露出破綻，藉故離去，離滬北上，旋坂垣征四郎下令調田中隆吉返國（是年八月任阪野砲隊四聯隊大隊長），二人之關係暫時告一段落；三月九日，偽「滿洲國」成立於新京（長春），溥儀就偽「執政」職，年號「大同」，憲久任黑龍江（省長馬占山）警備司令部機要秘書，金壁輝任偽滿執政府女官長；四月，馬占山（秀芳）反正，憲久升任偽滿齊齊哈爾市市長（偽滿期間，善耆家連金壁輝在內，任偽滿職者十人，兄長金壁東曾任新京市市長兼中東路守備司令官）；川島芳子在新京，結識前關東軍參謀河本大作大佐，又以河本大作之介，得識「滿洲國」軍政部（首任部長馬占山）最高顧問多田駿，表面上多田駿認川島芳子為乾女兒，實際上兩人有不尋常之關係，「是奸夫淫婦，互相利用，他們的醜事曾被憲立撞見，憲立很生氣」（憲均〈金壁輝其人〉）

芳子嘗隨關東軍參謀長小磯國昭、乾爹多田駿飛赴齊齊哈爾誘降黑龍江自衛軍總司令蘇炳文（翰章），後因多田駿與憲久發生激烈爭吵（《女特務川島芳子》記云：「在堂堂『市長』家內，要與他已嫁之妹公然姦宿，這給予憲久以太大的難堪，兩人就在客廳中大聲爭吵。」）多田駿遂致電關東軍總部，認為對蘇炳文之和平工作經已絕望，於是日軍以數倍兵力猛攻海拉爾；金壁輝以繼承父志為幌子，以易於行事為藉口，於主動為甘珠兒扎布另娶一妻子後，宣布兩人正式解除夫妻關係。

二十二年初，多田駿將收編之滿洲土匪隊伍組成別動隊（又名定國軍、安國軍、興安游擊隊），以金壁輝為司令，金壁輝身穿日本軍官制服，著長統皮靴，掛上將軍肩章，人稱金司令，金司令手下之紅員為參謀長（或作副司令）方永昌（前直魯聯軍張宗昌部第一軍軍長）與軍長陳國瑞（或作程國瑞，前張部第三軍軍長），二人俱為金之面首，其後陳為方所殺；二月，任熱河自衛團總司令，協同日軍進犯熱河，旋多田駿升任中將，調返日本任大本營參謀次長（總長宗室閒院宮），金壁輝頓失在華靠山，亦離華赴日，與「昭和怪物」伊東阪二（本名松尼正直）打得火熱；八月，在日本《婦人公論》八月號發表〈我愛祖國〉手記。

二十三年八月三十日，國民政府以日本女間諜川島芳子在天津密組機關，聯絡漢奸，圖謀不軌，下令通緝。二十四年一月七日，柬邀親友一百三十人聚於松本淺間小柳溫泉祝養父川島浪速七十壽辰，是日川島芳子梳島田式髮髻（姑娘式髮型），身穿長袖和服，與穿同一樣和服之廉子分坐於養父兩旁，合攝一影留念（照片見《男裝女諜川島芳子傳》插圖九），會上分別由松本第五十步兵聯隊長田畑八十吉、前滿蒙義勇軍入江種矩領眾三呼「大日本帝國萬歲」、「滿洲國萬歲」；四月，「滿洲國」皇帝溥儀官式訪問日本，溥儀派特使警衛官工藤忠至川島芳子私邸訪問川島浪速、入江種矩，授予蘭花勳章，川島芳子身穿軍服恭迎；其後返回滿洲，是時田中隆吉調回關東軍司令部任科長，因兩人曾有齟齬，金壁輝被解除別動隊司令職務，以縱慾故，開始染上惡嗜，須每日注射嗎啡針；八月，多田駿抵天津，繼梅津美治郎為華北日本派遣軍司令官；十一月，在多田駿庇護下，秘密組織「華北自治委員會」，勾結前騎兵師長郭希鵬、豐台暴亂禍首張權本組便衣隊，在平、津一帶製造暴亂，以便利用混亂及借口策動「華北獨立」，又主持明石街製毒廠，在天津時，曾多次為日軍效力。[7]二十五年二月，在「百靈廟事件」中受槍傷；十月，赴平綏路南口東赤城縣，接收日偽飛機三架，同行者有赤城縣漢奸馬厚全，馬有

---

7 據孫立民《天津日租界概況》載，金壁輝曾代日本在天津之駐屯軍收買土匪隊伍，如滄州一帶之劉佩臣，天津近郊之趙德謙、曹華揚，小站之朱秀山，武清縣之柳小五、劉鯤等人，「七七事變」後，該等土匪隊伍成為日軍指揮下之「皇協軍」；又劉靜山「漢奸惡霸袁文會的一生」記云：「天津附近的文安、霸縣，過去是土匪窩子，日寇侵入華北以後，這一帶的匪勢依然十分猖獗，日軍幾次出兵，也未能肅清。後來特務分子川島芳子向日軍當局建議，將土匪招降後，交由天津日租界內的幫會頭子袁文會統轄，改編為『袁部隊』。」

部下三百餘人，擬於最近來宛平縣境，並請金壁輝指示南下路線及將來所駐地點。

二十六年三月，帶病出席母校松本高等女子學校同窗會，並發表演說；六月，在長野市郊善光寺溫泉療養，後返天津；七月，抗戰軍興，同月平、津淪陷，金壁輝隨多田駿至北平，協助日軍搜集民間槍械，成立「華北人民自衛軍」，任總司令，又兼「北平滿洲同鄉會」、「滿洲留日學生會」總裁、「中華採金公司」董事長等偽職；冬，在天津日租界松島街開設高級飯館「東興樓」，記者稱之為「脫掉男裝，舉止文雅，熱情接待皇軍士兵的女老板」，並經常前往北平、日本。二十七年十二月，在天津法租界馬更些醫院探望垂危之王夫人（蘇炳文之姊）時被襲，腦部受重傷，王夫人當場慘死，「據說，這幾個暴徒之所以來行兇，是因為蘇炳文的姊姊認識與這個恐怖集團有關係的人，了解他們的內幕，為了封住她的嘴才決定把她殺害，而芳子只是正在現場而受了連累。」（《動亂的幕後》）是年多次與日本特務機關長和知鷹三、特務谷荻等人在天津談論成立偽組織事。

二十八年一月，由馬更些醫院轉往日租界福島街公立醫院繼續治療，自言：「我在醫院住了兩個多月，本來已被認定百分之九十九地活不成了，卻奇跡般活了過來。」同月上海英文《華北日報》、日本《大阪每日新聞》報導川島芳子暴斃之消息，後來證實不確。[8]；二月，報紙刊出因欠租數月，被官府勒令「東興樓」搬出之消息。二十九年五月（一作四月二十二日），在北平東四牌樓九條三十四號住宅大排筵席做生日。三十年秋，多田駿再度調回日本，金壁輝漸失寵於軍部（一說軍部對芳子感到棘手，計劃把她「收拾掉」），惟對之仍有「照顧」，由北平日偽當局撥出兩賭場由彼「保護」，從中「抽頭

[8] 日本《現代日本》五月號〈妖姬死於大陸〉一文，仍言之鑿鑿，稱：「她是在紀元節（引案：二月十一日）的第二天喪失生命的。」

兒」，又在住宅內設置賭局，呼么喝六，通宵達旦，復藉日本軍警憲勢力敲詐勒索，供其揮霍。三十一年，因打日本憲兵，一度被遣返日本。三十二年，重返北平。

三十四年八月，抗戰勝利；十月十日，在北平被捕，囚於第十一戰區司令部（司令長官孫連仲），後移至北新橋炮局子胡同前日本陸軍監獄（一作先寄押於城北招待所，十一月初移解東北城炮子局之陸軍監獄西廊第一間，半年後改囚於城南河北高等法院第一監獄），被捕後自稱日本人，堅稱在北平並無親屬，去函養父川島浪速具呈保釋，不果。三十五年七月三日，南京《中央日報》北平二日電刊載對川島芳子之起訴書：

①金壁輝為亡清肅親王之女，長成於日本，取名川島芳子。

②九・一八事變後返國，往來於平、津及敵國、滿洲之間，從事間諜工作。

③曾任偽滿皇宮女官長及偽滿留日學生總裁，於溥儀遊東京時，領導歡迎。

④在滿收編國軍陳國瑞部，組織偽定國軍，圖挾溥儀入熱河省寇邊。

⑤七・七事變後，向敵建議利用汪精衛置於關中，並擔任聯絡工作，誘惑汪組織偽南京政府，反抗祖國，延長戰禍。

⑥在日以文字及廣播，發表我黨政軍內情，俾敵週知。

⑦圖復興滿族，統一中國，嗾使偽帝溥儀遷都北平。

⑧日人村松所編〈男裝麗人〉小說（引案：日本作家村松梢風於二十一年七月在《婦人公論》連載〈男裝麗人〉），為其具體說明。

被告均直認不諱，爰依懲治漢奸條例及特種刑事案件訴訟條例移送審判，財產全部查封，列冊附送。

三十六年二月，國民政府主席北平行轅主任李宗仁（德鄰）致函河北高等法院，以國防部需金壁輝為日本戰犯北支那派遣軍高橋垣中將作證為由，用飛機將之解往南京，由軍事法庭審理；五月，解回北平，仍押於第一監獄，候審期間，設法致書養父、友人，囑偽造證明[9]；十一月八日，河北高等法院庭長吳盛涵開審金壁輝漢奸一案，曾攝有電影紀錄片，金壁輝訛稱大正五年（一九一六）生於東京，母為日本人，代表被告之首席律師李宜琛堅稱其當事人擁有日本國籍，法庭無權以漢奸為由將之提訊[10]，二十二日，於開庭三次後，庭長吳盛涵宣判：「金壁輝通謀敵國，圖謀反抗本國，處死刑，褫奪公權終身，全部財產除酌留家屬必需生活費外沒收。」成為華北漢奸判處死刑之第六人[11]；三月六日，金不服，要求覆判，十七日，再審請求被河北高等法院駁回，維持原判。

---

9 證明擁有日本籍，「如果我是日本國籍，就會無罪」；偽言「我今年三十三歲」，「滿洲事變那年，我正好是十六歲」，「這樣，就可以證明一個十六、七歲的女孩子，不會在滿洲事變中幹出甚麼，從而也就問不了我的罪。可是，父親太糊塗，寫得太詳細，倒使我露出了馬腳，因為川島浪速稱大正二年芳子六歲，「那麼現在應是四十五、六歲了」，「年齡一錯，事情就不好辦了」」

10 據憲立稱：「他們想出的辯護方案，我認為也是明智的。即：首先使她弄到日本國籍的證明，然後再把她從漢奸的審判庭，拉到日本戰犯的審判庭。」小方八郎致川島浪速信云：「李（宜琛）先生認為，芳子只要有了日本國籍，就可轉為戰犯去受審，然後再以證據不足為由，使她免去罪責。」

11 憲立云：「芳子在法庭上卻說出了一件絕對不利於她自己的事情。結果使一切挽救辦法全化為泡影。」不利之事為說出與孫科之關係，《男裝女諜川島芳子傳》記云：「憲立這段話的弦外之音——孫科（引案：時任立法院院長）為了封住芳子的嘴，當然要下令處死芳子。」

三十七年三月二十五日上午六時三十分（一作四十分），在北平宣武門外第一監獄西牆下伏法（王文濤《我所知道的川島芳子》作：「於一九四七年春被判處死刑，執行槍決。」誤），年四十二歲，下午，屍體由十持姊顯琊（金十珮）、北平日本臨濟宗妙心寺主古川大航領出，二十六日，舁至朝陽門外火葬場火化，古州大航為改法名愛親璧苔妙芳大姑（其後日本黑姬山雲龍寺方丈永井德溫改作芳雲院龍種東珍大姐，五十四年永井德溫復追加二字，作芳雲院龍種東珍灑脫大姐），骨灰分成兩份，一份就近埋葬，一份送交川島浪速（由於行刑時間太早，新聞記者無一人在場，故北平盛傳李代桃僵，死者乃同監犯劉鳳玲，金壁輝已由一白俄人陪送逃往外蒙云），三十一日，於「頭七」之日，古川大航為之舉行簡單追悼儀式；九月，古川大航將川島芳子部分骨灰帶交川島浪速，養父將之安放於雲龍寺。三十八年六月十四日，川島浪速去世，年八十五歲（一八六五——一九四九）；九月十八日，川島浪速之侄川島良繼假松本市「美須宮會館」按神道儀式，舉行川島浪速、川島芳子安葬儀式，葬於鳳來山正鱗寺墓園。

本文參考：①憲均〈金壁輝其人〉（載《文史資料選編》第二十三輯），②強劍衷〈日本特務川島芳子〉（載《人物》雙月刊總第二十四期），③朱子家（金雄白）《女特務川島芳子》（吳興記書報社版），④上坂冬子著《男裝女諜川島芳子傳》。

我的胞妹川島芳子（選載）

憲均口述　張銘俊整理

半個多世紀以來，在日本，在中國的東北、華北一帶，有關金壁輝（川島芳子）的傳聞很多。在有關資料上，常有種種不同的說法，也有一些訛誤之處。我是金壁輝的哥哥。我和我的一些了解情況的朋友們，都已年近八旬，深感有義務將親見親聞的資料如實地陳述出來，以便社會上對金壁輝的醜惡面目有所了解。

一

在國內出版的書刊中，有的資料說金壁輝的生母是日本人，還有人傳說，金生於日本。這都是沒有根據的。

晚清肅親王善耆，共有子女三十八人，包括金壁輝在內，絕大部分出生於北京東城東交民巷的肅王府和後來的船板胡同的肅王府。善耆逃往旅順後，只有他的四側福晉張佳氏在那裡生了三個子女，即第二十一子憲東、第十六女顯琉、第十七女顯琦。

金壁輝生在北京，她的生母是張佳氏。據我的回憶，四側福晉張佳氏本是肅王府的管家從京兆南收旗租時買來的丫頭，叫做蘭姑娘。管事的把她交給管理丫頭的「魚兒姐」（僕人們稱她大姑）訓練後，轉交給我的生母佟佳氏使喚。十五歲時，被肅王收房（納妾），立為四側福晉。張佳氏的模樣我還記得。我見到日本人渡邊龍策寫的《川島芳子》一書上，印有川島芳子十七歲時的側身照片，那模樣就很像她的母親張佳氏。

封建王府裡有些見不得人的黑暗事。這位還是少女的蘭姑娘，在當丫頭時就被我的哥哥憲平姦污了。十五歲被善耆收房後，生活並不愉快，有一天忽然失蹤了。這是非同小可的事。大伙兒在府裡到處搜尋，終於發現她在一個僻靜的廁所裡睡著了。由於這位四側福晉不大聽老爺的話，善耆一生氣就動手打她。有一次還讓我的「九哥媽」（我九哥的奶母）幫著打，她不敢打；善耆又讓我「十一哥媽」幫著打，這是一位大個子奶母，她把張佳氏打了一頓板子，善耆才解了氣。這說明側福晉在王府裡沒有什麼地位，與奴才差不多，也可以說還是奴才。

張佳氏從十七歲就開始生孩子，我見她被收房後幾乎總是大肚子，每隔一年就生一個孩子。她一共懷了十一胎，生下了十胎，其中，有一個孩子生後即死，成活的九個，計六男三女。男孩子有憲立（男排行十四）、憲方（行十六）、憲基（行十七）、憲開（行十八）、憲容（行十九）、憲東（行二十一）；女孩子有顯玗（即金壁輝，女排行十四）、顯琉（行十六）、顯琦（行十七）。張佳氏懷第十一胎時，因吃了打胎藥，孩子爛在肚子裡，大人也跟著死去。死時年僅三十七歲。

大約在張佳氏死後兩三個月，善耆也死在旅順。一九二三年，我們家將善耆和張佳氏的棺木送回北京安葬時，前頭一個八十人抬的黃槓，是善耆的棺木；後面一個六十四人抬的紅槓，就是張佳氏的棺木。由於善耆頑固地與民國對立，生前過誓言：「永不踐民國土。」為了不違肅王誓言，當差的出主意說：「咱們不走陽地走陰地。」意思是說，「陰地」就不算民國土了。於是棺木從前門火車站下火車之後，派人在前頭沿途撒紙錢，後面的抬棺隊伍就踏著紙錢（陰地）由前門大街經花市出城，向「架松」（清肅親王的「架松」墓地，計有六棵數百年的老松樹，由於枝杈過重，下有很多木架支撐，故名「架松」。）肅王府墓地走去……

張佳氏由於生孩子太密，根本無力照料子女，故兒女們對其生母感情不深。金壁輝從六歲離開張佳氏。張佳氏喪葬時，我們曾通知她，她也沒有從日本趕來。後來，在法庭上，她居然編造謊言，說她出生於日本東京，她的生母是日本人。

二

金壁輝的生父是清朝世襲罔替的鐵帽子王、清太宗（皇太極）長子豪格的第八代孫善耆，這是人們知道的。

善耆是清皇族中反對民主革命的頑固派。宣統退位後，他在日本人川島浪速的策劃下，化名為金晏怡，受日本特務的保護，偷偷地離開北京，逃到旅順，一頭扎入日本帝國主義的懷抱。企圖依靠外力進行復辟活動，至死不悔。民國初年，日本侵略者把善耆和他的同伙看成一種可利用的勢力。日本首相大隈重信還支持日本財閥大倉喜八郎通過川島浪速與善耆談判。善耆將東三省的森林、礦產開發權作為抵押，向大倉借款一百萬元，組織了一次軍事復辟活動。後來，日本因故不再支持善耆，復辟活動就無聲無息地瓦解了。日本帝國主義將善耆控制在旅順，但善耆不死心，希望有朝一日「東山再起」。他先後把二十四個子女送往日本上學，企圖借日本帝國主義之助，完成他未竟之業。到後來，他的不少子女成了日帝侵華的鷹犬，沒有實現善耆復辟的夢想。

金壁輝的養父川島浪速，是日本長野縣松本市人，與日本皇族沒有關係。金壁輝的養母川島福子，僅與日本一個外相有親戚關係，與日本皇族沒有關係。有人說川島芳子是日本皇室貴族，這是沒有根據的。川島浪速懂漢語，曾參加過中日甲午戰爭。在年輕的時候，他就熱衷於日本侵華。他鼓吹：

> 日本必須在中國領土上鞏固自己的實力，……發揮東方主人翁實力作用。為此，日本先據滿蒙，建立起鞏固立足點，是當務之急。
>
> 日本解決中國問題的立足點是：指揮滿族人、蒙族人，主動地脫離中國本土，建立一個有組織的國家。滿蒙一旦獨立，勢必與中國本土開始抗爭。並且抗爭愈激化，結果滿蒙必然愈加依靠日本。（見《近代史資料》一九八二年第二期會田勉著〈川島浪速與『滿蒙獨立運動』〉）

在義和團運動時期，他隨日本侵略軍來到北京，任北京日軍占領區軍事警察衙門軍政事務官。他先認識了軍機大臣奕劻。以後，善耆要籌辦北京警務學堂，奕劻就把川島介紹給善耆任警務學堂監督。由於川島與日本政界、軍界都有聯繫，又善於玩弄政治手腕，鼓吹「日中親善」，所以善耆與這個日本人結拜為兄弟。這樣一來，提高了川島浪速的身價，對善耆投靠日本也大為方便。以後有一段時期，川島浪速就成了善耆與日本軍政要人進行政治交易的唯一橋樑。善耆為了鞏固與川島的聯盟關係，將自己的第十四女顯玗（即金壁輝）送給川島作養女。於是，當時年僅六歲的顯玗就成了生父與養父進行政治交易的一個籌碼，為她的一生鋪下了一條骯髒罪惡的道路。

三

金壁輝幼年名顯玗；善耆將她送與川島浪速時，改名為東珍；去日本後，改名為川島芳子；後來，又曾改名叫川島良輔、金誠三。

顯玗在肅王府女孩子中排行十四當時稱十四格格。她從小就逞強好勝。我記得在她四五歲時，我家一個傻哥哥憲方欺負她，叫她「十四丫頭」。顯玗氣得哭了，哭得很傷心，鼻涕拉撒。忽然，她想出一個主意，擤了一把鼻涕，「叭」的一下子甩在憲方的臉上，哈哈大笑著逃開了。她這種性格，在成年之後有了變態發展。記得在一九四五年初，我因事臨時回到北平。有一天顯玗的胞妹顯琦來向我訴苦，說顯玗無緣無故跑到她家，一進門，啪啪打了她兩個耳光就走了。後來，我問顯玗的胞兄憲立：「顯玗為什麼無緣無故地打小琦子？」憲立答：「真沒法說，顯玗天天扎嗎啡，神經不正常；再則，小琦子現在超過她了……」顯琦當時在日本鐘紡會社駐北平辦事機構做事，很有地位，她那個差事，連許多日本人都羨慕，當然遭到她那好出風頭的胞姐顯玗的嫉妒。她這種性格在其他方面也有所表現。在「九・一八」事變後，她自己取名金壁輝，就是一例。

原來我有個家兄叫憲奎。一九一四年，我父親善耆在東北搞武裝復辟活動時，曾派憲奎帶一批人馬駐守於遼寧千山東側，善耆就給憲奎另取一個名字叫「金壁東」。金是「愛新覺羅」的意譯，「壁東」

二字，意為「東方的一堵大牆」。以後金壁東去日本留學，日本人叫他為「憲奎王」。儘管憲奎不大愛念書，只知吃喝玩樂，偽滿洲國成立後，他也成為要員，做過偽滿黑龍江省長。川島芳子十分羨慕這位兄長的地位和「名聲」，於是，給自己取名金壁輝，公開宣布她是金壁東的親弟弟。這裡附帶訂正一下，有的資料上把金壁輝的「壁」字誤寫成「璧」，金本人在監獄中登記的姓名也寫的是「璧」字，我認為這是筆誤，它與善耆給憲奎取名金壁東的原意不合。

關於金壁輝幼年在日本的一些情況。據她在日本的家庭教師本多勝江回憶（見日人渡邊龍策所著《川島芳子》一書），說她「有罕見的天才，能以銳利的眼光觀察別人的面部表情。她有五感，而實際勝過五感，似乎有七感八感之多。」又據日人原田的回憶（見上述《川島芳子》一書），「大正七年（一九一八年）我帶著孩子到川島浪速家借住，那年芳子十二歲，有聞一知十的敏感性格。她同我的孩子一同玩耍，她模仿一匹馬，口中勒上腰帶，讓我的孩子騎在她背上，手拉緊腰帶，在蓆子上跑動。我的孩子有時害怕叫嚷，芳子卻說：『你要像男子那樣，不要害怕叫嚷。』她的一舉一動酷似一個男孩子。」

川島芳子讀到中學二年級就不上學了，川島浪速帶著她到處交際，訓練她跳舞、騎馬、滑冰、開汽車、開飛機，向她灌輸武士道精神，目的把她豢養成為是搞政治冒險的工具。以後，她搞得名聲很壞。我三姐顯珊曾帶著我（憲均）和憲雲、憲立一起去質問過川島浪速。他無言可答，只好找人說合，還說什麼「芳子正在幹乾坤一擲的大事業。」所謂「乾坤一擲的大事業」是什麼？說穿了，無非是替日本人當走狗，為虎作倀，實現日帝侵華的大陸政策。

川島浪速對於金錢和女人貪得無厭，而且不擇手段。善耆病死後，我家曾給川島去過電報，但在我家辦理喪葬期間，他們始終未露面。以後，江朝宗在北京清理「旗產」，川島父女卻跑回來要繼承善耆的產權。他們先在北京清了一陣子，後來又跑到旅大，去搶奪善耆的遺產。為了爭奪善耆在大連那個露天市場的產權，川島浪速凶相畢露，咄咄逼人。最後我大哥憲章讓步，又把自己的女兒金旅子送給川島作養女，才把這場爭吵平息下去。以後，這個姑娘又嫁給比自己大得多的川島浪速之弟川島量平。金旅子對我說過，她是為保住肅王家的財產而犧牲自己的。

金璧輝十六歲的時候，就被比她大四十多歲的養父姦污了。川島浪速還企圖長期霸占養女。善耆死後，川島來到中國時，曾對金璧輝的胞兄憲立說過這樣下流無恥的話：「你父親肅王是仁者，我是勇者，只為仁者，難得天下，光做勇者，亦將失敗。我想，如將仁者與勇者的血結合在一起，所生下的孩子，必然是智仁勇兼備。你一定會贊成這樣的做法吧！」憲立是不敢直接和川島浪速相抗的，但他曾非常生氣地對我說：「川島浪速不是人，是衣冠禽獸！」川島芳子因受不了川島浪速的糾纏，曾用手槍自殺過，子彈穿過胸部，鑽進左肩胛骨後側。這顆存在肩胛骨內的彈頭，後來是請北京同仁醫院外科醫生飯島取出的。當時，憲立守在旁邊。以後，我在東北見到飯島，他也親口告訴過我。

金璧輝自殺未死，性格上益發變態。她開始女扮男裝，任意與人苟合，糜爛無恥。

四

金璧輝生於一九〇六年，死於一九四八年。對她的一生，可以概括為三句話：一、幼年、少年時期，在善耆、川島浪速的政治交易中被善耆送給了川島浪速，成為所謂「日中親善」的玩偶；二、青年時期，作為日本侵華的鷹犬，橫行於上海、東北和華北；三、中年時期，逐漸被日本侵略軍遺棄，依賴部分反動勢力，欺壓百姓，混跡於人世。

如前所述，善耆為了加深他與日本人的勾結，以達到他復辟清王朝的目的，竟把自己六歲的幼女顯玗送給了日本人川島浪速。顯玗被改名為東珍（意為東洋日本的珍客），以後，又改名川島芳子。芳子去日本不久，就成為日本上流社會的新聞人物。當時我們肅王家的人不斷聽到傳來的消息說，日本報紙上總在吹捧她。那時，日帝正在施行侵華的大陸政策，他們要設法找到在大陸上的墊腳石，所以，這個幼小的清朝親王之女在日本倍受「青睞」。後來，善耆送到日本去學習的二十多個兒女，都受「優待」，其中最博寵的則是金壁輝和金壁東兩個人。說金壁輝是「日中友誼的明珠」，金壁東是「憲奎王」。儘管此二人都不學無術，卻都受到日本關東軍的重用，成了漢奸走狗。

一九二七年，金壁輝與善耆的復辟同盟者蒙族人巴布扎布之子甘珠爾扎布結婚。這是川島浪速的主意，經憲立撮合而成的政治婚姻，目的是組成一個新的「滿蒙聯盟」。但由於雙方感情不合，結婚不到一年，金壁輝就失蹤，跑掉了。以後有人看見金壁輝曾一度出沒於大連的舞廳。

後來，金壁輝從大連去日本，又從日本到上海，與在上海的日本特務田中隆吉相勾結，當了日本特務。據她交給河北高等法院的〈我的經過〉中表白，她是受日本駐上海領事館武官日本特務田中隆吉利用而當上間諜的。那時田中每天都讓她去招待客人、跳舞，借以搜集情報。他們並長期姘居。田中誇她：「川島芳子為軍部當情報處了。」於是，川島芳子便成了「風雲人物」，日本人給她又登報，又編小說，又拍電影……從而日本關東軍參謀部也看上了她。一九三一年「九・一八」事變後，關東軍一個命令，就把她調到了東北。那時關東軍公開的說法是：「芳子在上海與田中隆吉搞到一起，下舞廳，出賣肉體，名聲不好，快把她接回來吧！……我們給她新的任務。」後來，他們派憲立去上海把金壁輝接到大連「待命」。

就在一九三一年的十月、十一月間，日軍還派出了許多軍官，通過同學、師生等等關係，四處搜羅善耆家留日的兄弟姐妹，為他們效勞。他們的誘餌是重金、高官，還有那一套煽動中華民族分裂的「滿蒙獨立」的宣傳。

善耆家曾在偽滿任職的人有十個。他們是憲雲、憲立、憲真、憲原、憲基、憲均（作者本人）、憲久、憲奎（金壁東）、顯玗（金壁輝）、顯珊。這些人中，職級較高的是：憲奎（中將、省長）、憲原（中將）、憲均（少將）、憲立（齊齊哈爾市長）、金壁輝（別動隊司令）。金壁輝除利用「司令」銜領取各種名目的軍事開支外，她還從偽滿軍事部最高顧問多田駿（少將）那裡每月拿五百元的機密費，這是偽滿顧問部一個日本會計高月對我說的。他說，他每月都把錢送到新京（長春）名古屋旅館金與多田的姘居處。

金壁東（憲奎）得到日本人的「賞賜」最多。在「九．一八」前後，憲奎給日本財閥辦的南滿鐵路株式會社拉線，從吉林行政長官熙洽處買到吉長、吉敦兩鐵路的建設權，得到十萬元佣金；他幫助建立偽滿洲國，又得到「建國功勞金」二十五萬元。他做過吉長、吉敦鐵路局局長、中將鐵道守備隊長、東北交通整理會副會長、新京（長春）特別市市長，最後的職務是滿洲映通（電影公司）理事長。憲奎會抓錢，能揮霍，生活糜爛的程度不亞於金壁輝，因此，四十來歲就病死了。

至於憲原、憲基和我（憲均），「九．一八」事變後，如何為偽滿奔忙賣力，這裡有一段故事。

一九三一年十月中旬，我正在北平東城船板胡同原肅王府養病（患腰椎骨結核）。有一天下午，一個身穿藍色西服、頭戴寬沿禮帽的人來到我家。他自我介紹說，他是日軍參謀部的參謀、騎兵少佐森赳，過去憲原、憲基在日本陸軍士官學校的時候，他任教官。由於憲原、憲基當天不在家，森赳就滔滔不絕地對我進行煽動。他講的內容大致有四點：一、張學良父子不履行條約，日本才用武力將張氏勢力趕出了東北。日軍方面想把溥儀皇帝請出來做滿洲的「主人」。「肅親王是忠於皇帝的名人，他把你們兄弟姐妹都送入了日本學校，現在正是你們出來活動的好機會」；二、他大講「滿洲獨立」的地理形勢，說「從地理環境上說，滿洲完全具備獨立的條件」；三、他說「歷史上滿洲是個獨立地區」；四、日本把張學良的勢力趕出東北，完全是為了滿洲人的利益。森赳振振有詞，講了三個小時，連口水也沒喝。他說的「滿洲是滿洲人的滿洲」那句話，深深地煽動了我，使我產生了要有一番作為的幻想。第二天，森赳又來到我家，見到了憲原、憲基，仍然是那套宣傳。由於森赳的煽動，使憲原、憲基當天下午就去天津見溥儀，從那裡領了「聖旨」去東北，命令張海鵬出兵打齊齊哈爾，並去瀋陽找日本關東軍商量及早成立「皇帝」的衛隊等事宜。我也於當天下午帶病領著森赳去訪問在北平的其他滿人貴族，並很快赴天津轉往東北。在天津時，我親眼見到森赳拿出十個銀元寶（十兩一個）交與憲原、憲基，作去東北的路費，叫他們順京奉鐵路先投奔張海鵬。以後，張海鵬按溥儀的旨意任命憲原為上校參謀處長、憲基為上校參謀。

以上就是關東軍動員我兄弟三人出來為他們賣力的經過。

一九三一年十一月中旬，日軍參謀土肥原賢二將溥儀從天津接到東北後，在大連待命的金壁輝被派往天津去接婉容（皇后）。清室的規矩，不許男人接近皇后，所以日軍才選個清皇族的王女去執行「接皇后」的任務。無奈金壁輝的臭名聲婉容早有所聞，不願與她同行，所以事情頗費周折。金只好在天津一面等待，一面活動。當時有人看見她在天津日租界中原公司的中原舞廳內化名當舞女，專門找一些名門後裔鬼混。當時和她搞得比較熱的是段祺瑞的孫子，人稱「段大少」。化裝又化名的金壁輝仍然被人認了出來，原天津大倉洋行買辦孫紹廷當時就告訴過朱啟鈐之子朱海北，化名××的舞女就是川島芳子。

在完成了接婉容去東北的任務之後（除金壁輝外，還有其他人員隨護婉容），金壁輝又去長春，很快就與當時偽滿軍事部最高顧問多田駿勾搭上。他們表面是「乾爹」、「乾女兒」關係，實則是奸夫淫婦，互相利用。他們的醜事曾被憲立撞見，憲立很生氣。金壁輝竟說：「就請您睜一眼閉一眼吧！對哥哥坦白地說，我是利用多田。」後來，多田將收編的滿洲土匪隊伍，組成了別動隊（據金壁輝的自白，叫做興安游擊隊），由金壁輝指揮，因此又名「金支隊」。這個「金支隊」曾協同日軍攻打過熱河省。這是一九三二年偽滿洲國成立以後的事。不久，多田駿升為中將，奉調回日本，金壁輝也隨後跟去。因此，「金支隊」實際存在的時間很短，「金司令」這個稱呼，知道的人也不多。

一九三四年至一九三五年間，有中國留日學生看見金壁輝經常出入於東京的中華基督教會和同澤會館，她穿西服，打領帶，下身經常穿馬褲，頭戴法國式的大沿帽，足穿日本硬皮馬靴（帶馬刺），手拿馬鞭，看起來頗威風，但又塗口紅，妖裡妖氣。有時飛馬而來，飛馬而去。

我一九三四年任偽滿軍政部衛生股長，曾去東京開醫學大會。有一天，偶然在偽滿駐日使館見到金壁輝。當時，她穿中國式男長袍，頭戴中式小帽，帽盔上鑲著兩塊寶石，戴著墨鏡（她說正害眼病），旁邊陪著一位穿和服的日本女人，梳著日本島田式蓬頭。金壁輝向我介紹說：「這是我的老婆××。」後來我才知道，那是一個日本財閥的女兒，金當時的生活由她倒貼。在那個時期，日本社會上對於金壁輝有種種傳說。有人說，金是「半陰半陽人」，我就親見日本出的書上有這種說法。因此，好奇的日本富家女子，找金壁輝公開戀居；好奇的日本軍政要人也想抓機會玩弄這個「王女」。在偽滿時期，日本關東軍參謀長小磯國昭有一次去長春，一下飛機，身後立即出現了金壁輝，一時成為轟動的新聞。「七七」事變後，有人看見金壁輝在北平地安門皇城根一處日本人寓所裡，與人姘居，出則男裝，回寓所立即換上日本女式和服。一九四一年，又有人看見金穿著華麗女裝，別著翡翠寶石別針，外罩水獺皮女大衣，在某飯店為她另一個「乾爹」做壽。此人叫遠籐壽元，當時是滿洲土木建築協會顧問，曾任日本西林特務機關第一任機關長。

金壁輝與上述這些人的關係，無疑一方面是被人玩弄與利用，另一方面，按她平日的觀點，她也在利用別人。

一九三五年，金壁輝在日本為川島浪速辦完七十歲生日之後，回到瀋陽，被日本關東軍科長田中隆吉（金在上海時的姘頭）下令解除了「司令」職務，實際上是禁止她繼續在偽滿活動。此時，多田駿在天津任日本駐屯軍司令，金又去天津投靠多田。金雖年近三十，又患脊椎炎，加上扎嗎啡，姿色漸衰，多田仍加以庇護和利用，讓金掌握天津東興樓飯莊和明石街製毒廠。那時，張學銘任天津市長兼公安局長，據他的朋友們了解，金壁輝當時曾操縱一些民族敗類如李際春、張壁、郝鵬、白堅武等人，組織便衣隊，在平津一帶搞暴亂。「七七」事變前，這些人還勾結豐台鐵甲車隊長與漢奸王鐵相等人，從豐台車站向北平城打砲，以便製造混亂和藉口，策動「華北獨立」。

據孫立民所寫的《天津日租界概況》記載，金壁輝曾代日本在天津的駐屯軍收買土匪隊伍，如滄縣一帶的劉佩臣，天津近郊的趙德謙、曹華揚，小站的李秀山，武清縣的柳小五、劉鯤等人的土匪隊伍，都是通過金壁輝的門路被日本駐屯軍收買的。「七七」事變後，這些土匪隊伍成了日軍指揮下的「皇協軍」。

又據日偽時期天津商會會長劉靜山所寫《漢奸惡霸袁文會的一生》中記載：

天津附近的文安、霸縣，過去是土匪窩子，日寇侵入華北以後，這一帶的匪勢依然十分猖獗，日軍幾次出兵，也未能肅清。從來特務分子川島芳子向日軍當局建議，將土匪招降後，交由天津日租界內的幫會頭子袁文會統轄，改編為『袁部隊』……這個『袁部隊』，在文安、霸縣一帶，經常進攻解放區，殘害抗日軍民，騷擾鄉里，魚肉百姓，幹盡了壞事。

在「北京市檔案館」所藏的檔案資料中有一份材料，內容是一九三六年北平市公安局長陳繼菴給北平內三區署的密令：

據報，漢奸金壁輝於十月二十一日赴平綏路南口東赤城縣，接收日偽飛機三架。與金同行者，有赤城縣漢奸馬厚全。查馬部下有三百餘人，擬於最近來宛平縣境，並請金壁輝指示南下路線及將來所駐地點等語，仰飭屬嚴密防範。

以上所舉說明，金壁輝在「七七」事變前的活動範圍不限於天津地區，而是天津一帶。

「七七」事變後，由多田駿指揮的日本華北派遣軍司令部移駐北平，金壁輝也跟隨來平，幫助日軍搜集民間槍枝，成立「華北人民自衛軍」，以金壁輝為「總司令」，金領有印信。金還兼任「北平滿洲同鄉會總裁」、「中華採金公司董事長」等職。據金壁輝後來在法庭供認，「七七」事變後的第二年，她曾到天津與日本特務機關長和知鷹二及特務谷荻等人討論過成立偽組織的事。

平津一帶為日軍侵占之後，多田駿被調回日本，金壁輝失去了主要靠山，其所任的「自衛軍總司令」形同虛設。據知情的人說，那時金壁輝已經「既無職，又無薪」，她主要靠部分日本軍警憲勢力，敲詐勒索，以便揮霍。

大約在一九四〇年左右，金在火車上認識了與國民政府有關係白建民的妻子，白家在東四九條三十四號有一所很大的住宅，金到北平後，即強佔了該住宅及室內一切陳設，將白的家屬攆到廂房居住。白妻認為自己是「引鬼上門」，不久，一氣病死。

北平的奉天會館，在西郊有許多義地（名「東北義園」），種了不少果木，每年收穫甚豐，金壁輝欲攫為己有。當時，偽滿經濟部大臣韓雲階也想奪得此地，派其妻中島成子（日人）來平辦理此事，與金壁輝互相爭奪。結果，金將中島成子弄到日本憲兵司令部關押起來。

金壁輝還經常以代日本軍部買禮物為名，叫珠寶玉器、古玩、皮貨等行業的商人送貨上門，讓他們將商品留下，以備選購，但從此就如石沉大海，錢貨均無消息。朱海北曾聽漢奸吳泰勛及楊耀宗說過，有一個前門外的珠寶商，有名的「翡翠大王」，外號叫「鐵把兒」，他的寶石被金壁輝拿去，好久不還，經託人疏通，才給他送來當票一張，原來金壁輝把那些寶石給當了。受害者「鐵把兒」，只得忍氣吞聲地用錢贖回寶石，還不敢向外人聲張，否則將遭飛來之禍。

對於住在北平的清皇族人家，金壁輝往往先派手下人去尋釁訛詐，再由金出面調解，讓受訛詐者出錢了事。所以清皇族如載濤等人，對金壁輝多敬鬼神而遠之。

金壁輝的住所裡，經常聚集一些小財東、少掌櫃和朝鮮浪人，為她偵察、物色敲詐對象，她還用各種方法勾引一些富商和京劇名角到她家吃，住，受她「保護」，以應付日本軍警憲特的「麻煩」。有一個開金礦的老板佟壽山就長期住在她家。受「保護」者必得稱她為「金爸爸」，還登報明確這種關係，演出收入也由金控制，演員家中的古玩、貴重衣物等由金隨意佔用。於是，這些受「保護」的演員，就成了她的搖錢樹。有一次，金在東華門東興樓飯莊招待駐北平南城的憲兵隊長山田，將梁雯娟接去作陪，而金自己卻未出席，故意給山田提供玩弄女演員的機會。梁雯娟的母親梁花儂見事不妙，趕緊託人設法讓自己的女兒逃往天津，擺脫了金壁輝的牢籠。據梁雯娟回憶，駐北平南城那位憲兵隊長山田，是屠殺中國人最多的劊子手，金壁輝實際上是山田手下的特務。金每晚看完夜戲後，總要坐汽車去山田處。梁那時正受金「保護」，經常陪同她看戲，金坐汽車去見山田時，總不讓梁下車，等金回到車上，才開車回家。梁說，那時金與梁家接近，除了貪圖梁家錢財，拿走一些古玩珍物外，還想摸清梁的姐夫白蓮丞的去向。

金壁輝在日本軍方漸漸失寵，但日軍對她仍有照顧，由北平日偽當局撥給她兩個賭場，由她「保護」，從中「抽頭兒」。此兩處賭場，一個設在前門外廊房頭條××旅館；另一個設在西單舊刑部街××堂內。金每月可以從中得到數千元。朱海北曾聽日偽北平市公安局特高科科長汲亞鵬說過，撥給金兩個賭場「抽頭兒」，就是給她的生活費，目的是不許她再胡來，如再不收斂就要整她。金壁輝為了更多地摟錢，還在自己的住宅（東四九條三十四號）內設置賭局，呼么喝六，通宵達旦。金不大賭，主要是穩拿「抽頭兒」錢。她宅內那個賭場，每晚收入不下百元。

「七七」事變後金初來北平時，還威風不小，每出門必有七八個保鏢的。到了抗戰末期，她就不那麼神氣了。據說她有時還欠債。有一次，她對著名京劇演員李萬春進行勒索，讓人將李抓到外四區警察署，逼李承認私取了她一萬元。他們一面威脅說，再不承認就送日本憲兵隊；一面又派人說合，說「金司令」欠了債，等著這筆錢還帳。逼得李萬春賣了兩處房子，「賠」出八千元了事。

金欺壓老百姓，經常耍威風，當著眾人打傭人的耳光；或者狐假虎威，當著人給日本憲兵司令部打電話，嚇唬人。據說，一九四〇年金在北平做生日時，就曾用多田駿的名義訂做銀盾一只，作為司令部送的禮物，擺在堂上，以抬高自己的身價。

由於金璧輝身價日落，所以交往的人漸及於中下層資產階級以至某些下層群眾，並到處逢場作戲，不以為恥。

為了弄清外間傳說金璧輝是「陰陽人」的問題，金被槍決後，河北高等法院及北平第一監獄中的一些好事者，曾專門沖水洗屍「檢驗」（注：法醫驗屍，向來不沖洗屍體），證明金確係女性。此事靳麟曾問過當時的擦屍人（姓張），他也證明金確係女性。

五

金璧輝於一九四五年日本投降後不久（十月十日）即被捕，關押於國民政府河北高等法院北平第一監獄。一九四七年，設在日本東京的遠東國際軍事法庭，準備於當年八、九月間審判日本戰犯，要求中國政府交給國際法庭一份日本侵華的材料。當時國民政府認為，金璧輝既是日本間諜，又與日本戰犯多田駿、東條英機、板垣征四郎、土肥原賢二、本庄繁等都有聯繫，必然掌握大量的日軍侵華內幕。因此，一九四七年二月間，北平行營主任李宗仁致函河北高等法院，以南京國防部需要金壁輝為日本戰犯作證為由，用飛機將金解往南京，由審判戰犯的軍事法庭審理。當年五月間，又將金解回北平，仍押在第一監獄。河北高等法院於一九四七年十一月初，公開審理金壁輝漢奸案，判處金壁輝死刑。金不服，要求覆判。最高法院駁回其申請，核准了原判決。河北高等法院遂於一九四八年三月二十五日凌晨將金壁輝秘密槍決，並陳屍院內，准許記者及群眾參觀照相。金的屍體後由其在京的十姐顯㺭（又名金十佩）和日本僧人古川大航領走（據云，屍體火化後，古川大航將其骨灰運往日本）。

法院為何不公開槍決金壁輝？據了解內情的原察哈爾高等法院院長王璥說：「國防部將金壁輝解到南京後，曾對金說，若她能將要求的材料寫好，不但可以不判罪，還要將她安置在軍統局工作。」又據金壁輝一九四七年向河北高等法院交的自白書中說，她在南京國防部拘留所被押時，曾有一個人對她說：「你把以前所做的情報全說說，我給你好好記上，給當局看看，馬上就放你到東京去，給中國做事出力。」又據沈醉所寫《我所知道的戴笠》一書中記載：「抗戰勝利後，戴笠在北平時，對那個自稱清朝親王女兒的日本間諜川島芳子很感興趣，除多次找她談話外，還準備吸收她為軍統特務。後因戴笠死去，她才被槍決。」王璥認為，所以不公開槍決金壁輝，就是怕她向中外記者說出國防部對她的審問和許諾等情況，怕各國知道，於政府名聲不利，所以才決定秘密槍決。據說，執行人員是在凌晨直入牢房，押出了犯人，金壁輝還穿著睡衣就被槍決了。據北平警察局偵緝隊〈呈報槍斃漢奸金壁輝之情形〉是：「於三月二十五日六時三十分，河北第一監獄綁出女漢奸金壁輝一名，押至外四姚家井河北第一監獄西牆內執行槍決……」（張銘俊整理，原題為〈金壁輝其人〉）。

川島芳子色誘殷汝耕往事

通州人

對日抗戰勝利後，當時國府曾有肅奸之舉，凡曾在敵寇卵翼下供驅使者，紛紛被捕。殷汝耕以「冀東防共自治政府長官」的身分被逮，經過司法程序，由逐級法院審訊的結果，終於判處極刑，於民卅六年七月五日，在南京老虎橋監獄內東邊曠場執行。

殷汝耕臨刑說了幾句話

這個被誘叛國、甘為傀儡的殷汝耕，原是世家子弟，自幼留日，有「日本通」之稱，一二八淞滬之役，是上海市政府一名參事，奉命辦理停戰後的對日交涉與收回被佔地區等，頗為市長吳鐵城所倚重。不料後來到了華北，竟然變節，做了所謂冀東長官，七七事變發生，這偽政權便解體了。及到日本投降，在北平將他捕獲，遞解南來，押禁在老虎橋獄裡，與潘毓淮、韋乃綸同囚一室。在獄中，他自知絕無可倖免，終日唸佛，了無嗔意，及至被提出執行槍決時，還故示從容，徐步出來。臨命之頃，檢察官照例於宣讀判決書後問他有無遺言時，他忽睜著失神的眼珠說：「我很奇怪，當初不是我要組織冀東政府的，為甚麼今天要槍斃我？……」說到這裡，自然容不得他再囉嗦了，便由法警押了下去行刑。

因為他臨死說的那句話，不知者以為他之變節事敵，好像還有怎樣一段微妙的內幕似的，據筆者所知，內幕確有一段，而且情節香艷，值得一記。

土肥原賢二人稱土匪源

話說日本自「九一八」的瀋陽事件後，隨而製造了「滿洲國」傀儡政權。隨之而來者，又有內蒙華北獨立的陰謀，因此他喊出「華北特殊化」、「華北自治運動」，想不費一兵，不耗一彈，無形的改變華北的顏色，使日本帝國拓展比滿洲國面積還要大的一個外圍組織。

這時他們所用的貓腳爪，便是號稱遠東的「勞倫斯」，被中國人詛咒為「土匪源」的土肥原賢二，以及他下面的今井武夫少佐、田島彥太郎少佐、谷荻那華雄少佐，外加一個蛇蠍美人金璧輝，亦即川島芳子中佐。

土肥原一干人，認為當時南京國府統一全國後，尚有若干由軍閥蛻變而來的武人，如河北、察哈爾、山西、綏遠、山東等省，他們之服從是形式多於實際，倘藉自治之名加以策動，可利用軍閥勢力、另成一個華北統治力量，好由日方擺佈。

自民廿二年（一九三三）五月卅一日《塘沽協定》簽訂後，日本不斷阻止中國武裝保安隊開入戰區，同時加緊地方的「匪化」，繼續在察東察北，推進擾亂行動，由川島芳子收編七八千名的土匪組成

「皇協軍」，無時不以武裝作為威脅。及民廿四年六月所謂河北事件發生，中國中央軍隊及原有之東北軍盡數南調，平津及河北省黨部也停止活動，限制了國府對河北的控制力。

牛刀小試對準了殷汝耕

迨冀察政務委員會成立後，宋哲元任委員長，負責守衛平津一帶，土肥原鬼頭鬼腦的常去活動，慫恿他和日方合作，最好能成立自治政府。

土肥原這人真把中國人一個個都看「扁」了，他一廂情願的計劃著，準備抬出吳佩孚做華北五省的軍政首領，他自己做著華北五省自治政府顧問，一如當年伊藤博文之駐朝鮮那樣。可是，他的陰謀詭計無法達成者，由於吳佩孚之不屈，宋哲元之持重，以及山西之閻錫山與山東之韓復榘的反對，一個個都不願與所謂自治運動發生關係。

同時平津學生兩次反「自治」的示威，掀起救亡的高潮，喚醒了最警覺的民族靈魂；當時這種革命的愛國情緒，對於華北民眾乃至士兵的影響，亦日趨擴大，即使部隊長願與日本妥協，軍隊裡的士兵也是不會答應或盲從的，這一點那班將官是認識清楚的。漸漸土肥原也覺得不對了，暗暗跌足叫苦，看看所吹的大氣，成幻成空，而無法交差，便只有向殷汝耕這軟體小官僚作牛刀之小試。

殷汝耕那時的職務，是冀東區行政督察專員，轄有廿二個縣區，專員公署設在河北省的通縣。

這個職位是民廿一年以後才設置的，為省府的輔導機構，還兼有區保安司令的頭銜，對於轄區內各縣市之保安團隊、水陸公安警察、及一切武裝自衛之民眾組織，有指揮監督之權；但自從河北事件發生之後，這一帶地方指定為「緩衝區」，是不容駐有中國武裝隊伍的地帶。其時所謂「皇協軍」的金司令——即川島芳子所帶的一批土匪，因在熱河境內胡作胡為，關東軍方面認為這顆棋子，正可用以擾亂河北省東部，縱使出個甚麼亂子挨了頭刀，也好作為侵略的藉口：便命令將這支破爛槍械的皇協軍移赴山海關邊境沽源獨石口附近一帶緩衝區去駐紮。

正當土肥原挖耳抓腮猴急著無法交差之時，擬對冀東區來個應景文章，恰好這個蛇蠍美人到來，便決定用她為餌，好使這戀位好色的殷汝耕上鈎。於是這任務便落到川島芳子身上。

冀東成為走私販毒淵藪

殷汝耕是個紈袴出身的小開，祖上以經營蠟燭店起家，提起「殷大同」的蠟燭店，澆出來的蠟燭，不論大小，從開頭點起直到燭跋，煙不冒、油不流，別家總做不出它的貨色來；發達之後，財富日積，後代小輩讀書留洋做官，也頗有其人。殷汝耕黠巧而能幹，人長得很漂亮，也很會應付，自接任這個行政督察專員不久，不料轄地成了「緩衝區」，政務錯雜紛紜，動輒得咎，委實不大好辦，也自有許多碰到頭痛的感覺；無如他一心戀棧，又自忖是日本通，說得一口流利的日語，遇有交涉，隨便遷就一些，也就過去了。更加上這個地方，已成為中樞法令伸展不到的特殊地區，只要日本方面沒有十分和他過不去，也樂得「好官自為」。

說到當年日本侵略我國華北的作風，如今思之，還使人不寒而慄。民國二十三年間，日本即逼迫中國海關的緝私隊，自長城區域撤退，同時阻止海關巡弋小艇在長城南岸行使職權。在冀東呢，更是日本走私活動的大本營，起初尚限於白糖、人造絲、香煙等，漸漸地汽油、麵粉、棉織品和其他大批物品，也洪水似的衝了進來。這種大規模的毫無顧忌的走私活動，日本自稱為「特殊貿易」，而且肆無忌憚地公開宣稱他們的目的，是要藉此以強迫中國方面減低關稅，直到日本可以達到「自由運銷」的程度為止。這種猙獰的面目，乾脆說是全力鼓勵走私，來摧毀中國之財政制度，成了日本侵華之雙線活動。

在冀東，日人除了走私外，還要販毒。日本人用種種方法誘引中國人吸毒。這種公開毒害中國人民以消滅華人抵抗的手段，猶還不足，更於其製造的藥品中滲入毒素，如腹痛藥、小兒藥、療肺藥，以及號稱強壯劑補體劑種種藥品，滲入嗎啡或海洛英混製，使華人無意中沾染毒物而不覺成癮。至於北平天津及所謂不駐軍區域之河北省，已成為非法製造海洛英之場所，平津及冀東之可怕情形，尤不堪言狀。地方當局不僅對氾濫毒品無法制止，反而從事漁利。

因為日本大量走私和販毒，浪人與商人徒獲暴利，冀東這地方一時竟畸型繁盛起來；所謂「雅樓」之鴉片館、與花茶室酒家等等應運而生，自然更少不了以女人為號召，那些使人墮落的地方，門口均掛有「聘請某某女士招待」的字樣。在這種情形之下，冀東的財稅反靠了這些彌補來維持。殷汝耕始而睜一眼閉一眼，繼而受不了物質金錢的誘惑，也樂得遷就了。不過他感到頭痛的，就是日方所設的「通州特務機關」中使用的中國「腿子」，這班地痞流氓，勾結日本浪人特務，無惡不作，不但魚肉自己同胞，即對本國官署，恃有日本人撐腰，亦不放在眼下；殷汝耕碰到這班人便頭痛，硬不起來，只有隨和地對他們的要求，勉予答允。於是整個冀東便成了烏煙瘴氣的地方。

易釵而弁的金司令來訪

一天，殷汝耕正在專員公署裡，忽報皇協軍的金司令來訪，不由得心頭一震。他早知道金司令金璧輝，便是有名的川島芳子，這神秘的女人，在熱河收編了土匪之後，易釵而弁做起司令來，更有日本憲兵警察甚至日本軍隊，通同一氣，騷擾地方，近來開到「緩衝區」地帶，此來一定有所要挾，乃至甚麼嚴重問題發生，算來又得經一番交涉了；但她既來了，也只好硬著頭皮接見。當兩人在專員署接待室相見時，殷汝耕偷覷這頂頂大名的女人，全身戎裝，黑皮高統皮靴，十足日本軍官打扮，身材不怎麼高，卻有一個挺拔的鼻子，一對秀媚的眼睛，骨肉停勻，肌膚細膩，一排像編貝般的牙齒，襯著小嘴兒，雖不是絕世風姿，卻具有一股懾人的魅力。當他和她握手互道久仰之際，殷汝耕柔荑在握，心旌也免不了為之搖搖。

川島芳子對風流倜儻的殷專員，一見之下，也有好感。過去她所遇到的日本特務不用說，即在中國化身為「金夢芝」時所遇的那些人如安靜生等人，不是癡肥矮挫，便是粗魯不文，哪裡有殷某這樣英俊？她自信具有姿色，這是她個人最大的資本，對男性來說，美色將是無堅不摧的武器，而男人在陶醉美色之下會完全失卻理智。她更負有使命而來，若把殷汝耕爭取過來，對河北、省東部這片土地，可以兵不血刃、唾手可得。

再說，如果要奪冀東二十二縣，日本軍的兵員械彈，不知要耗費多少；單憑自己一顰一笑，便可把當面的男人手到擒來，叫他自投這個陷阱豈不是爽快？這女人的癖性，就是說做就做，自己認為可行便展開行動。在銀鈴般的笑聲裡，她把殷專員著實誇讚一番，稱頌他既長外交又精政治，中日間簽訂停戰協定建立這緩衝區，使地方免遭兵燹，應歸功於他致力於兩國和好的高見。又說到什麼同文同種之邦，非互相親善提攜不可，將來對於亞洲的建設，還有賴殷先生之共同發揮等等。一邊儘量恭維的說，一邊眉黛含春，橫飛媚眼，直把殷汝耕攪得心麻麻地眼花撩亂，除了「豈敢豈敢、哪裡哪裡」之外，漸感到招架不住。

川島芳子首先大送高帽

狡黠的芳子看到殷汝耕精神的恍惚，豈有不瞭然的，便單刀直入說：「今天幸會，我們一見如故，閣下如不見外，本人很冒昧的有幾句話要說，也就是今天特地拜訪的來意。」

殷汝耕忙接著說：「金司令遠道來此，實是本人莫大光榮，有事儘請不客氣的吩咐，只要本人能力所及，一定設法辦到。」他這時似忘了他是政府任命的地方首長，竟有點語無倫次了。

川島芳子把手裡的軍帽，往桌上一放，笑吟吟地站了起來，踱著步說：「吩咐二字不敢當，殷先生，你不清楚我的意思吧？說真呢，我此來，不是為了本軍或皇軍方面有什麼大事，卻是為了你！」

殷汝耕也忙著站了起來，說：「嗄！為我？」心裡不由得一陣緊張。

芳子帶笑地說：「你看你沒聽得清楚，便慌得這樣兒，坐著，咱們談談。」她嘴裡更甜、神色也更柔，接著又把殷汝耕捧了一套，說他這樣精明強幹，而竟大才小用，「真叫人替你委屈。」又是用挑撥煽動的語氣說：「時局態勢，擺在眼前，用不著細說，國民政府遠在南京，鞭長莫及，北平那班人，有幾個像你這樣對世界大勢瞭如指掌的？殷先生，你是個聰明人，難道將來局勢發展時，你還是屈於那些武人之下，仍做著區區數縣的一位首長？殷先生，時勢造英雄，不進則退，你對這兩句俗語總是明白的吧？咱們不算外人，你知道我本來也是中國人呀！」殷汝耕本來就是個好高騖遠的人，平日對冀察委員會那班人也辨不清識不透；更昧於對日抗戰遲早必發，以為這局面還會撐到若干時日，乃至想到這緩衝區的政治組織，真的會擴展到若干省份，實行緩衝作用下去，苟安一時，自己做著這半天吊的專員，有事當衝，平日又無實權，可不是長才莫展？所以最初他還是以戒懼的心情，所說都是官場應酬話；漸漸地覺得究竟都是中國人，沒有什麼惡意，何況香噴噴的口脂芳透，一口京片子悅耳至極，不覺動了真感情，俯首沉思，遲疑莫答。

若有膽量日方絕對支持

這精明的女人，哪有看不透對方動搖神情來？打鐵趁熱，於是透露一些日本方面對華北「自治運動」抱著要扶掖的決心，表示只要你有膽量，關於日方支持，是不成問題的，否則便是對「日華協和」有歧見了，以後可就難說，即使你不重視這區區專員，以你這槃槃大才，誰肯讓你走的？

她這句話，說得不輕不重，亦輕亦重，只把殷汝耕攪得心神不定。這就像一個蕩婦偷漢，在被誘失節的俄頃，給對方軟哄硬騙，一方面不甘寂寞，一方面又顧慮到嚴重後果，這時羞恥良知尚未盡泯，心裡忐忑不寧，將迎還拒。他也想到這雌兒一定是日方軍頭的支使，假如嚴詞拒絕，則今後這緩衝區必然頻生是非，藉端尋釁，將無止境，單憑這個女人，如果不時嗾使特務腿子搗亂，也是應付不了。但也許他只想到混沌局面還會拖下去，大不了揹個「親日派」的名兒，曠觀燕雲，又何止我姓殷的一個呀！——在顛倒盤算他個人的利害之際，嘴裡有一搭沒一搭「唔啊這些」的應付著，又給芳子的嬌脆的聲音一震：

「喲，殷先生，你是怎麼啦？我的意思你還不清楚呀！」

他急忙囁嚅地：「清楚，清楚，不過希望給我一些時間來考慮才好。」

那芳子又噗嗤一笑，掃一個眼風道：「真個的，你們男人呀，就是不爽利。比如說，有件東西擺在眼前，要就是要，不要就是不要，考慮個什麼勁呀，等到考慮定了，也許事機萬變，時不我與了。好吧，你要考慮，就細細考慮再說，那麼我要給你告辭啦。」一邊說一邊拿軍帽。

殷汝耕見她要走，連忙說：「金司令，難道你大駕遠臨，現在快到開飯時間了，能不能賞個面子，吃個便飯再走？我還有幾瓶陳年的白蘭地，我們輕鬆地喝兩杯如何！」

芳子告辭本是做姿勢，一轉身恰與殷汝耕撞個正著，嫣然一笑道：「這怎麼好意思叨擾呀！」殷汝耕順勢一攔，正觸到她的柳腰，又給攬得渾陶陶了。

既談飲食之道又談京戲

正合著俗諺所謂「姣娘兒遇到了脂粉客」那句話。川島芳子要達成她的任務，早安排了香餌釣金鰲，必要時還打算以身佈施；殷汝耕一向對日本人辦交涉，不是狡猾可憎的面孔，便是粗暴不講理的橫肉，哪曾遇到這宜嗔宜喜的嬌娃做手，更何況芳子的芳名，他是早已聽過的，真是百聞不如一見，豈能不攀個交情，親善親善。這二人各有存心，到這時自然滿臉堆歡，極意逢迎，顯著相見恨晚。

那芳子呷著咖啡，笑吟吟開腔了：「殷先生，你這咖啡煮得真好。」

殷汝耕也咧著嘴說：「不瞞你說，我生平沒有什麼特別嗜好，卻是對飲食之道，喜歡講究一點，茶酒咖啡由一個人伺候，就是廚房裡的大師傅，也都是從北平重金僱來的，無論中西大菜南北佳餚，以及葷素小吃還夠得上標準，等會金司令你嚐嚐了便知道，還得請你品評呢！」

芳子見他一個勁地儘談著食經，在國難嚴重的關頭，中國竟有這樣的官員，也不免齒冷，有心損了一句：「你呀，真稱得起能幹的外交家，對什麼都很有研究，單憑著飲食一道，就知道你的大學問了。」

殷汝耕只顧逢迎對方，懵然不覺她話裡帶刺，忙道：「好說，好說，你過獎了，其實何止是飲食一道，擺在眼前的那一件沒有個好歹，就是咱們平常聽京戲吧，一齣〈霸王別姬〉，楊小樓和金少山的霸王，梅博士和琴雪芳的虞姬，各有各的妙處，一比可就不同了，再如言菊朋的〈捉放〉，馬連良怎能趕得上，而鐵蓮花、清官冊，便不能不讓馬大舌頭獨占一籌了。……」

芳子見他越說越來勁，咦了一聲說：「你原來還是個顧曲大家呀！我們卻有同好，我就喜武打的，李萬春的〈花果山〉，還有和藍月春雙演的〈兩將軍〉，真瞧得過癮。」

他二人一搭一檔地，談得興高采烈，形骸也脫略許多，副官進來報告，酒宴已開齊了，二人便不客氣地相攜同入小飯廳。

借著酒意果然成其好事

飯廳裡華燈璀璨，豪華中透著幽雅，地上是厚厚的地氈，餐桌和特製的坐椅，古色古香，配著美麗的枱布餐巾，白銀餐具，和細瓷盤碗，真是豪奢極了，殷汝耕像捧觀音似的，替芳子安了座，自己也挨近坐下陪著，陳年的法國白蘭地當面開封，飄出一陣酒香。

舉杯碰了一碰，芳子媚眼一颺，說：「殷先生太客氣，第一次便叨擾了，我先謝啦！」

殷汝耕說：「你別見外，喫喫便飯，太不成敬意了，乾一杯好不好。」說著自己便先咕嚕一口吞了下去。

川島芳子的個性是爽朗而放蕩的，她既具有絕代風華姿色，又是風月場中見過陣仗的女魔頭，舉手投足，一顰一笑，意志不堅定的男人，無不會意蕩神迷的。她既有所挾而來，又是金樽相對的局面，酒入歡腸，言笑更覺撩人。那殷汝耕曲意交歡，慇懃勸飲，一邊暢懷談笑，一邊傳杯換盞，由傍晚一直飲到深宵，兩人的酒量已差不多了，各借著酒態蓋面，益發語言無忌，互相調謔。

芳子睨著汝耕說：「我不來了，醉了，回不去了。」

殷汝耕也涎著臉說：「再乾這一杯，回不去，就在這小地方住一晚好啦！……」

到了最後，芳子果然不勝酒力，海棠帶雨般的臉孔，紅馥馥地，強起離席嚷著要回去。殷汝耕趁勢上前攙扶，她瞇著醉眼偎傍他的身子，任由半拉半抱地進到後邊客房去了。

入了迷魂陣做起土皇帝

殷汝耕揚著她的便宜，也成了她的俘虜。這一夜之後，也不容殷汝耕再有什麼考慮商量了。這女人有一套，迷魂一陣勝過十個師團，她纏綿起來使你如癡如醉，她發了狠時兩隻星眸，震人魂魄。何況她魅力之外還有武力，在緩衝區週圍，具有呼風喚雨之能，她身上的便宜豈能讓你無代價白撿的？殷汝耕自己套上紅韁索，再回頭已是百年身了。

自從和芳子有肌膚之親，芳子便在冀東專署裡留下，盡情地蠱惑誘引，她要冀東以自治名義宣告獨立，改懸五色旗幟，有她做保鑣，日本皇軍的部隊長以及浪人特務，都不敢再對他轄管的各屬有所騷擾或侵犯，他到了此時，也只好乖乖地由她擺佈，橫著良心，暗裡擴編隊伍，由日本駐屯軍司令部撥給軍火武器糧秣彈藥，準備在這二十二縣做起土皇帝來。

民廿四年十一月廿五日，殷汝耕在通縣組織所謂「冀東防共自治政府」，由所謂緩衝區而變成「特殊區域」；他自稱「長官」，實際是個日本皇軍的傀儡，不論軍事經濟任何部門，均有日人以顧問名義，滲雜其間，指揮一切。日軍在冀東，也像在東北一樣，實施絕對的統治，舉個例說，高利貸在日本皇軍鐵蹄所至的地方與華北各處，固屬常見，而冀東情形，更為不堪，當舖利息有高至每日每元取息一角的；農村裡的老百姓，既被迫繳納其無力負擔的重稅，則結果須傾其僅有之薄產，以資償付。所謂保安處，其責任名義上是為維持治安，實際是劫持老百姓的機關，常常為勒索起見，由一批狼虎般的浪人和狗腿兒衝入農家，傾箱倒篋，橫加搜索，金錢牲口，予取予攜，稍不滿便把人加以綑縛而去，甚至擄人勒贖，沒有錢便休想活命。

在冀東，日本設有「通州特務機關」，門首高懸著太陽旗，儘做見不得人的事，勒財害命，日有所聞，半夜裡拷打「犯人」，有同狼嗥鬼哭。

冀東當時在敵偽組織下民眾所面臨的痛苦，也就是後來日軍侵佔中國國土時行動的藍本。固然殷汝耕以一個區區的行政督察專員，難以獨障狂瀾；但他這一叛變舉措，實使冀東二十二縣民眾提早了一年又幾個月便接受淪陷苦痛！

我親手逮捕川島芳子的經過

石青

我們押著那個看門的老頭走向正房，那裡是川島芳子的「香閨」。房門輕輕的撬開了，裡面漆黑的，就著室外的燈光，隱約看到房間的正中，有一張特大號的銅床，被一頂紅羅銷金帳籠罩著。我輕輕地邁步進去，右手執槍，左手去掀開帳門，「吱」的一聲尖叫，從床裡有一團毛茸茸的東西直向我撲過來。……

我從「通譯」升到「囑托」

一九三九年的北京城，已經淪入日軍鐵蹄下一年了，敵燄囂張，群魔亂舞，一些漢奸們正在鑽頭覓縫地圖邀新寵，多數不甘被奴役的青年學子們，有的輾轉投奔到大後方陣營，有的則默默地組成一支新的地下武裝與敵人鬥爭；而歷盡滄桑的故都同胞們則含垢忍辱，西望王師。

這一年的秋天，我奉了上級的命令，到北京去投考「新民學院」，這個學院是日軍佔領了北京才成立的，其目的僅只是為了訓練一批徹頭徹尾的漢奸，來做日本人的鷹犬。憑著過去所受到嚴格的訓練，我很順利的考取了，並且在學期間，因為表現特別「優異」，不但以最優成績畢業，並且還被選派到日本東京去接受進一步的「深造」。

一九四〇年（當時我也許應該說是昭和××年）。我結業後回到北京，立刻被任命為日本軍部的「通譯」，也就是北京同胞們所稱的「狗腿子」。最初，僅不過做點翻譯或者跑跑腿的零碎差事，但隨著時間的進展，逐漸取得了日本軍方的重視和信任，因此責任愈來愈重，接觸面也愈廣，短短的幾年，我就從「通譯」升到「囑托」，也就是在日本軍部裡工作的中國人所可能得到的最高階級。

事實上，在這段時期裡，我的真正職位是重慶軍委會××局的工作人員，所負的任務是派駐北京擔任行動工作。數年潛伏敵後，以日本軍部「囑托」的身分為掩護，我和我的同志們，曾有過無數次使敵人震驚喪膽的行動，也曾挽救過很多已經淪入魔掌或者幾乎陷於敵手的抗日志士們的生命。因為上級的指導，和我本身的巧妙運用，不但沒有使敵人對我發生半點懷疑，反而愈來愈被信任。

日皇宣讀投降的「御詔」

一九四五年九月三日，這一天的上午，我全副武裝（日本軍服）到北京的乾麵胡同軍部軍需部門去排隊領取配給食物，那時北京城裡的糧食早已被管制了，而且十分缺乏，所有日本軍部官兵和眷屬的糧食配給，都指定在那裡領取。我去到那裡時，已經有好幾百人在排隊等候，當我在那長長的行列裡排了不一會時間，忽然擴音器裡傳出：

「天皇御詔，天皇御詔，全體下跪……」

所有排隊的人都怔住了，不約而同的匆忙跪了下來，我也隨著伏在地上，心裡嘀咕著想這是怎麼回事？停了好一會功夫，一片靜寂，那些日本人惶然回顧，眼光裡帶著詢問的意思，但誰也不知道，誰也不敢出聲。

良久，擴音器傳出一障沙沙的聲音，接著就是日本天皇裕仁低沉而緩慢地宣讀那篇歷史上有名的「向同盟國投降」的「御詔」。裕仁的話還沒播完，跪在地上的那些日本男女多已哭了起來，我聽了不到一半，已經明白是怎麼回事了，一陣無名的激動，猛地站起來，丟了手中待盛配給的布袋轉身就走。這時，在我身旁的幾個日本人在悲痛中驚訝地抬起頭來看我，因為沒有人膽敢在聆聽天皇御詔時亂跑的，等到他們看到我胸前所配的符號時（在日本軍部裡工作的中國人胸前有特定的標識、以與日本人分別），那種悲哀、恐懼、惶亂和不知所措的表情和目光，複雜得使我難以形容。但我不願浪費時間去研究它，匆忙地離去，因為我知道，緊接著而來的是更多的繁忙和更重的任務等待我去處理。

戰犯與漢奸都成甕中鱉

經過漫長而黑暗的八年，北京終於重見天日，勝利帶來了歡欣，也替我帶來了更繁重的任務。肅奸工作在淪陷區內，除了南京而外，最吃重的就要算是北京了。因為在淪陷期間，南京雖然是名義上的「偽都」；但北京卻顯然是另外一個政權，不但一切都另起爐灶，而且所管轄的地區也相當遼濶，因此在肅奸和逮捕戰犯的工作上，是格外繁重的。

軍委會在北京成立了兩個肅奸小組，我被派為第二小組的組長。八年裡潛伏在北京與我同生共死的同志們，現在仍和我在一起致力於逮捕日本戰犯和肅奸的工作。這兩項工作對我們來說，是比較輕鬆的，因為這只是八年來工作的延續，憑我們的了解和掌握的資料，絕大多數十惡不赦的日本戰犯，和漢奸傀儡，都如甕中捉鱉，手到擒來。當然間或也有幾個漏網之魚；但是只要稍假時日，略施小計，也都難逃法網，無一倖免。而最重要的是，因為我們深入日本軍部潛伏多年，清濁之分特別了解，因而不致有枉害無辜的情事。

經我手所逮捕的大奸巨憝，如酒井隆（日本戰犯，曾做過師團長並佔領過香港）、王克敏、王揖唐（曾任偽華北政務委員會委員長）、杜錫均（偽治安總署督辦）、門致中、齊爕元（偽華北政務委員）、周作人（魯迅之兄）等等，這些都是當年在北京呼風喚雨、喧赫一時的人物；而在我親手執行逮捕時，有的靦顏否認，有的跪地求饒，有的則幾乎當場嚇死，真是可笑亦復可憐。

生活在神秘中的金司令

提起川島芳子這個女人，似乎很少有人不知道；尤其是在華北，金司令的大名幾乎是家喻戶曉、婦孺皆知。川島芳子原是中國人，她的父親就是清末貴冑肅親王善耆，她的中國名字叫做金壁輝，因為她父親肅親王善耆在民國後流亡大連，念念於如何借外力以達到恢復清室的目的，不惜把自己的親生女兒送給一個日本浪人川島浪速為義女，所以更名為川島芳子。

川島芳子在抗戰時期是一個太活躍的女人，她加入了日本的間諜大本營黑龍會，她初期的美麗，曾顛倒過不少男人，包括日本戰時首相東條英機，京劇名淨金少山、以至許多有名無名的大小人物。她玩弄男性，以期達到她的某一種希望；她一生充滿著神秘性，日本人稱她為「男裝麗人」，憑她的機智與魅力，曾經從一個學生、一個舞女，而成為一個喧赫一時的司令。她一直生活在神秘中。

我很久以前就耳聞川島芳子的大名了，潛伏在北京工作的那一段時期，市井相傳，把她的美貌說為天人，她的間諜工作直似神話；但我始終緣慳一面，從沒見過她的廬山真面目，而且在工作上雖然我也曾有過和她正面鬥一鬥的想法，也因無此機遇，未曾一較身手。

勝利後，當我擔任肅奸工作時，因為在北京同時有兩個組，分別接受上級的指示執行逮捕任務，甚至有些命令是臨時指定的，所以在初期，我除了奉行已接到的命令外，並且對一些應該進行逮捕而還沒有奉到命令的對象加以監視，川島芳子就是其中之一。

奉到逮捕川島芳子命令

一九四五年的一個深秋傍晚，我奉到上級的指示，命令我立刻逮捕川島芳子歸案，這對於我來說是一件久所想望的工作，那時川島芳子早已經在我們的監視之中，對於她的一切行動，瞭如指掌；但因鑒於於她的重要身分，和傳說中的神奇，怕在這最後一刻發生意外的變化，因此我在亦喜亦憂的心情下，決定當天的深夜就開始行動，以期迅雷不及掩耳的完成任務。

在接到命令的當時，我立刻就派出了組裡的大部分同志前往川島芳子的寓所四週監視，一會兒，派去的一個同志打電話回來說：「川島芳子不在家裡，據說是去赴×長官的宴會去了。」（×長官是負責北京受降的。）我在電話裡除了要他繼續監視並且了解住宅內的情況外，另外又打電話到迎賓館指揮部那裡去取得證實，川島芳子果然在指揮部，於是又派了幾位同志到那裡去執行監視，我則與留在組裡的同志一方面等候消息，一方面計劃如何完成逮捕任務。

我們圍在一張書桌的四週，桌子上是一張川島芳子住宅的平面圖，這所住宅是一幢古老的北京公館房子，一共有三進，後面則是一個大花園。第一進只有一個中國老傭人，第二進住了兩個日本人，名義上是川島芳子的秘書，川島芳子住在最後一進的正房裡。整個住宅裡人並不多，只是有幾條狼狗很凶。我們把地形弄清楚，每人的工作也都妥善的分配定了，於是就靜坐下來等，等魚兒鑽到網裡來。

午夜，在長官部監視的同志來電話說，宴會已經結束，川島芳子回家去了。不一會，又有電話來說她已經到家了，一切如常，並無異狀。我在組裡耐心地等著，心裡在想像：當川島芳子這個名震寰宇的女魔王看到我時，她那美麗的面龐上究竟會是怎樣的表情呢？我默默地等候著，一直到次日清晨的四點鐘，然後率領組裡留守的同志一同乘車出發。

深秋的北京城，夜裡寒意正濃，街道上早已寂無人跡，當距離川島芳子的住宅還有很長一段路時，我們就停了車，然後步行前進；來到這幢壯麗的房子前，一個在那裡執行監視的同志迎上前來，打了一個手勢，表示一切都正常。於是，我輕輕的向同來的同志們揮了揮手，大家就按照預定的佈置分散開來，除了在宅外的監視仍由原來在那裡的人負責外，一部分人從後面越牆而入，我則率領了五、六個人去敲門。

這是一扇標準的北方老式大門，門檻很高，紅漆金環，厚重結實，我敲了好一會門環，裡面才有人出來開門；門才開了一條縫，我們就一擁而入，順手把那開門的老傭人堵截在門旁，同時其他兩位同志迅捷的制服了撲上前來的兩隻大狼狗，這只是一剎那之間的事，而我們已經悄沒聲息地進去了。

我簡捷地把身分和來意低聲對那老傭人說了，並且要他在前帶路，他馴服地答應了；於是我們走向第二進院子，分頭去逮捕那兩個日本秘書，其中一個是從床上拉起來的，一看到手槍就嚇得跪了下來；另外一個則聽見響動後，沒命的往後花園逃跑，但立即就被我們從後面進來的同志制服了。

一隻猴子和一個醜婆子

我與那老傭人和其他兩個同志並沒有停留而一直趨向最後一進房屋，一切仍靜悄悄的，真是做到了所謂匕鬯不驚的地步。第三進房屋的正面一排五大間廳房，正中間是個客廳虛掩著，那老傭人指一指左邊的房間，意思是告訴我們川島芳子就在那間房裡。

我帶了兩位同志，輕輕地撬開門，裡面漆黑的，就著室外的燈光，隱約看到房間的正中有一張特大號的銅床，被一頂紅羅銷金帳籠罩著。我輕輕地邁步進去，右手執槍，左手去掀帳門，後面的一位同志也配合著時間開啟房裡電燈的掣；就在我掀開帳門電燈亮起來的一剎那，忽然「吱」的一聲尖叫，從帳子裡有一團毛茸茸的東西直向我撲過來，來勢太疾，距離又近，我已經來不及開槍去打它，只好順手用槍管橫著甩過去，把那東西打落在一旁，那東西又是連聲的吱吱怪叫，才一落地就蹤身往窗櫺上跑，我定睛一看，才發現原來是一隻猴子，週身的毛油光閃亮，兩隻白色的眼圈和特長的兩臂，怪可愛的，但這時被我用槍管猛打了一下，又痛又怕，一面哭聲怪叫，一面沿著窗標四處亂竄。

這時川島芳子已經驚醒了，明亮的燈光刺得她睜不開眼，她欠起半身，一隻手揉著眼睛，一面連聲的用一口道地的京片子問：

「幹嘛呀！你們是什麼人哪？」

這時我有著一份說不出的感覺，首先是帳子裡湧出來一陣又腥、又霉的氣味，接著在燈光下我看到一個骨瘦如柴，篷頭亂髮，兩顴高聳的醜婆子，一剎時我幾乎以為我走錯了地方，找錯了人呢，因為在下意識裡，多年來我所耳聞的是：川島芳子這間諜之后是如何的如花似玉，多少人為她的美麗而傾家蕩產甚至出賣國家民族，怎麼可能是面前這樣一個亞似無鹽嫫母的醜婆子呢！但是我知道我不會錯的，多月來的監視和縝密的部署，不可能會有如此離譜的錯誤；為了證實這一點，我回頭向身後負責監視她多時的一位同志問詢似的呶了呶嘴，他明瞭我的意恩，使勁的點了一下頭。這時我才算放心了，依照例行手續，我出示了身分，叫她起床，隨我們一同走。

「這是怎麼說的嘛？」川島芳子用她那清脆而富有嗲味的聲音問：「今兒個晚上我還在×長官那兒有個飯局，長官怎麼沒提起這檔子事呢？」

我回答她：「這是奉命行事，別的我們都不知。」

於是她就嘮嘮叨叨地訴說，她跟這跟那（都是些有名的人物）的關係，並且要求和×長官通電話。當我打斷了她的話頭並且嚴予拒絕以後，她又要求要上廁所；為了防範她有什麼意外的念頭或者借尿遁，我不理會她的抗議，堅決派那位隨我同來的只有二十來歲的未婚同志監視著她進廁所。折騰了好半響，她見無計可施了，這才無一可奈何地跟著我們出去；我派了幾位同志押送她先回站上去，留下了幾個人繼續在這幢房屋裡作一次徹底的檢查。

首飾匣子有如「百寶箱」

因為距離日本投降已經好多天了，一些文件之類的重要東西早被她給銷毀了，惟一值得一提的是我在她住的臥室的承塵上面一個非常隱密而精巧的機關裡，發現一個尺許見方的首飾盒子。盒子的外表非常華貴，有一副精巧而堅實的洋鎖，我們幾個人費了好一會兒功夫才把它給撬開，一掀蓋子，就像打開了小說裡的百寶箱般的，精光閃耀，映得兩眼發花。這裡面放的盡是一些珍珠、瑪瑙、琥珀、鑽石，其品質之精，手工之細，花樣之繁，幾乎沒有一樣不是價值連城。就中有一付項圈是由上千粒大小不等的鑽石所鑲嵌成的一隻鳳凰；栩栩如生，在燈光閃耀下，直似振翼欲飛，難以掌握。這一箱子寶貝別說我們沒看見過，連聽都沒聽說過，當時的感覺，這東西放在手上較之什麼重大的機密文件尤覺燙手。我連忙多叫幾位同志進來，在眾目睽睽之下逐一清點列單，並且由所有在場的人共同簽名封存起來，送回站上去。這個首飾箱一直到後來在移送川島芳子時，併同全案移送到上級去以後，我和那幾位共同清點的同志才感到鬆了一口氣。忙亂了一整夜，等到一切都安排停妥，天邊已露曙光。在深秋清晨的寒冷空氣裡，我深深地吸了一口氣，一絲涼意直透心脾，我並不感到疲倦，只有著長時間緊張和興奮以後的空虛之感，也似乎夾雜著一絲悵惘！這份感覺是為了沒有經過一場激烈的戰鬥，而我就親手制服了這名馳遐邇的間諜之后？還是為了這間諜之后的名不符實呢？我說不出所以然來！

我是川島芳子的辯護律師

丁作韶

拜讀石青先生所撰〈我親手逮捕川島芳子的經過〉一文，紀述翔確，描述生動，不愧為第一手資料！筆者讀罷是篇，追懷往事，感慨滋多，因為川島芳子被捕受審期間，我曾挺身而出，做了她的辯護律師。我為什麼肯這麼做，自然有我的道理；雖然事隔多年，已成陳蹟，但一時興起，遂草成這段回憶短文，並命題為：〈我是川島芳子的辨護律師〉。

一本編而未付印的書

我當川島芳子的辯護律師，替川島芳子辦案子，先後共有兩年多的時間，對於川島芳子的一切知之頗詳。在她死後，我曾編了一本《川島芳子》，內容非常豐富，特別是她所遺留的中文日文墨蹟，並附有她的照片不下六十多幅。不料正要付印的時候，東北變色，林彪入關，斷絕了平津間的交通。我當時以天津市議會議長的身分，留在天津，被黨政軍公推為和談代表團團長，出城與林彪談判。該次談判的經過，我曾寫過一篇〈我和林彪在天津談和憶往〉，閱過是文的讀者諸君，當還記得。現在所要說的，是這本編好了的《川島芳子》一書全留在我北平趙家樓的家中，未能攜帶出來，就隻身退往台灣；後來又轉到成都、昆明以至緬、寮、泰、越、星、馬等地，這也是題外的話。我的意思是說，因為種種情節，未能將《川島芳子》這本書帶出來，至今仍耿耿難忘，引為遺憾！

閒話過去，言歸正傳罷。

金司令之名能止兒啼

川島芳子，一望而知是一個日本女子的名字。日本女子的名字常以子字作結束，常常是什麼子什麼子的；什麼子以上，就是姓了。川島是日本的一個姓，如同我們的張、王、李、趙一樣。川島芳子雖是日本女子的名字，但她並不是日本女子，而是中國女子，並且是一個貴族的女子。倒不如更明白的說：她是清朝皇室的女子。大家都知道清朝來自滿洲，滿人是中華民族漢、滿、蒙、回、藏五族之一。滿清統治中國歷二百多年之久，直到袁世凱心懷叵測，迫清廷隆裕太后要宣統皇帝遜位，結果，卻妄想自己來做皇帝。日本乘隙而入，一方面壓迫袁世凱接受二十一條亡國的條約，另一方面又在培植滿洲的力量用以對抗中華。日本扶植溥儀作滿洲帝國的皇帝，是人所共知的；還有為人不大注意的，那就是扶植本文所要說的川島芳子了。

川島芳子是遜清肅親王善耆之女，與宣統皇帝是至親、是平輩。當時善耆不知是否感於革命勢力的膨脹，感於大清帝國前途的危險，要留一個衛國救國的種籽於國外？肅親王就將他的親生女送去日本。

為避免人們注意，連她自己本來的名字都不要了，竟改用一個日本名字——川島芳子。肅親王把她送給一個日本人，名叫川島浪速的，認川島浪速為父，生活在浪速家，成了一個日本人。但她的中國名字還保存著。她的中國名字大家也並不生疏，就是金壁輝。「金壁輝煌」本來是中國的一句成語，將煌字去掉，保留金壁輝，仍然非常響亮。日本佔領中國領土八年之久，在抗戰期間，川島芳子固然馳名北國，金壁輝三個字也不脛而走。金壁輝就是川島芳子，川島芳子就是金壁輝。除了川島芳子、金壁輝之外，她還有一個名字，那就是金司令了。金司令的名字更響亮，在中國的日本佔領地區，無不知有金司令其名（編者按：她究竟是什麼司令？知者不多，若憑吾人想像，可能是特工部隊司令之類）；特別在華北、在天津、在北平，金司令更是名聞遐邇，婦孺皆知。金司令就等於滿洲的第二溥儀，其名聲之大，雖不能說驚天地而泣鬼神；但母親們常拿來嚇小孩，對小孩說：「別哭了！金司令來了！」說也奇怪，孩子們一聽到金司令來，也就不敢哭了！

進入監獄即脫胎換骨

日本人非常捧金司令的場，她經過之處，都令人側目。金司令也實在是一表人材，神氣威武。她有各種裝束：有時候皮靴、皮裹腿，真是個男子漢大丈夫的氣派；有時候又是個男裝特工人員的模樣，但還是掩蓋不住她的威風；有時候是女扮男裝；有時候是男扮女裝。無論怎樣香裝改扮，但人們對金司令，都是很面熟的。金司令確實長漂亮，瓜子臉，柳眉皓齒，特別是他那一雙杏眼，滴溜溜的轉，令人看著愛，又令人看著怕；但一到抗戰勝利，一到鋃鐺入獄，她的面貌就大不相同了。

人要衣裝，確實不錯。人一到監獄，先要換上一身囚衣。冬天是一套老棉襖、老棉袴，淺藍的布料，暗淡無光。這棉襖連鈕扣都沒有，是用一條一條的小布帶拴上。若是新的棉襖、新的棉袴，也不會太難看；但監獄裡怎會有新棉衣，都是破破爛爛又髒又發霉味的舊物，穿在身上，雖不就等於賣油條的王老二，但與賣油條的王老二也差不多。夏天的囚衣同冬天的沒有兩樣，不過薄一點罷了。

當年北平的監獄是遠在城外的，對於戰犯與漢奸，另有一套管理方法，接見時有種種限制，尤其對於川島芳子這樣的戰犯，都怕和她有牽連，誰也不敢去探監！赫赫一時的「金司令」在台上之時，門前車水馬龍，往來如織。金司令住的地方，是肅親王的王府。大家都知道，是前三進、後三進，旁邊花廳、庭園，彷彿紅樓夢上的大觀園。自從關在牢裡，吃的不好，住的不好，成天寂寞，長年一悶。人是會變的，當年的金司令，後來已經看不出是她了。在監牢的金司令，完全是一個老太婆模樣，當年英姿已蕩然無存。「不識廬山真面目，只緣身在監牢中！」牙齒與人的面形也大有關係，在監牢裡，金司令的牙全拔去了，牙沒有，變成老婆婆嘴，面型改了，更顯得蒼老，更顯得醜陋。

開庭審理日人山人海

到開庭審理的那一天，在北平高等法院，因為人來得太多，法庭無法容納，改在後花園。法庭設在亭子裡，還是沒開成。那天旁聽的人萬頭攢動，水洩不通，這麼大的場面，實見所未見，聞所未聞。當年北平高等法院位於紫禁城（皇城）的旁邊，在午門、大前門、大清門之旁，火車站的前邊，是一個四層樓的新式建築。當時的院長是曾任河南省代主席、西北軍軍法處長的「鄧麻子」鄧哲熙。此公非常風趣，也是我的老朋友。開庭這一天，不知是否出於他的特准，「金司令」一身新的打扮，倒不是司令的模樣，而是大家閨秀的樣子。身穿西裝袴，上套黃色絨線毛衣。萬人中間一點黃，特別顯目。金司令也實在化粧有術，由監牢的老太婆，又一變而為二三十歲的大姑娘。雖不能說有沉魚落雁之容、閉月羞花之貌，但雙目炯炯，神彩奕奕，竟像是完全變了一個人！雖然萬頭攢動，爭睹金司令的風采，卻是在極肅靜的情形下進行，聽不見有半聲的喊叫。看來大眾對於金司令是一種同情的態度。金司令真也不含糊，上囚車、下囚車，步入法庭（臨時後花園亭子裡），無不有法有度，落落大方。她站的位置，是最高的地方，雖非亭亭玉立，倒可以說挺挺而立（對大眾）。只看見四面八方，人潮洶湧，拚命的向裡擁，希望一見金司令的真面目；但並無任何喧囔吵雜的聲音。後浪推前浪，法庭所在地的亭子，眼看就要擠垮，秩序已到了無法維持的地步。鄧院長急得團團轉，終於不得不宣佈停止開庭，以後就改在監獄進行，而且限制人數。但每次開庭，監獄外邊還是人山人海。

扮演的角色似賽金花

「金司令」本來可以和日本軍總司令岡村寧次獲得同一待遇；但岡村寧次被釋放了，而金司令卻被關起來當著頭號漢奸辦。當時的人們，特別是在日本佔領區的國人，對政府非常的不諒解認為對日本頭子都可以「以德報怨」，何獨對於自己的國人不可以「以德報怨」？日本對我國發動侵略，不但要亡我們的國，滅我們的種，就是對我們的種種暴行，也可說是血海深仇。對於日本的禍首、劊子手都可以不計較、都可以原諒為什麼對於金司令不可以原諒？一定要同她計較呢？

金司令在日本方面很有影響力，據說很多日本的暴行都因為金司令居中斡旋得以減免。關於這方面的行為，在日本佔領區的國人類能道之，尤其在華北、在北平的國人類能道之，有些對金司令還感激得五體投地。

金司令在日據大陸時期，所扮演的角色，與清末八國聯軍侵入北京的賽金花（狀元夫人）所扮演的角色極為彷彿。當時聯軍的頭子瓦德西有很多暴行都被賽金花所阻止；八國聯軍撤退後，對賽金花歌功頌德的也大有人在。筆者於抗戰勝利後從四川成都經陝西、山西回到北平，就聽見很多人談論到「金司令」，又有很多人為金司令打抱不平，紛紛請我做他的辯護律師，我就答應了。在法言法，當金司令的辯護律師也是應該的，我很欣然接受金司令的請求。

金司令終被執行死刑

我從川島芳子的談話中，知道她有恢復滿清的意思；但她以為這是從敵人手中得之（假若她能成功的話），她並不是同中國政府爭天下，她是同日本人爭天下。可惜她不曾體認到這是危害國家的行為。因為她從小就送給日本人，受日本的教育，在不知不覺中，中了日本的毒，為日本利用，其情是可憫的。

我對川島芳子的辯護，是在監獄禮堂高等法院組織的合議庭。三位法官、一位檢察官莊嚴肅穆的坐在上邊，我（律師）坐在前邊的右手方，金壁輝站在法官的對面，兩旁是具有代表性的旁聽者。金壁輝的態度，一如平常，她無論在什麼場合，都是如此和和氣氣，彬彬有禮；說起話來，一片京腔，既清脆而又動聽。她十分鎮靜，她始終相信是有功於日本佔領區內的中國民眾；由於她的從中斡旋，日本佔領區的中國民眾減少了不少的苦難！法官對於她的所作所為審訊至詳，法官沒有什麼可以責備的。她對於在日軍方面任職，並不否認。法官提出很多證據，如印信之類，她也並不否認。她認為自己罪應不至死。但大家並不抱樂觀的想法，因為大家知道金壁輝這個案子並不簡單。奔走南京道上的人不絕於途；但還是沒能救金司令的命。金司令終於被執行死刑了！

浮生若夢・昨是今非

當時負責執行的檢察官，就是以後在台灣最高檢察署的何承斌檢察官。因為我曾在北京朝陽大學任教，有一次在台北開「朝大校友會」的時候，很榮幸地與何檢察官相遇，談起金壁輝是他監督執行死刑的，他還眉飛色舞的談個不停。照他說：金司令絕對是死了，掉包之說，實屬無稽（編者按：當時曾謠傳川島芳子行刑時是用替身）。那天一早把她提出來行刑，告訴她知道後，她還是無懼，一如平常。問她還有沒有話要留下？她除感激各方面對她的照顧外，無話可說。

有人問到我作金壁輝的律師拿了她多少公費？說起來，或不會使人相信，但事實卻屬如此，我沒拿金壁輝一文錢的律師公費。在她被監禁的兩年多時間，還常常去探監，同我內人胡慶蓉帶著東西去看她，過年過節，還帶許多吃的用的東西送給她，也常常從她那裡帶來不少的寶貝——特別是她的墨蹟。上面提過：川島芳子的中國字寫得相當好，她給我的一個小中堂，是用墨筆寫的：「浮生若夢，昨是今非」八個字，這八個字道盡了川島芳子的心思。像她這麼年青就死去，不就是浮生嗎？「浮生若夢」，就是她個人的寫真。「昨是今非」，這也代表她的心聲。

我再說一遍：我是川島芳子的辯護律師。我很高興能作她的辯護律師。其他情節，將來再談，就此擱筆。

附錄：我最後訪問川島芳子

程其恒

我在川島芳子覆判命令到達的那天，很幸運地看到了這位女漢奸的真面目。我是新聞記者中最後一個訪問她的，因為從第二天開始，她就不准接見任何人了。據河北第一監獄看守長告訴我：很多人都不易看見她，因為她知道有人來訪她，就躲在角落裡，不讓人看見。

川島芳子的身世，過去報章雜誌以及關於間諜的專書介紹得很多，不必重述。我見到她，第一句就問：

「你嫁蒙古某郡王事感想如何？」

她說：「誰要我呀！根本就沒有那回事。」

她接下去說：「在這裡沒有吃的，過年還是丁作韶律師送來了一隻雞。」

記者問：「妳有許多兄弟姊妹在北平，怎麼不給妳送點吃的？」

她說：「他們怕死，沒有出息，不敢來見我！」

記者故意給她開玩笑說：「妳今年四十幾歲了？」

她也故意地答：「五十八歲了，是呀！人家都說我日俄戰爭時就參加了日本方面工作，真不知從何說起。」（按：她那年其實是卅六歲，她的哥哥立平在北大教書，弟弟正容在華北學院教書，都曾留日的。船板胡同十八號的肅親王府也賣了，川島芳子還有一位叔伯的姨姐，清朝鎮國將軍善高的女兒，蒙古公爺包子卿的未亡人顯瑛金幼珍女士，川島芳子如果執行死刑，收屍的人，就是這位五十多歲的老姨姐，因為她這位姨姐五歲的時候，父親去世，就由肅親王善耆撫養成人，她為了報答這一點恩典，所以預備替川島芳子收屍；收屍殮葬的錢，當然就出在賣王府的錢上面。她的姨姐說：「她趕的機會不錯。」又說：「我對她沒有什麼好感，她的親手足也是如此，因為她小的時候，脾氣乖張，大了更變本加厲。當她盛極一時的時候，我們都離她很遠，因為她的兄弟姊妹並不贊成她的行為。她作間諜，完全是被虛榮與聰明所誤。她聰慧絕頂，目空一切，爭勝逞強，標新立異，好出風頭，生活又不規律，所以才遭到今天的下場；如果她真個落得槍決而死，留芳也好，遺臭也好，在我們兄弟姊妹中總算是不平凡的一個。」）

記者問：「妳恨不恨川島浪速？」

答：「幹嘛恨他呀！他待我極好，他是我的日本爸爸。」

問：「土肥原是妳的好朋友嗎？」

答：「根本不認識。」

問：「妳為什麼喜歡穿男裝？」

答：「因為我長得不好看。」（按：她在偽組織時期，據說是上將總司令，記者看過她一張穿上將制服的照片，頗神氣，她那個時候決不會想到有如此下場。）

川島芳子是死定了，記者事後打電話問看守長，據說：她聆判後，態度很鎮靜，她還告訴朋友，一切她都想得開。事實上她當晚繞室徬徨，整夜沒有安眠，足見她還是怕死的。她跟女監犯們處得很好，女監犯預備聯名遞呈、請求當局暫緩執行她的死刑。川島芳子自知死期已近，畫了很多猴子頭，分贈同監女犯，以作紀念。

記者參觀河北第一監獄時，華北大漢奸王揖唐、董康、管翼賢都是快要死的人了。王揖唐在打坐，管翼賢在與同室犯人談話，川島芳子也與一個普通女犯人關在一起，不過白天都放出來到工廠做工，那所監獄有工廠十七個，可容犯人千餘人，仿日本式監獄建築，恐怕要算全國最大的監獄了。

抗戰初期華北幾個頭號傀儡爭寵一段插曲

——王揖唐派我做神秘使者

季子才

自七七變作，全面抗戰，河北山東，首先淪陷。民二十七年元月，在華北以王克敏為首之「臨時政府」，於日本軍閥卵翼下，宣告袍笏登場。

所謂之「臨時政府」中，係以「二王一湯」為最高首腦，「二王」者：王克敏與王揖唐；「一湯」者：湯爾和是也。

傀儡登場

民二十七年春華北「臨時政府」一群傀儡，袍笏登場。當時，王克敏執掌行政及經濟大權，任所謂「行政委員會委員長」。湯爾和執掌監察及外交大權，任「議政委員會委員長」。惟王鬍子（王揖唐，美鬚髯，世人稱為王鬍子）僅得吃力不討好之空頭位置，而任「帳務委員會委員長」。王揖唐，號什公，與段祺瑞為「老母雞」小同鄉（皖人稱合肥人為老母雞，蓋鄉語也），且屬北洋時代「安福系」之智囊，平日即與「安福系」名勝馬良將軍有雅故。王鬍子於「下水」時（下水者，既做漢奸之謂也），年已花甲，對其「乾女婿」（王克敏之妾，係王揖唐繼配夫人之養女），及「老把哥」（湯爾和係王揖唐之盟兄）之「集體領導」其名，「對內專政」其實之作風，殊不慊於懷。但環顧自己實力，又非「瞎子」（王克敏眇一目，人稱為王瞎子）或「山羊鬍子」（湯爾和之鬚較王短，人以山羊鬍子稱之）之敵，因日人對於王克敏之斂財手腕倚畀方殷；湯爾和亦賴其日籍夫人之內助而大獲「臨時政府、太上天皇」喜多誠一少將之信任也。然王鬍子究係智囊出身，於是靈機一動，計上心來，而思引「濟南地方維持會長」馬良以自重。

馬良其人

提到馬良這個人，其名氣在華北各省市中，是婦孺皆知的。馬良字子貞，河北省人，世為回教徒，其姓名與基督教徒馬相伯先生相同（馬相伯亦名馬良），二人均馳譽於清末民初，世稱異數。

馬良在第一次世界大戰時，任中國之參戰軍第二師師長，又參加討伐張勳復辟之役。馬氏既為虔誠回教徒，持躬儉約，毫無嗜好，治軍嚴明，服膺孔孟學說。段執政祺瑞下野後，馬氏即蟄居濟南，日御一襲回教徒家常服裝，徜徉於大明湖畔，頗見優遊，其生平行事，頗為華北各省人士所樂道。遠在抗戰前之民國廿四年間，馬氏即曾聯合中華儒學研究會理事長汪吟龍，致函當時山東省主席韓復榘，請轉呈國府，准在曲阜（孔子故里）創辦孔子大學。案經行政院發交教育部研議，一時騰載報章，輿論多表支持，惟格於某種原因，孔子大學，終未實現！

猶憶民國廿五年暑假，筆者由東瀛返國，曾以中華儒學研究會日本分會幹事長之身分，與馬氏相晤於濟南，小住其家經旬，曾共商在日本東京籌設孔子大學分校之計劃。

三個條件

王揖唐與馬良不惟具有多年友誼，且均係北洋時代的「安福系」人物。王氏在「臨時政府」中，所以欲與馬氏合作者，實有其種種歷史因素在焉。蓋自民十四年以還，王揖唐息影政海，已十餘年，得力幹部，多半星散。「臨時政府」成立之際，王氏手下大將，寥若晨星，如夏肅初、汪昆吾等，不過是磨辦公桌，「辦總務」之輩。王氏雖亟於欲與馬良通聲氣，但環顧左右，竟無可資「出使」於濟南之人。因當時中日戰釁既開，環境特殊，交通梗阻，由津浦鐵路之滄州至櫟口，僅通日本軍用火車。王氏默計：派往濟南聯絡馬良之人，必須具備三個條件：第一、其人不但是本人之友好，且還要認識馬良才能勝任。第二、須不經由王本人之介，而自行能取得日軍特別通行證。第三、須其人之身分地位不至引起他人之注意。王氏按此條件，幾經暗中物色，竟認為筆者為最適當之人選，乃將這一聯絡馬良的責任，鄭重付託於筆者。王氏當時會表示只須馬子貞來一私人信件，他就可以持交叔魯（王克敏、字叔魯）及湯爾和，馬上發表馬良為山東省長，結為外援。同時他還向筆者說：「你想想看，有什麼辦法可以把我的密函送去？此舉一定要保守高度機密，以免引起王克敏湯爾和二人之誤會。」

順利登程

當年，筆者因為年紀輕，不知天高地厚，一時為好奇心所驅使，竟滿口應承了王鬍子所付託的這項使命。其時筆者供職於偽「教育部」（當時稱為教育總署，由湯爾和兼任總長），也是事有湊巧，正在這時，筆者適有一位日本好友見尾勝馬（見尾是日本國學院教授）也利用寒假之暇來華考察。筆者乃與見尾計議其事，見尾立允協助。湯爾和於一年前尚極落魄時，筆者即在今井武夫少佐之天津旅邸中和他相識（今井嗣累升至中將，即係在芷江向何應欽呈投降書者，渠刻仍居東京），故那時湯對筆者也頗為另眼相看。迨至筆者向湯乞假赴濟南時，湯甚為詫異，力問原委。筆者乃介紹見尾教授與湯晤面，並詭稱：「見尾先生擬赴濟南訪馬子貞將軍，面談籌設孔子大學之事，將來如果成功，他還想請總長做孔大的名譽校長呢。」湯信以為真，立准給假半月，且親書名片，囑代致候馬氏，又為筆者出具旅行證明書，其中載有：「本總署秘書×××君陪同見尾教授前往濟南，考察該地教育事宜」等字樣。諸事辦妥後，王揖唐知悉各情，不禁掀髯大笑湯之受騙，因湯特許筆者將此行旅費作為出差報銷，又可省去王揖唐荷包一筆也。

最慢火車

越二日，筆者即偕見尾由北平經天津至滄洲，訪晤當地日本駐軍首長木村大佐，獲其「軍用汽車特別乘換許可證」（日人稱火車為汽車），於翌日拂曉登上轟轟如雷鳴之鐵皮「軍用交通車」，以路基係搶修而成，鐵道枕木，往往於車行後陷入土中，而「交通車」遂亦儼如小舟之泛於水上，左右顛播，人不能立。見尾教授年近五旬，不勝舟車之勞，曾在車中嘔吐數次。綜計：由滄州至黃河北岸，僅為五百華里，但竟需歷時三日始達，因為沿途都有日軍部隊上落，每站必停，一停則達二三小時不等。且入夜之後，又懼國軍及地方游擊隊之伏襲，不敢行車。那時所有鐵道橋樑，包括濼口黃河大橋在內，均經國軍於撤退時徹底破壞，僅賴臨時架設之軍用便橋維持滄州至黃河北岸之交通，以故車行慢於爬蟲，可見當時交通困難為如何！據黃河北岸車站守備隊長岩田少佐語筆者云：「本人到此將經月，所見之真正旅客，惟見尾教授與君耳。」

當時雖係抗戰之最初期，然由北平至天津以迄津浦線之良王莊，沿途甚少發現戰爭陳跡。但自良王莊迤南地區，迄於濟南北關為止，鐵道兩側之斷壁頹垣目皆是，令人不勝故國黍離之感。自滄州以至黃河北岸，筆者於車廂探首四望，沿路各大小村落除老弱婦孺而外，絕少見有壯丁，除滄州與德州兩地尚略有些微生氣，猶有鄉民趕集外，其他所經大小約廿餘站，均呈一片荒涼，惟有白楊蕭蕭黃沙一片之淒清景色而已。

驚險鏡頭

自滄州至濟南途中，曾於南霞口（東光縣北）及德州之日本兵營內，各住一宿。其他旅途瑣事，以及日兵生活起居之實況，一言難盡，以免有玷本刊寶貴篇幅。惟有兩項驚險情事，事後思之，殊堪發噱，略述如左：

（一）由滄州南下，本可至東光縣過夜。但車抵南霞口時，業已日落西山。見尾為純粹文人，膽小如鼠，堅持在南霞口站下車，以免遭受我國游擊隊乘夜進襲鐵道之險。但南霞口係一村鎮，日人僅駐軍一排。見尾訪晤分隊長中山中尉後，中山把我們安頓於一鄉農家中。晚餐後，突有探報謂「將有游擊隊來襲」，一時人心惶惶。中山派一伍長某持一柄中國製舊式步槍，連同子彈兩匣交與見尾，囑其遇警自衛；另給舊爛大刀一柄與筆者作防身武器。見尾及筆者，均不懂放槍舞刀，莫知所措，以至見尾弄出許多笑話，終夜不能成寐！

（二）黃河鐵橋於國軍撤退之前炸為兩段，故由北岸循日軍所搭浮橋徒步過河，當時已屆黃昏，因見尾有皮箱兩隻，筆者又攜有王揖唐致送馬氏之土產二件，遂在北岸自雇臨時苦力兩名相送，該兩苦力；均年在六十之外，以為筆者也是日本人。於行至濼口濟南間之半途（濼口至濟南十八華里）前不巴村、後不接店之際，夜幕低垂，除我們四人之外，真是「萬徑人踪滅」矣。筆者早已預料可能有意外發生，又苦無自衛武器，邊走邊想，思得一計，乃耳語於見尾，囑渠依計而行。果也，有一苦力突爾問筆者曰：「太軍！你這皮箱裝的是子彈還是銀元？為何這麼重呀！」筆者即大聲叱曰：「你們兩人向前好好走，不准回頭，回頭我就開槍打死你。」見尾此時亦將其照相機機關扳動，「吃嚓」如扳手槍之聲，該兩苦力均係鄉愿，果然俯首聽命，不敢回顧。行抵濟南域內，筆者厚賞苦力，然見尾已面無人色，汗透恤衫矣。

日人氣焰

筆者率見尾教授訪晤馬良，時為民國二十六年陰曆臘月廿三日之夕。馬氏對於筆者不遠千里而來，引為空谷足音之慰。蓋其時馬氏在日人擺佈下，雖號稱「濟南地方維持會長」，實則大權悉操之於日本顧問手中，任人牽著鼻子走而已！濟南有日本顧問二人，正顧問姓西田，西田在民廿五年前，本係日本駐濟南總領事，其人作風，極類三年前派駐台北之日本駐華大使館參事官清水董三，而跋扈則過之。副顧問豐田神尚，原任日本駐在濟南居留民會會長兼日本小學校長。豐田本人有讀書人習氣，但此時亦一變而成頤指氣使之大官模樣！西田及豐田二人，於民國二十四年春，筆者即在東京和他們相識，勉強算是老友。西田於民廿六年九月間，在喜多誠一少將領導下，任「北京地方維持會」顧問，曾因筆者罵他為「老油條」一語而反目。至濟南淪陷後，西田即調任濟南，而經常跋涉於平濟之間。馬良對於當地日本陸軍及外交人員之爭權，已感應付維艱，益以舊時老友（西田與豐田均與馬良有十年以上之友誼）驟然以戰勝者之詞色相向，衷懷愈覺難受。此種情景，乃當年淪陷區內中國親日人士之普遍悔恨之事，固不僅馬良一人為然也。

洩露春光

馬良展閱王揖唐密函後，大喜過望，私下向筆者表示，甚願與王揖唐互為犄角之勢，彼此聲援，藉以稍減日本顧問遇事挾制之壓力。馬氏因與筆者約，「一過了陰曆新年元宵，就設法赴北京一行。……」馬氏並訂期臘月廿六日為筆者及見尾餞行，且親自撰寫復王揖唐之私函（馬氏工書法，山東及平津青島各大商店招牌，多出馬氏筆蹟）。至此，筆者私幸此行之不虛，而見尾亦以為他日可出任山東省教育廳顧問，而可安心計劃孔子大學之事。殊不料此一美夢，到了第二天便成畫餅矣！原來馬良任「濟南地方維持會長」時，經常為其左右清客所包圍，在各清客中，竟有不肖之徒作「兩面人」，奔走於馬府及日本顧問室之間，報告消息，雙方討好。在日本顧問方面之意見以為：馬氏出任「山東省長」一席，乃遲早之事，但此事必須由他們在形式上向「臨時政府」推薦，再由王克敏明令發表，始有面子，且可藉此向馬氏賣一交清。因此，日本顧問遂千方百計不使馬氏與「北京」取得直接聯絡。因當時客車不通，郵電停止，馬氏除聽由顧問擺佈外，對外實莫由通任何消息也。

悲哉傀儡

臘月廿五日傍晚，豐田突然造訪馬良，並追問他說：「聽說東京來了一位教授，馬將軍為何不介紹和我見面？」馬良焉敢隱瞞，隨即照辦，而介紹見面時，筆者亦在，豐田又佯作不知筆者之來，而故作詫異之色說：「原來是你陪見尾先生來的，大家都是老朋友，一齊去喝酒吧。」席次，豐田堅以此行使命相問，筆者圖窮匕見，只得託詞「與馬會長商量辦孔子大學的事」為言。豐田哈哈大笑說：「你到底有些孩子氣，現在是打仗的時候，原有大學都沒恢復，還談創辦學校的事兒嗎？」見尾究係書生，於酒酣耳熱之餘，在豐田追問究竟之下，竟將王揖唐託帶密函之事，盡情相告，使馬良與筆者當堂大

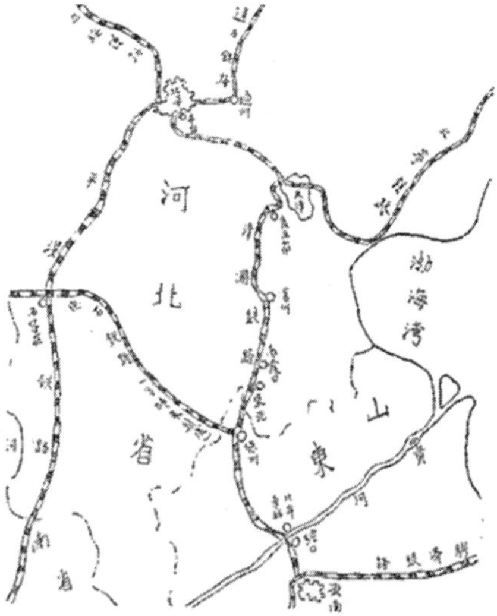

當時本文作者由北平至濟南火車路線略圖。

感尷尬，恨無地縫可鑽。馬良見勢不佳，即席向豐田聲明說：「王揖老意思雖好，但我不打算回信，這事要看顧問的意思的。」一席宴會，遂使筆者使命，全部失敗。事後，馬氏大罵其左右走漏消息，然已於事無補。王揖唐企圖與馬良在政治上互為犄角之計，頓成泡影矣。過了三個月之後，津浦線滄濟段火車已通，馬良始由西田陪赴北平。馬氏在日本顧問所安排之「行事日程」指導下，先後與喜多誠一、寺內大將、王克敏、湯爾和、齊爕元、王蔭泰、董康、汪時璟、張燕卿等人分別見面，直至即將返濟南之前夕，始作官式拜會王揖唐於帳濟委員會，當時，西田亦步亦趨，王揖唐與馬良僅作數語寒喧而別。至「臨時政府」最高政務會議提名馬良為山東省長時，王克敏曾以刻薄之言詞笑著向王揖唐說：「現在你可以放心了吧？」致令王鬍子為之哭笑不得。筆者亦因此事而招致湯爾和之反感。王揖唐且深責筆者不能保密。在此內外交瘁之狀態下，筆者乃掛冠而去，遵海而南焉。

當年華北偽政權中的財經巨頭：汪時璟是否真漢奸？

白瑜

汪時璟是抗戰時在華北偽政權中的一二級大漢奸，他出身於東北老中國銀行，相貌頗清秀，一腿微跛，耳重聽，甚重衣飾儀表。自華北偽政權成立至抗戰勝利止，他一直穩坐在「華北財務總署督辦」和「中國聯合準備銀行總裁」的寶座上未動過。其所以能如此者，是他的才能也罷，媚敵有方也罷，那是另一問題，姑不多論。茲僅就我所知者略述有關汪氏的二三小事，看看當時所謂的漢奸們是不是真奸？是不是毫無心肝、忘記了自己是炎黃子孫？

警衛森嚴下作精神訓話

要記述汪時璟的舊事，我必須先要承認與他有點淵源。他既是所謂賣國求榮的大漢奸，我也就是為衣食求存活的小漢奸。我成為小漢奸的開始是民國卅一年夏離開學校之後，父親再不允許替我養活妻兒還在其次，日本憲兵隊的灌冷水滋味和特高科的找麻煩實在再受不了。那時恰巧偽華北統稅總局招考職員，我僥倖考取，當了一名小小科員，居然被列為官吏階級，統治者允許我在北京「安居樂業」了。

科員做了一年，偽財務總署成立了一所訓練班，名曰「財務總署財務官吏養成所」。受訓人員是從該署轄下的財經機構中選拔所謂能力高、資歷好、品行佳的青年職員在職受訓，但個人不能要求去，如被選拔也不敢不去。受訓人如果成績優良，可獲不次升遷，我受訓後，也就糊裡糊塗地升入統稅局秘書室了。

官吏養成所的所長即是汪時璟自兼，並且每星期合班有他兩小時「精神訓話」的課程。如此一來，我們是不折不扣的師生了。

每當他駕臨教室前後，院中及各門窗外，遍佈雄糾糾身著黑中山裝的衛士，絕對不准任何人來往，那種氣氛如臨大敵。最初給我們的印象極為反感，但兩堂之後，大家反而切盼每星期加多兩小時的課程哩。

他的精神訓話出乎意外的不是教我們如何繁榮大東亞共榮圈，或如何間接協助皇軍完成聖戰；也不是教我們如何為官清正，操守廉明。卻由閒話中隱而不露的激勵愛國情緒，諷刺頹喪的意志，漸漸的，等於轉播重慶和美國電台的廣播，並分析時局的得失。

有次正款款而談的時候，突然一個黑衣衛士進來向他耳語片刻後侍立一旁，只見他略現驚慌的對同學們說：「我相信同學中不會有特務，我們是同胞，有同等的命運……」就這話語不全的匆匆離去，與平素差一分鐘不下課的習慣絕然不同了。

三個月中他曾因說到激憤處而俯桌飲泣，致全體同學也為之同聲一哭。待他抬頭安慰同學時，淚珠還是滾下來，哽咽中相對默然，直到鈴聲震破了沉寂。

在畢業大考前最後一次訓話中，他第一次提及汪精衛先生。記得有這樣幾句話：「……汪精衛先生是漢奸，又何嘗是漢奸？他的自我犧牲精神和敢於以這種辦法負起挽救國家滅亡的責任，真可謂動天地而泣鬼神……將來世人自會明白的。」但是，天地鬼神或許泣了，可是世人卻永遠永遠不會明白的！

聯合準備銀行待遇優厚

翌年（民卅三年）國際戰事的勝負已明，我國抗戰是全面戰爭的一環，戰況雖熾，曙光已現，日只是作困獸之掙扎而已，但黎明前更覺黑暗，民生倍苦，淪陷區的食糧已形成絕大恐慌，其他日用必需品之缺乏，更不待言，我的家庭亦不能例外。正感無力支持之時，華北待遇優厚首屈一指的聯合準備銀行，突然於此時期公佈招考行員百名，不能不令人在驚訝之餘莫測高深。所限資格我盡符合，為了上奉父母一下養妻兒諸弟，決定一試。但以其待遇向來為各機關羨妒，應考之人必多，錄取之望必小，若因考試請假數日，說不定畫虎不成反類犬，太值得考慮了。因循至再，直至報名最後一日始鼓勇前往，準考證的號數已是萬字頭了。

第一關體格檢查，二關筆試，三關口試。也許因人數太多，連牙齒不潔不齊亦在淘汰之列，真可謂空前絕後的考試了。筆試範圍甚廣不提，國文作文題為「倉廩足而後知禮義衣食足而後知廉恥論」。這分明是為該行除底薪外，津貼部分按生活指數加上各種生活必需實物給予的一番理由而發。同是公務員，未免太厚此薄彼了。口試由汪時璟自試，真可說人人戰戰兢兢。據當時的傳聞，凡油頭粉面，衣履整潔，香氣撲鼻者，皆為有利條件？真是怪聞。餘如舉止態度，丰神面貌，言談機智，更不馬虎。所以與試之人識與不識，凡遇油頭粉面，香氣撲鼻者，當面諷以前來招駙馬或應徵選姑爺之謔而且虐的笑語。結果錄選了九十餘名，我又榜上有名，也第二次與他發生師生關係。

榜上有名之人並非限日報到上班，而是先受訓三個月。除實務方面請行中幹才有識之士指導外，如銀行、貨幣、經濟、財政、貿易等學，均特聘名教授主講。用意雖善，但時間太短，若非經濟系出身，真不知能學到些怎麼？汪時璟就是這樣太好高騖遠，為他的大病。

受訓地點是假西皮市北平市銀行公會大樓。汪時璟仍彈老調（只我一人認為是老調，因在前養成所受訓者僅我一人），每星期又是兩小時訓話，甲乙兩班合併上課。上課時同樣警衛森嚴，訓話內容與前大同小異（自然隨大局形勢而改變）。所不同者，詞句較前明顯而確定，且公開說出勝利不遠，此次所招考之人員，完全為培植勝利後所需之人材而準備。言外之意，似乎將來大局扭轉之後仍有他一席之地。今日想來未免天真，但當時卻有幾分相信呢。

對付日本顧問另有一套

汪精衛在日惡耗傳來之時，我適被汪時璟召去談話。他每每召喚我們考進人員作單獨之談話），當時也曾談到汪精衛，他有幾句精警而又錯誤的話不幸而言中，大幸而錯誤，大意是「汪先生死不得時，恐將千載蒙垢，受叛逆之罪名，有誰能為力，肯為力昭白於天下？因為……」千載蒙垢而言中，死不得時則大錯，如汪先生活到勝利之後，必多受一番慘痛折磨，更殘忍了！至於他因何感觸、何種理由而發此論，「因為……」以下的話當時亦未說下去，我也無法揣測，就不得而知了。

我成為正式行員後，算是較直接與汪時璟接近了，此時才略知些他對待日本人的態度。例如淪陷區的偽機構中均有顧問室之設，顧問即特權的日人，是太上主官，絕對有權發號施令，否決或批准。但汪時璟一向對顧問們相應不理，既不「顧」亦不「問」，且彼等在行中搖來擺去亦所不允，從不假以顏色。其辦法是以豐衣足食，華厦汽車，窮極奢侈的享受為收買手段，小氣利慾的日人幾曾見過如此世面，錢能通神，利可役鬼，終於在鈔票下就範了。所以，我始終只知行中有顧問室，有其專有門戶出入，卻從未見過彼等的尊容到底是怎樣的。

接收人員令人無法忍受

勝利的號角終於響了，汪時璟表面似與我們同樣興奮快樂（內心如何只有他自知），立刻命令全行員工各守本位努力工作，又著管理局、會同營業局暨國庫派員迅即接收敵正金銀行八年來劫刮我黃金白銀及外幣。於是，一塊塊金磚、一袋袋銀元、一捆捆外幣，一卡車一卡車的由敵行（在東交民巷西口）載進準備銀行的大保險庫中，為國家保有了相當大的財富。他自己則在數日後（已記不清楚）也專機南下了。

我們日日盼望消息，好像他的歸來也能帶回光明與希望。但他歸來了，默默的沒有任何表示。一時傳說謠言飛滿全行，好壞均有，造成極動盪不安的空氣。

財政部特派員張果為（張自忠的侄子）到北平了，第一是接收準備銀行。我們以興奮快樂的心情來迎接他，絕不考慮自身的得失，但知未使行中損失一筆一紙，問心無愧。不料接收人員中多是毛孩子，甚麼也不懂，而神氣卻活現，有甚於征服者之對待被征服者的態度，令人髮指。尤怪者，接收人員中唱花衫的荀令香（荀慧生之子）赫然在位，說男不男說女不女的神態中也作威作福，使全體同仁大嘩。

我隸屬行中計算局，當接收人員到計算局後，我們不約而同的掃數走至院中曬太陽，作為沉默的抗議。荀令香恰巧坐到我的辦公桌上，茫無目的的亂翻帳本和抽屜，我再無法忍受，隔窗衝動的對他說：「所有分行帳目均在此，交給你了！」說畢拂袖而去，一去不返。也從此擲去了「偽員」的帽子。

秘密電台在汪時璟私邸

話再說回來，當勝利消息傳來的第二天早晨，我正準備離開家門去上班，傭人通報有客來訪。我匆匆迎了出去，相見並不相識。他開口問我認得某某否？我答以那是三舍弟，但已斷絕音信數年了。此時他笑面相向，由袋中取出電訊一封交我，口稱大哥。我不及追詢原由，立即打開電報觀看，內容僅寥寥數字：「近期或可歸家團聚，父母兄嫂暨諸弟侄輩想均平安。」一時我忘形狂呼，驚動全家，歡喜欣慰之情無法形諸筆墨，早將來客置諸身後了。還是四弟從旁提醒，我才省悟，寒暄招待後即問電報的來源。他的答覆出乎意外：「我是負責秘密電台的人，令弟和我是同學，也就是同行，這電報是由漢口拍來的。」

我又問來客電台地址，以便回拜。他答「北兵馬司一號。」這更使我意外了，北兵馬司一號是汪時璟的私邸，重慶秘密電台竟然在這大漢奸的家裡，怎不令我頓然回憶起汪時璟往日之言行，為之驚喜愕愕呢。客人續道：「數年以來，北平的秘密電台很少不被破獲，只有我這裡平安到現在，還一是由汪時璟掩護才能如此。就是潛伏往來的工作人員，在經濟上、活動上，他也出了很大的力量。」我不覺不厭其詳的探問汪時璟與政府方面聯絡的清形如何。他含蓄而簡單的說：「很好，只是現在還不便奉告。」

但是，世事是變幻的，人性是自私的，政治是殘酷的，汪時璟並未得到寬恕，先判了死刑，後改為無期徒刑，再後即無所聞了。

汪時璟的功罪是非本不值得再提，但由上述各方面看起來，他的良知尚且未泯，不管別人對他作怎樣定論，我個人實在無從相信他會是真正賣國求榮的漢奸！

梁鴻志的悲劇

王覺源

偽官黑爵曇花一現

自汪精衛在南京成立偽國民政府之後，大家都注意到汪精衛，把汪所承接之舊傀儡餘緒偽「維新政府」遺忘了。今日來說，年代已過了半個世紀，也不免開元話舊之感！

日本侵華，蓄謀原非一日。自「七七事變」，中國對日全面抗戰爆發，日寇首先侵佔了我平、津，繼又佔領我上海、南京。據我首都後，本其「以華制華」的陰謀設計，勾結收買一群舊官僚政客作走狗，於民國二十七年三月二十八日，在金陵製造一個傀儡組織——「華中維新政府」，略稱「維新政府」，為「為虎作倀」的工具。與其華北「偽臨時政府」，平等並立而不相妨。這正是日本決策：「分而治之」的統治把戲。這偽維新政府當年的首腦人物，就是世所稱安福餘孽的梁鴻志。

事頗相當巧合：我國對日抗戰初期，南北幾個著名的大漢奸，都與北洋政壇的「安福系」，結有相當關係，如王揖唐、王克敏、梁鴻志皆是。梁鴻志出身八閩書香仕宦之家。本身亦有清季舉人與京師大學堂出身的資格，還去過日本。不但日本語文好，中國詩文也屬上乘。一生名利薰心，只是官運欠佳。

前半生所經歷的官職，不論在滿清末年、北洋時代、或國民政府時期，都是做的無印之官的冪賓僚屬，即中國俗語所說的，沒有抓過「印把子」。直到抗戰之時，變節附敵，落水為奸之後，才當了日本傀儡，做了「華中維新政府」的行政院長；以及汪偽組織中的「監察院長」；才算抓過四方大印，也是他一生官運，登峯造極的頂點。可惜的祇是「偽官黑爵」；又只「曇花一現」。雖前後抓過七年的「印把子」，反倒霉到了極點。連自己的生命，也隨其偽監察院長與代立法院長，在國法制裁之下，同歸於盡。

身世清白意志不堅

梁鴻志，字眾異。生於清光緒八年（一八八二）。福建長樂人。傳係清季兩江總督梁章鉅的後裔。據其傳記所說：梁鴻志六歲時，曾隨其家人旅居日本兩年。何所事事？卻不得其詳。而一株嫩弱的幼苗，卻不免受了日本文化、風習的浸染。對其後來的思想行動，多少不無影響。回國後，仍循中國傳統的科舉路線求進。弱冠時，獲中舉人。

嗣因清廷變法，廢除科舉制度，他便進了京師大學堂（北大前身）。畢業後，曾做過公務人員、新聞記者及學校教師。後來在汪精衛偽政府任考試院副院長的江亢虎，正是他的東文教師。師生共事南京偽府，學生的官位（行政院長）卻比老師高。

梁鴻志在京師大學畢業後，初任清廷學部小吏。入民國後，在國務院當個小差使。他詩做得好，與黃秋岳同為陳石遺（衍，福建人，與林琴南、鄭孝胥為同榜舉人，著作很多，抗戰時去世）的弟子，亦被稱為詩壇「閩派」的傑士。陳石遺頗賞其詩文，欲介之入徐世昌（東海）幕。未明何故？梁辭不就。

其時，他與國會議員曾雲霈（段祺瑞的親信）為同鄉。對他也相當器重，多方照顧。初介之入段祺瑞幕，司記室（秘書）。民國成立後，任職國務院，外兼新聞工作。民國七年，參加王揖唐、徐樹錚等所組織的安福俱樂部，正式成為安福系的一員。初不過三四等角色，漸漸的，在冠蓋京華中，才有人知道有梁眾異。從此與段祺瑞接觸的機會亦較多。段氏以其為人機警多智，文筆雅健，人復圓通活躍，便益信賴之。未久，獲任臨時參議院秘書長。時在段氏門下，便已取得與王揖唐、徐樹錚等的同等份量。當段氏對日本外交事故方殷之時，梁氏多所代籌獻策。段氏對他的信賴，似尤在王、徐諸人之上。

投機取巧高攀政要

此固然是梁鴻志的運氣不錯，亦實由於其人之能長袖善舞。原來徐樹錚與王揖唐擬籌組安福俱樂部，作為段祺瑞系組織新黨的大本營。其目的：一方企圖在國會中，取國民黨的地位而代之，成為國會中的第一大黨；一方則用以對抗方興未艾的研究系——梁啟超、湯化龍、林長民等。但徐樹錚初覺人力單薄，恐難如願，亟思物色一得力助手，共襄其事。王揖唐乃極力推介梁秘書眾異，似足勝任。徐樹錚原來還不識其人，及安福俱樂部經由梁鴻志的策劃經營以後，名氣因隨之而大振。每天高朋滿座、打麻將、抽大煙、叫姑娘。談政治條件，則因人而施，送支票，許官爵。許多其他黨派人士，以利之所在，亦多投靠而來。故安福系之能欣欣向榮，雖舍正道而未由，梁鴻志卻不無微勞。

在安福系中，有人常把梁鴻志與王克敏相提並論，其實並不相侔。王克敏身體瘦弱，類似病夫；精神卻十分健旺，是一個有名的獨眼龍；另一隻眼亦視覺不良，經常戴一副墨晶眼鏡，以掩其尊容。梁鴻志則身體魁偉，精力充沛，腦滿腸肥，剃光一個和尚頭，乃其特色，人也比較活躍。以社會地位言：王克敏多金善賈，掌握了財政銀行界的勢力，做過北洋幾屆財政總長。梁鴻志出身小官末吏，北洋時代最高做到府、院的幕僚長。對日抗戰時代，在傀儡組織中，兩人地位，則大體相等。以性格與心術言：王克敏雖作了日本傀儡，但其本性，始終相當忠厚，待人接物，不流於浮滑欺壓，患得患失之心亦不太重，這或許是因其經濟基礎鞏固的緣故。梁鴻志的生性，則善於投機取巧。日夜籌思，一心想成為政壇重要人物，多方交結當道權勢。另方面，則愛擺官架子，講究排場。對於達官貴人的言行舉止，尤愛東施效顰。例如當時風尚，京中要人每周末常藉口要公，專赴天津，遊樂之中作勾結。梁鴻志也常隨帶著兩名俊僕，坐上頭等火車，瀟瀟灑灑旁若無人，手捧線裝之書，心懸攀登之路。他與王揖唐之相識、結緣、訂文字交、拜安福系，就是這樣在火車上開始的。

故梁鴻志之發達，初有曾雲霈，再有王揖唐，三有徐樹錚，最後才有合肥段祺瑞。梁鴻志與徐樹錚，原來毫無什麼淵源。不過他亦早知徐為一才高氣盛，目空一切之人，難得高攀附驥，縱幸得其垂青，亦難存什麼奢望。因此他的目標，並不在此，僅著眼於段芝貴，積極夤緣進身。張勳復辟事件發生時段芝貴正任討逆軍東路軍總司令。梁得入小段之幕，任秘書長，自謂書生投筆從戎洋洋得意，隨軍出征。書生不能拿槍桿，還是拿起筆桿來，一路吟風弄月，藉景抒懷。大捧老段和小段，譽為自古以來罕見的軍事家和政治家。段祺瑞對梁鴻志之信賴有加，作了安福系的中堅，即始於此。不過在段祺瑞左右的人，向有一種通病，即「你不服我，我不服你」，大家「各行其是」，不能忠誠團結，互助合作。而段琪瑞本人，作風亦極特殊，「一切自以為是」。凡所信賴之人，皆可放手去為。出了問題，又由他來負責。由於前者，則各逞權能，互爭雄長。由於後者，則矛盾叢生，顧此失彼。所以終段氏一生，政治糾紛，始終未息。梁鴻志雖已深得老段的信賴，然默察安福系這種情形亦特深！因之頗覺鬱鬱難伸，心猿意馬，便不免別有懷抱。

所志不遂坐觀世變

民國九年七月，直皖戰爭發生，段氏失敗，通電辭職。安福俱樂部亦被迫解散。時梁鴻志任段芝貴秘書長之職，亦列名「十大禍首」之一，遭到徐世昌下令通緝。梁與其他九大禍首，幸事前得到吳炳湘暗通消息；經徐樹錚的安排，均分別逃匿於北京日本公使館的兵營，受了日本的政治庇護。日本武官建川中佐與徐樹錚原有交情，當晚猶在營中酒吧設宴歡迎，居然還有營妓侑酒。苦中作樂，大家仍然憂心忡忡。惟梁鴻志頗有賓至如歸之樂，情緒特佳，當時並作了幾首詩，徵求同難步和。大家生活在聲音嘈雜，臭氣薰騰之境，睡在日本士兵通舖榻榻米之上，多不堪其苦！梁鴻志則獨回想起當年留日的生活情形，頗有親切之感。段芝貴則時時警告於眾曰：秘書長不要雅興太高，靳雲鵬與又錚爭權，積怨甚深，結仇難解，對吾輩必窮追不舍，他花樣甚多，勸眾提高警覺！十大禍首，在日本兵營作客，生活完全自理。飯食由外面餐館包送來營；早餐點心，則託日兵外購燒餅等類。一日梁鴻志先吃燒餅，忽覺口舌發麻，急吐漱口。細查餅中有白色結晶物。經日本軍醫檢驗，確定為「砒霜」。再遣日兵去找那燒餅店，則已關門大吉了。梁鴻志驚悸之餘，既證段芝貴之警言非虛，猶謂：吾輩大難不死，總有再見天日，報仇雪恨的一天。

從此以後，十大禍首的心理，總是惴惴難安！咸認靳雲鵬用心險惡，防不勝防，在此終非久計，不如分道揚鑣，各謀生路。首先是徐樹錚藏在柳條箱內，當作日人小野寺赴天津的行李，離開兵營。梁鴻志隨亦積極設法脫離虎口。他是最先到日本兵營的人；也是最後退出日本兵營的人。從此轉逃至天津，避難數年。直至民國十三年，段氏利用馮玉祥所謂「首都革命」之助，乘機東山再起，居臨時執政。復任梁鴻志為執政府秘書長。十四年一月，因北京學生與工人大遊行示威，毀梁鴻志、章士釗等人住宅。梁受迫，乃辭秘書長職。他的意志，原來就不堅定。赴天津後乃一心依附於日人，日人便以所主辦之「東方文化事業總委員會」的中國委員一席給梁。梁與日人的關係，從此便更深入了。十六年，日本對我東北，陰謀日亟，再驅梁打入張作霖集團，從事秘密活動。終以事被張氏先覺，未能如願。十七年，轉赴大連，再移居於上海。自詡為東山養望，實則他已全被日方收買豢養，坐觀世變，待命行事而已。中國對日抗戰時，梁固得意於傀儡活動；及日本屈服投降，梁亦與日偕亡了。

早懷報楚臨事延暉

梁鴻志在民國九年，直皖戰爭失敗，已先逃匿於北京日本使館的兵營。兩年多以後，遷居到天津日本租界。當其離京臨行前，曾致書向日本公使道謝！函作四六駢體，頗為日人和其同流之輩傳誦一時。函中有云：

三年寄廡，一夕還征，不告斯離，於心滋歉。夫開館而容逋客，固國際之通規；亡命而脫嚴扃，亦黨人之恆事。非虎兕之出柙，執事本無過可言；類爰居之避風，鄙人宜見機而作。輕車逕去，誰識張祿之逃秦；微服而行，竊比宣尼之過宋。此日會稽甲帳，沼吳則期以十年；他時晉國槖鞬，報楚當避之三舍。

單從文學觀點來說，如不以人廢言，尚可列為佳作。如就取譬自喻來說，則實狂妄至極，令讀者也要為之汗顏無地。文中前段，同時以范雎（戰國時衛人，為秦相，倡遠交近攻之策）與孔聖自擬，實在褻瀆了先聖前賢。末段所謂「沼吳」「報楚」，前者，暗射直皖之戰，吳佩孚擊敗段祺瑞，使他也成了喪家之犬。將來對「吳」此仇，必要報復。後者，隱喻對日懷恩，將來必有以報「楚」。文字中，已明白擺出了作奸的面目。

極為顯明，梁鴻志之變節投日，早在直皖戰爭之後，心理上即已植其根，作了靠攏的準備。

從另一事實觀之，亦可窺其心跡。即當梁鴻志仿了華中維新政府行政院長之初，日人重修金陵「瞻園」，擬新建一亭。落成之日，主其事者，請梁鴻志命名題匾其上。梁似早有成竹，未加考慮，隨題「延暉」二字以應之。梁如易時易地而為之，「延暉」二字，頗有書卷風雅之氣。獨在此時此地見之，則「延日軍」三字，便赫然在目。無論其為有心或無心，說者咸謂：梁鴻志「報楚」的心理態度，總是不可寬恕的！

託庇日本賣國求榮

我國於清季末年，對國際上幾次外交失敗之後，曾訂下許多不平等條約。允許外國人在中國境內有一項設置「租界」的特權。這種租界，在我國上海、天津、漢口等通商大埠，英、法、美、日諸國，無不有之。租界實一藏垢納污的罪惡場所；亦為我國人作奸犯科者逋逃的淵藪；尤成了失意官僚、政客的避難所。而租界之外，我政府為保護外僑及監視起見，經常佈署著軍警崗位，資為戒備。

梁鴻志在北洋政府時代，曾有過幾次被通緝追捕之事；但他每次都是逃匿天津，藉租界作護符，接受日人的庇護。如直皖戰爭後，即困居於日本租界數年。某年重陽日，他飲茗於茶肆，曾偶吟〈九日天津中街茶肆〉詩一首，其中有「佳辰有盡意難窮，失笑三年在賊中」之句。「中街」，是天津租界中一條有名的大街。他對租界外我國監視的軍警，則常目之為「賊」，詩中故有是語。

時有遜清某遺老見其詩，私語之於段合肥曰：「梁鴻志把本國監視保護租界的軍警當『賊』，豈不把父母之邦的自己國家，視為『賊窠』嗎？」段氏亦無以應，祇說一句「文人的陋見」。所以梁鴻志後來之不愛惜羽毛，落水為奸，賣國求榮的意識，此時便已隱伏於衷了。

文采差可器識不夠

梁鴻志出身清末科班舉人。對於中國古舊的以詩文，自然有點修養。他與王揖唐晤面之初，以談詩道並互有唱和，氣味相投，因結文緣。梁曾著有《爰居閣詩集》、《入獄集》、《待死集》等。余僅聞其名，卻未見其書。據已見過的人說：詩集與漢奸鄭孝胥頗多同調。不過晚清大儒錢基博（子泉、江蘇無錫人，曾任清華大學教授，著作很多），對他相當贊許：「植骨韓、杜，取逕臨川，頗得介甫深婉不迫之趣」。卻不免譽之過當。然一經大儒游揚之後，梁鴻志確也沾光不少，一般人便認為不好也是好的。同樣的，也有人把梁鴻志的詩，分作三階段論評之說：「早年詩筆，清新近大蘇；中年才華艷發似溫、李；晚年則頹廢不堪」。還相當近乎情理，惟於其早年中年的評語，仍不免言過其實。如他擔任段祺瑞臨時執政府秘書長時，偶吟一絕，有云：

此身憂樂關天下，鞅掌簿書意未休；不及去年風味好，一簾春雨聽吳謳。

猝讀此詩，或疑作者真有范文正匡時濟世之志。從末二句觀之，則意不銜接，不知所云，豈只頹廢，又何曾替大蘇、溫、李洗過腳！

至其晚年，他在南京維新政府時代，或因志得意滿；或為利令智昏。多數作品，既驕狂橫溢，更惡俗難耐。指之為「頹廢不堪」，而詩亦正如其人。據傳：抗戰時期的陪都——重慶，有人關心戰局安危，常藉神壇扶乩，探詢休咎之事。其法即由司事人員，默請神仙或古人降壇，指示機宜！某日光降乩壇者，為唐代大詩人李商隱（義山）。時有某信徒，曾以「當代詩人，誰為第一？」請求批示！亂筆隨於沙盤中，寫上「梁眾異」三字。梁即南京維新政府的首要漢奸梁鴻志。當時圍觀的信徒們，多為驚駭鼓噪不已！有謂：「豈我陪都無人，必選淪陷區一漢奸耶？」迷信惑人，乩壇詐偽，本不可信，更怪不得李義山多管人間閒事。而此乩壇司事之輩，或難免沒有漢奸嫌疑。夫子之言曰：「士先器識而後文藝」。梁鴻志的詩文，平心來說，固略有可取；但絕不能算是當代第一人。主要的理由，就是他的「器識不夠」。

維新政府沐猴而冠

民國十七年五月，國民革命軍北伐成功。七月入北京，以「劣跡昭彰」之罪，政府下令通緝北洋餘孽多人，梁鴻志亦其中之一。梁鴻志初逃匿於天津轉大連，再移居於上海，接受日方的徹底豢養，坐觀中、日兩國的鬥法。及「七七」事變與「一二八」事變之後，日騎踏入金陵，梁鴻志以時機成熟，乃公開獻身效死於日寇「以華制華」政策之下，勾結舊日失意的官僚、政客、軍閥，除陳群（人鶴、行八、本上海流氓大亨之一）、溫宗堯（欽甫、廣東人留美、早年參加革命，與岑春煊、唐紹儀等，皆有交誼）外，尚有周鳳岐（恭先、浙江人，曾任國民革命軍第二十六軍軍長，後任維新政府綏靖部長，在上海被愛國志士擊殺），陳以籙（任先、山東人，維新政府時代任外交部長，二十八年在上海被刺殺），陳錦濤（廣東南海人，北洋政府時代，曾任財政總長，維新政府時，任財政部長兼華興銀行總裁，二十八年死於上海虹口）等，在日寇卵翼之下，連袂落水，沐猴而冠。

華中維新政府，於民國二十七年三月二十八日，成立於南京。這是日寇在中國南方所製造的第一代偽政府，與華北所謂「偽中華民國臨時政府」，遙遙相對呼應，均屬地方性的政府。所謂華中維新政府，不設主席，採行政、立法、司法三權分立制。華北偽臨時政府，係二十六年十二月十四日，成立於北平。偽組織分為議政、行政、司法三個委員會，亦與偽維新政府行政、立法、司法三院，實際相等，唯名稱不同。偽臨時政府北轄河北、山東，山西、河南四省，與平、津、青島三特別市。偽維新政府，則轄華中、華南（暫定）三院之下，分設七部（不詳列）。三院為：

行政院院長梁鴻志（第二代偽國民政府時代改任監察院長）。

立法院院長陳群（第二代偽國民政府時代改任內政部長）。

司法院院長溫宗堯（第二代偽國民政府時代改任司法院院長）。

日本侵華，凡敵軍在中國所佔領的地區，每有類似民眾團體的組織，作其政治外圍，為假藉製造民意，宣揚親日思想的機構。除華北有「新民會」，滿洲有「協和會」外，在上海原有「興亞會」（直隸日本特務機構）的組織。及南京維新政府成立，興亞會改為「大民會」，由滬遷寧，以梁鴻志兼任會長。二十八年，改為總裁制。名義上，梁鴻志任總裁，溫宗堯副之，實權則全操在日本特務手中。

不僅此也，梁鴻志做了南京偽維新政府的行政院長，徒斤斤計較於高官厚祿，縱一切都得聽命於太上皇——日本人，毫無實際行政權力，也不在乎。他有兩句名言：「世界上有兩件最齷齪的東西：一是政治，一是女人那話兒」。把政治與女人那話兒齊觀，成為一時的大笑柄。其實在他心理上，是最愛這兩件最齷齪東西的。只因他對維新政府的軍、政兩大行政實權，已經旁落。政權操在狼虎成群的陳群（原是杜月笙的門下，在滬、寧一帶，最具實力的流氓大亨。同時，行政院又成了立法院的附庸）手裡。軍權則掌握在任援道的手中，（握有所謂綏靖軍十幾個師及雜色部隊，共有二十餘萬人）。梁鴻志雖居維新政府的行政院長，完全有名無實，真不異傀儡表演舞台上，傀儡背負的傀儡了。這就無怪他要自欺欺人的說：「政治是最齷齪的東西」。

汪偽政府屬第二代

日寇在中國華中，繼南京偽維新政府所製造的第二代傀儡組織，就是汪精衛、陳公博等，於民國二十九年三月所成立的偽國民政府（巧立名目為「還都」）。雖僭稱中央，仍只算是地方政府——繼承偽維新政府的第二代。因為日寇對華侵略的決策，是要把中國弄得四分五裂，形同割據而治之。故偽國民政府成立時，二十六年十二月，日寇原在北平所製造的華北偽「中華民國臨時政府」，僅改換名義，並不取銷；名雖屬偽國府，實際仍然獨立。一切政治、經濟的行政，都劃界而治，不使統一，亦不相隸屬。舉例明之，如南京偽中央銀行——中央儲備銀行——所發行的中央儲備券（鈔票），只能流通於南方的日敵佔領區，往北不許跨越徐州，即為顯明的事實。因之，汪偽國民政府，實際上，則為承接前代偽維新政府，性質上，則為換湯不換藥的組織。雖妄自尊大，僭稱中央，仍只算地方性的政府之一，中央則在東京。

同時，這汪偽國民政府的成立，雖是由日寇一手導演的，然也煞費了一番苦心。首先除汪精衛系自稱所謂中央班子外，南北兩個偽政府都不上勁，甚至極力在阻撓破壞。幾經威脅、利誘、磋商、一波三折、集會多次，最後於二十九年一月二十四日，才產生了所謂青島「協商會議」，實際是「分贓會議」。參加份子：日方有影佐、須賀、清水、矢野、谷狄、掘場等。汪方有汪精衛、周佛海、褚民誼、梅思平、林柏生、蘭江等。（原隨汪精衛赴青島途中，尚有陶希聖、高宗武。此時則脫離汪氏赴香港，宣佈《日汪秘密條約》，舉世震動，指責日汪）。華北偽政府有王克敏、王揖唐、朱深、齊燮元等。南京維新政府則有梁鴻志、溫宗堯、陳群三巨頭及任援道。任援道算是一個突出人物，因他掌握了重兵，對新的偽組織，頗有舉足輕重之勢，亦為汪偽必須依恃的人。青島會議協調的結果，南北兩偽政府，形式上與汪系合併起來，仿重慶模式，設立偽中央國民政府和五院；南京原維新政府取銷。原華北臨時政府，僅改名為「華北政務委員會」，名隸偽中央，實則完全獨立。南北兩偽政府，分庭抗禮，遙遙相對，無殊割據之局，以迄日本屈服投降。協調分贓配置以後，偽國民政府的人事安排，大致如下：

主席——由汪精衛代（因原國府主席林森，尚在重慶。汪精衛既稱「還都」，故稱「代」。）

行政院長——汪精衛兼。

立法院長——陳公博，兼上海市長。

監察院長——梁鴻志，原維新政府行政院長。

司法院長——溫宗堯，原維新政府司法院長。

考試院長——王揖唐，原臨時政府委員。

華北政務委員會委員長——王克敏。

原維新政府三巨頭之一的陳群，屈任內政部長，雖小於院長一級；但握有特務力量，實權卻大過院長。三十三年，汪精衛去世，陳公博一躍而代偽國府主席兼行政院長，梁鴻志則由監察院長改任立法院長。考試院長王揖唐早已辭職，由副院長江亢虎改任院長。以至日本投降，偽國民政府垮台。

日本投降餘孽伏法

民國三十四年八月，日本宣佈投降，中國抗戰勝利，即是漢奸末日的降臨！政府按照國法，大捕漢奸。原南京維新政府的群魔，雖託庇於偽國民政府，借屍養魂，苟延殘喘數年，亦難逃其噩運。梁鴻志在蘇州被捕，解至上海提籃橋監獄拘禁。三十五年十一月九日（有云為六月二十一日），經法院審訊，判處死刑，年六十五歲。臨刑猶自欺欺人，以掩其罪惡，哀鳴：「我梁眾異並無負於國家」，或為固示慷慨赴義之意，實則已經面無人色了。識者則無不譏其無恥。梁鴻志清末肄業於京師大學堂，與其同縣同學的黃濬（秋岳）交善，詩名亦相埒，皆為京師大學堂的高才生。抗戰時期，黃秋岳任南京行政院簡任秘書。「一二八」滬戰之初，以洩露「封鎖長江日艦秘密計畫」的賣國案，被正法槍斃。吾友張劍峯（齡、曾供職侍從室）兄謂：黃秋岳與敵方勾結的引線人，也就是梁鴻志。梁當時沒有碰上，黃卻先作了替死鬼。情形是否如此，我另無資料可徵，姑存之待考。

南京偽維新政府的三巨頭，除梁鴻志明受國法之誅的悲劇結束一生之外，陳群（本為一舊官僚，偽裝名士派，家資充足，收藏古董字畫頗豐），當日本宣佈投降之後，知罪孽深重，無可脫逃，也曾未如周佛海、丁默村之輩作過偷生的企圖。於清理古董、圖書、家產，遣散若干小老婆，召宴親朋話別之後，即服毒長眠，頗有從容就道之慨，倒也死得乾淨俐落。這當然是他有自知之明，作惡太多，縱能偷生於國法，亦難逃脫私仇的刺殺。溫宗堯於偽國民政府解體後，三十四年十月被捕，初囚於上海軍統局的看守所「楚園」，後解赴南京老虎橋監獄。三十五年，經法院判處無期徒刑。同年，病死獄中，年七十二歲。另外一個特殊漢奸任援道，在日本發動太平洋戰爭以後，即知日本大勢已去，隨經其弟任西萍（供職於重慶政府），代向中央搭橋安排。

日本投降後，以維護京滬治安秩序有功，中央湯恩伯將軍飛京接收時，任援道妥善交出了軍權。隨即挾其多資，遠走香港，轉赴加拿大，以後便不知所終（編按：一九八〇年，任援道在加拿大逝世，享年九十一歲。）。南京維新政府的餘孽，至此才算真正肅清。不過任援道落水為奸，已成鐵的事實。結果，安然遠引，沒有沾上半點刑責，逍遙法外。事固令人難解？當算是漢奸群中，最厲害、最幸運的一個。

梁鴻志死前兩恨事

朱子家

日本中央經濟研究所理事長向山寬夫，最近寄給我該所出版一九七〇年四月號的《中央經濟》數冊，載有他所寫〈梁鴻志大人之生涯〉一文，對梁氏一生事跡，搜羅極為詳備，其間並摘錄了拙著《汪政權的開場與收場》一書中的部分資料。掩卷以後，無限感喟，又勾起了我與他在牢獄中患難相依的一段回憶。

梁鴻志出身官宦世家

梁鴻志字眾異，以爰居閣名其詩集，福建省長樂人，生於光緒八年（一八八二年）為梁居實之子。梁氏名門之後，曾祖梁章鉅，為嘉慶進士，道光間，累擢廣西巡撫，調江蘇，有政聲。眾異家學淵源，且又天資穎悟，弱冠成秀才，光緒二十九年，又中舉人，時方二十一歲。入京會試，座師龔心釗激賞其文，薦而未中，感恩知己，眾異畢生師事之。翌年科舉廢止，入京師大學堂（即北京大學前身），畢業後歷任山東登萊高膠道尹公署科長，奉天優級師範學堂教員等職。旋受知於段祺瑞，羅致幕下，任法制局參事兼京畿衛戍司令部秘書處長，肅政使等職。民國七年，任參議院議員兼該院秘書長，成為安福系要人之一。民國九年八月，安福系失敗，指為禍首之一而被下令通緝，逃匿北京東交民巷日本公使館得免。民國十三年段祺瑞任臨時執政，又為執政府秘書長。民國十五年，隨段下台，此後十年之間，隱跡天津、上海大連等處，以吟詠自遣。

從維新政府到汪政府

民國二十六年盧溝橋事變之後，日人在南北製造政權，華北為王克敏領導的臨時政府，華中則為梁鴻志領導的維新政府。維新政府於民國二十七年三月二十八日成立，眾異任行政院長兼交通部長。直至民國二十九年三月三十日汪政府成立，維新解體而改任新政權的監察院長。汪氏在日逝世後，原任立法院長的陳公博為代理主席，又由眾異繼任立法院長，直至日軍投降為止。

梁氏的詩，與其同鄉鄭孝胥，陳散原並稱，為清末以來當代三詩伯，自光緒三十四年至民國二十六年的三十年間，先後刊有《爰居閣詩集》十卷，錄存詩九六五首。民國三十四年十月二日被捕入獄，至翌年十一月十九日畢命止，又成詩二百餘首，分為《入獄》、《待死》兩集。

在汪政權的六年之間，我與許多人都沒有往來，有些本屬友好在那時，形跡卻反而疏遠了。沒有人會相信這會是事實的，除了公開場合中無可避免地相遇而外，甚至沒有一個日本人曾經與我有過私交上的接觸。在政治圈中，不僅有門戶之見，又有派系之分。汪政權中人對「維新政府」更具有很深的成見，在一九三九年上海籌備建立汪政權之前，因形格勢禁而不得不決定容納「維新政府」的人員時，內部就有過很大的暗潮。在當時，汪派與維新派固然貌合神離，連汪派之內，大的既有公館派與ＣＣ的暗中對立，最有權力的周佛海系，盡人皆知丁默邨與李士群之間有矛盾，佛海與梅恩平、丁默邨也時生誤會。羅君強且對李士群加以鴆殺。在如此紛亂的局面中，我竭力避免捲入漩渦，平素往來的，也僅限於密切關係的寥寥數人。對梁眾異的晉接，更僅有一次那是他的女公子與朱樸之兄結婚時，我往上海原法租界畢勛路他的私邸趨賀，也僅一握手與寒暄數語而已。

捕漢奸分開兩地拘押

上海拘禁汪政權中人的羈囚之所有兩處：一是南市近火車站的軍統拘留所，另一處原在愚園路舊吳四寶住宅，後又遷往福履理路盧英住宅的楚園，稱為軍統優待所。這兩處的性質如何劃分，也令人莫測高深。照理，能到優待所中的，應該非地位重要或將以政治解決的；就是曾經被認為有過微功足錄的，但也並不盡然。楚園中的囚徒，有些且是開賭場的、白相人之流，可見劃分的標準，還是出於人情與關係。

我是於一九四五年的十月一日，天真地、幼稚地充滿了對政府的幻想而去自首的，我榮幸地被送往了愚園路的「優待所」，一星期之後，主持「肅奸」工作的戴笠，降尊紆貴地親臨優待所，宣佈了「寬大仁厚」的辦法，他逐間地慰問，對於若干本來熟識的人如溫宗堯、唐壽民、唐海安、沈長賡等還請下去個別密談。他向大家宣佈說：「我奉委員長的命令主持這一工作。我知道各位中有許多曾為國家出過力，我將盡力為各位昭雪，將來，會以政治手段來解決而不想採取法律途徑。此地太狹小了，我已覓定了一處比較寬大的地方，請各位搬過去。你們辛苦了多年，那裡，就算是一個療養院，供各位作短期休養之用。也許，政府還將繼續借重為國家之用。」這一席話，聽來受用，也聽來興奮。畢竟戴局長言而有信，一星期之後，大約在那年雙十節的三四天，幾輛十輪大卡車，在戒備森嚴下，把我們一律押解到了福履理路的「楚園」去「休養」去了。

楚園作楚囚特殊生活

楚園是前上海市警察局副局長盧英的私宅之一，楚僧是他的號，因以名其居曰「楚園」，這不祥的名辭，結果終於供作一群楚囚的居處。那裡是一所大宅，樓上一排五間大房，有一道寬濶的穿堂，樓梯頭上另有一間小室。樓上是我們的住處，樓下是軍統軍法處的辦公室。樓外一片草地，與若干小屋。當我們抵達之後，就魚貫上樓，有一位身穿藍綢大褂，方面大耳，魁梧身裁的人，在梯頭靜靜地注視著我們，面上露出了驚訝的神態，我一看，竟然是為維新政府首長的梁眾異已先我們而至了。

我們是五個人一間房，有床有桌，而且當我們到達時，每一張床上已放好了當天的一份報紙，這位所長大人更謙恭有禮，連聲向我們說：「招待不週，招待不週」！在受寵若驚之餘，我們聽來，卻感到是別有一番滋味。梁眾異氏卻受到了更特別的款待。他獨居在梯頭的那間小室中，每天還准許他的新太太進入為他照料一些起局上的瑣事，連藥丸也並不加以檢查，他的小桌上就經常置有兩瓶維他命丸。

在楚園裡的楚囚們，雖然被剝奪了行動的自由，通信的自由，以及家屬探訪的自由，而生活卻還是多采多姿的。在室與室之間的來往，並沒有受到禁阻，需要的東西還可以寫了字條派專人到家中去取來，飲食方面的伙食，是自己出資的，上一晚寫好了菜單，交廚房照辦。主理廚政的卻是梁眾異的舊廚子，他煮得一手上好的福建菜，主人遭到了囚禁，連傭僕也失去了自由，為我們洗滌打掃的，也就是盧英家的舊僕。我們有唐壽民、吳蘊齋、朱博泉、沈長賡、孫曜東、唐海安等集資同食，但梁眾異卻獨自在小室中進食。唯有那年的農曆除夕，我們備了豐盛的一席，為卒歲之計，那天眾異也來參加了。大家居然還飲了幾杯，酒落愁腸，自然更遏止不住情感的衝動，許多人都不禁放聲大哭。梁氏卻取來了一張白紙，奮筆寫了「息壤在彼」四個大字，並加了一段短跋，各人都在上面簽了字，彼此慰勉說，如能重見天日，將永不忘今宵，一息得存，共求湔雪。這一幕，離今天已整整二十五年了，眾異、蘊齋、海安等早化異物，自將永永虛有此志了。

梁鴻志博學作一字師

我半生混跡在文化界，對當代的碩學鴻儒，相識不可謂不多，但能如梁氏那樣的博聞強記，卻從未一見。楚園中尚留有百衲本《廿四史》及《全唐詩》各一部，閒來翻閱，有不解處向他請教，他無不詳為指點，而窮其本末，我生性好弄，故意提出歷史上的某一事以試探，而他能將某事發生於某代某朝某年而絲毫無誤。更難得的是一部全唐詩，達九百卷所採二千二百餘家，得詩四萬八千餘首，我偏找出極冷僻而不為人知的幾首詩，誦上句，而眾異不待思索，隨口接誦下句，這種讀萬卷書而又有驚人的記憶力，足見其天賦與功力的深厚，不能不為不學如我者所嘆服。

有一件事說來慚愧，也將令我終身難忘。在楚園中，每一個人面臨著從未有過也且從未想到過的遭遇，最難渡的就是漫漫的長夜。因此，有人發起，在每天晚飯以後，圍坐在穿堂裡輪流由一個人講述一個問題，以稍忘當前的痛苦。記得有鄭洪年講孟子，林康侯講論語，朱博泉講金融，孫曜東講京戲，他們也推我來講法律。我是一個道地的陶淵明的信徒，儘管幼時被迫讀過不少舊書，而我則一向以不求甚解為得，在文化界中的所以還勉強能東塗西抹，全靠讀些閒書，偷襲一些成句，雜湊為文，特別幼時沒有從小學入手，對每一個字的音義，常會積非成是。那一晚要我講法律，本來這一門就夠枯燥乏味的，尤其當時的處境，正將「以身試法」，在「有條有理」的當時，正正經經的談論法律，也未免太覺不合時宜。為了使大家的情緒輕鬆一下，我選擇了不涉政治的風化問題。我舉出許多實例，其中之一為曾經轟動一時的上海某律師，結婚之後，對這位新夫人竟捨正道而勿由，喜作變態性行為而情甘逐臭，其妻因不堪其擾，以虐待為理由向法院控訴，要求離婚，而判決結果，訴不獲直，理由是清官難斷家務事，更何況是床上事。法官認為夫婦間床笫之間，外人無從究詰。好一個我！小說上常看到「床笫之間」這字樣，我竟然將「笫」作「第」，老實不客氣的在大庭廣眾之間，讀為床第之間。

第二天，梁眾異向我招招手，要我到他的小室中去，輕聲地告訴我說：「你昨天講的床笫之間的笫字！應讀作『滓』，而不讀作『弟』」，我愕然，卻還自作聰明，反問他說：「笫」字在此處是否要讀作「滓」？他微笑說，這根本是兩個字呀，「笫」字竹下為「弟」，而「第」字竹下為「弚」。我聞言大慚，幾乎無地自容。因為如其我是從事別項職業的，讀別字猶可說，而我偏偏濫竽在文化界中數十年，如此普通的一個字竟然鬧此笑話。尤其先父先伯是有清一代大儒俞曲園先生的弟子，竟有了我這樣不肖的子孫！我感激他在暗中指點我，保全了我的面子，也成了我的一字之師。從此在鐵窗之下我發奮把字典再一字一字從頭研讀。但我也為此失掉了學詩的最好機會，他以後曾不斷鼓勵我作詩，並願意為我指正，終於因此一事，有了很大的自卑感，不敢向他有所問難了。

停止優待起解提籃橋

整整經過了半年的時間，在一九四六年的四月二日在楚園和南市的首批七十一人，因戴笠在南京撞機身死，無人再敢為政治解決之謀，於是一律解往上海市內的江蘇高等法院第二分院審判。從此，我們由優待所正式送到提籃橋監獄而成為待決之囚。

在他的生命走向盡頭之前，我與他似乎特別有緣，他也對我越來越親近，在楚園的時候，常常和我閒談，談話時有時還把門推上了，深恐有人來干擾。他絕口不談政治，也從未談到過今後不可知的命運。除了治學以外，談的類多朋友間的瑣事。從楚園起解到提籃橋的一天，他與我並坐在十輪大卡車上，握住了我的手，有時突然用力地一握，使我察覺到他心裡的不安。進入監房以後，他要求與我住在他貼鄰的一室，每當夜深人靜以後，我還能聽到他繞室徬徨的一些聲音，有時，在厚厚的牆壁上他輕輕地敲了幾下，這是囚犯要與鄰室交談的訊號。於是我們同時把鼻子與嘴唇從鐵柵的隙縫中透出，低聲說話。在第一次檢察官偵查我們時，又是同一日與同一時間。法庭就在監獄以內，照例要上銬，為了家裡事先為我們送了一些「孝敬」，就「恩」准豁免了。他又與我要手攙手地一路同行，讓別人看了，以為我們是連銬在一起的。在牢獄以內我成為他最接近的一人。

大約因為我們是政治犯，也許還為了多少有些內疚和歉意，不需要穿囚衣，也不必吃囚糧，家屬每星期兩次可以接濟飯菜，還可由百貨公司直接購送罐頭食物，我們就精打細算地來維持一週間的飲食。好幾次梁氏家裡用大口熱小瓶裝來了滿滿一瓶的魚翅，在每天兩次開啟了牢門可以在走廊上散步的時候，他看到左右無人時，常常向我招招手，要我進入他的囚室，倒了一大碗魚翅，逼著我一飲而盡。

他對我的好，一半是出於獎掖後學的那一份前輩風儀，另一個原因，或者為了我有一副傻勁。許多人到失去了自由的時候，會變成逆來順受，完全消失了反抗的勇氣。我剛好取了相反的態度，身在牢籠，思前想後，我感覺到憤怒的，是受騙遠多於受辱，在家破身敗之餘，還有什麼可以顧忌的，於是存了橫決的心理，認為除死無大事，因此總與禁卒們爭吵，出頭鬧事。在他獄中送我的詩裡，有一句是用龔定菴的成句的「亦狂亦俠亦溫文」，「俠」與「溫」是絕對愧不敢當，也許他所欣賞的正是我這一副狂奴故態。

瀕死前透露兩大遺恨

有一年多的時間，我與他在獄中朝夕相見，他向我吐露出不少深藏內心的話。他說：我在這次事件中有兩大遺恨：（一）不應拘捕我的人，竟千方百計地拘捕了我，來作為獻媚邀功之計；（二）我生平珍藏了不少古代字畫，尤其獲得了宋代的字畫達三十三幅，因以名我齋曰「三十三宋」，而在這次接收中，散佚糟蹋光了，這不是我的損失，而將是國家的損失。

他所說不應拘捕他的人而拘捕他的，指的是任援道（一九六七年香港騷動時，任因他的大兒子祖宣的暴死，倉皇遷避到了加拿大去）。當然我與他也很熟，尤其在香港的幾年中，我正在寫《汪政權的開場與收場》一書，他過去所做的事，他自己當然比我更為明白，深恐我筆下會加以無情揭發，因此曾經有意無意的屢屢請我吃飯。

事實經過是這樣的：日本投降以後，梁眾異攜了他的新太太與方在襁褓中的幼女，在蘇州賃一大屋，以為暫時蟄居之地。在他生前，雖沒有告訴我所以選擇這一個地點的原因，但我可以想到，勝利後上海與南京兩地最亂，也最易受人注意，蘇州則遠較幽靜，他與當時的行政院長孔祥熙既有默契，也許要等待與孔氏取得聯絡後，再行決定他的進止。其次，任援道曾經是他「維新政府」的部屬，現在雖已受任為重慶委派的先遣軍司令，正控制著蘇州地區，彼此既有過去一段淵源，即使任援道不曲予庇護，總也不至故加陷害，最少心理上有些安全感。其實梁眾異大錯而特錯了！政治本來是無情無義的，能夠在政治上活躍的人物，更必須汨滅其人性，別人且然，更何況於任援道。

任援道是江蘇宜興人，他自稱畢業於保定軍校第一期，其實他只是在江蘇陸軍小學受過業，而居然以此向人炫耀。他是一個道地的革命販子，曾經出賣過陳獨秀，也出賣過鄧演達，出賣朋友已成為他的第二天性，以為獵官之計，但他不擇手段的為所欲為，卻一直鬱鬱並不得志，除短期曾在唐生智那裡當過閒差以外，不曾有過其他顯赫的官銜。抗戰事起，國軍西撤，「維新政府」於一九三八年三月二十八日成立，他就夤緣得一「綏靖部次長」的職位，那年的冬天，「綏靖部長」周鳳歧在上海亞爾培路遇刺殞命，他就坐升「部長」，一直到汪政權成立以後，竟有過數不清的高位，什麼軍事參議院院長，海軍部長，第一方面軍總司令以至江蘇省長等等，因有日人為奥援，一時際會風雲，確是得心應手。

抗戰勝利以後，又得湯恩伯的顧拂而榮膺新命。他一方面小心翼翼地應付重慶方面的人物；一方面卻意氣洋洋地壓迫汪政府的舊侶。他處心積慮，要由他一手來搜捕所有參加汪政府的重要人物，曾經勸過不少人避往他的部隊以內，這樣，他以為可以達到他一網成擒的目的。陳公博在蘇州高等法院內所寫的自白書——《八年來的回憶》中曾經說過，他之所以要避往日本，因那時重慶政府的人員猶未到達，情形一片混亂，蕭叔萱已不幸為自稱軍統人物的周鎬所擊斃，因此任援道兩次去函，好像是善意地勸公博遷地暫避，以待政府的處置。但任援道對此，卻竭力否認曾有此事。最近我在東京遇到前任援道部的師長劉邁，他告訴我說，公博在自白書中所說的。一些不假，其中的一封信，還是他奉了援道之命由他親自交給公博的，任援道的為人，從這一斑就可知其全豹了。

梁眾異匿居蘇州，本來是無人知道的，像他這樣一個重要人物，當局自不會放過的，但「軍統」、「中統」且無法獲得任何線索，如有人能夠偵悉其蹤跡，自然將是大功一件。任援道也許事先有些風聞，他派遣了無數親信，四處查訪。一天，在蘇州車站上發現了梁的新太太正搭車赴滬，於是就在暗中跟踪，最後自然很容易查到了梁氏的秘密居處。由他動手逮捕之後，輾轉送交軍統。

梁氏認為第二件遺恨的事，是他所收藏古物的散佚與糟塌。上海浦東地區的忠義救國軍陳默部，勝利後一進到他上海的住宅，就遭到了劫運，有些明版的古籍整部取走不算，有些就被士兵撕來作拭穢之用。他所最激賞的是兩幅宋代的字畫，因為他太喜歡之故，就放置在案頭，不時加以展閱。他告訴我其中一幅是蘇東坡的真跡，另一幅出於何人手筆，我已記不起了。這兩幅稀世珍品，很早就被順手牽走了。陳默還因涉了「劫搜」罪嫌被控，搜到他持有的一把扇面，就是梁宅的舊物，因此還把梁氏一度提堂作證。梁氏對我說：假如這些字畫整個由國家來接收保藏，自將欣喜之不暇，而現在，把這些國粹一任這些人的掠奪毀棄，真成為人間何世！

囚禁之中仍不廢吟詠

梁氏在幽禁中，仍不廢吟詠，每成一首，都以工楷依次謄寫。從入楚園起，移解至提籃橋監獄的初期為止，成詩百餘首，名為《入獄集》，自被判處死刑後，又成詩百餘首，名為《待死集》，不少贈同難諸友之作，對我即曾有五七律各一首，並寫成條幅見貽。他所最眷念的就是他年方兩歲的幼女。一次，他出庭受鞫，他的新太太抱了她到庭旁聽，梁氏被押解離庭時，她伸出了雙手要老父提抱，梁氏忍淚迅步離庭，回至獄室，尚悲難自已，當時寫了一首七律，句中再四叮嚀，舐犢之情令人不忍卒讀。

記得他宣判的那天，我們都爬在窗口，遙望他的歸來，他聆判後正緩緩地由隙地走向獄室，我們向他揮手示意，他抬頭望見了我們，舉手伸出一個大拇指表示判了極刑，但他臉上仍露出微微的笑容，步履也仍如平時一樣安詳。以後他雖不服聲請覆判上訴，卻久久一無消息。剛好那時候陳公博在蘇州被執行了槍決，他自知不免，哀公博詩中就有「逝者如斯行自念，路人猶惜況相親」之句。清楚地說明了自己未來將與公博會有同一的結局。在聲請覆判的後期，忽然在他獄室之前，二十四小時加派了一名禁卒監視，他自己沒有毫不覺察之理。他曾經去函要求家屬送一些毒劑來了結自己的生命，而得不到家屬的同意，他自知死期日近，寫好了一張對他幼女的遺囑，以及全部獄中詩稿及一篇〈直皖戰爭始末記〉，交付給我，並要把他的幼女寄名作為我的義女，他說：「我自知不免，此女童稚失怙，其母又方在盛年，能否為我終守，殊不可必，如她一旦遠離而去，請念同難之誼，請賢伉儷對我這一弱息加以撫領，臨命托孤，請勿固卻」，我只好含淚答允，並在外由雙方先舉行了一個簡單儀式，以安其心。

同獄的人都知道梁氏的生命已為日無多了，紛紛向他求詩求字，連獄卒也紛紛來索。他來者不拒，日以繼夜的地為人吟哦揮寫，他軀體魁岸，又兼獄室燠熱，獄室中什麼也沒有，蓆地而坐，蓆地而臥，他作書都是爬在地上懸腕行之。

他仍然很自負，也對當時的情勢寄以極大之憤慨，故有「十方昏暗燈何用」，「粗解文章盜亦知」之句，赤裸裸地暴露出了他當時的心境。

不畏一死卻畏離別苦

有一天，他又對我說：「死，並不可怕，但假如真有一天知道要赴死了當我向你握手訣別之時，我真不知將怎樣忍受得了這一剎那間的苦痛」？我聞言聳然，亟亟地又用了金條，向獄中的醫生疏通，說我患有重症，必需遷入監獄醫院長期療養。從此我忍心遷離了忠監，遠離了他，就是為了不願承受與他訣別時的那一份刺激。但在他執行前的幾天，他終於又特來看我，醫院中是有床可睡的，他斜倚了一下，淒然說：「倒底有床要舒適得多！此生我已無望了。你為什麼不來看我一下？有幾次能再相見」？在獄吏的催促下，他又被押解回「忠監」，我望著他的背影，哽咽得連一句話也沒有向他道別。

這一天終於到了！這是一九四六年十一月九日。那天的清晨，獄囚們正在長廊中散步的時候，忽然下令提早「收封」，要全體重回獄室，大家知道將有不尋常的事發生了，但不知這厄運將降臨到誰的身上，因為那時被判處死刑的還有錢大櫆，傅式說、陳春圃、蘇成德等諸人，而結果卻證明為梁眾異。獄卒用鑰匙開啟他的獄門時，也許出於同情之心吧！手抖得久久不能開啟，換了個人總算把室門打開，梁氏向鄰室諸人，連聲「珍重」，一一道別，才提往法庭，由法官宣讀了執行的命令。他十分安詳地要求寫兩封遺書，一致家屬，一給蔣介石氏，他仍以懸腕工楷寫成。從容寫完遺書之後，就起身步向刑場。刑場就在牢獄內的一片草地上，中間放了一張木椅，他安坐在上面，法警從背後發槍，子彈貫腦部從口腔中直穿而出，毀一齒，仆身地下，血漿四溢，一代詩宗，於喘息中從此畢命。時為下午一時三一分，年六十有四。

眾異軀幹魁偉，南人而北相，發音宏亮，操純正北平語，論相殊不應死於非命。論其學識的淹博，更可稱並世無雙，其短處在於出語鋒利而失之尖刻，又恃才不能忘於榮祿，最後卒召殺身之禍。我與他在牢獄中有近年餘的時間在一起，聲容笑貌，如在目前，及今回思，猶覺不盡低徊。我論汪精衛氏、宜為詩人而不宜投身於政治漩渦中，於眾異亦然。汪氏詩、清新而充滿情感，梁氏詩、則渾厚而特具風骨，固當代之李杜也。而一則屍骨無存，一則伏屍草莽，一切都是政治的作祟，哀哉！

風流放誕記陳群

張叔儔

孫總理領導革命，以年少加入同盟會者，粵東有朱執信先生；福建有陳人鶴先生。二人皆具膽識，極聰穎。執信之革命史事及其著述，海內外刊物多有披露，惟人鶴的一生歷史，向少人知。茲特就筆者與人鶴生前的交往共事之經過，錄而出之，事雖瑣碎，無不真實，或為本刊廣大讀者所樂聞。

人鶴名群，福建省汀州人。清末即追隨總理奔走革命，未幾陳氏行動為清吏所悉，四出偵緝，危險萬狀，氏計無所逃，乃在鄉出家匿寺內，求方丈剃度，方丈以其年少聰慧，頷之，遂受戒。故氏頂上仍存六枚火烙印，為顯明標幟。氏雖遁跡空門，然始終不忘革命，寺內紅魚青磬，天未亮即起赴佛堂誦經，實不耐此清苦。某日，俟方丈下山，乃將寺內袈裟法事等稍具價值之物，席捲而逃。方丈歸來，以為失竊，及尋氏不在，始知所為，亦無可如何也。

不做上大夫終為階下囚

鼎革後，氏曾為福建省道尹。袁世凱帝制自為，多以官爵籠絡各人。龍濟光在粵，以嚴辦黨人見賞於袁氏，迭封至王爵。當時袁曾給氏以上大夫名義，氏卻之不受。暇時與友人談及，笑曰：「袁世凱收買國民黨同志，無微不至，若干黨員受其利誘而變節。余區區一小官，亦為袁氏所垂青，其拆散國民黨手段，可笑亦可畏也！」

袁世凱以氏不為其所利用，乃欲除之而後快。時盧永祥方任淞滬鎮守使，袁乃密令盧永祥逮捕陳氏。盧氏時方寓上海租界，行踪甚秘，盧氏無從下手。適氏有學生某，原為盧之走狗，氏不知也，一日約請氏便餐，飯後僱汽車送氏返寓，車經上海民國路時（按：民國路一邊屬法租界，一邊屬中國界），不料司機早經串通，將汽車斜駛往中國界一邊，守軍與偵探密伺已久，一見汽車駛來，即蠭擁上車，挾氏至淞滬鎮守使署，遂下獄焉。時監獄中有于永源者，亦以無辜逮獄，與氏為鐵窗難友，相與略談，遂成莫逆。永源於獄中情形較熟悉，對陳氏調護惟謹，氏在獄中不致受劇烈痛苦者，永源之力也。總理聞氏繫獄訊，大感不安，迭電北洋政府為之保釋，氏始得出獄。此後，氏每年於出獄之日，必召邀同志聚餐，以誌不忘。于永源出獄後，亦從陳氏奔走革命矣。

民十年北伐隨節赴桂林

自北京國會議員南下，舉孫總理為總統，中山先生遂開府廣州，以馬君武為總統府秘書長，氏為秘書。二人本極相得，不知如何，一次竟因細故，始而互罵，終至用武。總理調停兩者之間，爰調馬君武為廣西省長，另任謝持為總統府秘書長，而以氏為諮議。

民國十年，總理北伐，駐節桂林，氏亦隨同出發至桂，出任黨務處主任。當時氏稅居於桂林城內鳳凰街，與吳醒亞、費哲民同寓。該屋樓數楹，極軒敞，開窗則桂林山水俱呈眼簾。氏有暇即召集各同志為詩鐘之興，筆者亦無役不與，有時或至桂林城內越台酒家為之。猶憶某次雅集，適輪到楊少炯為召集人（楊名熙績，湖南人，後被推為中央執行委員，不就），約赴桂林名勝「疊綵巖」酬唱，出題後，少炯方倚岩中構思，忽覺頸後奇癢，以手指染口沫塗之，愈塗愈癢；楊氏回首一視，則赫然一條小蛇由岩洞突出，昂首伸舌，舐吮不已，一時岩內詩人，群相驚呼，楊氏嚇急，鼓勇撲之，蛇迅即縮隱岩內。結果大家遷地為良，成為吾輩雅集之一趣聞。至今回思，恍同昨日。岩內有寺，寺僧製素豆腐極佳，斯亦桂林之最好風味也。

布庫街驚艷皮箱購不完

氏客居桂林，暇即偕友散步城內，某日行經布庫街，見一皮箱店，櫃面坐一女子，貌極娟好，方持算盤計數。氏時偕友人行，乃默誌其店名，翌日、獨自往，行經店前則女子仍坐櫃面，乃進購皮箱一具，藉故與女子攀談。嗣後隔數日即往購皮箱一具，與女子亦漸稔熟，氏愈樂之。女子曾詢氏：「先生購如許多之皮箱，究竟裝些什麼？」氏詭稱：「大本營方刊各種書籍，苦無庋藏，乃購皮箱貯之耳。」既而購皮箱愈多，鳳凰街寓室，堆疊皆滿，幾可開設一箱店矣。乃以賤值分讓與友人。氏一日妙想天開，擇一具佳質者，呈送總理，並云：「總理可用此載紙幣。」總理笑拒之曰：「余一生不事蓄積，縱有錢亦分送各同志之困乏者，何需此為？」氏立即改口曰：「現方印行三民主義，堆積各處，時虞散失，即以貯三民主義何如？」總理頷之，蓋其時總理以軍事餘暇，時召集各處軍政長官暨文官處同人，演述三民主義也。至於氏如此狂購皮箱，究與該箱店女子是否成為膩友，外人不知也，筆者當時曾不時追問，氏終笑而不言。嗣總理改道北伐，駐節韶關，氏亦隨往。總理以事返穗垣，氏與李祿超先生又隨之行。是次總理駐節穗垣觀音山，乃洪兆麟、葉舉忽圍攻觀音山，總理以事先得林樹巍、林直勉報告，得以倉卒下山，幸免於難，孫夫人宋慶齡亦未及同行。總理初登同安艦，旋往永豐艦，氏與謝心準先生等始終伴隨。永豐艦駛經車歪炮台，該砲台發炮擊艦，而永豐艦亦發炮還擊，總理當時曾親上甲板指揮，態度鎮靜，忽炮台一彈飛來，遽中艦身，艦受彈微震，甲板亦略欹側，謝心準在旁駭然，遽抱總理足，大聲呼號。總理微笑謂之曰：「膽小如此曷速下艙。」心準手足戰慄，終於匍匐而下，面上幾無人色。而總理與氏，皆神色自若如平時。嗣後氏常取笑心準為膽小如鼠，而心準無以辯也。

入不敷出苦了宣傳委員

林子超先生為福建省長時，氏以閩人，因偕往。旋被任為福建警務處長。氏與子超先生因意見不合，乃回粵總理復委任氏為宣傳委員。時軍事緊急，稅務收入奇絀，故宣傳委員俸給不多，氏有幾位夫人，皆分居，家庭開支甚鉅，拮据之況，不足為外人道，而氏晏然也。其第四夫人寓穗垣舊倉巷聚星里，一日謂氏曰：「儲糧已罄，今晚即告斷炊，盍速謀之。」時氏俸給早已預支，不能再借，乃與友人商酌，借得五元，方欲歸家，行經司後街遇謝啟同志（四川人，謝持先生之侄），旋偕入聚豐園小酌，盡罄其所有。而室中嗷嗷待哺者率不之顧，其豁達有如此者！時氏方創辦「訶社詩鐘社」於光孝寺內，翌日為詩鐘期，社友畢集，拈字得「明過」二字，為第五唱，氏有一聯云：「夜半尚思明日米；天寒猶典過冬衣」。蓋紀實也。氏嘗云，作詩鐘要有生老病死苦意，方見天真。豈氏生於憂患，故發為此言耶！

民國十五年，師次武漢，氏與陳友仁先生，以外交手腕收回漢口租界，一時名動遐邇。時氏方在漢口任國民政府秘書長，以南洋煙草公司大樓為臨時辦事處。其時國府各員，意見紛歧，氏辭職返上海，任國民革命軍東路總指揮部政治部主任，並兼上海警備司令部政治部主任，上海政治分會委員。其時氏在上海，以一身兼十餘職，而應付裕如，嘗謂一日未得五小時安寢，其精力實有過人處。未幾，氏將各職一併辭去，赴日本休養，逾年始返。

做了「維新政府」的部長

民國二十年孫哲生先生任行政院長，而以李文範任內政部長，氏及吳尚鷹分任次長。時首都警察廳歸內政部管轄，廳長吳恩豫適離任，即以氏代之。氏曾在日本學警政，故對於整理警察，尤為特長，每日必召集廳內及各局人員暨警士，在露天體育場講述警政之重要，及警察所負之使命。氏演說既動聽，措詞復要言不煩，備受聽眾之歡迎。咸謂首都警廳成立以來，向無廳長如此熱心，與廳內及各局人員暨警士如此接近者。氏復將各廳局行政事項，大加政革，首都警政，煥然一新。惜任事僅一月，因哲生辭行政院長，氏亦相繼辭職。使假以時日，首都警政，當可蔚然改觀也。

七七變作，國府由南京遷往漢口，復遷重慶，其時南京歹徒，大肆劫掠，烏龍潭圖書館，藏書最豐富，為中國有名之圖書館，宋元明本多庋藏，亦經歹徒劫掠一空。當時所謂「維新政府」登場後，日本人勢力已偏佈沿海各省，氏為環境所囿，情勢所迫，終於出任「維新政府」之「內政部長」，人多惜之。惟氏於暇時，必竭力搜羅烏龍潭圖書館已散失之書籍，並在南京山西路口購地建立圖書館，名曰：「澤存書庫」，蓋取禮經所載「父歿而不能讀父之書，手澤存焉」之意義也。

汪政權垮台陳氏仰藥死

南京秦淮河畔，多唱書樓，亦名茶社。每茶社各擁有歌女二三十人不等，歌女中之台柱，必為色藝均佳而捧客最多者。清唱盛行時，在秦淮河畔，以畫舫為唱書場所，每至晚上，笙歌不絕，其時「大陸茶社」有歌女名曹俊佩者，為該社台柱，荳蔻年華，姿首既佳，唱工亦妙，尤工「打鼓罵曹」一劇，其打鼓時，高下疾徐，抑揚動聽，不知吸引多少顧曲周郎。而該社復有歌女名蔡國斌者，唱花臉，姿首亦佳，惟稍遜於曹俊佩。氏獨鍾愛之，每宴客，必召之侑酒，氏既屬意蔡國斌，未幾量珠十斛，作金屋之藏，旋聞蔡姬已育子女，世變時移，又將二十載，未知其姬人及子女近狀如何耳！

自汪精衛赴日就醫，汪政權主席一職，以陳公博代之，既而日本投降，陳公博召集各要員開秘密會議，有主張挾軍權以反對還都政府者，有主張將政權交回舊日南京政府者。氏當時已知事無可為，遂仰藥死，在未死前，各夫人均不在京，僅一女子十四五齡，為氏之親屬，在其身旁。先一日，氏對其僕人曰：「我近日精神不甚佳，需要休息，明日午餐，不必喚我起來。」囑咐畢，閉門大睡，其僕待至翌日二時，仍未見氏起床，頗懷疑，敲門亦未見回答，乃破門入，即見氏睡床上，口流白沫，撫之已氣絕矣。桌上留書五十餘通，均分寄親友者。並有遺書，略云：我一生不受他人裁判，應赴九泉請總理處斷，遺體可用火化。我絕無所蓄，一生精力在正始學校（按：該校為陳氏所創辦）及澤存書庫，死後送之於國府，冀得保存，使其勿替也。

風流自賞當眾常發妙論

氏之長公子名炎生，曾留學日本士官學校。在汪政權時代，炎生在任援道部下任師長，因剿匪失蹤。嗣後氏任汪政權之「江蘇省長」時，曾飭參事往查下落，卒無結果。其第二公子名東生（在廣東生長者），以有嗜好，氏不甚喜之。以後尚有所出，以年幼未出而任事也。

氏一生最得意之事，除辦學校創設圖書館外，其次即為色事。總理平時對於同志不許貪污，惟與異性往來，絕不禁止。氏亦有此風，每談至異性相戀事，即議論風生，口若懸河，嘗對人云：「求自己快樂，須先求對方快樂，若對方視同鬼魔，即索然無味。對方既感覺快樂，則自己興趣悠然而生，控縱之法，蓋有術焉。……」

又云：「昔人謂有『潘驢鄧小閒』條件，方可出而問世，不知尚欠缺耐久之『耐』字，倘臨陣不久，即棄甲曳兵而逃，此種情況，最令對方痛恨，縱有上列五條件，亦消滅於無何有之鄉矣！故於五條件之外，不能不另加一『耐』字，此一字決不可缺也。」

我所知道的陳人鶴其人其事

望嵐

孫中山先生於前清光緒三十一年（一九〇五）由歐洲返日本，開革命籌備委員會，當時被最賞識者為胡展堂、汪精衛二人。胡汪二人，在日本發行民報時，所有撰述，均能發揮革命真理，為中山先生所欲言者，大受一般人歡迎。其年齡較輕而為中山先生賞識者，一為粵人夏重民，一為閩人陳群（人鶴）。胡汪二人歷史，世多知之，陳人鶴則知者較少，玆篇略敘其軼事。

陳人鶴為福建省汀州人，幼時長於福州，故操福州語。陳氏投身革命，為清政府所購緝，無所逃匿，乃變姓名，入寺剃度，暫作躲藏。方丈以其聰慧喜之，擬傳以衣缽。乃人鶴入寺，不堪清苦，每伺方丈外出，即將方丈之袈裟等道具挾之而逃。尋赴日本，時中山先生方由歐洲回，於奈良本宅開革命籌備委員會，再於坂本別莊開成立大會，人鶴乃加盟焉。

被學生出賣為盧軍所獲

人鶴旋返上海，於民國初運動倒袁（世凱）。袁氏欲籠絡之，不受，倒袁益急，為淞滬護軍使盧永祥所偵知，極力購緝，人鶴避匿租界不敢出。一日，人鶴有學生請其食飯，飯畢，乃僱汽車與學生返私宅；時學生已受護軍使署收買，乃將汽車駛往法大馬路與華界毗連處，突入華界，遂為軍隊所獲，囚之於護軍使署監獄中，與於永源隔鄰。後為中山先生所悉，速電釋放，人鶴始得出獄。出獄之日，即邀各同志在酒樓聚宴，以為紀念。民國十六年（一九二七），人鶴任政治部主任時，以于永源為副官，示不忘也。

在桂林又納一位如夫人

民國十年（一九二一），人鶴隨孫先生來廣州，孫先生為臨時大總統，以馬君武為總統府秘書長，人鶴為秘書，不知二人如何爭執，一日竟與馬君武動武。中山先生為調停起見，調君武長廣西，調人鶴任諮議，而另派謝持（號慧生、四川人）為總統府秘書長。

中山先生北伐時，任人鶴為大本營黨務處主任，隨同出發。人鶴到桂林，擇鳳凰街五號為辦事處，兼作寓所。寓所有樓，窗開四面，近挹皇城之獨秀峯，遠挹桂林叠綵巖諸勝。每於星期日，輒邀文官處諸同人為詩鐘之樂。

人鶴未到桂林時，已有如夫人四人。一日行經桂林市上，見皮箱店內，有髫齡女子坐櫃面，貌極可人，人鶴悅之，即趨前往購皮箱，不論價值，旋購之去，如是者日以為常，未幾箱堆滿樓上，苦無去處，乃送一皮箱與中山先生。當時孫先生問其何用？人鶴答以：「可藏紙幣。」中山先生笑云：「余向不蓄紙幣，安用此為。」人鶴旋改口云：「可藏書籍。送與先生載三民主義。」孫先生笑納之。人鶴購皮箱多，漸與該女子稔，遂納之為第五如夫人，旋攜返廣州，人多呼之為「桂林婆」。

在福建與省長意見不合

廣州大本營職員，俸給微薄，僅足自給，惟人鶴當時，兼粵軍參議，收入較豐，但性好揮霍，所得隨手輒盡。一次窮困無聊，走對許汝為（崇智）軍長云要自殺。許軍長詢以何故？則以窮對。許軍長笑不與計較，給以數百金。

未幾北伐軍回師向江西福建推進，福建督軍李原基退出福州，中山先生派林森為福建省長，陳群為警務處長。人鶴到任未幾，與林省長意見不合，回廣州，中山先生派為宣傳委員。後古應芬任民政廳長，派其任第二科長，並兼黃埔軍官學校教官，又兼廣東省課吏館講師。人鶴以餘暇，仍召集舊總統文官處同人為詩鐘局，顏曰：「訶社」，社設光孝寺內，因寺有訶子林，故名。

民國十五年（一九二六）北伐時，人鶴一度任國民政府秘書長，在漢口與陳友仁收復租界，國人稱之。

蔣總司令曾贈曲尺四枝

民十六年（一九二七），人鶴與楊虎同在上海，嘯天（楊虎別號）主軍政，人鶴主民黨兩政。其時正寧漢分裂時期，上海多共黨，每慫恿工會發難，人鶴獨能先事防範，故匕鬯無驚，蔣總司令贈以曲尺手槍四枝，以示慰勞。當共黨要人偷渡來上海時，如陳獨秀之子陳延年等，均為所獲，依法處決。未幾人鶴辭去政治部主任等職，赴日本，歸後居上海，寓法租界，創辦正始中學，學生逾千，學風甚嚴，在上海各學校中，一時稱最。當時上海各學生，每於課餘多往娛樂場遊戲，學校禁之不可，人鶴思得一法，所有正始學生，均全剃髮作和尚裝，以故學生一入遊戲場，即知為正始學校學生，以是無敢入者。

是年（民國十六年）夏，國民黨正在清黨，陳群（人鶴）與楊虎（嘯天）、杜鏞（月笙）三人，往寧波督導清黨，獲共黨女黨人黃枯桐，證據確鑿，處決有日矣；嘯天以黃女年輕貌美（未及二十歲），油然興惜玉之心，為之緩頰。人鶴曰：容再審之。乃囑擂建剛覆審，終以確屬共黨，迭犯破壞工作，不能寬恕，卒槍決之。

投身汪政權任江蘇省長

民國二十七年（一九三八），中國半壁山河，淪於日敵，「前漢」梁鴻志、溫宗堯等，在南京謀組「維新政府」，多欲擁人鶴為主席，人鶴辭焉，退居「內政部長」（民國二十年孫哲生長行政院時，人鶴曾一度為內政部次長，兼南京警察廳長，以駕輕就熟故也）；而梁鴻志遂以「維新政府主席」名義，粉墨登台矣！其後，「維新政府」與汪政權合流，欲將人鶴改調他職，終以其根基穩固，不敢動搖，汪政權迭次開「政治會議」，人鶴每守口如瓶，汪亦莫奈之何！

未幾，人鶴出任汪偽「江蘇省長」，接李士群遺缺。時李士群在江蘇省遍植特務，人多恐人鶴不能往接，人鶴出其靈敏手腕，安然接收。抵蘇後，首將日人所庇之私賭禁絕，蘇人多稱其能。人鶴長蘇，事無大小，均躬親之。人鶴有長子，名炎生，在蘇州任師長，一次剿匪，為共黨所獲，人鶴聞之，夷然不以為意。次子東生，僅在「省政府」幫理收發事務。其弟（號一新），在蘇任游擊隊副隊長。

設澤存書庫辦正始學校

人鶴生平得意之作有二事：

一為設立圖書館，在南京山西路附近，購地建一屋宇，極宏敞，名「澤存書庫」。南京烏龍潭圖書館，以前藏書最夥，因建立已久，搜羅亦多，事變時，所有古版書籍，均經散失，人鶴廣為搜集，宋元版書籍，散失者復經搜回。復往北平琉璃廠巡視，其有珍本書籍，均一一購之。又在廣東廣雅書局出版書籍，亦均購入，編為經史子集，派人董其事。而「澤存書庫」之藏書，遂皇然蔚為大觀。

其二則為在南京白下路購地建立「正始分校」，廣招學生，選優秀教員，成為當時最優良之學校。

故人鶴於絕命書中有云：「余一生無所得，僅有圖書館及學校為精力所瘁者，謹將此二者獻之於政府」云。

自殺留書願受總理裁判

胡展堂先生生前，最賞識人鶴，民國十七年（一九二八年），成立立法院時，欲以立法院編譯處長屬之，以格於事勢，終不果，後改派劉蘆隱充任。當胡先生在上海法租界寶慶路上，設胡先生治喪辦事處，親主其事，藉酬知己。

日本投降，人鶴在南京寓所自殺時，家人均在上海，僅有親屬之十餘齡小女子在旁。死前一日，囑家人云：「余今晚要辦事，深夜始醒，明日中午，不必喚余食飯。」家人應之。翌日延至下午二時，仍未啟房門，其親屬之小女子頗以為異，敲門亦不見應，乃呼家中僕人跨門入視之，則見人鶴殭臥床上，口流白沫，撫之已氣絕矣。桌上留書數十通，係分給親友者。聞其遺書有云：「余生不受他人裁判，謹赴九泉受先總理裁判之。」亦可見其一生倔強也。

楊虎與陳群逸聞艷事憶述

申叔子

陳英士（其美）氏民初為滬軍都督時，幕府人才，一時稱盛。當宋教仁被刺案發生，癸丑二次革命瞬息起伏期間，陳氏麾下曾有「十兄弟」的組織，作為奔走赴難，臨危致命的腹心之士。可惜陳氏不久即被袁世凱購兇狙擊而亡，以致這十兄弟失去領導，未能有偉大之成就。

這十兄弟為李元著、孫祥夫、吳伯夔、張漢青、韓恢、伏龍、楊虎、陳群、程壯、寧蒙賢等十人。其排列次序，係以年齡論。除陳群之「陳老八」被呼出名外，餘皆不復記憶。他們的籍貫，包括四川、山東、青海、福建、安徽、江蘇、遼寧等省，幾於人各不同，亦可想見其有深意存焉。

當時陳英士手下的十兄弟，其中的八位或歿而無赫赫之功，或生而鮮昭昭之跡，無可稱述；惟蠻幹不休之楊虎，與遊戲人間之陳群兩人，頗多政途逸聞，風流趣事，且在陳英士死後，各自大顯神通，茲就筆者當年與楊、陳二氏交往時之所知所聞，頗多值得一記之秘聞艷跡，憑記憶所及，為述如下：

楊虎的女人數之不清

提起楊虎，真是大大有名。人們只知道張宗昌的太太多、笑話多；或不知楊虎有更多太太的故事，真乃雅俗共賞，風月無邊。

楊字嘯天，安徽省寧國縣人。原配夫人系出皖之名門，生子安國，甫四齡而原配身故。楊發跡於廣東，活躍於上海，有事於鄂西，抗戰從亡於重慶。於是到處流連，鴛鴦福祿。其可記者，則有：在湖北宜昌所娶之「田淑君」，雍容大雅，正位中宮（曾經扶正），上選材也。在廣州所娶之「仙女」（後改名澄華老五，與戴笠有通家之好），在香港設特務機關（理髮店），風雲人物也。在上海長三堂子所討之「小老虎」（渾號，已忘其本名），幽嫻富麗，文秀天成，端人也。除「小老虎」外，另在長三堂子中又先後討得「老七」與「清水花」，皆蕩婦也。有一時期，曾與一位「何小姐」同居，是絕代麗姝，本風流寡婦。大陸易手後，又有黎明暉已美人遲暮，娶作靠攏夫人。最妙的是他抗戰時在重慶，又娶兩位四川太太，登報啟事中，竟有：「全部太太離婚」之句。太太而曰全部，其多可以想見。就予所知，當另有不少「準姨太太」的外室。至於所謂交際花、交際草者流，與楊有香火緣者，不復備憶。嘯天識字無多，勉強可作短簡，厚而近於濁，動而失於愚。然而群雌粥粥，曳尾周旋，艷事流傳，各有佳趣，嘯天誠妙人哉！

楊家園裡蓮花與紅棉

現在我先寫楊家園林的群芳譜：

當袁世凱死後，中山先生曾一度命楊虎為鄂西總指揮，去拉攏北洋部隊。他在宜昌駐了半年，軍事上雖然無所成就，但卻討到一位賢淑的太太，名副其實的田淑君。她是四川人，出身小家碧玉，深知勤儉持家。端莊雅麗，能識大體。嬪楊後，久居滬上，主持家政，最有實權。好學能文，手不釋卷，有向上心。抗戰期間，她曾在上海辦過傷兵醫院，甚富熱情。嘯天曾為扶正。長子安國，本原配太太所生，四歲失母，淑君撫之成人，視同親母。安國曾留學德國，每不直其父所為。抗戰勝利後，嘯天回滬，仍幹其擺香堂、收徒弟的舊營生，安國憤其腐化，搗毀其香堂。以是父子有責善之嫌，淑君每能調護於其間。說者有以開山門、收學生、干涉公事歸之淑君者，其實不然。不過楊之徒眾，皆能敬禮淑君。而上海一般聞人大亨，亦無不知有淑君。故淑君之風頭最健，如芙蓉出水，亭亭而玉立；如藕莖入地，嚼嚼而逾妍。此楊園之蓮花也！

嘯天如夫人中之最出名而最有幹才者，當推「××老五」。這是在廣東妓寨裡討來的。她在艷幟高張時，本名「仙女」，從楊後，始改「××老五」之名。這位南國佳人，神通廣大，儀態萬方，辦事深沉，手段靈活，而且御夫有方。楊氏於民十五六年間任北伐總部特務處長時，對部下金錢出納，多由「××老五」玉手親調。及任上海警備司令後，更是大權在握，干政之嫌，自無庸諱。迨後戴笠脫穎而出，主持情報，往來楊宅，親若家人。時抗戰軍興，「××老五」遷居香港。戴以特工系統，在港島中環，組織一家理髮店（忘其名），派「××老五」主持其事，利用楊部海員，傳遞消息，尤能以紅顏之掩護，偵日寇之軍情。戴氏固能善用人才，「××老五」亦復公私浹洽。後來這理髮機關，終被日敵偵破，「××老五」慘遭非刑，押解至滬，適田淑君偶遇於途，見其滿面傷痕，坐黃包車上，日兵挾持之，田與「××老五」平時雖因妬寵，積不相能，今以大義所在，奔走營救，不遺餘力，卒脫「××老五」於險。此種仗義精神，出自尹邢避面之流，殊覺難能可貴。吾意「××老五」血紅火，於心縝若棉，可擬之紅棉之花。有子一，面孔酷肖西人，蓋洋囡囡型也。

青樓中的幽蘭與桃花

上海會樂里長三堂子中有一綽號「小老虎」（花名不憶）之妓女，姑蘇人，端凝婀娜，艷逸如仙，富麗而雅淡，秀外而慧中，艷名籍甚，不知瘋魔了幾許走馬王孫。嘯天挾勢位富厚之資，竟得量珠聘去。這是他出任上海警備司令及市保安司令之時，「小老虎」亦成為最寵愛的一位姨太了。

「小老虎」嫁楊之後，守身如玉，極端安分，恬靜自甘，不與外事。處絢爛而有離索之慼，出風塵仍多漂泊之思。中日戰起，楊播遷入重慶，名花朵朵，都付東君。當時在上海有皖人汪彭者，本富商子。早年納資為楊虎之門徒，入「興中學會」（這是楊的清華結社名目），原在上海警備部當一名副官。其為人工於營運，巧於逢迎，於風流道中，得「小」、「閒」二字訣。「小老虎」居滬既唱望夫之曲，汪副官遂為入幕之賓。本孤鴻之隻翼，作鶼蝶之雙飛，為樂正復無藝。孰知霹靂一聲，勝利突臨，汪彭又以漢奸罪入獄。此時楊虎以「重慶人」之姿態重臨滬瀆，雖尚未正位號，潛勢力正復不小。「小老虎」於無可奈何中，覥顏求楊作將伯之助。楊亦無所芥蒂，為之設法營救，卒使汪彭免於罪。此不獨見嘯天故劍清殷，待人忠厚；更可知此豸於新知舊好，兩無愧心。此種曲折奇聞，雖非事理之常，還是人情之至。

吾以為「小老虎」，函蘭也。出自空谷，入於市朝。盆栽瓶供，不失王者之香；楚畹郢歌，宜入郎官之握。實命不尤，謂之何哉！汪彭後以行商往來津滬，謀室家之養，因不見容於中共，早傳死訊。「小老虎」紅顏薄命，或已入幽谷，負鋤畚，隨大躍進以終矣，與楊生有子女，並皆端好。

「清水花」與「老七」均滬上青樓出身。「老七」無出，嬌小玲瓏，孤芳自賞。「清水花」碩人頎頎，有莊姜之美。領一養子。私通於某鞋店小開，已為公開之秘密。嘯天廣田自荒，雖紅杏出牆，殊不以為意。某日，「清水花」以其鴇母誕辰，堅欲嘯天前往拜壽。嘯天當時雖以上海警備司令之尊，亦不忍過拂美人之意。司令屈於閫令；鴇母居然岳母。蓋其行事，旨在無可無不可之間也。這兩位美而艷的姨太，應稱楊園之桃花。

風流寡婦與遲暮美人

在抗戰之前，有一位以「何小姐」著稱之少婦，習見其挾一商人子何某，往來於馬場、舞廳、私人俱樂部者。花信年華，風姿綽約，修短合度，肌理晶瑩。詩所謂「手如柔荑，膚如凝脂，領如蝤蠐，齒如瓠犀」者，蓋風流寡婦也。此一朵野薔薇，於抗戰勝利後為楊所獵獲。迨嘯天靠攏載美北上，一時紅朝新貴，驀見了五百年前冤孽，無不垂涎三尺。聞一度為中共某頭頭之禁臠，今亦不知何若。但楊已不能終享溫柔矣。

楊既不能佔有何小姐，自然不甘寂寞。因又與當年唱〈毛毛雨〉之黎明暉在北京宣告結婚。明暉是最初創辦梅花歌舞團黎錦暉之女，是時早屆遲暮之年。楊花漂泊，閱人已多。正如嘯天久歷情場，味同嚼蠟，以後據北京來人言，楊黎短期湊合，不久即告脫輻。至其在陪都重慶時所娶之兩位抗戰夫人，殆如曇花一現，殊少事跡可言，茲不贅述。

讀者儘多嘯天朋友，必有怪我對他家庭事，寫得窮形盡相者。我覺得民國以來多妻之著者，莫如張宗昌與楊嘯天及四川之三兩位將領。固然比之中東那些落後國家酋長式之荒淫，還差得遠。但在我們這一個時代，已經鬧得太過份了。故就所知，表而出之，作為這幾位特殊人物的代表作。一以供多妻者之回味，一以作迷途未返者之警鐘。蓋不獨充吾篇幅已也。

曾任元帥府侍從武官

楊虎之家室，雖然複雜，這當然是另一時代的腐化習俗，與其個人的環境及其習性所造成。但是他自始即從事於革命，初曾受警務訓練，辛亥，投效藍天蔚之中國十字軍（即學生軍）充連、排長，由上海移往煙台。南北議和，入南京講武堂。癸丑二次革命，楊與孫祥夫等同投陳英士之門。於當年著名之肇和兵艦起義，及吳淞炮台之攻奪、江陰砲台之異動，皆楊氏結合前第九鎮士兵，及學生軍青年之士，分途聯絡，冒險從事。因其有這種忠勇過程，頗為中山先生及陳英士所稱譽。當中山先生為大元帥時，楊即與何應欽等同為侍從武官。直至陳炯明叛變，炮轟永豐艦時，楊與韓恢、孫祥夫等皆隨侍中山先生左右，這是他最初的經歷。

民國十五年，蔣先生的國民革命軍，進展至長江流域，任嘯天為北伐總司令部特務處長。這期間，蔣對楊信任最深，各方人士謁蔣者，必先與楊洽，蓋腹心之寄也。迨京滬收復，楊為淞滬警備司令，斯時為中共在滬活動之嚴重時期，楊與東路軍政治部陳群領導肅清共黨，雖當時辦理難免累及無辜，有「羊虎成群」（指二人之姓名）之誚。然勞怨不辭，亦自有其殊功。

楊虎在清幫裡，是有其歷史的。北伐初期，他與上海聞人黃金榮、杜月笙、張嘯林聯絡，策動清幫弟兄，在閘北方面，對於革命軍佔領上海，多少有些表現。所以他以警備司令兼全國海員特別黨部主委，以及海員總工會理事長，又成立一個「興中學會」，為半公開式的幫會組織。他就利用這一種本錢，活動了二十餘年。

成為杜月笙的附屬品

有一段很長時期，是清幫極盛時代。張仁奎以老太爺的姿態，許多達官大吏、軍長司令，皆願投拜門墻，組織「仁社」，遞帖子、稱學生，居然風行一時，成為時髦產物。過去知名之士，如楊耿光（杰）、王柏齡之流，舉在其列，不可勝紀。杜月笙也有個「恆社」，金融巨子、富室小開、文痞土豪、名流閨秀，更是包羅萬象。嘯天自然不落人後，他的「興中學會」，除海員外，收羅不少中下級政軍警務人員，以至工商各界，下迨北里名姝，亦極一時之盛。這可以算當年上海黑社會三大主流。

嘯天賦性忠厚，有野心而無幹才；有權位而少展佈。內寵多而政出私門；人才少而治事乏術。以是，他任淞滬警備司令，幾於是杜月笙的附屬品。不獨他的屬員，奔走月笙門下，就是他本人，有事也要問月笙。甚至偵緝隊，也仰月笙鼻息。多年以來，他和月笙唱雙簧，演傀儡戲。中間只有一年，二人之間，微有不洽。吳鐵城任上海市長時，嘯天一度任保安司令。抗戰開始，隨軍西撤。因環境及心情上的變更，遂逐漸演成爾後北上靠攏的地步。

論理，他在清黨時，對共黨有那許多血債，如何還能靠攏呢？不過共方以利用價值為主，而楊是無主見的，一旦感覺失歡而走投無路時，也就急不暇擇，隨遇而安了。抗戰初，他由漢口退到重慶，以軍參院參議投閒置散，仍在重慶搞其幫會組織。四川本是「袍哥」的天下，雖然清幫、洪幫有別，但在江湖道上，一拍即合。那時正是周恩來任政治部副部長，便與嘯天深相結納，並拉攏了許多川軍將領，暗中勾結，頗得周之青睞。然其時國共聯合抗日，共方在渝，公開活躍，楊殆以為俠義結交，並未想到染上色彩也。

勝利復員楊失望靠攏

勝利復員，楊本以為第三戰區接收京滬，彼仍希冀恢復淞滬警備司令之職。其實蔣先生對他已不復如前之信任。而湯恩伯手擁大軍，安定京滬。人事上、實力上，自無嘯天復職之餘地。因此他仍用海員部門，及其幫會機構，從事活動。並以其有掩護民盟首腦撤退之嫌，他就在弓蛇驚懼之中，疑有邏者密伺其後，避匿而不敢行動。

嘯天在危疑惶懼之中，一日，他約上海市長錢大鈞，請其委婉向蔣先生詢明。說：「如認為我（楊自稱）有特種叛變本黨之事實，而將執行逮捕，或處刑者，甘願自投蔣先生前，請其親自訊辨。否則，死不甘心。因本人與蔣公歷史上關係，實已無可掩飾謂非蔣公之私人。往事回頭，尤無自毀本黨立場，而投共求死之理！」錢氏既為之轉陳，蔣先生召見親語之曰：「我已瞭解，今後不須顧慮，當飭下面同志，對你不必再有異言。放心先返滬，安心可也！」此為嘯天所述經過。自此即在滬公開露面。但未及一星期，又覺偵探密佈，威脅其安全。至此所謂民主人士及其徒從，乘間誘惑，楊乃乾脆北上投靠矣。

楊靠攏後，於一九四九年夏季，前往北京。中共雖未給予任何空頭名義，但聞還在南池子配給他一所住宅，每月又供給若干斤小米。帶去的一位何小姐，開始尚不寂寞。惟在「三反」「五反」時，中共幹部對他攻擊甚烈，賴周恩來隱為疏解，始免於難。猶憶十餘年前，筆者曾聽見與楊有關係者所述，謂其徒某，取楊私章，致蔣先生一函，表現地下工作，為中共所扣，楊被羈押一年。仍由周為之保釋，並證明其無罪云。

據聞嘯天對民十清黨時之血債，一概推到陳群身上，故得曲為之解。嘯天之長公子安國，乳名小虎，為故浙江主席魯滌平之婿，十餘年前聞偕夫人寄寓澳門岳母宅中。安國留學德國，曾任江陰要塞副司令，父子之趣固不同也。

陳群傷心人別有懷抱

現在十兄弟，只剩下陳群唱壓軸戲了。多年前張叔儔兄曾在《春秋》寫過〈風流放誕的陳群〉一文，最稱雋永。既嘆觀止，未便雷同。為完成我所寫之楊、陳二人合傳，只有漫為論列，小事補苴。雖有蛇足之嫌，敢貽剿襲之誚。

陳群，字人鶴，出身福建之巡警學校，後曾留學日本。他在十兄弟中，以齒序排行第八，大家競以「陳老八」呼之而不名，餘人則皆未以此著稱。予與人鶴初少往還，有小同學陳祖彝者，早年留法習陸軍，歷辦蘇州、上海警務。恬靜而辟，清沖而高，雖不得志，淡如也；陳氏獨與人鶴相友善，時為予言，因識荊焉。

人鶴儀表文秀，動止疏狂，傲骨天成，聰明絕頂，而辦事敏捷，富有決心。其主持清黨，有不畏強禦、敢作敢為之精神；其拂逆當局，有富貴不淫、威武不屈之氣概；其頑皮浪漫，有超然物外、遊戲人間之情味；至其保存國故，蒐藏舊籍，則是傷心人別有懷抱；其投身南京維新政府以及參加汪政權，雖謚以漢奸，科諸不赦，亦是懷才不遇，有激而然。尤其他在決命自殺之前，能從容不迫，寫遺書五十餘通，分致親友，對於在南京所辦之正始學校及澤存書庫，尤三致意；此種強毅特立、到死不衰的姿態，若用之於奔走國難，臨危致命，何嘗不能忠信奮發，大義凜然；惜乎死非其所也。迨所謂逼上梁山耳！

人鶴早歲獻身革命，初入陳英士幕。自癸丑失敗，英士被刺，陳即潛踪滬租界，從事反袁工作。民四，被其同鄉學生葉某所賣，誘至法界民國路，為淞滬護軍使盧永祥部所掩捕，繫獄經年。後來葉某仍與交往，陳亦不記宿怨。

清黨後為當局所摒棄

民十以後，人鶴在粵時多。曾任非常總統府秘書及大元帥府參議等職。民十一，上海國民黨本部調整組織，曾被任為黨務部部長。以粵中職務未能到滬，由副部長徐蘇中代理（徐江西人後充汪府文官長）。北伐軍抵武漢，收回漢口英租界，曾派人鶴辦理接收事務。此後即以東路軍政治部主任進駐上海。

民國十六年，人鶴在滬，以東路軍政治部主任，兼北伐總司令部駐滬軍法處長，及上海市清黨委員會委員。此為當局對陳最信任時期，亦陳氏一生最顯赫時期，而其政治生命，亦永遠斷送於此時期。是年四月十二日，中央發動大舉清黨。清黨的重點，當然集中在上海。其時人鶴少年英挺，勇往直前，大顯身手。一時被逮捕被殺戮者其數甚夥。人鶴抱寧枉毋縱之目的，自然驚擾萬狀。其中複雜情形，離奇案件，殆難罄述。惟人鶴能以全力設計將上海紅色總工會在市區內外建立之武裝糾察隊一網打盡，並將共方一切活動樞鈕由其領導之政治部全部破案，其辦事能力亦未可厚非。

自此役之後，人鶴即為當局所摒棄，在滬歷十餘年，與楊嘯天、杜月笙等周旋無間。一生獨見知於胡漢民。當年在大本營任職，及李烈鈞代國府主席時，人鶴隨胡晉京，曾出任首都警察廳長，雖為時甚暫，亦係由胡所推薦。蔣胡失歡時，且以陳群、溫建剛宣之於口，其關係可以概見。後來胡曾一度擬組織新國民黨，命陳試行活動，並已設機關於上海法租界，由陳主持聯絡，蓋胡氏甚重其才也。

中日戰起，人鶴初隨梁鴻志任南京「維新政府」內政部長，以原職併入「汪政府」，最後任汪府江蘇省長反考試院長，以至日本無條件投降後服毒自殺；知之者多，茲不贅述。

陳英士手下十兄弟，成於癸丑之時，英士旋即遇難。只孫祥夫等一二人，偶奉英士命辦過一二事。多半皆未能得英士之指導運用，致英士死後，漫無所歸，或湮沒不彰，或歧途雜出，其中較突出者，祇嘯天與人鶴二人而已。

Do歷史13　PC0409

太陽旗下的傀儡
——滿洲國、華北政權與川島芳子秘話

作　　者／陳紀瀅等
編　　者／蔡登山
責任編輯／唐澄暐
圖文排版／楊家齊
封面設計／王嵩賀

出版策劃／獨立作家
發 行 人／宋政坤
法律顧問／毛國樑　律師
製作發行／秀威資訊科技股份有限公司
地址：114 台北市內湖區瑞光路76巷65號1樓
電話：+886-2-2796-3638　傳真：+886-2-2796-1377
服務信箱：service@showwe.com.tw
展售門市／國家書店【松江門市】
地址：104 台北市中山區松江路209號1樓
電話：+886-2-2518-0207　傳真：+886-2-2518-0778
網路訂購／秀威網路書店：https://store.showwe.tw
國家網路書店：https://www.govbooks.com.tw

出版日期／2014年6月　BOD一版　**定價**／520元

獨立｜作家
Independent Author
寫自己的故事，唱自己的歌

太陽旗下的傀儡：滿洲國、華北政權與川島芳子秘話 / 陳紀瀅等著；蔡登山編. -- 一版. -- 臺北市：獨立作家,
2014.06
面；　公分. -- (Do歷史；PC0409)
BOD版
ISBN 978-986-5729-21-9 (平裝)

1. 偽滿州國

628.47　　103010777

國家圖書館出版品預行編目

讀者回函卡

感謝您購買本書，為提升服務品質，請填妥以下資料，將讀者回函卡直接寄回或傳真本公司，收到您的寶貴意見後，我們會收藏記錄及檢討，謝謝！
如您需要了解本公司最新出版書目、購書優惠或企劃活動，歡迎您上網查詢或下載相關資料：http:// www.showwe.com.tw

您購買的書名：______________________________

出生日期：________年________月________日

學歷：□高中（含）以下　□大專　□研究所（含）以上

職業：□製造業　□金融業　□資訊業　□軍警　□傳播業　□自由業
　　　□服務業　□公務員　□教職　□學生　□家管　□其它_____

購書地點：□網路書店　□實體書店　□書展　□郵購　□贈閱　□其他

您從何得知本書的消息？

□網路書店　□實體書店　□網路搜尋　□電子報　□書訊　□雜誌
□傳播媒體　□親友推薦　□網站推薦　□部落格　□其他__________

您對本書的評價：（請填代號　1.非常滿意　2.滿意　3.尚可　4.再改進）

封面設計____　版面編排____　內容____　文／譯筆____　價格____

讀完書後您覺得：

□很有收穫　□有收穫　□收穫不多　□沒收穫

對我們的建議：______________________________

____

____

____

請貼
郵票

11466
台北市內湖區瑞光路 76 巷 65 號 1 樓
獨立作家讀者服務部 收

(請沿線對折寄回，謝謝！)

姓　　名：＿＿＿＿＿＿＿＿　年齡：＿＿＿＿　性別：□女　□男

郵遞區號：□□□□□

地　　址：＿＿＿＿＿＿＿＿＿＿＿＿＿＿＿＿

聯絡電話：(日) ＿＿＿＿＿＿＿＿ (夜) ＿＿＿＿＿＿＿＿

E-mail：＿＿＿＿＿＿＿＿＿＿＿＿＿＿＿＿